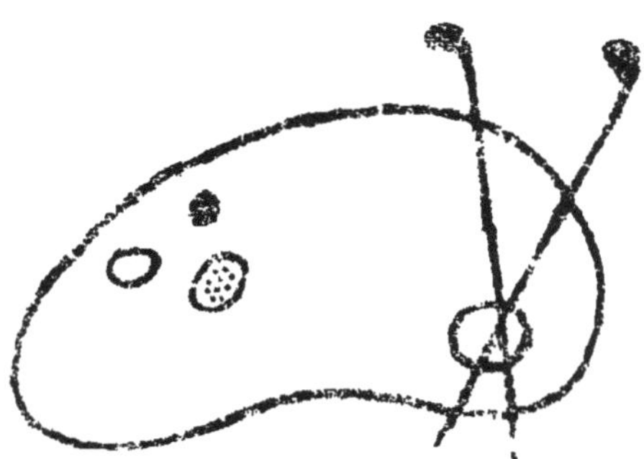

Début d'une série de documents
en couleur

ÉTUDE

SUR LES OPÉRATIONS

DU

MARÉCHAL OUDINOT

Du 15 août au 4 septembre 1813

GROSS-BEEREN

Publié par X.....

PARIS

LIBRAIRIE MILITAIRE R. CHAPELOT & Cie

IMPRIMEURS-ÉDITEURS

30, Rue et Passage Dauphine, 30

—

1910

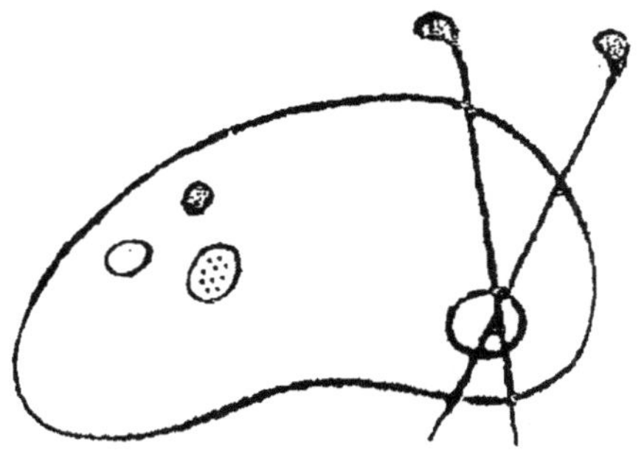

Fin d'une série de documents
en couleur

ÉTUDE

SUR LES OPÉRATIONS

DU

MARÉCHAL OUDINOT

ÉTUDE

SUR LES OPÉRATIONS

DU

MARÉCHAL OUDINOT

Du 15 août au 4 septembre 1813

GROSS-BEEREN

Publié par X.....

PARIS

LIBRAIRIE MILITAIRE R. CHAPELOT & Cie

IMPRIMEURS-ÉDITEURS

30, Rue et Passage Dauphine, 30

1910

PRÉFACE

Le 19 août, le maréchal Oudinot se mettait en mouvement contre Berlin avec environ 70.000 hommes ; le 23 au soir, à la suite de l'échec de Gross-Beeren, il renonçait à continuer son offensive. Or les pertes subies par les deux divisions saxonnes, les seules réellement engagées, s'élevaient à 83 tués et 260 blessés ; la division Durutte aurait laissé 374 hommes sur le champ de bataille ; les Saxons avaient 1.755 prisonniers, Durutte 600 : en outre, on avait abandonné 13 pièces sur le champ de bataille. Ce nombre élevé des prisonniers, en comparaison des hommes mis hors de combat, fournit un sûr moyen d'apprécier la valeur morale des troupes.

Le présent travail, exclusivement militaire, essaie d'exposer la suite des événements. Plus que toute autre étude d'histoire militaire, il est forcément incomplet, puisque les archives françaises n'ont pas conservé les ordres des commandants de corps.

Une bienveillante communication m'a procuré quelques ordres d'Oudinot, et les archives allemandes m'ont fourni ceux adressés aux corps de Saxe, Wurtenberg, Bavière qui combattaient dans nos rangs, mais là encore que de lacunes !

Au point de vue allemand, il est certain que le travail de Wiehr a amené un revirement complet pour tout ce qui touche au commandement de Bernadotte. Il suffit de comparer l'ouvrage d'Hopfner et celui si remarquable de Quistrop, avec la campagne d'automne du major Friederich, pour saisir les profondes différences qui séparent ces œuvres. Dans la dernière, le recul du temps a amené le calme, éteint les passions : on ne juge pas, on expose avec le calme que doit toujours garder l'historien.

J'ai publié, comme dans mes autres travaux, toutes les pièces que j'ai pu me procurer. *J'estime en effet que, surtout en his-*

toire militaire, les documents sont préférables à de longs commentaires ; ils permettent un contrôle immédiat.

En terminant, qu'il me soit permis d'adresser mes vifs remerciements aux directeurs des archives d'état de Wurtenberg et de Saxe, à ceux des archives de la guerre de Munich et de Dresde où j'ai trouvé un accueil si bienveillant et une si grande libéralité dans l'usage des documents qu'ils conservent.

X.

CHAPITRE PREMIER

Instructions données par l'Empereur à Oudinot pour marcher contre Berlin.
— Caractère d'Oudinot. — L'armée du Nord, du 11 août au 16 août. —
Description du terrain.

Le 11 août, l'Empereur se décide à réunir les VIIe, IVe, XIIe corps d'armée (1) et le 3e de cavalerie pour en constituer une armée sous les ordres du maréchal Oudinot et à la diriger sur Berlin.

Le 12, le IVe corps partira de Sprottau, le VIIe de Görlitz, le 3e de Leipzig ; le rassemblement de cette masse s'effectuera à Luckau où les corps d'infanterie arriveront le 17 ; la cavalerie atteindra Dahme le 15 ou le 16, elle sera complètement rassemblée à Baruth le 18 ou le 19.

Leur concentration sera couverte par le XIIe corps d'armée, à cet effet Oudinot le mettra en mouvement le 13 ou le 14, de manière à l'établir en entier le 15 à Baruth.

Toutefois ces dispositions sont retardées de 24 heures pour des motifs qui nous échappent ; les ordres destinés à Reynier, Bertrand et au duc de Padoue partent le 12 à 6 heures du matin ; ils leur prescrivent de se mettre en mouvement le 13 (2). Aucune dépêche n'est adressée à Oudinot ; elle avait dû l'être la veille, car l'Empereur admet le 12 que le major général lui a expédié des instructions. « Mon cousin, le major général vous a fait connaître que les hostilités commenceront le 17, que mon intention est que le 14 la division Guilleminot et votre cavalerie légère soient réunies à Baruth et que, le 15, le reste de votre corps d'armée y soit réuni, et que vous y ayez votre quartier général... Le 18, si l'ennemi n'est pas en forces

---

(1) Ces corps avaient alors leurs quartiers généraux : le IVe à Sprottau, le VIIe à Gœrlitz, le XIIe à Lubbenau, près Luckau, le 3e à Leipzig.

(2) L'Empereur à Berthier. 11 août, *Corr.* 20.348. — *Rég. d'Ord. Bert.*, 12 août, t. II, p. 11. — *Rapports*, 12 août, t. II, pp. 46-47.

supérieures devant vous, vous pourrez entrer aussitôt sur le territoire ennemi, ce qui vous mettra à même d'avoir des renseignements sur tout ce qui s'est fait et se passe devant vous. Le IVe corps que vous pourrez diriger sur Baruth par Lübben, si vous le jugez plus convenable, le corps du général Reynier et le 3e corps de cavalerie qui arrivera à Baruth par Dahme, vous mettront à même de commencer sérieusement les opérations, de sorte que le 21 ou le 22 vous puissiez être à Berlin. » L'ensemble de ces forces constitue au maréchal une masse de 56.000 hommes d'infanterie, 10.000 hommes de cavalerie et 210 pièces d'artillerie.

« Vous ne devez pas, continue l'Empereur, perdre de monde devant des villages et des postes retranchés, mais vous devez sur-le-champ faire avancer les trente-deux pièces de 12 de vos quatre batteries de réserve avec une quarantaine d'obusiers, au moyen de quoi vous détruirez en deux heures toutes les fortifications de campagne ».

A sa gauche, le corps du général Girard a pour mission de couvrir les places de Wittenberg et de Magdebourg ; sous ses ordres le général Dombrowski commande le groupe de Wittenberg fort d'environ 5.000 hommes. « Au moment de l'expiration de l'armistice, écrit l'Empereur, s'il était poussé par des forces supérieures, il se replierait sur Wittenberg, mais il reprendra l'offensive aussitôt qu'il le pourra et il marchera pour maintenir la communication entre vous et Wittenberg. »

De sa personne, le général Girard manœuvrera en avant de Magdebourg avec une division de 8.000 à 9.000 hommes et tâchera de se lier avec le général Dombrowski.

Le rôle de ces deux généraux est donc très nettement défini ; il n'est pas question pour eux de se porter sur Berlin pour renforcer le duc de Reggio ; ils sont liés aux places.

Au nord, Davout débouchera de Hambourg avec 35.000 ou 40.000 hommes ; il suivra l'ennemi ou l'attaquera s'il était en nombre inférieur et manœuvrera de manière à le couper de la mer et à se placer entre Berlin et Stettin.

Une fois maître de Berlin, le maréchal s'efforcera d'établir ses communications avec Wittenberg et Magdebourg « et le général Girard sera merveilleusement placé pour cela », puis il débloquera Cüstrin, Stettin, obligera les Suédois à se rembarquer et rejettera l'ennemi au delà de l'Oder (1).

En résumé, pour agir offensivement contre Berlin, Oudinot ne

(1) L'Empereur à Oudinot, Dresde, 12 août, *Corr.* 20.365. — L'Empereur à Davout, 8 août, *Corr.* 20.339.

doit compter que sur ses trois corps. L'Empereur évalue à
110.000 hommes les forces en mouvement contre Berlin ; il admet
dans ses instructions à Davout, que ce maréchal retiendra
en face de lui 30.000 hommes en prenant une offensive vigoureuse.

La distance de Berlin à Hambourg s'élève à environ 250 kilomètres, celle de Baruth à Berlin à 50. Même si Davout marche
avec la plus grande vigueur contre la capitale prussienne, le prince
royal, qui occupe une position centrale, a toute facilité pour lui disputer le terrain avec un faible corps, lui faire perdre du temps et
engager une action décisive contre le duc de Reggio.

L'Empereur a prévu ce danger, il en avertit Davout. « Vous sentez que ce corps [l'armée d'Oudinot] n'étant qu'à trois journées de
Berlin, pressera davantage l'ennemi, et qu'il serait possible qu'il
portât toutes ses forces contre lui. Vous devez donc manœuvrer de
manière à inquiéter l'ennemi sur sa droite et à vous réunir avec le
corps du duc de Reggio sur Berlin. Aussitôt que vous serez éloigné
de Hambourg, vous aurez une communication sûre avec Magdebourg » (1).

Dès l'instant où l'Empereur autorise Davout à prendre sa ligne
de communication sur Magdebourg, il l'approuve par avance
d'abandonner Hambourg à sa garnison. Son ordre fixe un objectif
bien déterminé au maréchal : « se réunir avec le corps du duc de
Reggio sur Berlin ».

Dans les opérations qui vont commencer, le rôle du général
Girard consiste uniquement au début à assurer la liaison entre les
deux groupes. L'Empereur a pris soin de fixer lui-même à Lemarois, Lapoype et à Girard la conduite qu'ils auront à tenir. Il écrit à
Lemarois :

« Le général Girard pourra donc se placer en avant de Magdebourg
avec les 9.000 hommes tirés de cette place, se réunir au corps du
général Dombrowski qui est de 5.000 hommes environ, réunir
ainsi 14.000 à 15.000 hommes et deux régiments de cavalerie avec
une trentaine de pièces de canon et manœuvrer selon la circons-
tance, soit pour protéger le pays, soit pour réunir le prince d'Eckmühl au duc de Reggio.

« Le général Dombrowski doit d'abord réunir tout son corps en
avant de Wittenberg, mais à mesure que le duc de Reggio et le
prince d'Eckmühl s'approcheront de Berlin, l'ennemi sentira la
nécessité de s'affaiblir devant Madgebourg et alors le général

(1) L'Empereur à Davout, Dresde, 12 août, *Corr.* 20.357.

Girard manœuvrera de manière à se réunir au général Dombrowski, ce qui rendra son corps assez fort pour entreprendre une opération. »

A Lapoype : « Ce corps [Dombrowski] couvrira Wittenberg et maintiendra vos communications avec le duc de Reggio...

« La division de Magdebourg et le corps de Dombrowski se réuniront donc sous les ordres du général Girard, ce qui formera entre Berlin, Wittenberg et Magdebourg un corps de 15.000 à 18.000 hommes pour aider à la jonction du prince d'Eckmühl et du duc de Reggio ».

A Girard : « Le général Girard, en passant à Wittenberg, donnera ordre au général Dombrowski savoir : de tenir sur sa ligne jusqu'au dernier moment et de réunir ensuite toute son infanterie et sa cavalerie dans un point intermédiaire, de manière à ne pas se laisser pousser par de simples patrouilles ou par des patrouilles de cavalerie, et de tenir l'ennemi éloigné de Wittenberg en maintenant, autant que possible, la communication avec le duc de Reggio » (1).

Il semble impossible de trouver dans ces ordres aucune justification à l'offensive que le général Girard entreprendra et qui aboutira à l'échec d'Hagelberg.

L'Empereur dicte à Berthier, dans la journée du 13, une longue instruction pour le maréchal Oudinot où il développe certains points de détail.

Il lui renouvelle l'ordre de concentrer, le 15 ou le 16, le XII⁰ corps à Baruth, puis il insiste sur la nécessité de prendre de suite l'offensive. « L'intention de l'Empereur est... que le 17 dans la journée ou le 18 au plus tard, vous entriez sur le territoire ennemi avec tout votre corps d'armée.

« Le duc de Padoue doit arriver le 16 à Dahme, il peut donc être le 17 à Baruth et s'y trouver ainsi avec vous.

« L'Empereur ne suppose pas que l'ennemi soit en force ; dans le cas où vous trouveriez de l'opposition, vous attendriez l'arrivée des VII⁰ et IV⁰ corps.

« Sa Majesté espère que l'un et l'autre pourront être réunis à Baruth le 19.

« Mais l'ennemi n'a pas 60.000 hommes devant vous, or il est important que vous poussiez chez lui pour avoir des nouvelles. Vous laisserez un corps d'observation d'infanterie et de cavalerie à

_____

(1) *L. N. I.*, n° 124; n° 125; n° 130.

Güben, parce que le duc de Bellune a évacué ce point pour se concentrer.

« Sa Majesté espère qu'avec une telle armée, vous pousserez rapidement l'ennemi, que vous enlèverez Berlin, désarmerez les habitants, disperserez toute la landwehr et cette nuée de mauvaises troupes ».

L'Empereur semble avoir redouté que le maréchal ne se fît appuyer par la division Girard, car il lui explique de nouveau le rôle qu'il a confié à ce général au début des opérations. Dombrowski cherchera à maintenir les communications de l'armée avec Wittenberg, « autant toutefois qu'il ne serait pas poussé par des forces supérieures, auquel cas, il se jetterait dans Wittenberg ; mais il marcherait de nouveau en avant, aussitôt que le mouvement » de l'armée obligera l'ennemi à se déployer.

Quant à Girard « il se placera le 17 en bataille en avant de la ville sur la rive droite, attaquera l'ennemi, s'il est en force inférieure, et le repoussera ».

Une fois le maréchal entré à Berlin, le général Girard manœuvrera de manière à ouvrir les communications avec l'armée et à l'aider par son mouvement sur Brandebourg « Vous ne devez donc pas donner des instructions aux généraux Girard et Dombrowski, et ne pas les détourner de leur mission principale qui est d'être un corps intermédiaire entre vous et le prince d'Eckmühl et de couvrir les deux places de Magdebourg et de Wittenberg » (1).

En ce qui concerne Davout, il semble que l'Empereur donne à son ordre du 12 un nouveau sens ; en effet, alors qu'il y indique comme but au maréchal « de se réunir avec le corps du duc de Reggio sur Berlin », Berthier écrit le 13 à Oudinot, « le prince d'Eckmühl débouchera le 18 et attaquera tout ce qu'il a devant lui, s'il l'estime en force inférieure, il le poussera rapidement pour se porter dans le Mecklenbourg, menacer les Suédois de couper leur retraite et enfin coopérer avec vous ».

En exécutant cette manœuvre, Davout aura pour unique objectif d'opérer sur la ligne de communication d'une armée non entamée, ce qui l'expose lui-même, alors qu'il sera maintenu de front par le corps de Wallmoden, presque égal en force, à voir une partie de l'armée de Bernadotte tomber sur ses derrières. Les dangers du mouvement indiqué par l'Empereur sont visibles, et cette considération a vraisemblablement amené Davout à agir avec prudence et à ne pas s'enfoncer vers l'est.

Enfin pour donner plus de confiance au maréchal, le débarrasser

(1) *L. N. I.*, n° 137.

de toute inquiétude pour ses derrières, l'Empereur se décide à échelonner la Grande Armée de Liegnitz à Dresde, malgré tous les inconvénients de cette disposition qu'il a pris soin d'exposer le 12 à Marmont et à Ney (1). Il est pour lui de la plus haute importance de regagner la liberté de ses mouvements, et Berthier insiste pour qu'Oudinot hâte son offensive. « le seul but de l'Empereur avec la Grande Armée sera de protéger votre opération et de contenir l'armée autrichienne et russe. Vous sentez combien il est important que vous soyez le 18 en pays ennemi et le 21 ou le 22 devant Berlin, abstraction faite de forces majeures ».

Tandis que la Grande Armée, en s'avançant jusqu'à Liegnitz, couvre le mouvement d'Oudinot et empêche l'armée alliée de Silésie d'opérer sur ses derrières ; celui-ci interdit de son côté, à tout corps important de venir vers Hoyerswerda, gêner les communications de l'armée avec Dresde. Le maréchal, bien que l'Empereur ne lui fixe pas la route à suivre pour marcher sur Berlin, avait donc à tenir compte de cette considération dans ses combinaisons.

Maître de Berlin, Oudinot devra prendre sa ligne d'opérations sur Magdebourg et Wittenberg ; la division Lanusse sera employée à maintenir les communications. Quant à lui, il manœuvrera pour se joindre au prince d'Eckmühl, débloquer Stettin, Cüstrin et rejeter tous les Suédois, dans la Poméranie (2).

Le 14, l'Empereur écrit encore à Davout : « Agissez avec l'activité et la vigueur qu'exigent les circonstances » (3).

En résumé, l'Empereur exige des deux maréchaux une offensive à outrance et beaucoup d'activité.

II

Le maréchal Oudinot était-il l'homme de la situation ? A la tête d'une division, puis d'un corps d'armée, il avait donné des preuves d'une intrépidité extraordinaire. Mais dans la campagne de Russie où il avait été livré à ses propres inspirations, son commandement avait paru faible à l'Empereur. Le 5 août, à la suite de ses opérations en avant de Polotsk, Berthier lui avait écrit une lettre fort dure (4).

Le 7, l'Empereur chargeait de nouveau le major général de lui

(1) L'Empereur, Instruction à Ney et à Marmont, 12 août, *Corr.* 20.360.
(2) Berthier à Oudinot, 13 août, 4 heures du soir.
(3) L'Empereur à Davout, Dresde, *L. N. I.*, 183.
(4) Berthier à Oudinot, *Campagne de Russie*, par Fabry, t. V, p. 187.

exprimer son mécontentement. « Après la belle victoire qu'il avait obtenue, il est étonnant que ce soit l'ennemi qui soit maître du champ de bataille. Il a reculé, l'ennemi a avancé, l'ennemi a su que deux divisions avaient passé la Dvina, il a avancé encore plus. La guerre est une affaire d'opinion, et l'art était de se conserver l'opinion » (1).

Après un succès certain, Oudinot n'avait pas hésité à repasser la Dvina avec une partie de ses forces, à se couvrir d'une rivière, dès lors on s'étonnera moins qu'il ait cru devoir renoncer à son offensive après un insuccès aussi insignifiant que celui de Gross Beeren.

· Il est toujours *ridicule d'oser juger un maréchal qui a fait plus de vingt ans la guerre, lorsqu'on n'a soi-même jamais entendu siffler une balle.*

Toutefois ses lettres et ses actes nous fournissent les éléments caractéristiques de son caractère. Oudinot était extrêmement défiant de lui-même.

A la réception de l'ordre où l'Empereur lui confiait le commandement des trois corps, au lieu de témoigner la joie d'un chef qui trouve enfin la rare occasion de montrer sa force, d'inscrire son nom dans les fastes de l'histoire, il avait demandé son remplacement par le roi de Naples « à qui il obéirait non seulement sans répugnance mais avec plaisir ». Sa correspondance avec les commandants de corps nous le montre affectueux, prenant leur conseil en toutes choses, évitant de leur faire sentir son autorité ; « tant par ménagement pour l'amour-propre des deux généraux en chef que par attachement pour le XIIᵉ corps » (2), il restera toujours à sa tête. Son dévouement envers l'Empereur était absolu. « Son suffrage, disait-il, lui était plus précieux que la vie ». Sous sa plume cette phrase n'était pas une basse flagornerie, mais l'expression d'un sentiment vrai. De l'ensemble de tous les témoignages, il ressort qu'Oudinot n'avait pas foi en lui-même, qu'il était porté à écouter l'avis des autres. Il est impossible de nier que le manque de confiance en soi-même, qualité pour un particulier, ne soit un défaut pour tout chef, seul responsable de la décision et obligé d'imposer sa volonté. Or, une disposition de l'Empereur venait encore augmenter l'indécision naturelle du maréchal. Il avait détaché auprès de lui un de ses officiers d'ordonnance, le général Lebrun ; l'instruction qu'il lui avait donnée avant son départ est

---

(1) Napoléon à Berthier, 7 août, *Idem*, p. 337.
(2) Blin, *Documents*, note 1, p. 104.

illisible (1); on ignore donc le rôle qu'il lui avait attribué. J'ai déjà exprimé mon opinion sur l'envoi de ces officiers par le commandant supérieur auprès de ses subordonnés pour les surveiller ; les conséquences lamentables de cette mesure n'allaient pas tarder à se faire sentir.

Le 20 août, on assistera à cette scène pénible de voir un maréchal de France, illustré par vingt succès sur les champs de bataille, faire dépendre ses opérations de l'opinion d'un général n'ayant jamais fait la guerre, élevé à ce grade comme fils de l'archichancelier. Le général Lebrun n'était que trop porté, comme tout officier d'état-major, à s'attribuer un grand rôle, à croire qu'il possédait les qualités de son maître ; il n'hésite pas dans ses lettres à l'Empereur à se montrer comme l'âme de l'armée et, après avoir éreinté par une peinture satirique la conduite du maréchal, à détruire par derrière le général Lejeune, chef de l'état-major de l'armée, dans l'opinion de l'Empereur.

Je laisse à chacun le soin d'apprécier la correction du procédé du général Lebrun envers le général Lejeune. Quant à moi, j'estime que s'il était du devoir du maréchal de renseigner l'Empereur sans considération sur la valeur de ce général, le général Lebrun n'avait aucune qualité pour dénigrer par derrière un de ses camarades, qui avait au moins eu le mérite de faire la guerre ailleurs que dans les salons ou dans les bureaux et auquel il faisait très vraisemblablement bonne figure par devant. Il aurait été intéressant qu'à la suite de sa lettre l'Empereur lui eut confié les fonctions de chef d'état-major ; juste appréciateur de son mérite, il le rappelait.

L'Empereur ne s'était pas borné à cette mesure de défiance envers le maréchal, il prescrivait à Bertrand et à Arrighi (2) d'entretenir une correspondance directe avec lui. « Je vous prie de m'écrire fréquemment, de m'envoyer de vos aides de camp lorsqu'il y aura quelque chose de nouveau et de me dire toujours la vérité, en détail et sur tout. Au moment que vous recevrez cette lettre, écrivez-moi ce qu'on pense de l'issue de l'opération sur Berlin. Je n'ai pas besoin de vous dire que vos lettres sont confidentielles » (3).

Les généraux qui entouraient le maréchal n'avaient aucune des qualités nécessaires pour le pousser à un coup d'audace, à une

(1) *L. N. I.*, 14 août, n° 182.
(2) *L N. I.*, n° 138 et 136.
(3) Rendons-leur cette justice, Bertrand et Arrighi avaient l'âme trop haute pour employer de tels procédés. Leur correspondance, au grand mécontentement de l'Empereur, passera par leur chef.

action vigoureuse. Reynier était extrêmement froid et calme, profond calculateur, il ne risquait jamais rien.

Bertrand sortait du génie et n'avait jamais commandé de troupes ; presque toujours attaché à l'Empereur, son seul rôle, comme tout officier d'état-major, s'était borné à exécuter les ordres de son chef, sans avoir à se décider sur le terrain, seul endroit où l'on puisse apprécier un officier.

La correspondance de son secrétaire nous présente un portrait exact de ce parfait homme « Il est froid et tient tout son monde à une distance respectueuse. Il a beaucoup des manières de l'Empereur... mon général a comme une véritable manie d'écrire. Il semble que tout son bonheur soit dans la dictée. Il veut tout faire par lui-même...

« Il arrive qu'on écrit dix lettres sur le même sujet sans jamais donner un ordre positif. Si la modestie du général peut mériter des éloges, son indécision peut aussi faire naître de grands malheurs ».

La modestie et l'indécision résultant de son peu de confiance en lui-même constituent les caractéristiques de Bertrand. Toutefois « bien qu'en ayant l'air de ne jamais penser à ceux qui lui étaient les plus dévoués », il n'hésitait pas à défendre ses subordonnés dans le malheur. *Prérogative la plus belle du commandement Il en donnait un exemple unique dans l'histoire qui offre tant de lâches abandons.* Lorsque l'Empereur maltraita le général Peyri et le renvoya de l'armée à la suite de la surprise de Königswartha « Il trouva de la compassion à son infortune » chez le général Bertrand qui l'invita à dîner « et le plaça à sa gauche à table » (1). *Chacun n'a qu'à interroger sa propre vie pour apprécier la valeur d'un pareil procédé.*

Il est certain que Bertrand n'espérait pas obtenir de grand succès en l'absence de l'Empereur ; de sombres pressentiments l'agitaient et il renvoyait à sa femme les lettres de l'Empereur auxquelles il tenait comme à un trésor (2).

III

Les commandants des divers corps avaient pris toutes leurs dispositions pour se mettre en mouvement dès que l'ordre leur en parviendrait. A la réception de la dépêche du 9 où Berthier informe Oudinot que l'Autriche dénoncera vraisemblablement l'armistice, le maréchal rappelle les attelages de l'artillerie et du train ; le 12, les parcs « sont attelés et prêts à mouvoir huit heures après l'or-

---

(1) Correspondance de Massé. *Correspondant,* 10 février, pp. 546-556.
(2) *Études.* Année 1902, p. 33.

dre de le faire » à l'exception des Bavarois; cette division étant dis-séminée et très éloignée a besoin d'au moins vingt heures pour rejoindre son corps d'armée. Le 13, Oudinot évacue ses malades sur Torgau.

Dès le 11, le IVe corps est libre de tout embarras.

Le 14, le VIIe corps reçoit ses derniers bataillons saxons de renfort, mais leur effectif est très faible, il manque encore au moins 7.000 hommes à l'infanterie saxonne.

Effectif des troupes (1)

Le XIIe corps compte . .	748 officiers	18.692 soldats	
Le VIIe —	625 —	24.595 —	
Le IVe —	727 —	21.219 —	
Le 3e corps de cavalerie .	221 —	5.087 —	

Etat intérieur des corps, mauvais état des attelages. — Autant que l'on en peut juger par les rapports, les corps avaient dû se refaire pendant l'armistice. Le VIIe corps avait touché ration entière de pain, viande, eau-de-vie, sel et légumes; lorsque ces derniers manquaient, ils étaient remplacés par quatre onces de viande. Au IVe corps, les soldats étaient nourris par l'habitant, ils étaient généralement bien, il n'y avait que très peu de plaintes de portées. On n'a aucun renseignement pour le XIIe corps.

L'officier d'ordonnance de l'Empereur constate en visitant les trois corps que l'instruction y a fait de très grands progrès ; les soldats sont exercés deux fois par jour; au VIIe corps, le 2 juillet, ils en sont à l'école de bataillon, les maniements d'armes s'y font avec ensemble. Les VIIe et IVe corps tirent à la cible ; le XIIe commence le 20 juillet.

Tous les généraux et officiers du VIIe corps se louent de l'excellente conduite, du zèle et de la bravoure de leurs jeunes soldats ; l'armement de l'infanterie est en état; les chevaux de la cavalerie saxonne se portent bien, mais beaucoup d'officiers manquent aux régiments.

Il semble résulter de l'ensemble de ces quelques indications que ces corps offrent au début de la campagne un bon instrument de guerre; les plaintes sur l'esprit qui les anime, se font entendre seulement après Dennewitz; le 31 août, lorsque l'armée a déjà subi l'échec de Gros-Beeren, Bertrand soutiendra encore que le IVe corps vaut mieux qu'à l'ouverture des hostilités. Toutefois, même à l'état-major français du corps d'armée, l'enthousiasme pour la guerre est médiocre. « Nous quittons Sprottau, écrit Massé, affligés de voir

____
(1) Voir les situations.

recommencer cette terrible guerre qui dure depuis si longtemps » (1).

Malheureusement le service du train est très mal organisé.

Le XIIe corps sur 720 chevaux en a 200 dans le plus mauvais
état ; 70 voitures sur 380 ne sont pas du tout attelées.

A ce qu'il semble, la division Durutte n'a presque plus de voitures françaises ; Reynier insiste sur l'inconvénient de renvoyer les
dernières à Dresde, conformément à l'ordre qu'il en a reçu. « L'ordre
fait le plus mauvais effet, écrit-il. Lorsque je fais prendre pour le
service des équipages militaires les caissons accordés aux officiers
pour porter leurs effets, en faire fournir six pour transporter l'ambulance de la division française paraît une lésinerie indigne de
nous ». Le peu de résistance des chevaux du train se fera vivement
sentir lors de la retraite, elle provient du manque d'avoine ; pendant tout l'armistice les chevaux ont été réduits au vert, par une
mesure d'économie mal comprise ; Bertrand le constate trop tard,
« peut-être que 12 ou 15 francs d'avoine par cheval, écrira-t-il
le 31, eûssent pu éviter de grandes pertes ».

Le rapport d'un officier d'ordonnance de l'Empereur rend
compte qu'au VIIe corps l'artillerie est bien attelée. Le même officier avance qu'au IVe corps les chevaux de l'artillerie « se portent
assez bien quoique n'ayant pas d'avoine ». Au commencement des
opérations, Bertrand déclare également que son artillerie « est bien
attelée » ; mais le 31 août, il se contredit, elle a renvoyé de Sagan
68 chevaux « hors d'état de faire campagne », et elle compte dans
ses attelages « 80 chevaux entiers romains, maigres, nullement propres au service de l'artillerie » ; elle n'en a reçu que 150 de remonte,
le reste « sont des chevaux de levée et sont petits et faibles ».

**Mesures prises par les commandants de corps d'armée
pour la concentration.** — L'ordre de Berthier parvenait à Reynier le 12 ; il ordonne à la division Sahr de s'échelonner le 13 sur
la route Nieder Seiffersdorf, Melaun, Brache, à la division Lecoq
de se rassembler le 13 et d'être prête à se mettre en marche le 14
bien réunie. Les deux divisions touchent le 13 pour quatre jours de
pain et huit jours de riz ; cette réserve doit être précieusement con-
servée et l'on n'y touchera que sur un ordre du général en chef.
Toutefois la 25e division dépasse Weissenberg dans la journée.

A 11 heures 1/2 du soir, Reynier rend compte que son corps
atteindra Luckau le 17 (2).

<hr>

(1) 13 août, *Correspondant*, 10 février, p. 554.
(2) Berthier à l'Empereur, 14 août, *Rapports*, t. II, p. 53.

Le 3ᵉ corps de cavalerie quitte Leipzig le 13 ; le duc de Padoue
promet d'arriver à Dahme le 16, il doit toucher les objets qui lui
manquent en passant à Torgau.

Le IVᵉ s'ébranle le 13 ; chaque soldat a dans son sac quatre livres
de farine et deux jours de biscuit ou pain biscuité ; les 41 voitures
françaises portent 60.000 rations de biscuit, les 48 voitures italiennes deux jours d'eau-de-vie et 450 quintaux de riz. Le corps
d'armée a à sa suite six jours de viande sur pied.

Les cantonnements sont répartis d'après le tableau de marche
ci-joint :

13	14	15	16	17
Div. Ital. Sorau...	Forste	Cottbus	en avant de Weissagk	Luckau
Div. Franç. Sagan..	Niwerte	en arrière de Cottbus	Weissagk	Luckau
Div. Wurt. Sprottau	Sorau	Forste......	Cottbus	en arrière de Luckau

Les voitures marchent avec la division wurtembergeoise sous
l'escorte d'un bataillon wurtembergeois.

Tout le corps aura atteint Luckau le 17, sauf la division wurtembergeoise qui demeure quelques lieues en arrière avec les transports.

**Exécution de la marche pour se rendre à Baruth.
VIIᵉ corps.** — Le 14, le VIIᵉ corps atteint : la 24ᵉ division, Crebe,
Klitten, Micka ; la division Durutte, Weissenberg ; la 25ᵉ, Wartha,
Weissig, Steinitz et Lohse.

Le 15, la 24ᵉ division, Spremberg ; la 25ᵉ, au nord d'Hoyerswerda
vers Senftenberg ; la division Durutte, Hoyerswerda.

Le 16, la 24ᵉ division cantonne à l'est de Kalau à Oggerosen et
Drebko ; la 25ᵉ, à Kalau et environs ; la division Durutte, à Jauer,
Neudorf et environs.

Le quartier général est le 14 à Gottamelde ; le 15 à Hoyerswerda ;
le 16 à Alt-Döbern.

Le 17, le général Reynier se rend de très bonne heure à Luckau,
pour fixer les lieux de cantonnement ; son intention est d'établir la
division Sahr, tête de la colonne, à l'ouest de Luckau.

Le VIIᵉ corps se rassemble à l'ouest de Kalau et se met en marche
à 9 heures. La division Sahr cantonne à Falkenberg et Kemlitz. La

24e division : le régiment Lecoq, le leib bataillon, les chasseurs et le quartier général du colonel de Brause à Langengrassau : le régiment prince Friederich, le parc de la division et le quartier du général Mellentin, à Paserin ; le 1er bataillon de grenadiers, le 2e bataillon Steindel, les deux batteries à pied vers Uckro ; le 1er bataillon Steindel à Pickel ; le bataillon Rechten à Zöllmersdorf ; le bataillon de Niesemeuchel constitue la garde du quartier général ; la division Durutte à Luckau.

Le même jour, Reynier annonce aux troupes la rupture de l'armistice, et il leur ordonne « de se garder militairement dans leurs cantonnements ».

IVe corps. — Le quartier général s'établit le 14 à Niwerte, le 15 à Cottbus ; le 14, le général Bertrand modifie l'itinéraire de la division wurtembergeoise ; il lui prescrit de passer le 15 par Forste et de pousser le 16 le plus en avant possible de Cottbus. La division Morand cantonne le 15 à Cottbus.

Le 17, le IVe corps se rassemble à 9 heures à Weissagk ; le soir, il est échelonné sur la route de Baruth : la division italienne à Rudingsdorf ; la division française à Giessmansdorf ; la division wurtembergeoise sur la route de Weissagk, les chasseurs à cheval wurtembergeois à Zaacko.

Le même jour, le corps d'armée est averti de la reprise des hostilités et d'avoir à bivouaquer dans les cantonnements afin d'éviter toute surprise. Toutes les voitures non autorisées doivent demeurer à Luckau ainsi que tous les effets de service ; on n'emmènera que les vivres.

Chaque division constitue dans la place un petit dépôt avec les éclopés ; jusqu'à quinze hommes il est commandé par un sous-officier, au delà de vingt-cinq hommes par un officier.

Dispositions du maréchal Oudinot. — Le 12, une dépêche de Berthier avait averti Oudinot qu'il devait s'attendre à la rupture de l'armistice ; en outre, on lui signalait l'arrivée de 1.300 hommes à Buchholz, un autre poste de 200 hommes d'infanterie et de 100 de cavalerie existait à Krausnig, et les cosaques se vantaient auprès des paysans saxons de s'emparer dans peu de jours de leurs troupeaux. La proximité de ces détachements et différents autres indices faisaient supposer à Oudinot que les alliés avaient l'intention de prendre l'offensive ; il proposait à l'Empereur de porter les deux divisions françaises à Baruth dès le début des hostilités pour couvrir le pays contre les incursions de l'ennemi, et d'avoir la 3e division à Dahme. A ce qu'il semble, il supposait que l'Empereur lui ordonnerait de se concentrer sur Jüterbog.

La lettre du 12 où l'Empereur informe le maréchal de sa nomination au commandement de l'armée du Nord, lui est remise le 13 ; toutefois l'expédition de l'instruction de Berthier à laquelle l'Empereur fait allusion, est retardée jusqu'au 13 à 4 heures, sans qu'on l'en ait averti. Il en éprouve « un véritable et double regret » et avoue franchement son embarras ; toutefois il prend de suite ses dispositions pour concentrer le 15 le XIIe corps à Baruth. Le 14 à midi, les instructions de Berthier ne lui sont pas encore parvenues ; une dépêche du duc de Padoue l'a averti que sa division d'avant-garde atteindra Dahme le 14 ; les autres suivent à une journée d'intervalle.

Il lui ordonne d'en diriger deux sur Baruth et de maintenir la 3e à Dahme, « point d'ailleurs intéressant à cause de ses communications ». Il n'a aucune nouvelle ni du IVe ni du VIIe corps, ce qui lui cause une certaine inquiétude ; « il paraît, écrit-il, que l'ennemi me préviendra, car il se grossit fort sur la frontière et surtout sur les points de Trebbin et de Beelitz ».

La dépêche de Berthier lui est remise dans la journée du 14 ; elle ne contient aucune instruction au sujet de Luckau. Oudinot y a maintenu provisoirement trois compagnies de sapeurs afin d'y achever les travaux ; il compte y arrêter un bataillon outre les quatre pièces qu'il y a placées jusqu'à l'arrivée de celles destinées à la place.

Il présume que Bertrand vient par Cottbus, et il lui envoie l'ordre de former un détachement composé de sa cavalerie légère et d'un bataillon pour manœuvrer entre Guben et Lübben, constituer l'arrière-garde du corps d'armée et couvrir ce pays que le départ du IIe corps livre aux incursions des partis ennemis.

Le 15, la division Lorge rejoint à Baruth et Oudinot apprend que le général Reynier sera, le 18, au moins à Dahme. Tout le XIIe corps est rassemblé à Baruth ; chaque soldat a emporté avec lui deux jours de pain, biscuit, farine, quatre jours de riz et de légumes secs ; 90.000 rations de biscuit suivent le corps d'armée.

Alors que le gros de l'armée alliée était cantonné à l'ouest de Berlin, les renseignements recueillis par Oudinot indiquaient qu'elle se trouvait massée à l'est sur la route de Mittenwalde couverte par des fortifications ; ces rapports et la nature des chemins le déterminaient à suivre celle de Trebbin ; « j'arrive plutôt dans la plaine et je puis donc manœuvrer plus librement », expliquait-il, pour justifier cette résolution contraire aux ordres de l'Empereur.

Il promettait d'entrer en tous cas le 18 sur le territoire ennemi.

Ce mouvement sur la gauche, en ce qui concernait sa propre armée, avait le grand avantage de lui permettre de s'ouvrir une ligne de communication avec Wittenberg et les places de l'Elbe.

Au point de vue de l'ensemble des opérations, cette détermination avait le grave inconvénient de découvrir le flanc gauche de la Grande Armée. Aussi l'Empereur lui avait-il ordonné d'attendre l'occupation de Berlin pour opérer ce changement de ligne d'opérations.

L'instruction de Berthier ne lui prescrivait plus de maintenir un corps entre Guben et Lübben; en conséquence, le 16, il ordonnait à Bertrand de rappeler à lui la brigade chargée de cette mission ; s'il y avait quelque danger pour la place, la cavalerie rejoindrait, le bataillon demeurerait à Luckau.

IV

« La région au sud de Berlin que devait parcourir l'armée d'Oudinot est coupée par une bande de terrain large en moyenne de trente kilomètres dont la partie nord consiste en une plaine boisée presque ininterrompue avec des marais en avant. La lisière nord passe environ de Cöpenick sur la Sprée, par Königs-Wusterhausen, Zossen, Trebbin, Saarmund et Potsdam ; la lisière sud de Fürstenwalde par Buchholz, Golssen, Jüterbog, Treuenbrietzen jusqu'à Brandebourg. Cette plaine boisée est recouverte par suite de son faible niveau de nombreux bois et marais ; elle est traversée par des ruisseaux et des rigoles d'écoulement de telle sorte que les mouvements de troupe sont limités aux routes. La région des lacs domine entre Zossen, Buchholz et Königs-Wusterhausen, la région des marais entre Golssen, Trebbin, Treuenbrietzen et Beelitz. A l'ouest, la Nuthe conduit tous les écoulements au Havel ; à l'est, la Nothe les mène à la Dahme et celle-ci par la Nothe à la Sprée. Les endroits bâtis qui s'élèvent en forme d'îles au-dessus de la région des marais, se lient seulement par des communications étroites qui forment ainsi de nombreux défilés » (1).

Quatre routes non chaussées traversent cette région se dirigeant sur la capitale ; deux partent de Wittenberg. La première par Treuenbrietzen, Beelitz, Potsdam, Berlin ; la deuxième par Jüterbog, Luckenwalde, Trebbin, Berlin.

(1) *Friederich*, p. 376.

Deux autres assurent la liaison avec le sud.

La première par Baruth, où se réunissent les routes de Dahme et de Luckau, Mittenwalde, Berlin.

La deuxième par Lübben, Buchholz, KönigsWusterhausen, Berlin.

Une route transversale reliait les points de Jüterbog, Dahme, Luckau et Lübben.

L'armée française étant maîtresse de ces quatre points avait donc, outre la ligne de l'Elbe, défendue par Magdebourg et Wittenberg, une seconde base d'opération qui s'appuyait à la ville de Luckau.

De nombreux travaux de fortifications passagères élevés autour de cette localité pendant l'armistice en avaient fait une place de campagne capable de recueillir les dépôts et les embarras de l'armée.

A en croire Oudinot, le 13, tous les ouvrages sont en état d'être défendus ; ils n'ont plus besoin que de quelques jours de travail pour leur perfectionnement, les plates-formes sont déjà en partie établies. Le 17, Lebrun s'exprime de même. Les ouvrages sont pour ainsi dire presque terminés « il n'y a plus que quelques objets de détail qui pourraient l'être, lors même que l'ennemi tiendrait la campagne : il y a à présent cinq pieds d'eau devant tous les ouvrages ».

Au contraire, son gouverneur écrit le 18 que sur les cinq ouvrages qui doivent couronner les hauteurs aucun n'est achevé « mais on peut espérer de s'y défendre ».

L'armement de la place était fixé à douze pièces ; le 18, il n'y en a que huit d'arrivées ; trois sont en batterie. Les approvisionnements en farine et en viande sont suffisants pour un mois et pour mille hommes; ceux en biscuit ont une égale durée.

Le bataillon saxon de Maximilien forme la garnison avec 100 éclopés : les IVe et VIIe corps y ont en outre laissé beaucoup de malades.

CHAPITRE II

1. Plan d'opérations de Trachenberg Reichenbach. — 2. Idées de Bernadotte sur la manière de conduire les opérations. — 3. Dispositions de Bernadotte jusqu'à la rupture de l'armistice.

I

Le 11 juillet, dans un entretien avec le comte Stadion, Bernadotte lui avouait ouvertement le point de vue sous lequel il considérait son rôle dans la campagne future : « Je puis vous parler franchement, ce n'est pas moi qui suis appelé à combattre en chevalier errant pour la liberté de l'Europe sans en avoir un avantage réel et immédiat pour la Suède. La nation m'abandonnerait dans une telle entreprise et avec raison. C'est pour avoir la Norvège que je me réunis à la grande cause, c'est elle que j'ai mise pour première condition dans tous les traités que j'ai faits avec les puissances alliées contre la France... » (1).

Certains historiens allemands (2) lui ont vivement reproché d'avoir poursuivi cet objectif particulier, au lieu de s'être dévoué sans restriction à la cause allemande. Ce reproche est absolument injuste ; souverain suédois, Bernadotte n'avait à s'inquiéter que de la grandeur de la Suède. Dès l'instant où il était en possession de la Norvège, la guerre n'avait plus aucun intérêt pour sa nation ; de grands succès ne servaient qu'à augmenter sa gloire comme général en chef. Il est indiscutable que le choix d'un général animé de pareils sentiments était un événement malheureux pour les corps prussiens et peu propre à donner à la guerre ce caractère d'impétuosité et de violence qui seul mène à la victoire.

D'autres considérations diminuaient encore son énergie ; après

(1) Oncken, tome II, p. 245.
(2) Sauf Oncken, tome II, p. 41].

2

avoir porté les armes contre son pays, il se laissait aller à l'espoir de le gouverner. Le 14 juin, le comte de Stadion rendait compte de ses confidences à son souverain. « Il m'a fait soupçonner plus d'une fois dans ses longues conversations qu'il ne voit pas d'impossibilité à ce que, si Napoléon perdait le trône de France par une révolution intérieure, ce ne soit lui qui y fût appelé pour lui succéder. Je doute qu'il perde de si tôt cette idée entièrement de vue » (1).

Tout succès contre les Français l'éloignait de la réalisation de ce rêve étrange ; il était évident que l'armée, dont dépendait le sort de la nation, n'accepterait pas pour chef l'auteur de sa défaite.

Le 14 juin, il soumettait à deux officiers prussiens qui lui avaient été envoyés et dont il réussissait à acquérir la confiance absolue, trois projets d'opération pour l'emploi de son armée qu'il supposait portée à 80.000 hommes.

Premier projet. — « Un corps de 12.000 à 15.000 hommes observera Hambourg, Lübeck avec les troupes placées dans les environs et les tiendra en échec. Ce corps suffira, de concert avec la landwehr, à couvrir le Mecklenbourg. la Poméranie et la partie nord de la Marche. L'armée principale, forte de 60.000 à 70.000 hommes sous la conduite de Son Altesse Royale, marche par Berlin sur Bautzen, y converse à gauche, se trouve sur les derrières de l'armée française et lui coupe toute communication avec Dresde. L'armée russo-prussienne combinée demeurera en Silésie sur sa position défensive actuelle jusqu'à ce que l'armée combinée suédoise soit arrivée à Bautzen ; lorsque l'armée française se sera retournée toute entière ou en partie sur Bautzen, elle commencera son offensive contre elle ».

Deuxième projet — « Position d'un corps vers Hambourg et Lübeck comme dans le numéro 1. Par contre, le gros de l'armée passe l'Elbe dans les environs de Dessau et Wittenberg ; il se place à Leipzig et Pegau, coupe à l'ennemi toutes les communications venant de Dresde ; il fait de cet emplacement de fortes diversions vers Dresde, la Westphalie ou le Hanovre pour utiliser les forces de ces pays et l'esprit qui y règne. Peut-être réussira-t-on à prendre Magdebourg par les intelligences qu'on y entretient ».

Troisième projet. — « Berlin et la Marche seront couverts contre les diversions ennemies par un corps de 15.000 hommes placé sur la frontière saxonne, agissant de concert avec la landwehr. Le gros de l'armée emploiera toutes ses forces à se rendre maître de Hambourg, Lübeck et du Holstein. Une fois ce but atteint, les Français

(1) Oncken, tome II, p. 425.

et les Danois, rejetés derrière l'Eider, un corps de 20.000 hommes, les tiendra en échec, alors que le prince royal passera l'Elbe avec le reste fort de 40.000 hommes, s'assurera des embouchures de l'Elbe et du Weser et dirigera ses opérations ultérieures vers la Hollande, le Brabant ou la Westphalie.

« Son Altesse Royale, ajoutait Ende, considère le plan n° 3 comme le plus convenable, car il promet les plus grands résultats, mais il doute qu'il soit choisi par les alliés. Au cas où l'on rejetterait le plan n° 3, Son Altesse préfère le plan n° 2 au premier, car si l'armée française se hâtait d'évacuer la Silésie pour se porter sur l'Elbe, le but que l'on se propose dans le plan n° 1 d'agir sur les derrières de l'armée française, serait rendu inutile » (1).

En un mot, Bernadotte proposait d'employer 80.000 hommes à des diversions, jamais il n'admettait l'idée d'amener cette masse à une lutte contre l'Empereur. De pareils projets ne pouvaient être acceptés par les souverains alliés.

Comme l'a fort bien démontré Friederich, le plan qui porte le nom de Trachenberg-Reichenberg est un compromis entre les idées qui régnaient dans les états-majors des différentes armées. Il suffit dans cette étude, qui concerne l'armée du Nord, d'en résumer les principes généraux, en s'attachant principalement à ce qui concerne cette dernière.

Le 9 juin, le général Toll remettait à son souverain un plan d'opérations. Il envisage d'abord l'hypothèse où l'Autriche gardera la neutralité ; on citera seulement le passage de cette première partie relatif à Bernadotte, car il montre le peu de confiance que le général Toll avait en lui. « Si le prince royal voulait soutenir sincèrement la bonne cause, se diriger sur Berlin et se joindre au corps de Bülow, ce qui formerait un corps de 40.000 à 50.000 hommes, marcher droit sur les communications de l'ennemi dans le temps que celui-ci aurait passé l'Oder, Napoléon serait obligé de détacher des forces au moins égales à celles de l'armée royale » (2).

Toll étudiait ensuite les diverses dispositions que l'Empereur pouvait adopter au cas où l'Autriche se déclarerait contre lui. Il prenait pour base de ses calculs les effectifs suivants : armée française, 160.000 ; armée russo-prussienne, 150.000 : autrichienne, 120.000 ; Bülow, 25.000 ; Wintzingerode, 12.000.

L'armistice étant dénoncée le 20 juillet et l'Empereur gardant sa position sur la Katzbach ; l'armée autrichienne s'avancera par Gœr-

---

(1) Quistrop, p. 71-72.
(2) Bernhardi, *Mémoires de Toll*. Supplément, p. 551.

litz et Reichenbach, l'armée russo-prussienne se concentrera à Schweidenitz, le général de Bülow se portera « à marches forcées » par Beeskow, Cottbus, Spremberg sur Gœrlitz.

I. L'Empereur attaque l'armée de Silésie, l'armée autrichienne « par des marches forcées viendra en son dos; et en supposant qu'après deux jours de combats l'armée combinée fut obligée à se retirer, l'ennemi ne pourra pas poursuivre les avantages d'une bataille gagnée et se verra menacé par l'armée autrichienne jointe au corps de Bülow, forte de 145.000 hommes, à laquelle il devra livrer une seconde bataille étant affaibli et désorganisé. L'armée combinée revenant à la charge pourra contribuer à la destruction totale de l'armée ennemie ».

II. L'Empereur au contraire marche contre l'armée autrichienne. L'armée de Silésie agira de même.

III. L'Empereur se replie sur la rive gauche de l'Elbe. L'armée prussienne (60.000 hommes) est chargée de masquer Dresde. L'armée russe (100.000 hommes) renforce l'armée autrichienne par la Bohême; toutes deux, formant un total de 220.000 hommes, s'avancent sur les derrières de l'Empereur soit par Hof, s'il se replie sur la ligne du Weser, soit par Leitmeritz et Tœplitz, s'il s'opiniâtre à défendre la rive gauche de l'Elbe.

Sur ces entrefaites, l'état-major autrichien ayant désiré avoir connaissance des projets de l'état-major de l'armée russo-prussienne, le 13 juin, le général de Toll soumettait, par ordre de Barclay, un plan d'opérations au prince de Schwarzenberg. Il envisageait trois hypothèses.

I. Napoléon concentrait le gros de ses forces sur la rive gauche de l'Elbe et attaquait l'armée autrichienne. Celle-ci se réunirait à Leitmeritz où elle serait renforcée par Wittgenstein avec 25.000 hommes ; l'armée russo-prussienne « se porterait en droiture sur Dresde ».

II. Napoléon maintenait le gros des forces françaises entre l'Elbe et l'Oder. L'armée russo-prussienne « agirait de concert avec l'armée autrichienne ainsi qu'avec les corps de Bülow et de Wintzingerode, qui, dans tous les cas, opéreraient avec la plus grande célérité dès la reprise des hostilités sur le flanc gauche de l'ennemi », le premier sur Meissen et Dresde, le second sur Sagan.

III. Napoléon gardait toutes ses forces contre l'armée russo-prussienne, « supposition moins probable ». L'armée autrichienne marcherait sur Zittau ; l'armée russo-prussienne sur Gœrlitz « où serait porté le coup décisif ». Bülow « mettra encore plus de célérité dans sa marche et se portera sur la gauche et les derrières de l'ennemi ; il restera en communication avec Wintzingerode ; ce dernier repoussant ce qui se trouverait devant lui, agira dans le même sens et autant que possible conjointement avec Bülow, en cherchant à maintenir sa communication avec la Grande Armée. Le corps de Sacken tâchera de tourner la gauche de l'ennemi et de se mettre en communication avec Wintzingerode, mais sans compromettre jamais sa communication avec la Grande Armée. Les troupes aux ordres du prince royal de Suède, au nombre desquelles se trouvent les corps de Woronzow et de Wallmoden, observeront avec le gros de leurs forces Hambourg et Magdebourg et seront sur la défensive, tant qu'une bataille gagnée vers le haut Elbe n'aura point décidé du sort de l'Allemagne. Jusqu'à cette époque, ces troupes se borneront à causer à l'ennemi tout le mal possible au moyen d'incursions effectuées par les troupes légères dans le Harz et les pays de Brunswick et de Hanovre. Une fois qu'à la suite d'une bataille gagnée, la Grande Armée s'avancera vers le Thuringer Wald, le prince royal de Suède, passant l'Elbe avec toutes ses forces, coopérera en se dirigeant par le Weser vers le bas Rhin » (1).

En résumé, les corps de Bülow et de Wintzingerode gardaient leur indépendance, le rôle du prince royal, absolument secondaire, consistait à ramasser les fruits d'une victoire à laquelle il n'avait pris aucune part.

A la même époque, le général Radetzki considérait dans un mémoire adressé à son souverain que l'Empereur se porterait contre l'Autriche avec 180.000 hommes en maintenant 60.000 hommes contre les autres armées. « Le but principal d'un plan commun d'opération, concluait-il, doit donc être de prendre seulement l'offensive avec la grande armée et de se maintenir défensivement avec toutes les autres jusqu'à ce que l'Empereur soit battu. On ne peut espérer des résultats favorables que par ce moyen. Tous les avantages isolés, si grands soient-ils, qui ne sont pas obtenus par la Grande Armée, disparaissent et sont sans avantage tant que l'on n'a pas obtenu une diminution de la principale armée ennemie » (2).

Les deux mémoires de Toll et de Radetzki s'accordaient sur le danger que courait l'Autriche et insistaient sur la nécessité de renforcer l'armée autrichienne. Il leur était facile de s'entendre. Ils tombaient d'accord que l'Empereur maintiendrait seulement un rideau devant

(1) Bernhardi, *Mémoires de Toll*, p. 556-557.
(2) *Ecrits de Radetzki*, p. 107.

la Katzbach et se replierait avec le gros de ses forces sur la rive gauche. Dans cette hypothèse, le général Wittgenstein rejoindrait l'armée autrichienne avec 25.000 hommes, cette dernière franchirait l'Elbe à Leitmaritz, l'armée de Silésie le passerait entre Torgau et Dresde, Bülow observerait Wittenberg et Torgau, Woronzow, Magdebourg et lanceraient des partis sur les derrières.

L'Empereur maintenait ses positions sur la Katzbach. L'armée autrichienne déboucherait par Gœrlitz et Zittau, direction que prendrait également Bülow ; l'armée de Silésie attaquerait de front par Goldberg.

Dans toutes ces suppositions, on prendrait l'offensive avec la dernière vigueur (1).

Il est très remarquable qu'on n'ait pas envisagé l'action de Bernadotte. On voit pourtant par une dépêche de Metternich que l'on fondait à Vienne les plus grandes espérances sur ce prince. Il écrivait le 23 juin à Stadion : « Il me paraîtrait très essentiel que vous poussiez de votre côté le prince royal de Suède par l'organe de son envoyé au camp allié. J'avoue que je compte prodigieusement sur l'effet de sa coopération dans la position actuelle des armées. L'idée que je me fais de l'ouverture de la campagne et que partage Schwarzenberg, serait celle que l'armée autrichienne concentrée derrière l'Egra (où elle va se porter à partir du 5 juillet) prît une attitude offensive, mais qu'elle restât sur la défensive. Que l'armée prussienne prît, à l'expiration de l'armistice, une offensive mesurée et qu'elle poussât vers l'Elbe. Que le corps suédois et allié dans le nord enfin prît une vigoureuse offensive pour déloger Napoléon de la gauche de l'Elbe et entrer en ligne avec les autres grandes armées. Vous pourrez dire sans difficulté que la coopération autrichienne dépend plus ou moins de l'idée que l'on aura de celle du prince royal, que cette dernière influe prodigieusement sur l'Empereur » (2).

De son côté, Knesebeck, à qui son souverain avait soumis les projets de Bernadotte, remettait à Frédérick-Guillaume un contre-projet. Il considérait deux cas comme vraisemblables : 1º l'Empereur attaquerait l'Autriche avec deux armées : la première remonterait les deux rives de l'Elbe par Dresde et Zittau ; la seconde, rassemblée à Wurzbourg, s'avancerait par Eger ou Pilsen ;

2º Le gros de ses forces, débouchant par Wurzbourg, suivrait la rive droite du Danube, tandis qu'un autre groupe pénétrerait en

(1) Toll à Scharnhorst, Gitschin, 17 juin, Friederich, p. 80.
(2) Metternich à Stadion, 13 juin, Gitschin. Oncken, p. 410-411.

Bohême en remontant l'Elbe. L'Empereur observerait seulement le bas Elbe.

Restait un troisième cas, le plus avantageux pour les alliés, l'Empereur dirigerait une armée contre l'armée russo-prussienne, une autre contre l'Autriche par la Bohême. « On se porterait d'abord de la Marche, de la Silésie et de la Bohême, contre l'armée principale établie sur l'Elbe, la Lusace et la Silésie. Si on exécutait ces mouvements de manière à les coordonner en peu de jours, la victoire était très vraisemblable ».

On ne devait donc pas supposer que Napoléon se mettrait dans cette situation. « Un mouvement contre Berlin était aussi peu vraisemblable ».

Par contre, Knesebeck proposait de renforcer l'armée autrichienne avec toute l'armée de Silésie.

« Le rôle de l'armée combinée du Nord, ajoutait-il, reste donc de chercher à agir sur le flanc gauche et les communications de Napoléon en prenant la direction de Dresde, non dans une direction excentrique vers le Nord de l'Allemagne, mais toujours aussi près que possible de la grande armée alliée » (1).

Comme le fait remarquer Friederich (2), l'allusion au projet de Bernadotte est visible. Knesebeck le reconnaît lui-même, il fallait une singulière « résignation » à la Prusse et à la Russie pour consentir à mettre leurs troupes sous le commandement absolu de deux généraux étrangers ; c'était une véritable immolation.

Aucun de ces plans n'étudie l'hypothèse d'une opération contre Berlin. Deux mémoires remis par Borstel et Boyen se préoccupent au contraire d'une offensive contre la capitale de la Prusse. Borstel prend pour base de ses considérations la neutralité de l'Autriche, car dès l'instant où cette puissance se joint aux alliés, il admet comme une certitude que l'Empereur sera forcé d'évacuer la rive droite. Actuellement, l'Empereur s'est avancé en Silésie jusqu'à l'Oder, il ne peut plus gagner de terrain avant d'avoir conquis le bas Elbe. « Par suite, l'offensive française sera dirigée contre Berlin ». Les corps de Vandamme, Victor, Oudinot, Davoust, Reynier, renforcés par les Saxons, Bavarois et Danois, mettent 150.000 hommes à sa disposition. « Dans toutes les circonstances, conclut-il, il est absolument nécessaire de placer toutes les forces militaires du théâtre nord de guerre dans la main d'un chef pourvu d'une puissance illimitée qui, grand et d'un rang élevé, ne vit que pour

(1) Reproduit par Friederich, p. 83.
(2) Friederich, p. 84.

le but de la guerre, lui soumet tout, et sait agir avec indépendance » (1).

Après avoir discuté diverses hypothèses, Boyen, envisageant celle d'une marche sur Berlin, l'exprimait en ces termes : « L'Empereur laisse un corps d'observation sur le Bober et la Queiss, tombe sur Berlin avec son armée principale, délivre Cüstrin et Stettin et s'empare de la route du Rhin par Magdebourg ». D'après l'*Histoire de l'armée du Nord*, Boyen aurait conseillé de confier le commandement de toutes les forces alliées dans le nord à Bernadotte et d'opérer la retraite, si l'on y était forcé, sur Stralsund. Le plan publié dans les *Mémoires de Boyen* ne dit pas un mot de ces propositions (2).

Lors des conférences d'Abo, l'Empereur Alexandre avait promis à Bernadotte de lui adjoindre un corps de 35.000 hommes ; d'autre part, on a vu l'importance que l'Autriche attachait à ne pas le mécontenter. Ces considérations donnaient plus de force aux projets de Boyen et de Borstel et contribuèrent certainement à augmenter le rôle qu'on lui destinait.

Les souverains alliés décidaient de se réunir à Trachenberg pour réaliser l'accord entre tant de vues différentes que justifiaient des intérêts particuliers. Bernadotte arrivait le 10 juillet dans cette ville. Alors que les officiers prussiens étaient enthousiastes des sentiments qu'il leur avait exprimés, un diplomate hanovrien, qui l'avait approché dans ces journées, l'accusait de manquer de caractère et conseillait de s'en défier ; il faisait sien ce jugement porté sur lui par Davoust, « qu'il savait à quoi s'en tenir par rapport au prince royal, et que celui-ci n'agirait jamais contre la France » (3).

Bernadotte, à l'origine de ce congrès, était animé d'une grande défiance contre l'Autriche ; une conversation de deux heures avec le comte Stadion la faisait disparaître. Lui aussi admettait avec enthousiasme l'idée que l'Empereur tomberait sur l'Autriche, direction qui éloignait de lui toute bataille décisive et réduisait son rôle à inquiéter les derrières de l'armée française. « De toutes les idées qu'il avait proposées précédemment pour activer l'armée qu'il aurait sous ses ordres, il ne conservait que celle de passer l'Elbe aussi près de Dresde que possible d'après les difficultés ou les facilités qu'il trouverait, mais toujours plus haut que Dessau s'il n'y avait des obstacles invincibles. L'armée de Silésie avançant en même

(1) *Armée du Nord*, tome I, p. 39-60.
(2) Boyen, tome III, p. 449-457.
(3) Oncken, tome II, p. 420-421.

temps par la Lusace ou par la route la plus directe à l'ennemi, et les réserves russes qui se placent dans ce moment sur la Wartha poussant de leur côté progressivement en avant, la position des alliés lui paraissait si belle qu'il me répéta plusieurs fois que, dans cette situation, l'armée française devait être perdue pour peu qu'on allât droit dessus sans employer ni manœuvres, ni calcul, ni cette fausse science de guerre qui, si souvent, à force de réflexions, a fait manquer les combinaisons les plus certaines et le plus solidement conçues ».

En apprenant les défaites d'Espagne, il voyait déjà l'armée française en retraite derrière l'Elbe, « peut-être jusqu'à la ligne du haut Mein à Wurzbourg, Bamberg », et l'Empereur, par un coup de désespoir « qui lui deviendrait inmanquablement funeste », attaquant par la Bohême (1).

Une première réunion où prenaient part Bernadotte, Knesebeck, Wolkonski, Toll, Stedingk et Suchtelen avait lieu dans la journée du 11. Les souverains n'y paraissaient pas afin de laisser toute liberté à la discussion ; le 12, ils assistaient aux conférences. Ils invitaient Bernadotte à développer ses idées ; celui-ci les résumait après une discussion de plusieurs heures, dans le mémoire suivant que le général de Lowenhielm rédigeait par son ordre (2) :

« I. Trois armées : la grande armée ou de Bohême, l'armée de Silésie et celle du Nord, doivent manœuvrer de manière que l'ennemi ne soit pas en état de tomber avec toute sa force sur l'une d'elles.

II. Les armées ne doivent pas opérer à une plus grande distance l'une de l'autre qu'elles ne puissent se soutenir mutuellement, de façon à ce que l'ennemi ne soit pas en état d'attaquer une d'elles avec sa force principale.

III. En cas d'une attaque du gros des forces de Napoléon, celle qui est attaquée doit se replier pendant que les deux autres attaquent la ligne de communication de l'ennemi, de façon à ce que celui-ci soit toujours attaqué sur ses flancs et ses derrières.

IV. Le gros des forces des armées alliées doit interrompre les flancs et la ligne d'opération de l'ennemi.

V. On doit éviter des attaques décisives, mais par contre manœuvrer de façon à fatiguer l'ennemi. Si l'ennemi est séparé, on doit l'attaquer.

----

(1) Oncken, tome II, p. 422-423.
(2) Le général von Quistrop n'a pas jugé à propos de mentionner ce document que Pertz considère comme authentique, tome III, p. 115.

VI. Des officiers de confiance doivent mutuellement être placés auprès de tous les quartiers généraux pour y obtenir la coopération et l'entente.

VII. On doit bloquer les forteresses de l'Elbe et de l'Oder. On enverra des détachements pour occuper les pays de la Confédération du Rhin.

VIII. On reserrera les forces de l'ennemi autant que possible sur un si petit espace qu'il soit forcé de faire front en même temps contre les trois armées alliées.

IX. Si l'ennemi se décide dans une telle position à livrer bataille, la grande armée de Bohême l'attaquera. Si cela n'a pas lieu, on évitera les combats, on fera marcher l'ennemi tantôt contre une, tantôt contre l'autre armée, sans autre résultat que de fatiguer ses armées et de perdre du terrain.

X. L'ennemi doit continuellement être inquiété par les troupes légères.

XI. Les alliés doivent veiller à recevoir chaque jour des renforts et d'avoir constamment du matériel en réserve, surtout des munitions, de façon à ce qu'il en existe constamment en quantité suffisante, même après de grandes batailles.

XII. Les armées alliées doivent commencer en même temps leurs opérations pour ne pas accorder à l'ennemi le temps de diriger son attaque sur un seul point ».

Il est curieux de constater que Bernadotte avait réussi à s'attirer dans cette matinée la confiance du roi de Prusse, car il disait à un de ses officiers d'ordonance : « On ne peut nier que le prince royal soit prudent et captivant » (ein einnehmender Herr).

Le soir, la discussion reprenait ; s'il faut en croire les Prussiens, Knesebeck serait l'auteur du projet reproduit plus loin, connu sous le nom de plan de Trachenberg et il aurait éprouvé la plus grande peine à convaincre Bernadotte de la justesse des idées qu'il émettait. « Il serait parti de ce point de vue que Napoléon, en possession des forteresses de Torgau, Wittenberg, Magdebourg, Cüstrin, Spandau et Glogau, tiendrait l'Elbe et qu'appuyé sur cette base, il adopterait comme parti le plus convenable celui de choisir Dresde pour son point principal d'appui. Si cette hypothèse était exacte, ainsi qu'on avait tout motif de le supposer, on devait l'y maintenir comme au jeu du double moulinet, en opérant avec deux fortes armées l'une débouchant par Tœplitz l'autre par la Silésie ; dès qu'il voudrait attaquer l'une d'elles, celle-ci ne s'engagerait pas dans un combat, mais se retirerait aussi loin que possible, tandis que l'autre attaquerait de suite. Ces marches et contre-marches le ruineraient à la fin ; il serait forcé de quitter sa position et l'on pouvait supposer que l'on en viendrait à une bataille décisive dans les plaines de Leipzig ; on devait donc prendre, autant que possible des dispositions pour y rassembler tous les corps » (1).

Le général de Knesebeck disait lui-même quelques années plus tard à Boyen que le projet initial de Bernadotte était de rassembler toutes les forces disponibles à Berlin sous son commandement, tandis que l'armée autrichienne agirait, d'après les circonstances, en débouchant de la Bohême (2).

Bernhardi, d'après les papiers de Toll, avance également que Bernadotte exposa ses idées en détail, toutefois il n'indique pas en quoi elles consistaient ; croyant remarquer que Toll les désapprouvait, il lui aurait dit : « Général, vous paraissez ne pas être de mon avis. S'il m'est permis, quoique étant le plus jeune général dans ce cercle, de donner mon opinion, commençait Toll... Parlez, parlez franchement, reprenait Bernadotte ». Le général Toll exposait alors ses projets, approuvés par Bernadotte « Bien, mais très bien, c'est très vrai, continuez ». Néanmoins, il fallait encore plusieurs heures pour le convaincre ; il invitait alors Toll à mettre par écrit les points sur lesquels on était d'accord.

« Il a été convenu pour principe général que toutes les forces des alliés se porteront toujours du côté où les plus grandes forces de l'ennemi se trouveront ; de là, il s'ensuit :

1° Que les corps qui doivent agir sur les flancs et en dos de l'ennemi choisiront toujours la ligne qui conduit le plus directement sur la ligne d'opérations de l'ennemi ;

2° Que la plus grande force des alliés doit choisir une position qui la mette à même de faire face partout où l'ennemi voudra se porter. Le bastion saillant de la Bohême paraît vouloir donner cet avantage.

Suivant ces maximes générales, les armées combinées doivent donc, avant l'expiration de l'armistice, être rendues aux postes ci-dessus énoncés, savoir :

Une partie de l'armée alliée de Silésie, forte de 90.000 à 100.000 hommes, se portera, quelques jours avant l'armistice, par les routes de Landshut et de Glatz sur Jung-Buntzlau et Brandeis pour se joindre dans le plus court délai à l'armée autrichienne, afin de former avec elle en Bohême un total de 200.000 à 220.000 combattants.

(1) Donnersmarck, *Mémoires*, p. 203.
(2) Boyen, *Mémoires*, tome III, p. 83.

L'armée du prince royal de Suède, laissant un corps de 15.000 à
20.000 hommes contre les Danois et les Français en observation
vis-à-vis de Lübeck et de Hambourg, se rassemblera avec une force
d'à peu près de 70.000 hommes dans les environs de Treuenbrietzen pour se porter, au moment de l'expiration de l'armistice, vers
l'Elbe et passer ce fleuve entre Torgau et Magdebourg, en se dirigeant de suite sur Leipzig.

Le reste de l'armée alliée en Silésie, forte de 50.000 hommes,
suivra l'ennemi vers l'Elbe. Cette armée évitera d'engager une affaire
générale, à moins qu'elle n'ait toutes les chances de son côté ; en
arrivant sur l'Elbe, elle tâchera de passer ce fleuve entre Torgau
et Dresde, afin de se joindre à l'armée du prince royal de Suède,
ce qui fera monter cette armée à 120.000 combattants. Si cependant les circonstances exigeaient de renforcer l'armée alliée en
Bohême avant que l'armée de Silésie fût jointe à celle du prince
royal de Suède, alors l'armée de Silésie marchera sans délai en
Bohême.

L'armée autrichienne réunie à l'armée alliée débouchera, d'après
les circonstances, ou par Eger et Hof, ou dans la Saxe, ou dans la
Silésie, ou du côté du Danube.

Si l'Empereur Napoléon, voulant prévenir l'armée alliée en
Bohême, marchait à elle sans la combattre, l'armée du prince royal
tâchera, par des marches forcées, à se porter aussi vite que possible sur les derrières de l'armée ennemie. Si au contraire l'Empereur Napoléon se dirigeait contre l'armée du prince royal de
Suède, l'armée alliée prendrait une offensive vigoureuse ou marcherait sur les communications de l'ennemi, pour lui livrer
bataille.

Toutes les armées coalisées prendront l'offensive et le camp de
l'ennemi sera leur rendez-vous.

L'armée de réserve russe, sous les ordres du général Bennigsen,
s'avancera de la Vistule par Kalisch vers l'Oder, dans la direction
de Glogau, pour être à portée d'agir suivant les mêmes principes
et de se diriger sur l'ennemi s'il reste en Silésie, ou d'empêcher de
tenter une invasion en Pologne.

Le blocus des places de Dantzig, Stettin, Modlin, Cüstrin, Glogau, l'observation de Magdebourg, Wittenberg, Torgau et Dresde,
sera faite par la landwehr prussienne et la milice russe » (1).

*Ce plan est évidemment un compromis entre les différents pro-
jets de Knesebeck, de Toll et de Bernadotte. Toutefois, si l'on*

____

(1) Bernhardi, *Mémoires*, tome III, p. 80-81 voir pour les variantes, p. 82.

accepte pour vraie cette proposition de Bernadotte rapportée par Donnersmarck « que la tente de Napoléon devait être constamment et uniquement l'objectif des alliés » (1), une part de l'esprit offensif qui anime ce protocole paraît lui revenir.

Les rapports de Stadion, seuls documents officiels de l'époque publiés jusqu'à nos jours, ne parlent pas de difficultés soulevées par Bernadotte.

Dans le premier, en date du 12, il rend compte que le prince royal a promis, aussitôt après son retour, de s'avancer jusqu'à la ligne de Berlin, et, dès que l'armistice sera dénoncé, de franchir l'Elbe entre Wittenberg et Dessau, plutôt au-dessous qu'au-dessus. Dans le second, du 14, il s'exprime en ces termes : « Le prince royal parla absolument dans le même sens qu'avec moi ; il insista pour que l'on fît approcher les réserves russes jusqu'à proximité de la grande armée... et promit de son côté avec l'armée qui lui était affectée de prendre, dès le début, la ligne de Berlin et en avant de cette capitale ».

Toutefois, le protocole n'était pas communiqué à l'Autriche, le comte Stadion croyait qu'on « n'avait pas couché quelque chose sur le papier au sujet des mouvements militaires » (2).

De son côté, Radetzki remettait le 7 juillet un mémoire à son souverain. Il admettait trois cas :

1° L'Empereur tomberait sur l'Autriche : l'armée du Nord et celle de Silésie prendraient l'offensive, la première sur les flancs, la deuxième de front ;

2° L'Empereur se porterait sur Bernadotte avec le gros de ses forces : ce dernier se replierait et les deux autres armées attaqueraient ;

3° L'Empereur marcherait contre l'armée de Silésie : celle-ci éviterait toute action sérieuse, les deux autres attaqueraient ;

4° L'Empereur garderait une défensive générale : les armées de Silésie et du Nord agiraient offensivement, l'armée autrichienne se maintiendrait également sur la défensive jusqu'au moment où les armées alliées se seraient assez rapprochées pour que leur supériorité numérique fût une garantie d'un coup décisif favorable (3).

Il est indiscutable, comme le remarque Friederich, que le souffle offensif qui a inspiré le protocole de Trachenberg a disparu. Le dernier ne prévoit de retraite que pour l'armée de Silésie, alors

(1) Donnersmarck, *Mémoires*, p. 202.
(2) Oncken, tome II, p. 426-427.
(3) *Le maréchal Radetzki par un vétéran autrichien*, p. 157-167.

que dans le plan de Radetzki toute l'armée attaquée par l'Empereur doit se replier. Ces propositions étaient adoptées par l'Empereur d'Autriche.

Comme on s'en souvient, les autres puissances alliées considéraient comme vraisemblable une offensive de l'Emperenr dirigée contre l'Autriche par la Bohême ; elles ne soulevaient aucune objection ; le protocole de Trachenberg était modifié dans le sens désiré par l'Autriche que le colonel de Latour avait eu pour mission de leur faire connaître (1). « Si l'ennemi commence une offensive contre l'armée autrichienne sur la rive droite ou gauche de l'Elbe, disait son instruction, l'armée prussienne et russe prendra également avec la plus grande vigueur l'offensive dans la direction de Dresde.

La même offensive se produira si l'armée française se porte contre le prince royal de Suède.

Dans le seul cas où l'Empereur des Français entreprendrait avec vigueur une offensive contre l'armée russo-prussienne, cette armée restera sur la défensive et l'armée autrichienne commencera l'offensive en débouchant sur Zittau ».

Malheureusement aucun document d'archives ne fournit de renseignements sur le détail des négociations qui amenèrent à un nouveau plan d'opérations appelé Trachenberg-Reichenbach. Ce texte n'a jamais été publié Peut-être a-t-il été convenu verbalement (2).

II

Nous connaissons donc à peu près ce qui a été convenu entre les quartiers généraux. Un document fort curieux, si on l'admet pour authentique, nous dévoile la manière dont Bernadotte se préparait à opérer. C'est sa conversation avec Moreau reproduite en tête du recueil des ordres de mouvement du prince royal (3). Il est certain que Moreau n'était pas d'avis de défendre Berlin (4). Il cherchait à lui démontrer les inconvénients de faire avancer l'armée du Nord

(1) Instruction citée par Friederich, p. 97.
(2) Friederich, p. 97-98.
(3) *Recueil des ordres de mouvements, Proclamations et Bulletins,* p. 11-17.
(4) Kalkreuth à Tauentzien, 3o août, 4 heures 3o de l'après-midi. Buchhotz. « Un officier russe envoyé du grand quartier général raconte que norte roi considère déjà Berlin comme complètement perdu, mais s'est comporté avec beaucoup de résignation ; d'autant plus que Moreau lui a déclaré que le prince royal ne pouvait sauver Berlin, malgré la meilleure volonté ». Wiehr, p. 61.

« jusqu'à la hauteur de Berlin entre la Baltique, l'Elbe et l'Oder, sur lesquels fleuves l'ennemi occupait les places fortes de Hambourg, Torgau, Wittenberg, Magdebourg, Cüstrin et Stettin. Vous accourez dans un coupe-gorges, lui disait-il ».

Dans cette objection, on reconnaît facilement l'esprit qui anime les opérations de 1796 et de 1799, où le seul but de Moreau a été d'éviter toute bataille. De quelle utilité auraient été les 100.000 hommes de l'armée du Nord placés au nord de Berlin?

Bernadotte lui objectait que, couvert sur ses flancs par une nombreuse cavalerie, après avoir opposé 18.000 hommes à Davoust, « il avait toujours pour ainsi dire dans sa poche 60.000 hommes pour fondre sur les premières têtes de colonnes qui déboucheront des places de l'Elbe ». D'ailleurs son offensive s'arrêterait bientôt. « Si l'Empereur Napoléon concentre sa ligne d'opérations sur la rive gauche de l'Elbe, continuait-il, et manœuvre sur la Bohême par le haut Palatinat, je conçois qu'alors je serais obligé de me borner au blocus de Magdebourg, Wittenberg, Torgau ». En un mot, alors que les autres armées décideraient de la lutte, lui attendrait le résultat avec 100.000 hommes. D'ailleurs, il découvrait franchement à Moreau, comme il l'avait fait quelque temps auparavant à Stadion, le motif de tous ses actes. « C'est comme prince suédois que je tiens à garder la ligne de Stralsund, car, triomphant ou battu, elle me réserve le chemin du Danemark. C'est là où il faut chercher la Norvège ; c'est aussi là qu'au pis aller je trouverai mon dernier allié, l'Angleterre. Je ne suis pas tenté de finir ma carrière dans les marais de la Pologne, ni comme Charles XII à Beuder...

Napoléon, qui a si souvent risqué le tout pour le tout, pouvait tenter un coup désespéré à Iéna... Mais ma position n'est pas de nature de me permettre de le risquer contre un capitaine de sa taille et encore contre des lieutenants expérimentés...

Mais je suis prince suédois et comme tel j'ai des devoirs à remplir, je ne vois que les frimas, les lacs et les montagnes de la Suède ».

Et comme Moreau lui déclarait qu'il pensait qu'il serait battu, il lui exposait les principes qu'il comptait suivre.

« J'espère que non, en manœuvrant de manière à ne jamais accepter une lutte inégale. En avançant, ma règle sera : de retrancher mes communications et de ne jamais faire de mouvements en arrière, mais de flanc... Et puis j'aurai toujours soin de gagner sur lui une marche qui l'empêchera de m'atteindre ».

Ces principes généraux caractérisent parfaitement la conduite de Bernadotte après Gross-Beeren et Dennewitz ; mais comment pouvait-il appliquer le dernier avec ce qu'il énonçait de ses intentions relativement à Berlin ? « Oui, sans doute, il [l'Empereur] pourra m'enlever Berlin, mais je ne lui en ferai pas bon marché ».

Cependant, il semble hors de doute que Bernadotte avait réellement la volonté de défendre Berlin, car le 24 septembre, dans une conversation avec Martens à qui il était difficile de cacher la vérité, il disait : « Moreau ne croyait pas que je devais risquer une bataille pour conserver Berlin, il est resté jusqu'à une heure du matin pour me le prouver ; il en a prévenu le roi, mais le roi l'a entendu avec cette fermeté et cette résignation qui le caractérisent et Moreau m'en a écrit.

Votre Altesse a été priée certainement de faire le possible pour conserver Berlin. Le roi ne m'en a jamais dit un mot et c'est pour cela que je m'y croyais le plus obligé » (1).

III

Prises de commandement de l'armée du Nord par Bernadotte. — Le 21 juillet, Bernadotte annonçait aux divers corps qui devaient composer son armée qu'il en prenait le commandement sous le nom d'armée combinée du Nord de l'Allemagne. Le baron d'Adlercreutz était nommé chef d'état-major général ; le général de Tawast sous-chef d'état-major et pour la partie active le général comte de Lowenhielm. Tous les rapports concernant les troupes et les magasins devaient lui parvenir par l'état-major qui expédierait ses ordres ; les dépêches personnelles porteraient cette mention.

L'armée placée sous les ordres de Bernadotte se composait de quatre corps, appartenant à diverses nations.

Le III⁰ corps prussien, commandé par le général Bülow, était formé de quatre brigades d'infanterie et d'une réserve de cavalerie ; son effectif s'élevait à 31.480 hommes d'infanterie, 102 pièces, 6.550 cavaliers, 1.985 artilleurs.

Le IV⁰ corps prussien, commandé par le général Tauentzien, était réparti également en quatre brigades de force très inégale (2).

Le général Putlitz surveillait le moyen Elbe ; le général Hirschfeld, Magdebourg ; le général Dobschütz commandait la réserve près de Berlin ; le général Wobeser, gardait l'Oder. Son effectif

(1) Meinecke, *Forschungen zur Braudenburgischen gesichte*, 1894, p. 176.
(2) Voir la situation.

était de 30.169 fantassins, 42 pièces, 2.789 cavaliers, 675 artilleurs : les corps qui bloquaient les places de Cüstrin, Stettin, faisaient partie de son commandement.

Un corps russe aux ordres du général Wintzingerode, fort de 13.622 fantassins, 92 pièces, 14.096 cavaliers, 1.639 artilleurs.

L'armée suédoise dont l'effectif montait à 19.049 fantassins, 2.755 cavaliers, 1.647 artilleurs.

En outre, le général Wallmoden tenait tête à Davout dans le Mecklenbourg avec 18.463 fantassins, 60 pièces, 7.096 cavaliers et 1.462 artilleurs.

Manière dont Bernadotte est reçu par les Prussiens, caractère de Bülow. — Le débarquement du prince royal à Stralsund au mois de mai avait rempli d'espoir les esprits en Prusse. De lui-même Bülow avait proposé de se mettre sous ses ordres, mesure que conseillait également le gouvernement militaire de Berlin. Le 22 juin, le général de Borstel insistait auprès du roi sur l'importance de confier le commandement de l'armée au prince royal qui jouissait de la confiance de tous. « Il s'est acquis écrivait-il, la réputation d'un général habile, d'un homme loyal et d'un ennemi personnel de Napoléon ».

Boyen s'exprimait de même : « d'après toute prévoyance humaine, le meilleur parti à prendre était de confier le commandement d'une armée au prince royal de Suède » (1). Cette opinion était générale aussi bien dans l'armée que dans le peuple. Lors de son entrée à Berlin « chacun le regardait comme son futur sauveur ; la joie au sujet de son arrivée était universelle » (2).

Cette bonne entente entre Bernadotte et Bülow ne devait pas durer ; alors que Bülow avait tout mis en œuvre pour acquérir sa bienveillance, Bernadotte, peut-être avec raison, avait blâmé amèrement et ouvertement les opérations qu'il avait conduites avant l'armistice.

Un pareil procédé devait naturellement être ressenti très vivement par le général de Bülow et fournir une première cause aux rapports difficiles qui s'établirent entre les deux généraux. Leurs dissentiments s'envenimèrent pendant la campagne et eurent une influence déplorable sur les opérations.

Le caractère de Bernadotte est suffisamment connu en France pour ne pas s'apesantir sur ce sujet ; au contraire, il semble inté-

(1) Borstel, 32 juin. — Boyen, 22 juin. *Quistrop*, 19-23.
(2) Friccius, t. I, p. 236.

ressant de résumer brièvement l'opinion des écrivains allemands sur Bülow. En le voyant user avec les généraux prussiens des procédés dont il s'est servi avec Bernadotte ; on pensera peut-être qu'il y a une grande exagération dans les reproches dont il a accablé le prince royal.

Le général de Bülow, le fait est accordé par tous, était un inférieur difficile pour ses supérieurs ; jamais il n'avait pu s'entendre avec aucun ; c'était, ajoutent-ils, un noble caractère franc et droit. Néanmoins certains traits qu'ils en citent jettent quelques ombres sur le portrait qu'ils en tracent.

Le 7 mai 1813, sans avoir connaissance des ordres du roi, il accuse le général Tauentzien de ne pas pousser avec énergie le siège de Stettin, et il demande qu'on envoie devant la place un homme de talent et d'énergie ; le lendemain, lorsqu'il est informé que son souverain a défendu de mener avec vigueur l'attaque de cette ville, il sent si bien le tort fait à son camarade, qu'il s'en défend. « Je vous prie de me pardonner, écrit-il au roi, ce qui dans mon rapport, d'après l'apparence, pouvait être dirigé aussi bien contre le lieutenant général de Tauentzien que contre le major de Kleist » (1).

Le 18 juillet, à la suite d'un ordre du roi provoqué par un rapport où Bülow signalait la prétendue négligence du gouvernement militaire en ce qui concernait la surveillance de la landwehr, il s'attire cette réponse. « Il ne nous appartient de nous prononcer ici sur le cours des événements militaires, et l'influence spéciale du général de Bülow ; il n'est pas de notre caractère de dresser contre lui des accusations, autrement nous pourrions en avoir plus de motif que lui. »

Durant toute la période des opérations le général de Bülow n'a cessé de blâmer chez Bernadotte le manque d'énergie, mais les généraux allemands de l'époque appréciaient de même la manière dont il agissait lorsqu'il était indépendant.

Il est indiscutable qu'à la veille de Bautzen il aurait dû attirer sur lui une partie des forces de Ney (2). Plus tard, le général de Müffling l'accuse formellement d'avoir énervé les opérations de l'armée de Silésie en 1814, devant Laon, d'avoir adressé au roi un rapport où il se déclarait le sauveur de Blücher ; il constate que, dès son départ, Gneisenau redevenait « fort et puissant dans le

(1) Cité par Wiehr, p. 111.
(2) Prittwitz, t. II, p. 155. Les autorités civiles elles-mêmes étaient étonnées de sa manière d'agir, t. II, p. 303.

jugement, énergique dans l'action ». A l'en croire, ce qui est au moins curieux, le général de Bülow faisait surtout valoir des considérations politiques pour modérer l'élan de l'armée de Silésie (1).

La manière dont il a interprété les ordres de Blücher le jour de Ligny est cause de la perte de la bataille ; la question est indiscutable. Toutefois les généraux allemands actuels ne sont pas d'accord sur la responsabilité qu'il a encourue dans cette journée.

Alors que Ollech et Conrady l'accusent formellement, Fransecky et Lettow Vorbeck trouvent ses motifs justifiables (2) ; mais à l'époque Grolman déclarait ouvertement qu'il aurait dû passer devant un conseil de guerre. Seuls les écrivains qui ont la libre disposition des archives allemandes, peuvent apprécier jusqu'à quel point les torts du général de Bülow sont réels. *La haine profonde de tout état-major pour qui n'en fait pas partie ou ne les admire pas aveuglément,* explique peut-être l'inimitié unanime que l'on rencontre dans tout l'état-major de l'armée de Silésie contre Bülow.

Il ne m'appartient pas de discuter jusqu'à quel point leurs griefs sont justifiés, il suffit de constater qu'ils élèvent contre Bülow les mêmes reproches que ce dernier contre Bernadotte. D'ailleurs tous les auteurs sans exception sont d'accord pour reconnaître son penchant à ménager ses troupes.

Suivant une remarque très fine de Meinecke (3), son audace était faite d'opposition contre la conduite de son chef, et je souscris entièrement à l'opinion de Friederich. « Dans tous les cas, il est très douteux qu'à la tête d'une armée, chargé de la responsabilité du commandement supérieur, il eût agi dans la première période de la guerre très sensiblement autrement que le chef suprême de l'armée du Nord qu'il avait si durement attaqué » (4). La conduite du général de Bülow, le lendemain de Gross-Beeren, alors qu'il avait toute liberté pour se décider par lui-même et poursuivre l'armée française avec vigueur, montre combien ce jugement est justifié.

Revue des troupes par Bernadotte, rectification de leurs positions. — Bernadotte entrait le 24 juillet à Berlin ; il y passait en revue la garnison. « Toutes les troupes et principalement la cavalerie exécutèrent toutes les évolutions avec une rapi-

<hr>

(1) *Müffling aus meineim,* Leben, p. 149.
(2) Ollech, p. 107, Conrady, t. II, p. 275-296, Lettow Vorbeck, p. 280.
(3) Meinecke, *Forscaungen zür brandenburgischen gesischte,* 1894, p. 162.
(4) Friederich, p. 358.

dité et une précision étonnantes, de telle sorte que Son Altesse ne put se retenir d'exprimer très souvent son approbation par des exclamations à vive voix. L'artillerie, commandée par le lieutenant-colonel Holtzendorf obtint également la même approbation par la rapidité et la souplesse de ses mouvements ; elle les exécuta à demi-distance vu le manque d'espace...

La brigade du prince de Hesse-Hombourg ne put exécuter que quelques évolutions qui lui réussirent fort bien » (1).

Le 29, Bernadotte passait la revue des troupes de Mittenwalde ; le 3o, celles de Potsdam ; puis il visitait successivement les troupes de Woronzow et de Wallmoden ; le 6, il était de retour à Stralsund.

Divers avis reçus dans ces journées ne lui laissaient presque plus de doute sur l'intention de l'Empereur Napoléon de rompre l'armistice ; en conséquence il jugeait utile de faire avancer le corps de Wintzingerode. Le 29 juillet, il lui ordonnait d'établir sa gauche à Beelitz et de faire occuper Treuenbrietzen par l'avant-garde de la gauche ; le reste de sa ligne s'étendrait par la droite jusqu'aux quartiers de Woronzow cantonné vers Brandebourg.

Le général de Bülow céderait aux Russes Beelitz et Treuenbrietzen ; il appuierait sa droite à Beelitz exclusivement et s'étendrait vers la gauche.

L'armée russe évacuerait ses malades par Anclam sur Schwinemunde ; l'armée prussienne par Schwedt sur Stargard ; l'armée suédoise sur Colberg.

Le 3o, il prescrivait à Bülow d'établir la moitié de la division Borstell à Mittenwalde ; le restant dans les villages autour de ce village.

Une autre division serait réunie à Trebbin ayant une brigade dans cette localité, la seconde dans les villages à proximité ; elle tiendrait les avant-postes jusqu'à Luckenwalde et Zinna.

Le 4, l'armée suédoise recevait ordre de se mettre en mouvement le 6 et de cantonner : la première division la tête à Oranienbourg, la queue à Templin ; la deuxième division, la tête à Nauen, la queue à Alt-Ruppin.

La cavalerie des deux divisions s'échelonnerait entre le lac de Muritz et les villes de Zehdenick et Alt-Ruppin.

Le 9, il confiait au général Wallmoden la mission de couvrir la droite et les derrières de l'armée contre une offensive débouchant de Hambourg.

(1) Bulow au Roi, 28 juillet, *Quistrop*, p. 135.

« Si une grande force venait contre vous, lui ordonnait-il, et que vous ne vous croyiez pas en état de lui résister, je désire que vous vous retiriez sans combattre en ne cédant cependant le terrain, que lorsque vous auriez reconnu les forces de l'ennemi et que vous auriez jugé les vôtres inférieures. » Il laisserait alors un corps de 10.000 hommes dont 2.000 de cavalerie pour défendre la Poméranie suédoise en s'appuyant sur Stralsund et serrerait sur le gros de l'armée du Nord.

« Vous ne manquerez pas non plus d'informer de votre marche le général Hirschfeld, commandant le blocus de Magdebourg, afin qu'il puisse marcher de concert avec vous et se joindre à moi. Si les opérations que j'entreprendrai, soit dans les environs de Luckau soit sur Wittenberg et Dessau, réussissent et que vous n'ayez pas beaucoup de monde devant vous, je vous autorise, du moment que vous en serez instruit, à passer l'Elbe et à agir sur les communications de l'ennemi, ayant toujours soin de laisser sur la Stecknitz le général Vegesack pour tenir en échec les garnisons de Lübeck et de Hambourg. »

Conseil de guerre du 13. — Bernadotte arrivait le 12 à 10 heures du soir à Oranienbourg, le 13, il appelait à une conférence les commandants de corps d'armée : elle s'ouvrait à 11 heures.

A en croire Vernhagen, il leur exposait les difficultés de sa position en ces termes. On désirait au grand quartier général le voir agir offensivement, mais son armée allait opérer entre deux grands fleuves dont les Français tenaient les points de passage à Hambourg. Wittenberg, Torgau, Magdebourg Stettin et Cüstrin ; alors qu'il n'était pas certain de pouvoir compter sur un appui efficace des autres armées, l'Empereur Napoléon était assuré d'une obéissance absolue. « Il était à peine possible de disputer à un tel général en chef le privilège de choisir librement son moment pour combattre, et de se jeter là où il le voudrait, on devait donc attendre ce qu'il entreprendait pour se conduire d'après ses actes. A cela s'ajoutait que le prince avait de bons motifs pour admettre, que Napoléon dirigerait d'abord contre lui une action décisive, aussi bien pour prendre Berlin que pour atteindre un adversaire extraordinairement détesté, et le prince savait d'ancienne expérience avec quelle « force et rapidité il administrait de tels coups » (1).

Puis il leur développait ses intentions. Le 15, le général de

(1) Varnhagen, p. 173.

Bülow rendait compte à son souverain des incidents de cette séance.

« Après avoir touché des questions générales, le prince royal donna au général de Tawast, son général adjudant, les ordres pour le général Wallmoden : de quitter Gadebusch, de laisser le lac de Schwerin devant lui d'établir son aile gauche vers Boitzenbourg, et d'entretenir de là par de petits postes la communication avec les troupes placées à Havelberg.

Le général de Tauentzien reçut ensuite ordre de laisser seulement sous le commandement du colonel Marwitz deux bataillons et deux escadrons, tirés du détachement posté jusqu'à ce moment à Havelberg, et de faire rejoindre le général de Hirschfeld par le général de Putlitz avec le restant : soit six bataillons et deux escadrons.

Le corps commandé par ce général serait placé de façon à laisser environ 5.000 hommes dans les lignes devant Magdebourg ; le reste serait posté en échelons en arrière vers le canal de Plauen ; il aurait un échelon à Burg, un autre à Parchen et le troisième à Genthin.

Le général Tauentzien, après avoir renforcé sa réserve autant que possible par les corps de blocus de Stettin et de Cüstrin, se placerait également en échelons à Müncheberg, Strausberg et Alt-Landsberg et, comme il pourrait manquer de cavalerie dans cette position, je mettrais provisoirement sous ses ordres le régiment de dragons de Brandebourg pour établir la chaîne le long du canal Frederich Guillaume jusqu'à la Sprée.

L'idée en général était d'abord de se concentrer derrière le Havel, et Son Altesse Royale prescrivit au début (1), que le IIIe corps s'établirait entre Spandau, Marquart et Paretz et occuperait en outre Potsdam et les îles.

Je ne voyais nul motif à un tel mouvement rétrograde, puisque, d'après tous les renseignements dignes de foi qui nous étaient parvenus, l'armée combinée était au moins une fois et demie plus forte que l'ennemi qui nous était opposé ; je crus de mon devoir de me permettre contre ce projet d'énergiques protestations, ce qui détermina Son Altesse Sérénissime à laisser mon corps dans sa position actuelle entre Potsdam et Berlin et dans la ligne derrière la Notte et la Nuthe, tenant les avant-postes contre la frontière entre Luckenwalde et Beeskow.

(1) Il y a ici une différence entre les deux textes : j'ai traduit d'après Friederich.

En conséquence, le corps russe sous le général Wintzingerode demeure dans sa position de Brandebourg et conserve, comme jusqu'à présent, un avant-poste à Treuenbrietzen.

Le corps suédois se place en colonne : l'une entre Berlin et Oranienbourg, l'autre dans les environs de Nauen.

A la vérité, je ne pouvais pas complètement approuver la position ordonnée au détachement de Hirschfeld et au corps de réserve, car à mon avis il aurait été meilleur de placer les troupes parties de Havelberg, à Möckern et Loburg, après les avoir renforcées avec quelques bataillons et escadrons du corps de blocus de Magdebourg, et le corps de réserve entre Münchberg et Fürstenwalde. Je n'ai pas manqué de le représenter à Son Altesse Royale et d'appuyer particulièrement sur ce point, parce qu'à mon avis nous devons nous établir pour être prêt à prendre l'offensive.

Le cas se produira bientôt, car il est clair, comme on peut le prévoir pour beaucoup de motifs, que l'ennemi est déjà réellement en train de se replier vers le haut Elbe. Du moins un espion très sûr, envoyé par moi, a vu le Ier corps sous Vandamme qui se tenait jusqu'à présent à Wittenberg et à Dessau en retraite sur Dresde ; les différentes fractions d'Oudinot s'apprêtent également à la retraite qui, d'après leurs propres termes, doit s'effectuer sur la Haute-Lausitz. En outre, il est également certain que les différents camps du IIe corps, Victor, à Fürstenberg, Friedland et Lieberose se sont déjà mis en marche et suivent également sans doute cette direction » (1). Ce document est de la plus haute importance ; il semble impossible d'admettre que le général de Bülow ait osé tromper son souverain, et l'on est forcé d'admettre que Bernadotte a voulu réellement ramener l'armée au nord de Berlin. Néanmoins des arguments d'une grande valeur viennent infirmer ce témoignage.

Tous les historiens allemands admettent comme vraie la conversation avec Moreau, mais en traduisant cette phrase : « Sans doute il pourra m'enlever Berlin, *mais je ne lui en ferai pas bon marché* », ils ont supprimé la seconde partie qui est contraire à leur thèse et capitale (2).

Aucun ordre du prince royal n'indique l'intention d'évacuer Berlin. Outre ceux déjà cités, celui du 27 juillet ne laisse place à aucune discussion, il est formel. « Ordonnez à toutes les troupes sous vos

---

(1) Bülow au roi, Berlin, 15 août. Publié par Meinecke, *Forschungen zur brandenburgischen et preussischen gesichte*, année 1894, pp. 165-167. Cité également par Friedrich, p. 364. Il est curieux que Wiehr ait passé sous silence ce document capital.

(2) *Armée du Nord*, p. 140 ; Quistrop, p. 142.

ordres de se tenir prêtes à marcher au premier avis, et prescrivez à toutes celles qui sont en arrière de Berlin d'être préparées à se porter en avant au reçu de l'ordre qui leur parviendra » (1).

A toutes ces preuves, il est permis d'ajouter le témoignage de Boyen, présent à cette conférence qu'il place entre le 15 et le 16. Invité par Bernadotte à exposer l'état des fortifications et à donner son avis sur la manière d'opérer, il s'exprimait en ces termes : « le corps de Tauentzien, d'après sa destination primitive, occuperait les lignes de la Notte et de la Nuthe seulement avec des postes d'avertissement ; le gros, les retranchements devant Berlin ; le restant de l'armée active se rassemblerait entre Ziethen et Heinersdorf pour tomber avec toutes ses forces réunies sur le dos de l'ennemi s'il voulait s'avancer en avant des lignes ».

Les généraux suédois n'eurent pas d'opinion ferme ; Wintzingerode déclara qu'il ne fallait pas s'inquiéter de Berlin, mais traiter cette ville comme Moscou et détourner toujours l'ennemi davantage de la grande armée en se retirant (2). Bülow conclut que « Tauentzien devait occuper les lignes, l'armée du nord se placer à Treuenbrietzen pour tomber sur le dos de l'ennemi en dehors des lignes ». Le prince royal « adoptait pour base des dispositions à adopter » l'opinion exprimée par Boyen (2).

Le récit de Boyen est net et précis ; il ne sait rien d'une proposition faite par le prince royal pour ramener l'armée au nord de la capitale, et, remarquons-le, Bernadotte ne se rallie pas à l'opinion de Wintzingerode, mais à celle de Boyen.

On objectera à la vérité que Boyen s'est trompé sur la date de la conférence, mais cette erreur ne fournit pas un motif suffisant pour suspecter la véracité de son récit, car il est inadmissible qu'un général prussien ait pu oublier une proposition aussi importante que celle d'abandonner sa capitale sans tirer un coup de fusil.

Observons en outre que le prince royal se serait montré bien déférent envers Bülow s'il avait renoncé à un plan mûrement médité, uniquement par suite de son opposition. A la vérité, au moins au début de la campagne, le prince royal tenait à rester en bons termes avec les généraux prussiens. Le 17, ayant rencontré Bülow sur le terrain de Tempelhof, il l'invitait formellement « à lui dire la vérité dans toute occasion sans aucune considération et

(1) *Recueil des ordres de mouvement*, 26 juillet, à Tauentzien, p. 56 ; 29 juillet, à Wintzingerode, p. 60 ; 30 juillet, à Bulow, p. 61 ; 9 août, à Wallmoden, p. 74. Tous ces ordres ont été étudiés à fond par Wiehr.

(2) Boyen semble être une source bien supérieure à Varnhagen. Néanmoins Friederich, p. 376, s'en tient à cette dernière.

principalement pour les opérations à entreprendre, même s'il avait
déjà commandé quelque chose et que j'eus d'autres vues, je devais
les lui communiquer, et Son Altesse ajouta que, puisque la guerre
intéressait particulièrement la Prusse, il se considérait comme
obligé de tenir particulièrement compte de l'opinion des généraux
prussiens commandant sous lui » (1).

Ordres donnés le 13 pour le 14. — Quoi qu'il en soit, Bernadotte ordonnait le 13 à Wallmoden de placer le général Vegesack
entre Wismar et la ville de Mecklenbourg et de tenir le gros de son
propre corps « soit à Wittenbourg ou Boitzenbourg, soit enfin
derrière le lac Schaal, de manière à avoir l'air de toujours menacer
les débouchés de Boitzenbourg, de Mölln et même de Ratzebourg.

A Wintzingerode, de faire camper les troupes établies au nord
de la Havel, la droite à Brandebourg, étendant leur gauche vers
Ketzin et même Falkenrede, celles poussées en avant de la rivière
aux environs de Grim.

Au général Steding, d'avoir la 1re division, la tête à Spandau, la
queue à Oranienbourg, la 2e, la tête à Potsdam et la queue à Nauen.

Au général de Putlitz, de détacher de sa division trois escadrons,
deux bataillons et deux pièces pour en constituer un détachement
sous le colonel Marwitz et d'établir le restant, six bataillons, un
escadron et deux pièces, à Genthin.

Nous reproduisons l'ordre expédié au général de Hirschfeld qui
n'est pas publié dans le recueil. « Le général de Hirschfeld laissera
devant Magdebourg quatre ou cinq bataillons, il répartira les autres
en colonne dans les environs de Burg sur la route de Genthin, de
façon à ce que tout le corps de Magdebourg, à l'exception de la cavalerie et d'un ou deux bataillons de bonnes troupes, puisse se jeter
rapidement sur Genthin ou Ziesar. Le général de Hirschfeld aura
sous lui le général de Putlitz ; ce dernier peut se rendre de sa personne à Burg ; la première brigade qui se trouvera à Burg sera
placée sous ses ordres. Ce mouvement est ordonné pour faciliter la
réunion du corps des généraux Hirschfeld et Putlitz avec l'armée
alliée qui se réunit entre Brandebourg et Spandau. Il a le double
but d'observer la garnison de Magdebourg et de la rejeter, si elle
débouche avec de faibles forces, de l'autre de pouvoir se réunir à
l'armée, soit qu'elle se porte en avant ou qu'elle reste quelques
jours sur la défensive. Tous les bataillons de ce corps bivouaque-
ront ou camperont. Le général de Hirschfeld doit se considérer

(1) Bülow au Roi, 17 août, Quistrop, page 208.

comme le flanc droit de l'armée et en même temps être prêt à se réunir avec elle et à livrer une bataille » (1).

A Tauentzien, de rassembler la réserve entre Berlin, Alt-Landsberg et Münchberg et d'envoyer son avant-garde vers Fürstenwalde. L'officier chargé de la protection de Crossen défendrait cette ville au moins quatre ou six jours pour permettre à l'armée du nord d'accourir à son aide; la division du général de Wobeser ne devrait pas perdre de vue l'ennemi placé à Fürstenberg. S'il descendait l'Oder vers Francfort, Wobeser se déciderait ou à se porter rapidement sur Fürstenberg ou à se diriger sur Francfort le long de l'Elbe. Si les troupes françaises de Güben ne suivaient pas celles de Fürstenberg, il n'hésiterait pas à marcher sur cette dernière ville (2).

Au général de Bülow, de conserver ses positions (3).

Une fois ces dispositions exécutées, Bernadotte était à même de concentrer, dans l'espace de trente-six heures, 80.000 hommes.

L'ensemble de cet ordre causait une véritable déception au général de Bülow. Malgré les conclusions des rapports de renseignements qui, à cette date, parlaient de la probabilité d'une offensive très énergique de la part des Français, il était absolument convaincu de la nécessité d'attaquer.

Vers le 10 août, il répondait à une demande de Borstel. « On ne doit pas s'attendre à ce que, dès le début de la campagne, nous resterons sur la défensive » (4).

Le 14, même après la conférence de Potsdam, il exprimait à Borstel, la même opinion. « La rupture des ponts doit être retardée jusqu'à une nécessité extrême puisque, à ce que j'espère, nous ne resterons pas sur la défensive ». Par la même lettre, il fixait en ces termes le rôle des retranchements élevés de Zossen à Königs-Wusterhausen. « La première idée, lorsqu'on a élevé ces retranchements, était de recueillir un corps chassé de la Silésie par un ennemi supérieur et de les défendre aussi longtemps que les circonstances le permettraient.

Maintenant au contraire, puisque ces lignes constituent seulement les avant-postes d'un corps placé en arrière, la défense doit être conduite soit d'après la force de l'ennemi, soit d'après les intentions que le général en chef y liera ; Son Altesse Royale le prince

(1) Cité par Quistrop, p. 208.
(2) Cité par Quistrop, p. 139.
(3) Alors que tous les autres ordres sont publiés ou signalés comme existant aux archives de Berlin, cet ordre n'a pas d'indication.
(4) *Théâtre de l'armée du Nord*, p. 160.

royal les exprimera avec plus de précision si l'ennemi devait faire des mouvements contre ces lignes.

En général, deux cas peuvent seuls se présenter ou le corps d'armée accourra à votre secours ou les troupes qui y sont postées se retireront sur le corps principal après une défense proportionnée à la situation de l'attaque » (1).

Positions de l'armée du Nord le 15 au soir. — Le 15 au soir l'armée du Nord occupait les emplacements suivants :

Corps russe de Wintzingerode. Avant-postes : cosaques Djackin de Lobourg à Gorzke ; cosaques de Twer à Werbig et Damelang ; brigade Lœwenstern à Beelitz ; cosaques Rebrejef vers Treuenbrietzen (2). Le gros vers Spandau.

IIIᵉ corps : Brigade Thümen. Gros à Thyrow. Iᵉ, IIᵉ, et deux compagnies IIIᵉ/5 Res. Inf. Rég.; IIᵉ/4ᵉ Pr. Orient ; 6ᵉ Batt. de 6 ; 19ᵉ Batt. de 6 moitié ;

A Wendisch Wilmersdorf et Nunsdorf. IVᵉ/5ᵉ Res. Inf. Rég.;

A Beuthen, deux compagnies de chasseurs de la Prusse Orientale ;

A Klein Beuthen et Jütgendorf, 2ᵉ/Elb. Rég. ;

A Saarmund et Gröben, 1ᵉʳ/Elb. Rég. ;

A Drewitz et Baumgartenbrück, 1ᵉʳ/4 Pr. Orient.:

Aux avant-postes à Luckenwalde, Fus./4ᵉ, Pr. Or., poussant des postes jusqu'à Zinna. Ce bataillon avait sur son flanc gauche les cosaques de Bichalof à Scharfenbrück qui occupaient Berkenbrück et Hennickendorf et en soutien à Trebbin deux compagnies IIIᵉ/5ᵉ Res. Inf. Rég.

Brigade Borstel Avant-postes :

Route de Zossen-Baruth, major Cardel.: Fus./1ᵉʳ Rég. Pom.; 3ᵉ/1ᵉʳ Huss. pom.; cos. Ilowaiski. Trois compagnies et les hussards à Wuensdorf tenant Zehrensdorf à l'est ; une compagnie et les chasseurs du bataillon à l'ouest à Mellen. Des postes mixtes étaient poussés aux villages extrêmes de Jachzenbrück, Col. Neuhof et Neuendorf.

Route de Mittenwalde-Baruth, major de Thümen : IIᵉ/1ᵉʳ Pom.; 1ᵉʳ/huss. pom.: un esc. de cosaques. Le gros à Motzen et Gräbendorf les postes d'infanterie et de hussards à Töpchin, Col. Sputendorf, Gr. et Klein Köris, Neubruck, Prieros ; ceux de cosaques à Neuendorf, Tornow

(1) *Idem,* p. 145.
(2) Quistrop, p. 198.

Route de Kœnigs-Wusterhausen à Lübben par Buchholz. Major Raven : une compagnie Fus/2ᵉ Res. Rég., 4ᵉ/Huss. Pom., deux escadrons de cosaques Ilovaiski. Gros à Buccholz ; postes, à droite jusqu'à Krausnick, à gauche sur la Sprée jusqu'à Wasserburg et Leibsch.

Le long de la rive gauche de la Sprée deux groupes :

I. Major Arnim : 1 compagnie Fus./2ᵉ Res. Rég.; 2ᵉ/Huss. Pom., un escadron de cosaques. Compagnie d'infanterie à Giesemsdorf et Wolfersdorf ; hussards à Stremmen, cosaques de Cossenblatt à Trebatsch.

II. Major Mirbach : deux compagnies Fus./2ᵉ Res. Rég.; Chass. vol./Huss. Pom.; trois escadrons de cosaques Kuteinikow.

Infanterie et partie des hussards à Beeskow ; le restant des hussards et les cosaques sur la rive droite à Merz, Schneeberg, Krügersdorf, Cummerow. Ce détachement se liait par Merz avec Müllrose où se trouvaient les dragons de Brandebourg provisoirement affectés au IVᵉ corps.

Ces deux partis devaient surveiller les camps français de Friedland et de Lieberose.

Le Iᵉʳ/2ᵉ Res. Rég. leur servait de soutien à Storkow.

Le gros de la division campait au nord de Mittenwalde : Iᵉʳ/1ᵉʳ Pom., Iᵉʳ et IIᵉ/2ᵉ Land. Marck. : Hulans/Pr. Occ., 10ᵉ batt. de 6, 5ᵉ batt. à cheval.

Le quartier général était avec les gren. pom. à Mittenwalde ; le IIIᵉ/2ᵉ Landw. Marck. à Zossen ; les IIᵉ, IVᵉ/2ᵉ Landw. Marck. à Königs-Wusterhausen.

3ᵉ division : Prince de Hesse-Hombourg, à Berlin.

6ᵉ division : Kraft, à Berlin.

Le IVᵉ corps prussien était établi.

La réserve sous le général Dobschutz, 16 bataillons, 11 escadrons et 20 pièces, à Münchenberg et au nord de cette localité où le général Tanentzien avait pris son quartier général.

La division Wobeser le long de l'Oder entre Francfort et Krossen ; après que la brigade Jeannerets l'eût rejointe, sa force s'élevait à 8.083 hommes.

CHAPITRE III

Disposition des avant-postes d'Oudinot ; ils sont surpris dans la nuit du 16 au 17. — L'armistice était dénoncée dans la nuit du 16 au 17. Le 17 à 1 heure du matin, la campagne s'ouvrait par un incident regrettable ; tous les avant-postes de l'armée française, constitués par de la cavalerie allemande, se laissaient surprendre. Le maréchal Oudinot l'avait lancée au loin au milieu des bois sans lui donner de soutiens d'infanterie.

Le 16 à 7 heures du soir, le régiment de chevaux-légers badois, campé près de Radeland, recevait ordre d'aller occuper Zesch ; il s'avançait de nuit à travers les bois sur une route complètement inconnue. Il atteignait vers 11 heures une clairière à l'est de cette localité où il avait à peine la place de se former : le 4ᵉ escadron se portait en avant : il détachait une grand'garde en avant de la digue à l'ouest du village ; un escadron restait à cheval ; les deux autres mettaient pied à terre gardant la bride de leur cheval dans la main. La nuit était très belle, mais la lune apparaissait rarement au travers des nuages. Par une négligence extraordinaire on laissait passer à 11 heures un berger qui se rendait du côté de l'ennemi (1).

A sa gauche, le régiment westphalien avait son gros à Mückendorf.

A 9 heures du soir le régiment bavarois remplaçait les Badois à Radeland ; il avait un escadron en arrière de Dornswalde, le reste du régiment occupait les maisons et les granges prêt à un départ immédiat ; sa droite était couverte par un poste poussé jusqu'à Oderin (2).

(1) Zimmermann, p. 183-186.
(2) Leinze, p. 418.

« Toute cette position de cavalerie était dans une contrée marécageuse ; les postes extrêmes éloignés de trois lieues de la position
principale pouvaient d'autant moins être soutenus en cas d'une
attaque qu'elle pouvait se produire facilement de tous les côtés avec
des paysans pour guides ».

Le général Raglowich présentait inutilement des observations à
ce sujet au général Lejeune, elles ne furent pas écoutées.

Quant à l'envoi des Badois sur Zesch, on peut dire avec un officier allemand, présent à l'affaire, « qu'il était inouï de placer de la
cavalerie dans une forêt qui lui était complètement inconnue et
surtout de l'y envoyer de nuit ».

Il ne serait pas étonnant que cette surprise, où de l'infanterie
avait apparu, ait exercé de l'influence sur Oudinot ; qu'elle ne lui
ait fait supposer l'ennemi plus près qu'il n'était en réalité et ne
l'ait amené à retarder son offensive jusqu'au moment où toute son
armée serait concentrée.

Ordres d'Oudinot pour le 18. — Oudinot réunissait le 17 les
généraux commandants de corps à une conférence ; naturellement
son avis était prédominant. On y décidait d'appuyer sur la gauche
vers Trebbin ; à en croire le maréchal, la région de Mittenwalde était
inabordable et l'on avait convenu « que le seul moyen d'arriver
était celui qui allait être exécuté ». L'armée aborderait cette place
par trois routes ; le XIIᵉ corps se dirigerait sur Luckenwalde et
Trebbin par Stulpe ; le VIIᵉ par Schöneweide sur Trebbin ; le
IVᵉ par Neuhof et Speerenberg ; ce dernier conserverait sa droite à
Baruth et attendrait là par échelon que l'opération fût commencée
pour faire un mouvement. Par cette position, il couvrait l'armée
contre un mouvement de la masse que l'on signalait vers Mittenwalde.

En s'avançant par trois différentes routes sur Berlin, Oudinot
espérait qu'il y en aurait au moins une qui lui réussirait. Après
être arrivé à Trebbin, il marcherait sur Berlin, si le corps de
Woronzow campé à Treuenbrietzen ne l'attaquait pas ou se retirait sur Potsdam ; dans le cas contraire, il laisserait un corps à sa
poursuite et marcherait sur Bülow et Platof, quoiqu'on leur accordât 100.000 hommes.

Alors que l'Empereur avait ordonné une offensive vigoureuse et
immédiate, le maréchal se privait donc déjà d'un corps d'armée.

Il ordonnait pour le 18 au IVᵉ corps de continuer sa marche sur
Baruth par Golssen et au VIIᵉ de s'y rendre de Dahme.

Mouvements des corps français le 18. VIIe corps. —
En exécution de ces dispositions, le général Reynier prescrivait aux
divisions Sahr et Lecoq d'être réunies respectivement le 18 à
6 heures du matin à Kemlitz et à Uckro ; la 32e division suivrait la
24e division ; les équipages du quartier général marcheraient
entre la 25e et la 24e division ; ils partiraient de Luckau à 6 heures ; les sapeurs prendraient la tête de la colonne, ils quitteraient
Luckau à 4 heures 1/2. Le corps d'armée ferait une grande halte
à Schenkendorf.

De ce point, la 25e division et la brigade de cavalerie gagnaient
Merzdorf et la 24e division Gross-Ziescht où Reynier prenait son
quartier général : un bataillon léger s'établissait à la droite du
village avec une demi-batterie; les chasseurs poussaient jusqu'à la
lisière nord des bois sur la route de Baruth à Kemlitz ; une demi-
division d'infanterie légère tenait le poste du moulin (?) ; une
compagnie fournissait les avant-postes sur la gauche en avant du
régiment Steindel.

Reynier avait d'abord eu l'intention de maintenir la 32e division
à Gross-Ziescht, puis il la portait entre Damsdorf et Merzdorf ; la
batterie d'artillerie de réserve et le grand parc se rendaient à Damsdorf sous l'escorte du bataillon de Niesemeuchel. Tous les malades
sérieux étaient évacués sur Torgau.

XIIe corps. — Le XIIe corps s'établissait militairement ; la division Guilleminot à l'ouest de Baruth sur la route de Berlin, la division Pacthod derrière la ville sur les hauteurs du moulin à vent;
la division bavaroise dans un fond pour couvrir le parc auquel
elle fournissait un bataillon d'escorte ; deux bataillons (5e et 10e régiments) furent détachés à Kemlitz avec la division Defrance, le
bataillon Palm à Schöbendorf et Linow avec la division Lorge.

Afin de répondre à la surprise du 17, la brigade Wolf soutenue
par trois bataillons s'avançait sur la route de Mittenwalde ; la
grand'garde prussienne de Töpchin se repliait sur le pont de
Motzen ou Thümen, la recueillait entre 1 heure et 2 heures. La
reconnaissance française menacée sur son flanc gauche par le poste
prussien de Jachzenbrück ne dépassait pas Motzen (1).

IVe corps d'armée. — Le IVe corps d'armée se mettait en
mouvement sur Baruth à 5 heures du matin, le quartier général
marchait avec la 12e division; le soir, la division wurtembergeoise
campait à Jöhannismühle, la division Morand à Ziescht.

(1) Quistrop, p. 212,

Journée du 19. Dispositions d'Oudinot, mouvement du XIIe corps, prise de Luckenwalde. Ordres pour le 20. — Oudinot, vraisemblablement par crainte de se heurter à des forces supérieures, n'avait pas cru devoir commencer son offensive dès le 18 ; voulant manœuvrer vers l'ouest, peut-être craignait-il de dégarnir le point de Baruth avant que le IVe corps l'eût occupé et d'exposer ainsi le flanc droit de l'armée à la masse qu'il supposait à Mittenwalde, d'autant plus qu'il s'attendait à rencontrer une résistance opiniâtre dans son offensive sur Trebbin (1).

Conformément à son plan, il dirigeait le 19 le XIIe corps précédé par la division Lorge sur Luckenwalde, par Paplitz, Linow, Stulpe, Holbeck, Jänickendorf ; il y rencontrait un millier de cosaques qui se repliaient sans résistance sur Luckenwalde, puis sur Trebbin et Jüterbog. Ce mouvement du XIIe corps avait eu le grave inconvénient de masquer celui du VIIe.

L'occupation de Luckenwalde procurait à Oudinot des renseignements importants.

« Il résulte de nos renseignements sur les inondations, écrivait-il à Reynier et à Bertrand, que nous nous sommes dirigés sur le point le plus faible et que les accès de Trebbin ne sont pas aussi difficiles qu'on nous l'avait assuré, sous ce rapport, cependant, car on dit que les retranchements y sont en conséquence et que l'armée se dirige sur ce point, parce qu'il n'y avait qu'environ 20.000 hommes pour l'instant ; aussi nous chercherons donc demain à l'aborder. »

A en croire les habitants, le camp de Treuenbrietzen n'était pas considérable. Une partie des cosaques s'était retirée, au grand étonnement d'Oudinot, sur la route de Jüterbog. Les mouvements de ces troupes légères avaient peu d'importance, néanmoins le maréchal concluait de la direction de leur retraite qu'il était forcé de laisser de quoi les contenir pendant son opération et il maintenait à Luckenwalde les divisions Lorge et Raglowich ; avec le reste de son corps, il comptait se mettre en marche à 5 heures du matin sur Trebbin. Toutefois il voyait avec peine que les XIIe et VIIe corps, en atteignant Neuendorf, se trouveraient sur la même route et qu'à Schünow, par exemple, on ne présenterait qu'une tête de colonne. Il

(1) « Nous ne sommes qu'à 14 lieues de Berlin, mais on dit que l'ennemi a bien pris toutes ses mesures pour nous empêcher de passer, qu'il est sur trois lignes formidables et que tous les villages de la route sont fortifiés. Ces obstacles, comme ceux de Bautzen, ne serviront, il faut l'espérer, qu'à donner une occasion de plus de succès et de gloire à nos troupes ». Massé, 19 août, *Corresp.*, 1910, p. 554.

invitait Reynier à se rencontrer avec lui pour de nouveau causer ensemble du grand intérêt qui les occupait.

Il manifestait les mêmes intentions à Bertrand : « Je pense que nous l'aborderons [Trebbin], si surtout nous pouvons déboucher sur plusieurs points et que nous ne trouvions pas l'armée massée ou des retranchements inexpugnables ».

VIIe corps. Idées de Reynier sur les dispositions à adopter. — Le général Reynier avait d'abord eu l'intention de marcher en deux colonnes : divisions Sahr et Durutte sur Stulpe, Lecoq sur Linow, mais il apprenait que la route de Merzdorf à Stulpe était impraticable. Tout le VIIe corps se dirigeait alors sur Linow par la grande route dans l'ordre suivant : un bataillon d'infanterie légère chargé d'ouvrir le passage à la cavalerie pendant la traversée des nombreux bois qui s'étendent sur les deux côtés de la route, brigade Gablenz, 25e division, division Durutte, 24e division. Il s'arrêtait à 9 heures à Linow pour laisser passer le XIIe corps, puis il continuait sur Gottow.

Le VIIe corps bivouaquait : la brigade de Gablenz au nord de Schöneweide, ayant en avant sur la route de Berlin le régiment d'infanterie légère, le bataillon du roi et trois pièces ; sur celle de Trebbin, le bataillon de grenadiers de Sperl.

La 24e division était à Schönefeld en avant du village, les deux batteries de la division et la batterie de 12 en arrière sous l'escorte du 2e bataillon Steindel. Le 2e bataillon d'infanterie légère fut placé sur la route de Neuhof ; une demi-division de grenadiers surveilla la route de Speerenberg ; une compagnie d'infanterie, celle de Cummersdorf et de Schöneweide établissant la liaison avec la 25e division. La division Durutte bivouaquait à Gottow avec le quartier général de Reynier, le parc à Linow.

La marche du VIIe corps s'était opérée sans difficulté.

Des détachements de hussards et de cosaques qui occupaient Gottow et Schöneweide s'étaient retirés à son approche. Reynier n'avait pu obtenir de renseignements sérieux sur la force et les positions de l'ennemi ; on lui signalait un camp entre Thyrow et Trebbin que les rapports les plus modérés portaient à 10.000 hommes.

Il supposait que, le 20, le XIIe corps se dirigerait sur Trebbin, le VIIe sur Wittstock, le IVe par Speerenberg et Saalow. « Nous avan-

---

(1) *Théâtre de l'armée du Nord*, p. 160.
(2) *Théâtre de l'armée du Nord*, p. 138.

4

cerons ainsi en grande reconnaissance, écrivait-il, pour voir les positions et les forces des ennemis et agir sur le point qui paraîtra le plus favorable ».

Pour le 20, Reynier ordonnait au VIIe corps de marcher à 7 heures 1/2 en deux colonnes sur Cummersdorf; celle de gauche constituée par une compagnie de sapeurs avec un caisson, la 25e division, la brigade de cavalerie Gablenz, la 32e division, les bagages du quartier général, quatre voitures de sapeurs, bagages des divisions dans le même ordre, suivait la grande route de Berlin jusqu'à Gadsdorf.

Celle de droite [division Lecoq, batterie de 12, bagages de sa division] conduite par le meunier de Schönfeld se porterait directement de ce village sur la ferme de Cummersdorf où le général en chef lui donnerait de nouveaux ordres.

IVe corps. — Le IVe corps lançait vers le nord sur Zossen une reconnaissance, forte d'un bataillon de la division Fontanelli, un escadron de Hessois (1er) et un escadron de Westphaliens. Elle rencontrait les avant-postes de Cardell à Jachzenbrück et se repliait à Zesch après une escarmouche où elle perdait quelques hommes (1).

La veille, les cosaques du major Cardel étaient venus de Bucholz par Priero rôder au sud de Baruth jusque sur les derrières du IVe corps. Bertrand, afin de se couvrir dans toutes les directions, prescrivait à Franquemont d'établir un bataillon à Ziescht avec deux postes : l'un sur la route de Lübben, l'autre sur celle de Radeland, un second bataillon surveillerait la route de Golssen à Damsdorf avec une compagnie à Golssen, celle-ci détacherait en avant un poste à Alt-Golssen qui rentrerait dans la nuit.

En exécution de cet ordre, le 10e wurtembergeois avec 100 chevaux se rendait à Golssen ; les chasseurs Louis s'avançaient vers l'est jusqu'à Freiwalde (2) ; ils rentraient le 19 à Golssen. Durant les deux journées du 18 et du 19, « toute la brigade de cavalerie fut employée dans différentes directions pour reconnaître la position de l'ennemi et assurer la sûreté du IVe corps » (2).

____

(1) Zimmermann, p. 188.
(2) Starkow (p. 345), fait exécuter une partie de ces mouvements le 18. L'ordre du 19 *Documents*. p. 33, ne nous semble pas être une confirmation d'ordres verbaux.

II

Renseignements obtenus sur l'armée française jusqu'au 16 août. — Les avant-postes de Bernadotte n'avaient pu recueillir de renseignements précis sur les mouvements de l'armée française bien que la population du territoire qu'elle occupait fût en majeure partie favorable à la cause alliée.

Le 8 août, Borstel savait qu'il avait en face de ses avant-postes les corps d'Oudinot et de Victor (1). Mais on se faisait, à l'état-major de cette brigade, une idée très inexacte du rôle que l'Empereur leur destinait. Le 19 juillet, l'ingénieur Meyer écrivait: « L'ennemi paraît avoir l'intention, puisque nous possédons de Saarmund à Storkow par Trebbin et Kœnigs-Wusterhausen, un terrain coupé qu'il est très facile de défendre avec une force moindre que la sienne, soit de s'avancer par la plaine non défendue entre Storkow et Beeskow, après avoir forcé les passages de la Sprée à Cossenblatt et Trebasch où, comme je le sais d'une précédente reconnaissance, il existe plusieurs gués ; soit, ce qui paraît encore bien plus vraisemblable, de tourner complètement la Sprée et de marcher par Friedland et Müllrose sur Francfort pour se porter de là à la délivrance de Custrin » (2).

Le 12 août, le major Ruchel admettait encore que le rassemblement des Français à Friedland, Fürstenberg, Lieberose, au cas où il ne couvrait pas une retraite vers l'Elbe, avait pour but de préparer une offensive entre la Sprée et l'Oder, dont l'objectif serait le déblocus de Custrin (3).

Borstel écrivait le 11 de Mittenwalde. « Les nouvelles qui me sont parvenues sur les mouvements de l'ennemi, s'accordent à dire que l'ennemi a laissé ce qui était absolument nécessaire en canons de fer à Torgau et qu'il a renvoyé tous les canons de métal à Wittenberg. Il a avancé la célébration de la fête de l'Empereur Napoléon à la date du 10 pour concentrer ses troupes le 15 et les employer à une réouverture très énergique des hostilités.

Les nouvelles reçues de Votre Excellence indiquent les mêmes intentions... »

D'après les conclusions de ce rapport on devait s'attendre à une offensive vigoureuse ; mais à la date du 14 au contraire, Borstel

(1) *Théâtre de l'armée du Nord,* p. 160.
(2) *Loc. cit.,,* Meyer à Bülow, 19 juillet, p. 159.
(3) *Loc. cit.,* Ruchel à Borstel, 12 août, p. 161.

appréciait autrement la situation. Il croyait, on ignore pour quels motifs, que cette concentration était le prélude d'une retraite générale.

« L'ennemi, mandait-il, retire ses avant-postes de la frontière ; les maréchaux Oudinot et Victor concentrent leurs corps, à ce qu'il semble, à Guben et entre Luckau et Baruth. Ces mouvements peuvent avoir pour objet de préparer une attaque, mais être aussi une mesure de sûreté pour masquer une retraite sur l'Elbe. Cette dernière opinion me paraît la plus vraisemblable. »

Bülow se rangeait complètement à cette opinion « cette nouvelle, écrivait-il, est presque devenue une certitude, l'ennemi se replie d'ici vers la haute Lusace » (1).

Les renseignements, recueillis par Löwenstern en position à l'ouest vers Beelitz, signalaient un mouvement de Vandamme sur Dresde.

« Je puis avoir l'honneur de vous annoncer pour certain que les divisions Philippon, Dumonceau et Teste, sous les ordres du général Vandamme, se sont mises en marche, le 10 août, des environs de Pretsch, Wittenberg et Dessau et se sont dirigées sur Dresde ; la division Dombrowski a eu ordre de les suivre le 14.

Le duc de Padoue a quitté Leipzig. Il a couché hier soir à Eulenbourg.

Le prince de Neufchâtel a été hier à Torgau.

Le maréchal Oudinot était hier, le 13, encore à Luckau avec la division bavaroise de Raglowich, les divisions Pacthod et Lorencez qui sont cantonnés aux environs.

Le maréchal Victor était encore à Guben » (2).

Le 15, divers autres rapports parlaient d'une opération d'Oudinot contre Berlin ; Bülow refusait d'y ajouter foi ; tous ces mouvements de troupes « n'étaient qu'une démonstration, et l'intention réelle de l'ennemi était une marche sur le bas Elbe ». Il ajoutait que les suppositions faites par lui les jours précédents, venaient d'être confirmées par une personne sûre envoyée par lui et rentrée le 15 au matin.

Le même jour, un fermier de Lüdersdorf rapportait « qu'il avait vu onze régiments de cavalerie avec les troupes qui se trouvaient à Herzberg et Schliében se porter sur Baruth. Le 15, toutes les troupes postées à Luckau avaient pris le même chemin ; enfin le dimanche et le lundi des troupes et de l'artillerie avaient quitté

(1) *Armée du Nord*, p. 200.
(2) Löwenstein à Wittgenstern, 14 août, Beelitz, mémoire, II, p. 144.

Dresde également pour Baruth. En tout 20.000 hommes avaient
suivi cette direction. On disait qu'il devait y avoir 60.000 hommes
de rassemblés et que Napoléon lui-même en prendrait le commandement. Les Français disaient qu'ils espéraient être à Berlin dans
trois jours. Toutes les troupes placées à Jüterbog s'étaient également dirigées sur Baruth ».

Néanmoins Bülow persistait dans son appréciation de la situation. Son rapport du 15 disait : « J'attends certainement que nous
n'aurons pas d'ennemis en face de nous dans les prochaines journées. On doit également espérer qu'il sera maintenant possible de
passer l'Elbe à Rosslau » (1).

Au contraire, le général de Hirschfeld mandait de Woltersdorf à
la date du 15. « D'après des avis sûrs que l'on vient de recevoir,
Napoléon a passé l'Elbe à Dresde avec une partie de son armée ; il
est escorté par trois régiments de cavalerie. Les troupes postées à
Barby, Calbe et environs ont rompu rapidement hier ; elles ont vraisemblablement pris leur direction sur Wittenberg. La redoute
construite sur la rive gauche, à Barby, est abandonnée ; les blockhaus
ont été abandonnés hier par les soldats et les vivres qu'on y avait
ramassés auparavant, ont été de nouveau transportés à Barby.

Zerbst, la campagne environnante et le bailliage de Gommern
ont été également complètement abandonnés ; les troupes qui s'y
trouvent ont dû s'y réunir avec plusieurs autres à Pretsch entre
Wittenberg et Torgau sous Vandamme. Tous les rapports de la
rive gauche s'accordent à dire qu'une très forte armée pénétrera par
la Lausitz sur Berlin et les officiers parient d'être à Berlin en huit
jours » (2).

Enfin alors que le général de Bülow admettait comme certain
le départ de Victor, le général de Wobeser écrivait : « Les nouvelles sur l'ennemi sont très variables. Les Français doivent avoir
abandonné Cottbus ; au contraire, ils continuent à tenir les environs
de Fürstenberg au sud-ouest du territoire de Crossen le long de la
frontière » (3).

**Ordres donnés le 15 pour une reconnaissance générale
dans la nuit du 16 au 17 : dispositions prises par Bernadotte le 16.** — En résumé, tous les renseignements obtenus jusqu'au 16 se contredisaient ; Bernadotte ordonnait pour éclaircir ces

(1) Schwederus, p. 24.
(2) Quistrop, p. 113. Hirschfeld à Tauentzien, 15 août.
(3) Wobeser à Tauentzien, 15 août ; Quistrop, p. 104.

rapports contradictoires une reconnaissance générale dans la soirée du 16 au 17. L'ordre en parvenait le 15 à Bülow lorsqu'il terminait son rapport au roi.

Wintzingerode reconnaîtrait les routes de Zerbst et de Jüterbog ; il s'informerait si les routes de Ziesar et de Gorzke à Zerbst, de Belzig, de Treuentbrietzen à Jüterbog étaient dégradées. Ses rapports se succéderaient toutes les deux heures.

Bülow enverrait la majeure partie de sa cavalerie entre Mittenwalde et Berlin ; l'avant-garde de Mittenwalde pousserait jusqu'à Baruth.

Tauentzien prescrirait au corps d'observation placé vers Fürstenberg « de suivre l'ennemi qui a levé le camp près de cette ville et ce corps prussien, étant purement d'observation, doit constamment savoir s'il y a des troupes à Friedland et à Lieberose ».

L'avant-garde de la réserve stationnée à Münchenberg se rapprocherait le plus possible de Berlin et se lierait par sa droite avec le général de Bülow.

L'armée suédoise se rassemblerait entre Potsdam et Spandau. A partir du 16 au soir, toutes les troupes devaient se tenir prêtes à combattre.

Bernadotte admettait pour exacts les renseignements du 15 ; le 16, il informait les commandants de corps que la rive droite de l'Elbe, depuis Dœmitz jusqu'à Wittenberg, était dégarnie de troupes, que l'Empereur Napoléon avait marché de Lückau sur Baruth et qu'il se dirigeait sur Berlin. En conséquence, les ordres du 16 concentraient l'armée du nord sur le centre.

Au corps de Bülow, la réserve de cavalerie bivouaquerait pendant la nuit entre Mittenwalde et Teltow afin de soutenir les troupes de Mittenwalde et de Trebbin. Une brigade d'infanterie viendrait à Zehlendorf ; elle aurait ordre de se porter rapidement, s'il était nécessaire, à Saarmund au secours du général de Thümen. Le restant de l'infanterie serait en bataille sur les hauteurs de Tempelhof à 4 heures du matin.

Le général de Tauentzien laisserait à Münchenberg un ou deux bataillons, deux escadrons et quatre pièces, le reste de la réserve se dirigerait sur Berlin où elle appuierait sa droite le 17 au soir. Il n'entrait certainement pas dans les intentions de Bernadotte de défendre la ligne d'eau, comme en témoigne le rôle assigné aux généraux Thümen et Borstel ; ils se maintiendraient « autant que l'honneur et les forces de l'ennemi devaient l'exiger » et, dans le cas où ils seraient forcés dans leur position, ils se replieraient le premier sur Saarmund et Potsdam, le second sur Berlin.

A droite, le corps de Wintzingerode, à l'exception d'un détachement de 3.000 cosaques et de 3.000 hommes d'infanterie légère serrerait sur Spandau.

Le général de Hirschfeld réunirait un corps de 10.000 hommes
entre Genthin et Brandebourg ; il maintiendrait 5.000 à 6.000 hommes devant Magdebourg « qui seraient toujours prêts à serrer sur
Brandebourg, si l'ordre leur en était donné, ou à se porter à
Treuentbrietzen si les circonstances l'exigeaient ».L'armée suédoise
se mettrait en mouvement à 2 heures du matin sur Charlottenbourg.

A en croire Schwederus, Bernadotte avait même l'intention de
rappeler à lui le général Tettenborn, mais il y renonçait ; il se contentait d'ordonner à Woronzow d'attirer à lui Tschernitchef et de
lui indiquer le temps dont il aurait besoin pour réunir ses forces et
rejoindre à Potsdam (1).

Enfin Bernadotte renouvelait son ordre au général de Wobeser
de suivre le corps français signalé par lui à Fürstenberg, et il prescrivait au commandant de Francfort-sur-l'Oder d'envoyer des agents
à Friedland, Lieberose, Lübben et Guben.

La dépêche du général Hirschfeld avait certainement fait une
grande impression sur son esprit et, soit qu'il eût reçu des renseignements particuliers, soit que son opinion fût basée sur une conception plus juste de la situation de l'armée française, il ne partageait pas l'opinion des généraux prussiens ; à son avis Oudinot
« devait marcher de Baruth sur Mittenwalde et de là sur Berlin ».
Pour s'en assurer, il prescrivait au corps fourni par Wintzingerode
de se porter sur Beelitz et Treuentbrietzen en lançant des partis sur
Jüterbog. « Le général qui le commande, ajoutait-il, est prévenu
que l'empereur Napoléon doit se rendre à Baruth escorté par deux
régiments de cavalerie et qu'il marche à la queue de son armée. Le
prince accorde au régiment de cosaques qui pourra le prendre
500.000 roubles et en proportion pour son état-major ».

Bernadotte voulait-il accepter une bataille au sud de Berlin. On
a déjà discuté cette question. Toujours est-il qu'il l'annonçait haut-
tement à Wintzingerode. « Il est probable qu'une grande bataille
sera livrée avant trois jours. Si elle se donne, il est à croire qu'elle
aura lieu dans les environs de Berlin ».

Il semble en outre qu'à la date du 16 les résolutions de Bernadotte étaient bien arrêtées, quelles qu'aient été ses intentions précédentes, car il répondait à la lettre de Blücher du 12. « Des avis qui

(1) Schwederus, p. 27.

me sont parvenus de divers points m'annoncent que l'Empereur Napoléon réunit des forces considérables et qu'il dirige 100.000 hommes vers Baruth. Ce mouvement, qui semble indiquer l'intention de pénétrer jusqu'à Berlin. m'a décidé à changer mes projets et à concentrer mes troupes près de cette ville afin de la couvrir, tout en me mettant à même d'accepter ou de livrer un combat ».

Les ordres du 16 provoquaient les premières représentations écrites de Bülow; les nouvelles du 15 avaient modifié sa conception de la situation ; lui aussi admettait le 16 au matin qu'une grande force ennemie marchait contre l'armée du Nord et, en prévision d'une action, il demandait de conserver son corps.

« Comme il paraît par la position que l'armée combinée va occuper, qu'en cas que l'armée marche en avant, il y aura une bataille dans les environs de Berlin, je ne puis que fortement désirer d'avoir le jour où il s'agit du salut de la capitale du roi, mon maître, mon corps assemblé, d'autant plus que je me trouverai alors plus à même de répondre à la confiance placée dans ce corps par le roi et la patrie que s'il combattait en petites portions. Si donc Votre Excellence pouvait obtenir de Son Altesse Royale que, dans le cas d'une retraite inattendue, le général de Thümen se rapprochât de moi et que le corps russe occupât le poste du Potsdam, je serais non seulement extrêmement obligé à Votre Altesse, mais je me trouverais encore porté à même d'être doublement utile à Son Altesse Royale pour le bien général.

Le prince royal ayant ordonné au général de Hirschfeld de prendre mes ordres, en cas que les circonstances l'exigent, je crois de mon devoir de représenter à Votre Excellence s'il ne serait pas utile qu'une partie du corps d'observation du général Putlitz s'avançât par Genthin ou Gorzke, pour occuper ce point dégarni de troupes » (1).

Exécution de l'exploration dans la nuit du 16 au 17. — La brigade russe Prendell se dirigeait de Golzow sur Lobourg ; la brigade Orurk marchait en deux colonnes sur Belzig et Brück ; Wintzingerode accompagnait cette dernière jusqu'à Belzig qui était évacué ; de là, elle poussait à 15 kilomètres au sud et rencontrait sur la route de Trajuhn à Niemeck un bataillon du 4e polonais qui l'arrêtait. Elle avait appris l'existence d'un fort poste polonais à Zahna.

(1) Bülow à Bernadotte, Berlin, 16 août, 9 heures 45 matin. Schwederus, p. 27.

Raid du colonel Lœwenstern du 17 au 21 août (1). — Les opérations de cet officier sont extrêmement intéressantes. Il quittait Beelitz dans la nuit du 16 au 17 avec 200 chevaux et s'avançait jusqu'à Marzahne où il ne rencontrait personne ; il se repliait sur Treuenbrietzen et y passait la nuit. Un ordre de Wintzingerode en date de Brück le 16 à 8 heures 3/4 du soir lui prescrivait de se rendre à Jüterbog d'où il enverrait dans toutes les directions pour avoir des nouvelles de l'ennemi. Les renseignements seraient envoyés à Niemeck. « Le terrain entre Niemeck et Belzig serait occupé par les troupes russes » (2) qui assureraient ainsi ses derrières.

Löwenstern entrait à Jüterbog lorsque les Polonais venaient d'en sortir ; il lançait des partis sur les chemins de Luckau jusqu'à Dahme, de Schweinitz, Schönwalde et Zahna ; ces derniers rencontraient entre Treuenbrietzen et Jüterbog les partis du colonel Hellwig.

Ses reconnaissances n'étaient pas encore rentrées qu'il recevait la mission d'inquiéter la gauche de l'armée française et si possible ses derrières. Il devait surtout s'efforcer d'enlever l'Empereur Napoléon.

« Vous êtes bien placé pour cela à Jüterbog, disait l'ordre, dirigez-vous de cet endroit sur Baruth, harcelez le flanc gauche de l'ennemi, autant que vous le pourrez, et sachez que votre repli et votre soutien est établi à Beelitz sous les ordres du comte Orurk sous les ordres directs duquel vous vous trouvez et auquel il faudra adresser vos rapports. En cas que vous n'ayez pu parvenir à Jüterbog et que cet ordre vous trouve entre cet endroit et Treuenbrietzen, alors tâchez de parvenir au même but en vous dirigeant sur Luckenwalde » (3).

Il était facile de prévoir que l'escorte se ferait hacher pour permettre à l'Empereur de se sauver avec un groupe de cavaliers supérieurement montés. Löwenstern, afin de s'opposer à toute tentative de fuite, formait un détachement d'élite fort de 200 hommes à qui il donnait pour instruction « de se tenir en réserve et de ne point s'engager dans le combat, mais d'avoir l'œil partout et de se porter à corps perdu sur le groupe ennemi qui se détacherait de la masse, et de le poursuivre sans relâche pendant qu'il s'occuperait du reste avec le gros du détachement ».

Il se rendait de Jüterbog à Rohrbeck pour y passer la rivière et

---

(1) Voir **Lœwenstern**, *Mémoires*, pp. 145-159.
(2) Ordre de Wintzingerode, Lœwenstern, *Mémoires* t. II, p. 146.
(3) Ordre de Wintzingerode, Belzig, 17 août, 4 heures du matin, t. II, p. 147.

se diriger de là sur Schweinitz ou Jessen suivant les renseignements, y traverser la Schwarze Elster et couper les communications de Wittenberg et Torgau avec le maréchal Oudinot.

Ses éclaireurs lui signalèrent à Ohna une colonne d'infanterie qui se dirigeait sur Gräfendorf, il changeait de suite de direction, la chargeait et l'enlevait (1). Le soir, il rafraîchissait à Schweinitz après avoir passé l'Elster sans difficulté; il y apprenait qu'il y avait un dépôt de cavalerie à Schönewalde; bien que ses chevaux eussent déjà parcouru 52 kilomètres il gagnait cette localité pendant la nuit du 17 au 18; il n'y rencontrait qu'un officier et 30 soldats qui escortaient des affûts de réserve.

Le 18, il retournait à Schweinitz; de là il se dirigeait sur Herzberg espérant y prendre quelque chose. En effet, on lui signalait un grand transport qui. ayant appris son apparition à Schweinitz, avait rebroussé chemin et retournait sur Wittenberg; il lançait quelques centaines de chevaux à sa poursuite. Au bout d'une heure, ils lui ramenaient vingt chariots chargés de convalescents et plusieurs fourgons avec des effets d'habillement; l'escorte avait réussi à s'échapper à l'exception de 4 hussards et de 130 fantassins sans armes. Löwenstern avait un instant l'idée de les renvoyer pour s'épargner tout embarras; il y renonçait de crainte de trahir par là sa marche. Il passait la soirée à Herzberg.

Des renseignements certains portaient que l'Empereur n'avait pas encore joint l'armée d'Oudinot; son premier soin était de gagner cette route « tant désirée ». Il parcourait pendant la nuit du 18 au 19 les 30 kilomètres qui l'en séparaient. De là, il envoyait 100 chevaux sous la conduite d'un officier intelligent par des chemins de traverse pour se mettre en embuscade entre Sonnewalde et Luckau et un autre de même force entre Dobrilug et Sonnenwalde ». Ces officiers avaient ordre précis « de prendre des officiers, des courriers, enfin tout ce qui paraîtrait sans troupe, mais de n'engager aucun combat, de laisser passer tout ce qui pourrait être armé, afin d'éviter les coups de fusil et en général tout ce qui pourrait faire du bruit et être entendu de loin et de se tenir caché autant que possible ».

Un de ses partis enlevait un courrier porteur d'une lettre où Berthier annonçait que l'Empereur s'était rendu en Silésie. Quelques instants après, un autre avis l'informait qu'un convoi escorté par de l'infanterie, dont la tête était formée de grenadiers à bonnet d'ours venait d'apparaître à un quart de lieue de Sonnenwalde.

(1) Quistrop porte le nombre des prisonniers à 62; les mémoires à 300.

Il désignait un détachement de 100 chevaux commandé par le major Barnenkof pour courir ventre à terre leur couper le chemin de Dresde, et il marchait contre eux avec son gros. D'après les pertes, l'escorte forte de plus de 500 hommes se conduisait très faiblement. A l'apparition du major Barnenkof qui l'avait dépassée, elle formait le carré « avec l'intention de se frayer un passage », mais les cosaques réussissaient à l'arrêter par leur contenance et donnaient à Löwenstern le temps d'arriver. Il formait les cosaques de Popoff XII en trois colonnes, ceux de Rébrejeff demeuraient en réserve. En quelques instants tout fut pris ; à en croire Löwenstern, il y avait là 170 grenadiers de la garde saxonne, 330 hommes d'infanterie et une caisse contenant 200.000 francs. La perte des cosaques s'élevait à un officier tué, quelques cosaques blessés et une dizaine de chevaux tués et blessés. Le détachement de Dobrilüg avait enlevé la malle de France.

Löwenstern, après cette heureuse capture, rentrait à Sonnenwalde où il se reposait ; il se disposait à rejoindre Blücher et il avait déjà commencé son mouvement, lorsque ses éclaireurs lui rendaient compte que les chemins qu'ils se proposaient de suivre, étaient impraticables. « Je calculai, dit-il, que l'ennemi ne s'imaginant assurément pas que je reprendrais le même chemin par lequel j'étais venu, me chercherait partout ailleurs que sur celui-là, de sorte que je résolus de faire comme les vieux renards poursuivis par la meute et qui retournent souvent sur leurs pas, presque sûrs que les chasseurs ne les y suivront pas ». Il se portait, sans passer par Herzberg et Schweinitz, d'une seule traite à Schönewalde où il enlevait quatre Polonais et quatorze gendarmes envoyés à sa recherche. Il s'y reposait quelques heures.

Le terrain de Schönewalde à Jüterbog forme une vaste plaine ; afin d'éviter que sa présence ne fût signalée de loin et que l'on ne reconnût son faible effectif, il employait le stratagème suivant, nous laissons la parole aux mémoires. « J'imaginai de l'induire [l'ennemi] en erreur en faisant marcher à la tête de la colonne les grenadiers qui avaient leurs bonnets à poil qui ne sont pas usités chez nous, et qui devaient faire supposer à l'ennemi que c'était une colonne mixte.

A quelque distance d'eux, je fis marcher le régiment de Popoff XII et, des deux côtés, des cosaques traînant après eux des bottes de foin attachées à des cordes, et qui faisaient une poussière épouvantable, et de sorte qu'on ne pouvait distinguer de quelle arme était cette cavalerie, et comme je le fis avec des distances et des intervalles le nombre en paraissait triple. Les fourgons sui-

vaient le régiment avec le reste des prisonniers, et le régiment de
Rébrejeff marchait en queue avec les mêmes précautions et la même
ruse que celui de Popoff, de sorte que mon petit détachement avait
de loin l'air d'un corps d'armée Je ne me fis ni éclairer ni précéder
et mes yeux faisaient fonctions d'éclaireurs ». Lœvenstern arrivait
à Jüterbog sans encombre, au grand effroi de Prendel qui donnait
l'alarme et allait battre en retraite, lorsque les cosaques des deux
partis se reconnaissaient. La brigade Lœwenstern était dissoute
après ce raid remarquable, le régiment Popoff XII rejoignait
Tchernitchef, le régiment Rébrejef fut affecté à la division Hirschfeld.

Exploration du 3ᵉ corps prussien. — Les cosaques détachés en avant de la division Thümen, poussaient jusqu'à Jüterbog
qu'ils trouvaient inoccupé ; les hussards d'Hellwig arrivaient devant
Baruth au grand jour ; ils rendaient compte qu'un poste de cavalerie française occupait Linow et qu'il y avait de l'infanterie à Schöbendorf.

A la division Borstel, le major Cardel avait marché sur les deux
villages de Zesch et de Mückendorf ; il divisait sa troupe en deux
colonnes, celle de gauche, forte de trois compagnies, d'un escadron
de hussards de Poméranie et des cosaques, était sous ses ordres
directs, elle passait par Wuensdorf, Jachzenbrück. En arrivant
devant Zesch, il envoyait les cosaques à l'est du village ; deux pelotons de tirailleurs à l'ouest côtoyaient la rive droite du lac, trois
pelotons de hussards et deux de tirailleurs étaient chargés de l'attaque de front ; le reste de la colonne se tenait en arrière. Il chassait
rapidement la grand'garde du village et arrivait avec elle sur le
régiment de Hesse-Darmstadt qui avait ses chevaux désellés (1) ;
surpris il se rejetait sur Baruth, ses pertes s'élevaient à 13 blessés,
62 hommes et 83 chevaux prisonniers (2).

La colonne de droite (une compagnie et les chasseurs volontaires)
partait de Mellen, elle s'avançait par Clausdorf. Les chevau-légers
westphaliens placés à Mückendorf étaient sur leur garde, néanmoins ils se repliaient sur Baruth après avoir reçu une décharge à
l'improviste ; ils perdaient 26 prisonniers. Le bataillon prussien
était de retour à 7 heures à son bivouac ; il avait eu seulement un
blessé (2).

Sur la route Mittenwalde-Baruth, le lieutenant de Tornow avec

(1) Zimmermann prétend au contraire qu'ils avaient la bride aux bras.
(2) Mach les évalue à 69 hommes et 63 chevaux, p. 252.

une patrouille de 3o hommes du 3e/Huss. Pom rejetait la grand'-garde bavaroise établie en avant de Dornswalde. En la poursuivant, elle s'emparait du colonel de Seyssel. Cet officier avait visité la ligne de ses avant-postes à 11 heures; à 1 heure 3o, en entendant les coups de feu, il se jetait sur son cheval qui était sellé et bridé dans la cour et se rendait aux avant-postes accompagné d'un seul ordonnance; entouré par les Prussiens, il était forcé de se rendre. Toutefois, les hussards ne réussissaient pas à entrer dans Dornswalde, « parce que les chevau-légers avaient eu le temps de saisir les carabines ».

A Buchholz, le major de Raven avait les vedettes ennemies en face de lui sur la rive droite de la Dahme, il laissait ses sentinelles en place pour ne pas éveiller l'attention des Bavarois, passait la rivière à quelques kilomètres au sud de la ville avec le 4e escadron et quelque infanterie. Sur l'avis que 4o cavaliers bavarois bivouaquaient dans une forêt sur la route d'Oderin, il se portait contre eux avec son infanterie et ses cosaques et les rencontrait bientôt; les Bavarois surpris se rendaient après une courte résistance lorsque les hussards eurent rejoint leur avant-garde (1).

Une reconnaissance lancée par le major Arnim sur Lübben n'y rencontrait personne, une autre envoyée par le major Mirbach de Beeskow sur Friedland, Lieberose et Fürstemberg trouvait tous les camps français évacués; elles rendaient compte que le IIe corps s'était porté de Guben sur Sagan et les troupes saxonnes de Görlitz sur Luckau, Napoléon était en Silésie.

A en croire les prisonniers, Oudinot occupait Baruth avec un corps de 25.000 à 3o.000 hommes, il avait reçu le commandement d'une armée qui devait s'élever à 70.000 hommes. Ces renseignements n'étaient expédiés à Bülow que le 17 au soir (2).

Mouvements des corps alliés le 17.— Toute la garnison de Berlin prenait les armes à 3 heures du matin. Le 4e de réserve avec un escadron (1/leib hussards) se rendait à Zehlendorf au soutien de la division Thümen; de là, il détachait l'escadron à Schönow et poussait le bataillon de fusiliers à mi-chemin de cette localité; les deux autres bivouaquaient à proximité de Zehlendorf. A 9 heures du soir, il recevait ordre de se replier sur Schönberg (3).

A la suite de la reconnaissance, Thümen retirait de Luckenwalde

(1) Pretzell, 388 et Leinze, p. 418.
(2) *Armée du Nord*, p. 208, Quistrop, p. 207.
(3) Historique du 16, p. 46.

le bataillon de fusiliers et l'établissait au sud de Trebbin à Cliestow, Schulzendorf, Lüdersdorf et Christinendorf, le major Hellwig
se plaçait à Lüdersdorf et Gadsdorf ayant 60 fusiliers à Lüdersdorf ;
un poste de 20 hussards, commandé par un officier, était demeuré
avec les cosaques à Scharfenbrück. Deux postes établis à Zauchwitz
et à Glienick assuraient la liaison.

Le général de Bülow trouvait cette ligne trop éloignée ; il ordonnait de pousser les cosaques de Bichalow à Luckenwalde et à
Frankenwalde et les hussards à Cummersdorf et Schöneweide.

Les postes de Borstel demeuraient immobiles.

Dans son rapport du jour, ce général représentait de nouveau les
dangers que couraient Zossen et Mittenwalde, par suite de la
nature du terrain au sud de ces localités qui dominait le versant
nord favorisant ainsi l'assaillant, et il exprimait la crainte que les
troupes établies dans ces localités ne fussent sacrifiées.

Bülow refusait de les renforcer. Il répondait que « ces ouvrages
ne serviraient à rien, mais que l'armée prendrait l'offensive et que
dans tous les cas on livrerait dans ces environs une bataille dont
l'issue déciderait de la possession ou de la perte de toute la ligne de
retranchement que, par suite, la perte éventuelle d'un seul bataillon ne devait pas entrer en considération » (1).

Tous les corps occupaient les emplacements indiqués par les
ordres de Bernadotte en date du 16.

La réserve de cavalerie, six régiments, s'était rendue à 1 heure du
matin à Gross-Ziethen ; après avoir été informé de l'heureux succès
des combats de la nuit, Oppen cantonnait dans l'espace fixé entre
Klein-Beeren, Diedersdorf, Dahlewitz, Kienitz, Hotzig-Wasdorf et
Klein-Ziethen.

Proposition de Bülow. — Le général de Bülow avait profité
du rassemblement de ses deux divisions au sud de Berlin pour les
exercer. Il était occupé à les faire manœuvrer, lorsque Bernadotte
apparaissait sur le terrain de Tempelhof et avait avec lui la conversation rapportée plus haut (2) où il le provoquait pour ainsi dire à
donner son avis.

Le général Bülow, comme on s'en souvient, était fortement convaincu de l'urgence d'une offensive générale. Il saisissait cette occasion pour proposer deux plans.

1° Rassemblement du IIIe corps à Mittenwalde ; de Thümen, à

(1) *Armée du Nord.* p. 215.
2) Voir p. 40.

Zossen ; de Wintzingerode à Trebbin ; les Suédois en position intermédiaire entre Klein-Beeren et Blankenfelde.

Offensive générale : le IIIe corps en deux colonnes ; celle de gauche par Teupitz contre le flanc droit d'Oudinot : celle de droite à laquelle se joindrait Thümen par la grande route de Baruth.

Le corps de Wintzingerode en deux colonnes : la première par Lüdersdorf et Speerenberg, la seconde par Neuendorf et Schœnfeld ; rassemblement à Linow et attaque de Linow par l'ouest.

Les Suédois en réserve.

2° Rassemblement des Russes à Potsdam, des Suédois à Saarmund, du IIIe corps à Trebbin, de la division Borstel à Mittenwalde.

Offensive générale : Wintzingerode par Beelitz sur Zinna, les Suédois de Saarmund sur Luckenwalde, le IIIe corps sur Woltersdorf et Schöneweide, Borstel à Motzen. « Si l'ennemi demeure à Baruth proposait-il, les Russes l'attaqueront de dos, les Suédois et Bülow déboucheront de Linow sur le flanc gauche de Baruth, tandis que Borstel se portera de Motzen contre le front. »

Bülow préférait ce dernier projet ; il semble en effet qu'en cas de réussite il promettait de plus grands résultats ; l'armée française menacée sur son flanc gauche et ses derrières pouvait être acculée à un désastre. Par contre, en cas de revers, l'armée alliée était rejetée sur l'Elbe.

Bernadotte refusait avec raison d'y consentir, comme le reconnaît le dernier historien militaire allemand de cette campagne (1), car, au lieu de trouver un seul corps isolé, l'armée alliée aurait eu affaire le 19 à toute l'armée française.

Dans la journée, Bernadotte ordonnait de jeter deux ponts sur la Sprée. Certains historiens ont considéré cette mesure, comme une preuve de sa volonté d'abandonner la capitale sans combat ; il semble au contraire que cette précaution était fort sage.

Le prince recevait dans l'après-midi toute une série de rapports datés de Berlin 3 heures. D'après les renseignements qu'ils contenaient, les camps français de Lübben et de Luckau avaient été évacués le 17 au matin, les troupes qui les composaient marchaient sur Liegnitz ou sur Dresde ; le camp de Baruth avait été levé et les troupes se repliaient sur Jüterbog.

Bernadotte, soit qu'il fût mécontent de n'avoir pas encore reçu les rapports des reconnaissances de la cavalerie prussienne ou peut-être par défiance, chargeait le général Wintzingerode de s'assurer

(1) Friederich, p. 378.

de la véracité de ces nouvelles. « En résumé, lui disait-il, Votre Excellence doit harceler l'ennemi, s'il se retire, et en prévenir ; et si au contraire l'ennemi s'est arrêté et a formé sa ligne de bataille, Votre Excellence doit s'établir avec sa cavalerie entre Saarmund et Mittenwalde laissant toujours l'infanterie légère et les cosaques à Beelitz et Treuenbrietzen. »

Toutefois comme le général de Thümen se plaignait du manque de cavalerie, il le renforçait par le régiment national de cavalerie poméranienne.

Mouvements des corps alliés le 18. — En exécution de l'ordre du 16 à 11 heures 1/2 du soir, le général Hirschfeld maintenait un corps de six bataillons, trois escadrons et trois pièces en observation devant Magdebourg (1), un escadron de Marwitz à Havelberg, et concentrait dix bataillons, six escadrons et sept pièces autour de Brandebourg où il entrait avant midi.

L'instruction qu'il laissait au général de Putlitz, commandant le corps de Magdebourg, lui prescrivait de ne pas perdre ses communications avec le gros du corps ; dans le cas où une offensive française déboucherait de Zerbst, il se replierait sur lui, et si néanmoins il était coupé, sur Rathenow. Il évacuerait également sa position devant Magdebourg si un corps considérable opérait contre Brandebourg. Au cas où l'opération ennemie aurait Potsdam pour objectif ou ferait mine de couper la communication avec le grand quartier général, le général de Hirschfeld se retirerait sur Spandau (2).

Le général Wintzingerode établissait son quartier général à Saarmund. La brigade Orurk traversait Trebbin à 11 heures et s'avançait sur Luckenwalde ; de là, elle patrouillait sur Wittenberg ; Ilowaiski marchait par Trebbin sur Schœneweide et Linow, cinq bataillons de chasseurs russes se rendaient à Beelitz.

Le général de Thümen envoyait un escadron du régiment national de Poméranie vers Luckenwalde pour y faire croire à la présence d'un nouveau régiment et renforçait le poste de Wendisch-Wilmersdorf par deux compagnies [IIIe/5e Res. Rég.]

La réserve de cavalerie gardait les mêmes emplacements : elle recevait ordre de se tenir prête le 19 à soutenir le général de Borstel et de lancer le lendemain sur Baruth un détachement de toutes armes pour répondre à la reconnaissance française.

---

(1) Son effectif était de 4.300 fantassins et 250 cavaliers.
(2) *Armee du Nord*, p. 216.

Le reste des troupes ne faisait aucun mouvement (1).

A l'extrême gauche de l'armée, un parti du général Wobeser avait passé l'Elbe en bac le 17 à Schidlow et avait reconnu que Fürstenberg, Friedland, Lieberose et Guben étaient évacués ; le 18, son avant-garde (un bataillon, deux escadrons) traversait l'Oder en bateaux à Schidlow ; il se proposait le lendemain de continuer le passage et de marcher, le 20, avec tout son corps sur Güben. Dans cette position, « il vivait aux frais de la Saxe, couvrait l'Oder et était toujours en situation, au cas où il serait repoussé par l'ennemi, de se retirer sur Crossen ». Mais dans la soirée il recevait l'ordre de Tauentzien lui prescrivant de rester sur la rive droite de l'Oder.

« Puisque l'ennemi a abandonné tous les environs et que mon avant-garde a déjà franchi l Oder aujourd'hui, lui observait-il, je crois approprié aux circonstances de me porter en avant, car la retraite de mon avant-garde produirait une mauvaise impression ; 2° parce que, vu l'éloignement de l'ennemi, je n'ai que ce seul moyen d'avoir des renseignements sur lui. Du reste je n'ai rien à craindre pour Francfort ». En conséquence, il se proposait de rester à Güben d'où il était libre de se diriger sur Lieberose ou Forsta, et d'y attendre de nouveaux ordres (2).

Ordres donnés par Bernadotte le 18 et le 19. — Malgré les rapports de la gauche, Bernadotte semble s'être attendu à un mouvement de l'armée française dans cette direction. Alors que toute la journée s'écoule sans qu'il prenne aucune disposition pour savoir ce qui se passe sur son front, il prescrit à Bülow de pousser des reconnaissances sur Lübben et Friedland ; à minuit, Tauentzien reçoit l'ordre « de faire concentrer la brigade sous les ordres du général Wobeser à Müllrose afin de couvrir Francfort, et de ne laisser à Crossen que les troupes nécessaires pour défendre cette ville, dont les ouvrages seront de suite augmentés et palissadés.

Il faudra laisser à Fürstenberg un détachement pour observer et donner des nouvelles. »

Dans la journée du 19, une dépêche de Blücher communiquait à Bernadotte une conversation de Jomini avec Laugeron ; il lui aurait dit « que l'Empereur Napoléon attaquerait l'armée de Bernadotte

---

(1) Hirschfeld à Putlitz. Instruction. Genthin, 18 août, 3 heures du matin. *Armée du Nord*, p. 219.

(2) Wobeser à Tauentzien, 21 août. *Armée du Nord*, p. 217, Quistrop, 320-321.

pour se rendre maître de la ville de Berlin, qu'il voulait se borner à me tenir en échec et que pour le moment il laisserait hors de considération l'armée autrichienne ». Bernadotte était déjà instruit, vraisemblablement par les rapports de Lœvenstern, que l'Empereur ne marchait pas en personne contre lui ; en outre le rapport de Wobeser le renseignait avec certitude sur le mouvement du IIᵉ corps.

Sa réponse mettait Blücher au courant des événements qui s'étaient passés jusqu'à cette date. « Les avis que vous me donnez m'étaient déjà parvenus et m'avaient fait changer mes projets de passer l'Elbe entre Magdebourg et Wittenberg. Dans l'espace de 24 heures, j'ai concentré environ 80.000 hommes sous les murs de Berlin ; 3.000 cosaques ont de suite été jetés sur Treuenbrietzen et Jüterbog, ils ont poussé entre Baruth et Dahme jusqu'à Merzdorf ». Le maréchal Oudinot occupait Baruth avec 30.000 hommes, ayant, disait-on, en arrière de lui un autre corps de même force à Luckau ; le maréchal Victor se portait sur Blücher par Güben, aussi avait-il donné ordre à Wobeser « de le harceler et de l'empêcher, s'il était possible, de prendre position ».

A la suite de ces nouveaux renseignements, Bernadotte portait le 19 son armée en avant, il ordonnait :

A Wintzingerode, d'établir l'armée russe, la droite à Teltow, la gauche à Lichtenrade, le gros de sa cavalerie entre Beelitz, Saarmund et Trebbin, elle enverrait de fortes patrouilles entre Mittenwalde, Trebbin et Speerenberg et continuerait à observer l'Elbe du côté de Zerbst, Wittenberg et Dessau. Le corps de 3.000 cosaques se dirigerait sur Jüterbog.

A Bülow, d'avoir, le 20, à 10 heures, sa droite à Wasdorf, sa gauche à Kœnigs-Wusterhausen.

A Tauentzien, de remplacer à Berlin et à Cœpenick le IIIᵉ corps prussien.

En outre, comme il en avait averti Blücher, Bernadotte revenait sur l'ordre adressé la veille à Wobeser ; il l'approuvait de son initiative et lui accordait une entière liberté de mouvement ; son seul but devait être de suivre le corps du maréchal Victor, de le harceler pour lui faire perdre du temps, mais sans engager d'affaires sérieuses.

Renseignements envoyés à Bernadotte par ses avant-postes. — Le mouvement de flanc d'Oudinot leur avait complètement échappé, bien que la population fût favorable aux alliés et que leur cavalerie fût très supérieure à la nôtre comme qualité et comme nombre.

A 10 heures du soir, Borstel rendait compte de Mittenwalde que son poste de Jachzenbrück avait été rejeté, pourtant l'ennemi s'était replié sur Zesch. Il avait reserré le détachement principal des avant-postes, placé trois compagnies (Fus./2e, Rés. Rég.) à Zehrensdorf en soutien du major de Cardel et ramené le major de Raven de Buchholz à Neubrück.

« Les patrouilles poussées de Cossenblatt et de Beeskow sur Guben, Lieberose et Lübben, ajoutait-il, me rendent compte à plusieurs reprises que l'ennemi a quitté cette région » (1).

A 7 heures du soir, Thümen écrivait de Trebbin : « D'après des rapports répétés du colonel de cosaques Bichalow, l'ennemi s'est avancé sur Luckenwalde avec des forces assez considérables en infanterie, cavalerie et artillerie ; il y est resté ; les cosaques sont actuellement très tranquilles et, d'après toute vraisemblance, ils se trouvent encore à un mille et demi d'ici. Si le rapport de Bichalow est fondé, je crois que l'ennemi restera à Luckenwalde et m'attaquera ici demain matin. Il ne me paraît pas y avoir de doute que l'ennemi ait pénétré jusqu'à Luckenwalde, parce que l'on a entendu tirer jusqu'ici. Pourtant ce ne peut être une troupe considérable parce que le major Hellwig est demeuré à Schœneweide et à Speerenberg, Orurk à Zinna » (2).

Ce dernier s'était porté dans la journée sur Jüterbog avec deux régiments ; après avoir laissé un régiment de cosaques [Andrejanow] pour surveiller la direction de Luckenwalde. Chassé de cette ville par le mouvement d'Oudinot, il s'était replié sur Berkenbrück où Orurk le rejoignait. Le général prenait position à Hennigkendorf et se proposait « de côtoyer l'ennemi le lendemain matin s'il marchait sur Trebbin » (3).

Mouvements du général Wobeser. — Vers l'est, le général Wobeser avait fait passer l'Oder au gros de son corps de 6 heures du matin à 5 heures 1/2 de l'après-midi à hauteur de Kuschern, tandis que son avant-garde se dirigeait sur Guben.

Mais dans la journée on lui remettait l'ordre de se maintenir sur la rive droite.

« Comme je ne puis savoir, répondait-il à Tauentzien, quel peut

(1) Borstel à Tauentzien, 19 août, 10 heures du soir, *Armée du Nord*, p. 223.
(2) Thümen, Trebbin, 19 août, 7 heures du soir ; Quistrop, p. 215.
(3) Orurk, 19 août, 10 heures du soir ; Quistrop, p. 216.

être le motif de ce brusque changement, et que l'on parle d'une pro-
chaine bataille aux environs de Berlin, je ne perds pas un instant
pour exécuter l'ordre de Votre Excellence ». Il rappelait son
avant-garde de Guben et décidait de ramener son corps sur Francfort par Ziebingen : il aurait préféré s'y porter par la rive gauche,
mais il reculait devant le danger d'être écrasé entre l'armée française et l'Oder sans aucune utilité (1). Son corps bivouaquait à
Kuschern et repassait l'Oder le 20.

(1) Woheser à Tauentzien, *Armée du Nord*, p. 228.

CHAPITRE IV

Contre-ordre d'Oudinot le 20 au matin. — Le maréchal était résolu, le 19 au soir, à marcher énergiquement ; le 20, de très grand matin, il se décidait à modifier ses plans et à attendre de nouveaux renseignements.

Peut-être convient-il de chercher la cause de ce brusque revirement dans les renseignements fournis par un rapport expédié par Bertrand le 19. Bülow était à Mittenwalde avec 30.000 hommes, Bernadotte à Oranienbourg ; de cette ville, il avait dû gagner le 18 Trebbin avec son armée. On disait « généralement » que l'armée qui se réunirait entre Trebbin et Mittenwalde serait forte de 50.000 hommes, et l'on prétendait que Bernadotte avait déclaré aux souverains alliés « qu'il n'en prendrait le commandement qu'autant qu'elle serait portée à 100.000 hommes ».

« La personne qui donne ces renseignements, ajoutait-on, dit que nous aborderons difficilement Trebbin, qu'outre tous les retranchements qu'on y a faits, on a lâché les eaux partout, ce qui en rend l'accès presqu'impossible. »

Oudinot attachait la plus grande importance à ce rapport qu'il transmettait, sans même tenter de le vérifier par une action sérieuse. Il écrivait à l'Empereur : « l'inondation qui s'étend depuis Potsdam jusqu'à la Sprée... est telle qu'il est probable que ma marche sur ce point sera impossible... dans le cas de non-réussite, le duc ne saurait où se retirer et il demande des ordres ».

Ainsi à la tête de 70.000 hommes, le maréchal était disposé à battre en retraite, si une attaque du XIIe corps sur Trebbin échouait. Il avançait pour justifier d'avance tout échec que l'armée alliée était triple de la sienne, et il terminait par cet aveu où se révèle son peu de confiance dans l'issue finale. « Il ne négligera rien pour réussir, mais il n'ose y compter ».

Toutefois Oudinot hésitait à déclarer à l'Empereur sur la foi de ce rapport « que les routes de Berlin étaient impossibles sur tout le front » sans s'en être assuré par une action quelconque ; il employait le moyen classique de tout chef d'armée qui ne sait se décider et veut paraître faire quelque chose. Alors que, d'après ses propres termes, la route de Trebbin était la moins obstruée par les eaux, il proposait à Reynier d'opérer une forte reconnaissance sur celle de Neuendorf. « M. de Caraman marcherait avec les troupes, lui écrivait-il, il prendrait vos ordres et, s'il juge que nous pouvons tenter, nous partirions demain. Il me tarde de vider cet embarras et de savoir enfin que dire à l'Empereur ».

M. de Caraman devenait ainsi l'arbitre du sort d'une armée. Le général Reynier *avait une trop haute idée de la responsabilité du commandement pour se laisser réduire à un tel rôle*. Il objectait à Oudinot que s'il marchait « sans être soutenu et flanqué », il ne pourrait s'assurer de la possibilité de forcer les passages retranchés et de s'en emparer de suite, si cela était praticable, parce que le reste de l'armée serait trop éloigné pour l'appuyer. Oudinot se rangeait à cet avis ; on décidait d'exécuter le 21 la marche prévue pour le 20. En résumé, on avait encore perdu un jour.

Le 20, Oudinot ramenait les deux divisions françaises du XIIe corps ainsi que le grand parc d'artillerie sur Jänickendorf ; il maintenait à Luckenwalde la division Raglowich et la cavalerie Lorge pour couvrir son flanc gauche. Ce mouvement avait pour objet d'éviter les défilés de la route directe de Luckenwalde à Trebbin. La brigade Ameil, soutenue par un bataillon du 8e bavarois, allait reconnaître Jüterbog par Jænickendorf ; elle rapportait la nouvelle qu'il n'y avait pas d'ennemis dans cette localité.

La 1re brigade bavaroise Maillot prenait les avant-postes. Elle était disposée : le bataillon d'infanterie légère Fortis sur la route de Trebbin avec un obusier ; un bataillon du 3e avec un canon sur celle de Jüterbog ; le bataillon du 8e avec un obusier sur la route de Potsdam ; un bataillon du 13e avec quatre pièces sur celle de Gottow. Chaque bataillon avait fourni 30 hommes pour la garde des portes de la ville qui devait être défendue à l'extrême ; une brigade de cavalerie légère française couvrait cette ligne d'avant-postes d'infanterie. La 2e brigade bavaroise, une brigade française de cavalerie et le reste de l'artillerie campaient en arrière.

Vers 10 heures, le général Orurk reconnaissait les avant-postes sur la route de Trebbin, puis se retirait sur Berkenbrück. Vers

6 heures du soir, 2.000 cosaques environ tentaient un hourra sur les avant-postes de cavalerie et les rejetèrent : ceux-ci, en se repliant, causèrent un grand désordre dans les rangs de la cavalerie française qui traversa la ville à bride abattue. *L'infanterie, comme toujours, sauvait la cavalerie* par son sang-froid et les rejetait.

Cette échauffourée avait montré l'inconvénient des mesures adoptées. Toute la cavalerie, à l'exception de celle nécessaire pour couvrir les postes d'infanterie, fut ramenée au sud de Luckenwalde. Le bataillon Fortis occupait la ville et fournit les avant-postes en se liant par la gauche avec la brigade Habermann établie en arrière ; le bataillon du 8ᵉ constituait une réserve dans la ville ; celui du 13ᵉ conservait sa position, celui du 5ᵉ repassait au sud de la ville.

VIIᵉ corps. — Le VIIᵉ corps recevait à 3 heures du matin le contre-ordre pour le mouvement en avant.

Une reconnaissance prussienne venait se heurter aux avant-postes de Sahr. Le major Hellwig avait quitté Lüdersdorf à 8 heures avec 80 hussards et 122 fantassins ; vers midi, il tombait à l'improviste sur la compagnie saxonne établie sur la route de Berlin et dont les bois lui cachaient la vue ; il l'attaquait vigoureusement et la rejetait hors de la forêt. Une compagnie d'infanterie légère saxonne venait soutenir la première, toutes deux repoussaient à leur tour les Prussiens qui perdaient cinq blessés et deux prisonniers, dont un déserteur.

Il déclarait que cette reconnaissance composée d'une compagnie de chasseurs, une de fusiliers et un escadron de cavalerie était sous les ordres d'Hellwig ; ces troupes appartenaient à un corps fort de 18.000 hommes, établi à Trebbin.

La 24ᵉ division saxonne envoyait une reconnaissance sur Speerenberg ; elle trouvait cette localité occupée et s'arrêtait à la lisière du bois au sud du village.

Une autre reconnaissance était poussée sur Neuhof ; elle se dissimulait dans un bois à proximité et lançait une patrouille de 14 hommes sur Neuendorf. Entre temps, le VIIᵉ corps, ayant reçu ordre de se tenir prêt à marcher, rappelait ce parti ; il tombait à son retour sur un groupe de Prussiens et était forcé de s'ouvrir le passage le sabre à la main.

25 chevaux renforçaient dans l'après-midi le poste de Speerenberg.

Les ordres pour le 21 prescrivaient au VIIᵉ corps de se mettre en mouvement sur Cummersdorf, dans l'ordre suivant : un escadron et les éclaireurs de la 25ᵉ division, 1ʳᵉ brigade de la 25ᵉ division, une batterie. 2e brigade, brigade Gablenz. 32e division, une batterie, batterie de 12. Les deux divisions d'infanterie laisseraient leur réserve d'artillerie au camp à l'exception des cartouches d'infanterie qui suivraient la batterie. Le général de Gablenz emmènerait sa réserve. La 25e division quitterait son camp à 6 heures 1/2, la 32e à 6 heures. La division Lecoq partirait à 8 heures et resterait en réserve à Schœneweide avec son artillerie et une batterie du général Sahr.

Les bagages parqueraient : ceux de la 25e division à Schœneweide, ceux de la 32e division, du quartier général et de la 24e à Gottow. Le général Durutte y laisserait une de ses batteries.

Dans aucun cas la colonne ne se mettrait en mouvement avant l'arrivée du général en chef à Schœneweide, les avant-postes demeureraient en place et rejoindraient lors du passage de la colonne.

IVe corps. — Conformément à l'ordre d'Oudinot, le général Bertrand avait ordonné aux divisions d'infanterie italienne et Morand et aux divisions de cavalerie Defrance et Beaumont de se mettre en mouvement sur Cummersdorf et à la division wurtembourgeoise d'occuper les positions tenues jusqu'alors par la division Morand. A la suite du contre-ordre donné par Oudinot, la relève des postes d'infanterie était retardée jusqu'au soir, celle des postes de cavalerie jusqu'au 21 de grand matin.

La mission confiée au général Franquemont était certainement très difficile ; il lui fallait surveiller tous les débouchés conduisant sur Baruth et maintenir la communication avec le corps d'armée qui marchait sur Saalow. En outre, tous les équipages demeuraient sous sa garde, et il était chargé de renvoyer à Luckau les voitures mal attelées. Un bataillon se rendait à Paplitz ; il occupait Neuhof et portait un poste au débouché du bois à Fern-Neuhof ; deux bataillons prenaient la position de la brigade Hulot, deux compagnies couvraient la gauche, une venait à Ziescht ; le reste de la division s'installait au camp de la division Morand. La brigade de cavalerie Briche qui couchait le 20 à Baruth, était mise à sa disposition ; elle fournissait cinquante hommes sur chaque direction.

Manière dont les généraux prussiens apprécient la situation le 20 au matin. — Les appréciations des généraux prussiens à la suite des événements du 19 sont intéressantes à connaître.

Pour Boyen, l'armée française paraissait marcher sur Luckenwalde (1).

(1) Boyen à Tauentzien. Wiehr, p. 118.

A 8 heures 3o du matin, Bülow évaluait à 6.ooo hommes le corps qui avait forcé Luckenwalde et Scharfenbrück. « Il me paraît concluait-il, que ceci est une entreprise sur Potsdam, quand même ce ne serait que pour incendier la ville » (1).

Quant à Thümen, il admettait que le mouvement sur Luckenwalde ne pouvait avoir d'autre but que d'attirer de ce côté l'attention de l'armée alliée (2).

Les mouvements de l'armée française avaient donc échappé aux généraux prussiens malgré les circonstances favorables où ils se trouvaient. Nous insistons sur ce point, non pour les en blâmer, mais pour attirer l'attention sur l'impossibilité d'avoir des renseignements et pour douter de cette méthode de guerre qui prétend agir uniquement d'après les avis que l'on obtient de patrouilles.

Renseignements reçus le 20 par Bernadotte. — Les rapports des reconnaissances lancées par la cavalerie alliée dans la journée du 20 et les escarmouches qui en étaient la suite, ne permettaient pas à Bernadotte de se faire une idée suffisamment nette des dispositions de son adversaire. Peut-être aurait-il convenu de les soutenir plus solidement avec de l'infanterie.

I.— Dans la soirée, un officier présent à l'échauffourée de Luckenwalde rendait compte que le duc de Padoue y commandait ; mais il ne paraissait y avoir sur ce point qu'un détachement de deux bataillons, quatre escadrons et deux pièces (3).

II.— Hellwig écrivait à Thümen « qu'il croyait pouvoir estimer la force de l'ennemi à Schœnefeld seulement à 6oo hommes » (4).

III. — Cardel mandait à Borstel que « l'on pouvait apercevoir beaucoup de mouvement sur la route de Baruth à Luckenwalde ; Je camp de Baruth semblait s'être augmenté, car de nombreux feux de garde s'enflammaient dans la soirée, et il s'élevait à Baruth une fumée comme si toute la ville était en feu (5).

IV.— Une patrouille lancée par Raven sur Lübben rapportait que dans ces journées, d'après des déclarations concordantes, plusieurs milliers de Wurtembergeois avaient marché sur Baruth ; Luckau était fortifié ; le cercle devait y envoyer chaque jour 55o travailleurs (6).

(1) Schwederus, p. 35.
(2) Archives de Berlin, Wiehr, p. 120.
(3) *Armée du Nord*, p. 232.
(4) *Armée du Nord*, p. 233.
(5) *Armée du Nord*, p. 233.
(6) *Armée du Nord*, p. 233.

V. — Le major Arnim écrivait à Borstel que le IVe corps sous le général Bertrand, fort de 25.000 hommes, dont les Wurtembergeois, avaient passé le 15 devant Cottbus se dirigeant sur Luckau et Baruth (1).

VI. — Un autre rapport de cet officier complétait le premier. Le 15, le IVe corps sous Bertrand, le VIIe sous Reynier, le XIIe sous Oudinot, le IIe sous Victor avaient marché de Luckau sur Baruth, ces quatre corps pouvaient sans exagération être forts de 100.000 hommes (2).

En résumé, les avant-postes de l'ennemi n'avaient reconnu ni le mouvement du XIIe corps sur Luckenwalde, ni celui du VIIe ; ils ignoraient ce qu'était devenu le IVe corps ; ils croyaient seulement au mouvement d'une avant-garde sur Luckenwalde. Tous ces rapports étaient peu précis et se contredisaient. Bernadotte, en marquait, le 20, son mécontentement par un ordre général. « Le prince voit avec beaucoup de peine qu'ils (les généraux d'avant-garde) donnent des nouvelles telles qu'ils les reçoivent sans examiner leur vraisemblance » (3).

Ordres de Bernadotte pour le 21. — Quoi qu'on en ait prétendu, ces rapports n'ont pu exercer aucune influence sur Bernadotte, rien n'y indiquait qu'Oudinot eût déjà commencé son opération et il répondait à Bülow qu'une offensive de 6.000 hommes, était invraisemblable. Néanmoins, on ignore pour quel motif il faisait appuyer son armée vers l'ouest; il arrêtait le mouvement de Bülow vers l'est et lui prescrivait de prendre position à Wasdorf ayant la droite à Klein-Beeren, un seul bataillon se rendrait à Kœnigswusterhausen pour y soutenir la gauche de Borstel.

Le 21, toute l'infanterie russe s'établirait en arrière de Beelitz à cheval sur les routes de Potsdam et de Berlin ; de l'infanterie légère tiendrait Brück ; la presque totalité de la cavalerie légère s'avancerait en avant de la ligne soutenue par de l'infanterie légère.

Si les postes de Luckenwalde et Jüterbog étaient occupés par les Français, le général Wintzingerode les attaquerait et s'en rendrait maître.

Bülow porterait sa cavalerie à un demi-mille en avant de Klein-Beeren. Les deux divisions d'infanterie Hesse-Hombourg et Krafft gagneraient Saarmund. Borstel et Thümen garderaient leur position.

---

(1) *Armée du Nord*, p. 233.
(2) Wiehr, p. 123.
(3) Schwederus, p. 44.

La cavalerie suédoise partirait à 3 heures et se formerait en bataille la gauche à Dahlen, la droite vers Zehlendorf. L'infanterie se rendrait à Potsdam.

Le corps de Tauentzien s'installerait sur les hauteurs de Tempelhof ; à midi, il ferait rentrer ces troupes.

Le général Hirschfeld se tiendrait prêt à déboucher de Brandebourg ; il enverrait un bataillon avec un détachement de cavalerie à Lehnin pour entretenir la communication avec les troupes russes détachées au nord de Beelitz.

Le quartier général du prince serait à Brandebourg.

Déposition capitale du capitaine français Cambier. — Dès les premières heures du 21, l'interrogatoire du capitaine Cambier du génie français, fait prisonnier le 20, éclairait complètement Bernadotte et faisait disparaître tout doute sur la position de l'armée française. Cet officier avait été envoyé à Luckau ; trahi par son guide, il tombait entre les mains des cosaques et se laissait aller à ces étranges déclarations. « Tout le XIIe corps, le maréchal Oudinot à sa tête, se trouvait depuis hier à Luckenwalde ; le général Bertrand avec le IVe corps était à Baruth et le général Reynier avec le VIIe, en grande partie Saxons, était placé entre le IVe et le XIIe corps ».

Borstel faisait conduire cet officier à 6 heures 1/2 du soir à Bülow. « Je crois, lui écrivait-il, que demain l'ennemi s'avancera entre la ligne de la Nuthe et de la Nothe » (1).

Le capitaine Cambier arrivait au quartier général de Bülow le 21 à 1 heure 1/2.

Toutefois, en transmettant ces renseignements à Bernadotte, Boyen y ajoutait encore ceux fournis par un noble saxon ; à l'en croire « d'après les paroles des officiers français, l'Empereur Napoléon devait se trouver à Dahme avec un fort corps nouvellement venu de France » (2).

Le tout était remis à Bernadotte le 21 à 4 heures du matin.

Positions de l'armée du Nord le 20 au soir. — Armée suédoise et quartier général de Bernadotte à Charlottenbourg.

Corps de Wintzingerode, entre Teltow et Lichtenrade.

Réserve de Dobschütz, à Berlin et à Cœpenick.

(1) *Armée du Nord*, p. 234.
(2) Schwederus, p. 46, Wiehr, p. 126.

IIIe corps : divisions Hesse Hombourg et Krafft, à Wasdorf et à Klein-Ziethen.

Réserve de cavalerie Oppen, de Waltersdorf à Klein-Beeren et au sud jusqu'à Rangsdorf : elle n'envoyait aucune reconnaissance.

Les divisions Thümen et Borstel gardaient leurs emplacements; les bataillons détachés à Storkow et Beeskow rejoignaient cette dernière : le Ier/2e Res. Rég. se rendait à Mittenwalde ; le bataillon de Fus./2e renforçait Cardel à Zehrensdorf (1).

Division Wobeser. — Tandis que sa division se dirigeait sur Ziebingen, Wobeser s'était rendu de sa personne à Francfort pour s'entendre avec le colonel Jeannerets sur les mouvements à exécuter. Il y recevait à 6 heures l'ordre de Bernadotte du 19. Il prescrivait à ses troupes de se diriger le 21 de Crossen sur Guben où il espérait entrer le 22 : si Peitz et Lieberose n'étaient pas occupés par les Français, il voulait s'avancer sur la route de Lieberose pour ne pas trop s'éloigner du gros de l'armée du Nord. « Je conserve par cette marche le Spreewalde sur mon flanc gauche, écrivait-il, et puis rétablir facilement la liaison avec le prince royal et Votre Excellence ».

La brigade Jeannerets, après avoir maintenu un bataillon à Mülrose sur le canal Friederich, se porterait le 21 par Friedland sur Lieberose, afin de lui servir d'avant-garde. « Si nous étions repoussés par l'ennemi, ajoutait-il, et que nous ne puissions nous réunir, le colonel Jeannerets se replierait sur Francfort et moi je marcherai de nouveau de Guben sur Crossen.

Mon intention est de rester provisoirement à Guben et à Lieberose, dès que j'aurais atteint ces villes...

Les Français sont partis de Guben sur Gœrlitz ainsi que ceux de Fürstenberg et de Friedland ; par contre, le IVe corps sous Bertrand s'est rendu de Sagan et Sorau à Lübben par Forsta » (2).

21 août. Mouvements de l'armée française. — Conformément aux ordres du 20, l'armée française se dirigeait : le XIIe corps sur Trebbin, par la rive est de la Nuthe ; le VIIe sur Nunsdorf ; le IVe sur Jühnsdorf ; la division Raglowich restait à Luckenwalde, une brigade de cavalerie française à Jænickendorf ; Franquemont à Baruth.

(1) *Armée du Nord*, p. 236-237.
(2) Wobeser à Tauentzien, 20, 6 heures du soir, *Armée du Nord*, 237-238.

Prise de Trebbin. — (1) La pointe du XIIe corps apparaissait devant Cliestow vers 10 heures ; quelques cosaques se repliaient sur Lœwendorf ; la 11e Cie/4e Rég. de la Pr. Orientale rentrait dans la ville qu'occupaient deux compagnies (9e et 10e IIIe/5e Res. Inf. Rég.) et une compagnie de chasseurs (Pr. Orientale) ; le tout était commandé par le major de Clausewitz.

Les inondations rendaient les lisières sud et ouest de ce village inexpugnables. Au contraire, le côté est était favorable à une attaque ; une flèche élevée devant la porte sud battait la digue vers Cliestow. Le maréchal Oudinot, reconnaissant que Trebbin était occupé par de l'infanterie, ordonnait vers midi et demi (2) à son artillerie de prendre position sur les hauteurs au sud du village et de canonner la ville tandis que sa cavalerie se dirigeait sur la droite.

Le général de Thümen se rendait à Trebbin au bruit du canon. A 4 heures, il écrivait à Bülow. « L'ennemi se porte avec une force considérable de cavalerie, infanterie et artillerie par Scharfenbrück et Neuendorf sur Trebbin, et de l'autre côté par Cummersdorf contre Wendisch Wilmersdorf. Nos avant-postes jusqu'à Trebbin sont rejetés ; il se développe en ce moment une grande ligne de cavalerie derrière laquelle de l'infanterie apparaît ; le major Hellwig qui se trouvait à Cummersdorf et Lüdersdorf, est également rejeté et se trouve derrière Wilmersdorf ; il a envoyé des patrouilles pour se lier avec Mittenwalde » (3).

L'artillerie française qui tirait à 1.500 pas de distance sur la ville n'obtenait aucun résultat ; néanmoins, à 4 heures, Oudinot sommait le major de Clausewitz d'avoir à se rendre ; celui-ci s'y refusait. Vers 5 heures, le village de Trebbin était violemment attaqué par de l'infanterie et de l'artillerie. « La situation est encore satisfaisante, mandait Thümen, mais dès que l'ennemi tourne Trebbin et l'attaque par l'est, il faudra l'abandonner, car il n'y a pas là de défense » (4). Il retournait à Thyrow et laissait à Clausewitz pour instruction de se replier devant un mouvement tournant.

Tandis que l'artillerie entretenait le combat, la brigade Jarry du XIIe corps, couverte par une ligne de cavalerie, se portait vers le côté est du village ; ses tirailleurs étaient arrêtés à 100 pas des murailles par le feu des tirailleurs prussiens ; elle se prolongeait toujours vers la droite, dans la direction des moulins, et venait menacer Trebbin par le nord. Vers 5 heures 30, le major Clause-

---

(1) Voir pour ce combat, Lossow, p. 415-416, et Pohlman, p. 15.
(2) Pohlman dit 1 heure, p. 15.
(3) Thümen, 21 août, 4 heures. Quistrop, p. 229.
(4) Thümen, 21 août, 5 heures. Quistrop, p. 229.

witz évacuait la ville sans être poursuivi; il bivouaquait à Klein-Beuthen et se rendait le lendemain à Thyrow.

VIIe corps. — La division Sahr se mettait en marche de bonne heure sur la route de Berlin ; elle traversait la forêt de Cummersdorf que le major Hellwig lui cédait sans résistance, et s'arrêtait, vers 8 heures, à la lisière de la forêt ; vers le nord, on apercevait sur les hauteurs, entre Lüdersorf et Gadsdorf, de la cavalerie ennemie.

La 25e division se formait en colonnes de régiments au fur et à mesure de son entrée dans la plaine et se portait sur les hauteurs. Le major Hellwig les lui abandonnait sans combat : le bataillon de fusiliers (4e Pr. Orient.) s'établissait, la 11e compagnie à Cliestow la 10e à Schulzendorf ; les 9e et 12e à Christinendorf.

La 25e division s'arrêtait entre Lüdersdof et Gadsdorf, attendant le débouché des autres corps. Peu après, le IVe corps venait se former à sa droite également en colonnes de masses ; aussitôt que l'on eut reçu avis de l'apparition du XIIe corps devant Trebbin, le mouvement en avant reprenait.

Les 24e et 32e divisions s'étaient réunies de bon matin à Schœneweide, où elles demeuraient jusqu'à l'arrivée du XIIe corps à Gottow, puis elles recevaient ordre d'appuyer la 25e par Scharfenbrück.

Combat de Nunsdorf. — La division Sahr, en débouchant de Christinendorf qui lui avait été cédé sans résistance, se heurtait aux deux compagnies du 4e régiment qui se repliaient sur Nunsdorf de crainte d'être coupées. Deux compagnies (11e et 12e/III/5e Res. Rég.) occupaient le village de Wendisch Wilmersdorf ; un bataillon (IVe/5e Res. Rég.) celui de Nunsdorf.

A l'annonce de l'approche des Français venant de Luckenwalde, la garnison de Wendisch Wilmersdorf prenait position en arrière du défilé ; le 4e bataillon demeurait à Nunsdorf, poussant une demi-compagnie au débouché nord de la digue de Gadsdorf. Les deux compagnies du 4e régiment atteignaient Nunsdorf vers midi ; elles se plaçaient dans le village comme réserve du 5e de réserve.

La compagnie détachée était vivement canonnée par l'artillerie saxonne postée sur les hauteurs au sud de la digue; après avoir ralenti pendant quelque temps les progrès des Saxons qui la suivaient lentement, elle se retirait sur son bataillon ; ce dernier avait pris position sur une colline au sud-est du village en ordre serré. Il tenait suffisamment pour forcer l'infanterie légère saxonne à un mouvement enveloppant ; puis, après lui avoir fait perdre du temps, il se repliait vers 6 heures sur Wendisch-Wilmersdorf où les deux compagnies du IIIe s'étaient rassemblées sans combat.

Le général Thümen, inquiet pour son flanc gauche, avait détaché un bataillon (I/5e Res. Rég.) sur le Weinberg près Wilmersdorf, afin d'y recueillir ces deux bataillons, mais Reynier ne les poursuivait pas. Les 11e et 12e (5e/Res. Rég.) demeuraient avec le Ier ; le IVe gagnait le Thyrower-Berg avec les 9e et 12e (4e Pr. Or.), la 10e restait à Schulzendorf (1).

Le VIIe corps bivouaquait : un bataillon d'infanterie légère dans le village de Nunsdorf ; la brigade Devaux, une batterie à cheval, trois escadrons à proximité ; un bataillon Lœw au milieu de la digue ; le reste de la division sur les hauteurs au nord du défilé.

La 24e division appuyait sa droite à la division Sahr, sa gauche à Christinendorf ; des avant-gardes furent poussées dans le grand bas fond au nord de cette ligne ; un bataillon tenait la route de Christinendorf à Wilmersdorf, une garde forte de 25 hommes et d'un détachement de cavaliers, surveillait celle de Trebbin.

La division Durutte s'étendait sur sa gauche.

Reynier établissait son quartier général à Christinendorf (2).

IVe corps. — Les deux divisions Fontanelli et Guilleminot marchaient sur Saalow ; elles couvraient leur marche contre un ennemi débouchant de l'est par une colonne qui s'avançait sur Wuensdorf par Jachzenbrück et Col-Neuhof.

Le IVe corps avait sur son flanc droit le bataillon de fusiliers du 1er Poméranien en position à Næchst-Wuensdorf, dont la 9e compagnie et la compagnie de chasseurs tenaient le poste de Mellen ; un bataillon (III/2e landw-Neum) défendait le château de Zossenl d'où il assurait la retraite vers le nord ; un autre bataillon (Fus. 2e/Res. Inf. Rég.) occupait Zehrensdorf.

Combat de Mellen. — Une digue de trois cents pas pavée conduit à Mellen ; elle est resserrée à droite par le lac, à gauche par des prairies ; l'unique point de passage sur la Nuthe, large en ce point de cinq mètres, profonde de soixante-quinze centimètres, se trouve à un moulin à vent.

Le capitaine Kuylenstjerna, commandant ce poste, faisait prépa-

(1) Pohlmann, p. 16 ; Lossow, p. 416.
(2) Cerrini, p. 211. — Man (A. S. St.).

rer l'incendie du moulin, rompre le pont et élever un parapet en arrière (1). Un peloton de la 9ᵉ compagnie l'occupait; les deux autres demeuraient en réserve à l'est du village ; les chasseurs étaient dispersés à la débandade le long de la rivière. Le général Bertrand, d'après les sources allemandes, aurait envoyé une brigade italienne contre ce poste qui permettait à l'ennemi de déboucher contre son flanc droit. Les deux compagnies prussiennes résistaient à trois attaques de 1 heure à 6 heures du soir. Le gros du bataillon de fusiliers, inquiété par la colonne française de droite, détachait seulement vers le soir à leur secours une compagnie qui n'entrait pas en action.

A la suite de ce combat, le major Cardel estimait à 15.000 hommes l'effectif des Français en présence ; il en rendait compte à Borstel et ajoutait que : « Si une telle force se trouvait déjà à Saalow, les avant-postes de Wuensdorf et de Mellen courraient le danger d'être coupés le lendemain de Zossen et de Mittenwalde » (2).

Borstel en jugeait de même, il lui ordonnait de ramener à la nuit tombante son bataillon à Telz par la route de Mittenwald, et au bataillon de Zehrensdorf de se rendre à Machnow.

Le IVᵉ corps français avait continué sa marche pendant le combat ; le soir, il bivouaquait entre Schunow et Dergischow.

De Neuhof, Delort, par ordre de Bertrand, recommandait de nouveau à Franquemont les bagages du XIIᵉ corps demeurés à Baruth et ceux du VIIᵉ qu'il croyait restés à Linow sous l'escorte d'un bataillon saxon ; il l'invitait à lancer des reconnaissances sur cette localité pour s'en assurer ; « et de les protéger au besoin et même de les rallier » s'il le croyait nécessaire. Il lui ordonnait « de faire faire des reconnaissances dans toutes les directions, de manière qu'il éclairât bien sa position centrale à Baruth dans toute sa circonférence, et qu'il pût être averti à temps et avertir le général en chef de tous les mouvements de l'ennemi et de l'apparition de leurs partis ».

De Speerenberg, il informait Franquemont que la liaison était établie entre le IVᵉ et le VIIᵉ corps ; la division italienne était déjà à Saalow où le général en chef voulait prendre son quartier général. Il lui prescrivait de bien assurer ses communications avec lui en occupant Paplitz, Neuhof, Fern-Neuenndorf et d'envoyer de suite un bataillon à Speerenberg où la route formait un défilé entre les deux lacs.

(1) Mach, p. 252.
(2) Quistrop, p. 234.

Le général Franquemont avait poussé la brigade de Stockmayer à un quart de lieue en avant de Baruth pour se couvrir. A la réception du premier ordre de Bertrand, il y détachait deux pièces d'artillerie légère et il prescrivait à Briche « d'envoyer des patrouilles à toute heure sur la route de Dahme et jusqu'à Linow où se trouvait le parc du VII° corps, protégé par un bataillon saxon, afin de pouvoir le soutenir en cas de besoin ».

Journée du 21. Mouvements du corps Wintzingerode, combat de Zahna. Division Dombrowski du 16 au 21. Mouvement de Girard. Correspondance interceptée entre les deux généraux.

Le 21, au matin, Wintzingerode adressait à Bernadotte un rapport où il résumait les résultats obtenus par son exploration dans la journée du 20 et où il lui exposait ses intentions ultérieures. « Il semble hors de tout doute que le gros des forces ennemies s'est retiré de Luckenwalde dans la direction de Gottow, mais que son arrière-garde occupait Luckenwalde encore hier soir. Cette dernière nouvelle est confirmée par une seconde que je reçois des cosaques envoyés de Trebbin vers cette même localité. Un prisonnier dit qu'il y avait aux environs de Baruth au moins 6.000 hommes qui, à ce qu'on disait, devaient marcher sur Berlin, mais que la colonne à laquelle il appartenait et avec laquelle le duc de Padoue se tenait personnellement à Luckenwalde, fit demi-tour, parce qu'il nous tenait pour trop fort à cet endroit.

Quoi qu'il en soit, je ne puis me convaincre que l'ennemi puisse réellement penser à se porter contre Berlin. Le corps russe bivouaquera à cheval sur la route de Berlin, non loin de Beelitz ; ses régiments de cosaques se portent sur Treuenbrietzen pour éclairer la direction de Wittenberg ; Niemegk est évacué par l'ennemi ; il s'est retiré sur Bossdorf. Le général Tschernitchef a déjà atteint Brück hier soir ; il doit pousser aujourd'hui sa pointe sur Zerbst, afin de nettoyer d'ennemis le pays entre Belzig et l'Elbe.

Si l'ennemi ou son arrière-garde continuait à tenir Luckenwalde, je le ferai attaquer après-demain au matin. Dans ce cas, il serait peut-être bon que les troupes prussiennes exécutent en même temps des fausses attaques sur Scharfenbrück et Speerenberg autant que cela est praticable. J'attends avec impatience des nouvelles ultérieures de Luckenwalde » (1).

La division polonaise avait déployé beaucoup d'activité dans les

(1) Wintzingerode, Saarmund, Quistrop, p. 239.

journées précédentes. Le 18, Dombrowski s'était porté en avant et avait rejeté les partis ennemis de Jüterbog, Belzig et Zerbst ; on lui avait signalé la présence d'environ 1.000 hommes à Jüterbog le 18 ; de 2.000 cavaliers, 1.000 d'infanterie et 10 pièces, le 17, à Belzig, ils avaient quitté cette localité le 18 en y maintenant seulement 800 hommes ; 1.600 cosaques établis à Zerbst battaient tout le pays jusqu'à l'Elbe, mais ne l'avaient pas franchi. L'ennemi n'avait tenu nulle part devant les Polonais. Cette opération avait certainement dégagé les derrières de l'armée, puisque le général Ameil (1) avait trouvé Jüterbog évacué le 20. Ces escarmouches avaient permis de constater la faiblesse des forces ennemies qui parcouraient la région. Dombrowski aurait voulu en profiter ; il écrivait le 19 à Girard « qu'il serait actuellement convenable de faire sa jonction avec lui pour appuyer fortement l'aile gauche du duc de Reggio » qu'il croyait à Mittenwalde. Leur offensive couperait tous les partis ennemis lancés sur l'Elbe, ou les forcerait du moins à se replier sur Potsdam, ce qui nettoierait le pays.

Le mouvement en avant de Wintzingerode avait donc pour objet de rejeter les Polonais, leur retraite découvrirait le flanc gauche d'Oudinot et donnerait toute facilité pour l'attaquer ou du moins pour inquiéter ses derrières. Le 21, les cosaques d'Orurk patrouillaient autour de Luckenwalde. Le général Tschernitchef dépassait Treuenbrietzen ; ses cosaques assaillaient toute la ligne des avant-postes de la division Dombrowski. Le gros, fort de cinq régiments et de quatre pièces sous ses ordres directs, attaquait le poste de Weddin occupé par un escadron du 4e lanciers, trois compagnies du 14e d'infanterie polonaise et deux pièces, sous le commandement du colonel Kostanecki. Le combat durait jusqu'à 11 heures du soir, il était fort vif ; Dombrowski prétend avoir soutenu dix attaques, 500 cosaques mirent même pied à terre pour combattre en tirailleurs, mais cette disposition ne leur réussit pas mieux. Dombrowski envoyait au secours de ce poste un renfort de deux escadrons et d'un bataillon qui décidait du succès de l'affaire en notre faveur. Les cosaques se retiraient en escarmouchant avec les Polonais qui les suivaient l'espace d'une lieue.

Dombrowski accusait une perte de 16 tués dont le colonel Kostanecki ; 7 officiers et 53 hommes blessés ; 40 chevaux tués ou blessés. Les cosaques perdaient environ 120 hommes.

A l'est, deux colonnes avaient attaqué les postes de Zahna et de

______

(1) Voir page 70.

Kropstædt ; à l'ouest, une autre colonne s'était portée contre celui de Straack. Toutes avaient été repoussées.

De son côté, Girard était informé le 20, que Davout voulait passer la Stecknitz le 19 ; il se décidait à prendre l'offensive par Möckern et Ziesar, et il comptait se réunir le 23 ou le 24 avec Dombrowski auquel il donnait le 19 l'ordre de venir le joindre. Toutefois cet ordre n'était pas impératif (1).

Dombrowski recevait cette dépêche pendant le combat du 21 ; l'opiniâtreté des Russes l'avait trompé sur l'effectif des troupes qui lui étaient opposées. Un revirement complet se produisait dans ses idées ; il estimait ne pouvoir quitter la place ; comme il l'exposait très justement à Berthier, Tschernitchef étant aux portes de Wittenberg avec une partie de son corps, son départ aurait compromis cette forteresse.

Par son ordre, son chef d'état-major répondait à Girard :

« Le général de division Dombrowski a reçu votre lettre du 19 août à 9 heures du soir, lorsqu'il était déjà attaqué par 6.000 hommes de cavalerie. Hier, avant la réception de la lettre, il avait encore pour plan de se porter en avant et de favoriser la liaison avec vous par une conversion à gauche. Il en fit part au général Lapoype, gouverneur de Wittenberg, en lui adressant votre lettre. Je vous joins la copie de sa réponse. Les ordres de l'Empereur étant de date plus récente et très précis, le général Dombrowski a décidé de rester encore dans sa position, parce que la forteresse de Wittenberg ne peut, jusqu'à nouvel ordre, être abandonnée à elle-même ».

Le général Lapoype s'exprimait en ces termes : « J'ai reçu votre lettre d'aujourd'hui et copie de celle que le général Girard vous a expédiée le 19. J'en conclus que cette dernière lettre a une valeur relative, puisque vous devez faire connaître par toute voie praticable au général Girard si des forces supérieures ou les mesures de l'ennemi arrêtent votre marche et vous forcent de rester devant Wittenberg. D'un autre côté, je vois dans la lettre du major-général un paragraphe qui n'indique aucune condition, et qui vous donne à connaître d'une façon très précise la volonté de Sa Majesté : « Pour ce qui regarde la faiblesse de votre garnison, Sa Majesté me charge de vous communiquer que le général Dombrowski ne doit jamais abandonner la forteresse de Wittenberg à elle-même ». Il est clair que cette lettre du 18 août est plus récente que les ordres adressés au général Girard, et il me paraît que le dernier ordre doit

____

(1) Voir la lettre de Lapoype.

être exécuté. Je crois que celui-ci doit régler votre conduite, et il me semble, général, que vous ne pouvez vous en éloigner. Car l'Empereur sait dans quel état Wittenberg se trouve, exposé de tous côtés, sans garnison, en un tel état qu'un partie d'infanterie serait en état de le prendre. Si je croyais pouvoir me maintenir sans votre appui, je ne ferais pas ces objections, mais la situation réelle de la place et la nullité de sa garnison me forcent à vous les présenter ».

Le 23 à 6 heures du matin, le général Lemarois adressait ces deux dépêches à Girard et lui conseillait de renoncer à son mouvement. « Puisqu'il est difficile à Dombrowski de se porter en avant, lui observait-il, tant qu'il a des forces supérieures en présence, il me semble que vous devez rester dans la position de Ziesar, jusqu'à ce que vous sachiez exactement ce qu'il y a à Brandebourg et quelles forces ennemies vous pouvez couper, car puisque vous ne pouvez être appuyé par le général Dombrowski et que l'ennemi connaît vos forces, je ne vois pas où et comment vous pourrez effectuer votre retraite si vous étiez attaqué ».

Malheureusement toute cette correspondance était interceptée par les cosaques (1).

Le général Girard débouchait de Magdebourg le 21, comme il l'avait annoncé ; il rejetait les troupes de Putlitz, de Kœnigsborn sur Gorbelitz, puis sur Burg où il s'arrêtait ; il comptait appuyer le 22 sur la droite.

L'ennemi lui avait montré 4.000 hommes ; il se retirait dans un grand désordre sur Brandebourg, beaucoup de ses landwehriens se dispersaient.

La position de Girard, malgré son succès, était très difficile ; ses renseignements indiquaient que Bernadotte avait transporté depuis trois jours son quartier général de Brandebourg à Potsdam ; il était donc exposé à se heurter avec une seule division contre des forces très supérieures, alors qu'il « ne savait rien des mouvements du duc de Reggio ni du prince d'Eckmühl ».

Le général Putlitz gagnait Genthin par une marche de nuit ; de ce point il envoyait un officier porter au général Hirschfeld l'avis de sa retraite ; le 22 il atteignait Plaue, rompait le pont du Havel et se rendait à Brandebourg.

Corps de Bülow. — Malgré l'interrogatoire du capitaine Cambier, le général de Bülow refusait toujours d'ajouter foi à une atta-

(1) Quistrop, p. 394-395.

que française sérieuse. Le colonel de Boyen écrivait dans la matinée du 21 au chef d'état-major du IVe corps : « L'ennemi continue à se promener autour de notre nez ; après avoir pénétré avant-hier jusqu'à Luckenwalde, il a marché hier de nouveau dans la direction de Baruth ; plusieurs avis disent qu'il reçoit constamment des renforts ; pourtant son maintien n'indique pas encore jusqu'à présent une offensive vigoureuse » (1).

Il est impossible d'indiquer si cette opinion provenait de l'exploration directe du IIIe corps ou des rapports obtenus par Wintzingerode. Toutefois, il est certain que Bülow considérait comme vraisemblable une opération de l'armée française par l'est. La marche du 21 créait un grand vide entre le IIIe et le IVe corps ; elle mettait Bulöw dans l'impossibilité de soutenir la division Borstel. Avant de se mettre en mouvement, il prévenait Tauentzien qu'il se dirigeait sur Saarmund par ordre de Bernadotte, et il l'avertissait que, n'étant pas en état de soutenir immédiatement les postes de Kœnigs-Wusterhausen et de Mittenwalde, il avait par suite instruit Borstel d'avoir à se replier sur Berlin dans un cas malheureux : « Oppen était avisé d'agir de Klein-Beeren, où il était concentré, sur les flancs et les derrières de l'ennemi... Si Thümen était attaqué avec supériorité à Trebbin, de telle sorte qu'il dût se retirer, son mouvement s'opérerait sur Saarmund » (2).

Les deux divisions Hesse-Hombourg et Krafft se rendaient de Wasdorf à Saarmund. Les troupes, malgré la proximité de Berlin, eurent beaucoup à souffrir, tous les vivres étaient consommés depuis le 20 ; elles manquaient de paille et de bois ; le prêt même était en retard de deux jours, néanmoins leur état moral demeurait très bon (3).

Le général Oppen avait reçu, à 11 heures du matin, l'ordre de tenir sa cavalerie à portée à Klein-Beeren ; elle y était réunie à 2 heures. Très vraisemblablement il n'entendait pas le bruit des combats livrés dans la journée, car, à 6 heures, sa division se rendait dans ses cantonnements :

Les dragons de la reine à Gross-Beeren.

Les deux régiments de landwehr à Klein-Beeren.

Les dragons de Brandebourg avec le quartier général à Diedersdorf.

Le 2e régiment de dragons de la Prusse Orientale à Blankenfelde.

<hr>

(1) Wiehr, p. 127.
(2) Wiehr, p. 126.
(3) Historique, 16, p. 47.

Les batteries à cheval sous l'escorte d'un escadron (2e/landw. Pom.) à Mahlow.

Les troupes étaient déjà établies dans leurs quartiers, lorsque des gens du pays venaient avertir Oppen des combats de Trebbin et de Nunsdorf; à 11 heures du soir, la dépêche où Thümen l'informait que l'ennemi s'avançait par Gross-Schulzendorf et tournait son flanc gauche, confirmait leurs rapports Le colonel de Treskow avait déjà envoyé un escadron vers Jühnsdorf, le général Oppen en lançait un second sur le même point avec mission de patrouiller au sud du village.

Il ordonnait aux trois régiments de dragons et à l'artillerie d'être rassemblé le 22 à 3 heures du matin à Blankenfelde pour observer Jühnsdorf et même le défendre avec l'artillerie. Les deux régiments de landwehr demeureraient à Gross-Beeren et patrouilleraient de là sur Trebbin et Lœwenbruch.

Division Wobeser. — Le général Wobeser afin d'éviter le difficile passage de Schidlow gagnait Crossen où son corps franchissait l'Oder et y cantonnait ; son avant-garde, deux régiments de cavalerie de landwehr de la Prusse Orientale, poussait jusqu'à Bobersberg.

Le colonel Jeannerets se portait de Mullrose sur Friedland.

Wobeser se proposait de marcher le lendemain sur Guben et Lieberose : il y appellerait également le colonel Jeannerets et le dirigerait de suite sur Lübben. Un bataillon demeurerait à Guben pour couvrir ses derrières, maintenir la communication avec Crossen et faire exécuter ses réquisitions ; un autre bataillon et quelque cavalerie resteraient à Peitz (N.-E. de Cottbus) jusqu'à l'arrivée du prince Bagration (1) dont il n'avait aucune nouvelle. « Toute la région de Crossen est libre d'ennemis, écrivait-il, au loin et au large, on ne peut rien apprendre sur lui » (2).

Armée suédoise. Ordres de Bernadotte pour le 22. — L'armée suédoise atteignait Potsdam où le prince établissait son quartier général ; il ordonnait à 9 heures 3o :

Au général Tauentzien : de se rendre à Klein-Beeren à côté de la cavalerie Oppen.

<hr>

(1) Ce général appartenait à l'armée de Bennigsen ; il avait ordre de se rendre à Crossen avec deux régiments de cosaques, deux escadrons de hulans pour établir la liaison entre les deux armées. — Bennigsen à Bernadotte, Kalisch, 16 août, *Armée du Nord*, p. 219.

(2) Wobeser à Tauentzien, *Armée du Nord*, p. 236.

Au général de Bülow : d'ordonner « au général de Thümen de tomber brusquement sur le flanc gauche et sur les derrières de l'ennemi qui se porterait sur Zossen ou qui voudrait pénétrer dans la trouée entre Zossen et Trebbin ». Le général de Borstel tiendrait « à outrance à Mittenwalde, s'il était attaqué de front, et, dans le cas où il serait tourné par ses flancs, les généraux de Tauentzien et d'Oppen se présenteraient rapidement à son secours ». Les deux autres divisions du IIIe corps seraient en bataille à 3 heures du matin en avant de Saarmund.

Au général Wintzingerode, de rallier sa cavalerie à Beelitz en laissant 2.000 à 3.000 cosaques à Jüterbog et Treuenbrietzen ; le reste se porterait sur Saarmund où elle appuierait sa gauche.

A l'armée suédoise, d'être rendue à Saarmund entre 5 et 6 heures. Tout le monde se tiendrait prêt à combattre.

A Hirschfeld, de partir à midi précis de Brandebourg pour marcher sur Potsdam où il devrait arriver à 10 heures ; deux escadrons seraient lancés à la droite en reconnaissance vers Gorzke ; leurs patrouilles pousseraient vers Belzig.

Tous les équipages de l'armée se retireraient en arrière de Spandau, à l'exception de ceux de l'armée suédoise qui parqueraient derrière Lehnin.

Au général Wobeser, de se porter de suite sur Lieberose et de reconnaître les forces françaises entre Luckau et Baruth. Il était libre de manœuvrer sur Lübben, Buchholz ou Storkow. « Son grand but » était de renseigner et de harceler le flanc droit et les derrières d'une armée qui se porterait sur Berlin, pour retarder sa marche.

Comme l'a très bien fait remarquer Wiehr (1), il semble impossible de soutenir que Bernadotte n'était pas informé des combats du 21 lorsqu'il adoptait ces dispositions. En effet, le général Adlercreutz écrivait à 9 heures du soir à Tauentzien dans un ordre particulier : « Le prince royal me charge de vous prévenir que l'ennemi avance de Luckenwalde et de Baruth sur Trebbin et sur Zossen. Tout annonce qu'il y aura demain une bataille générale. L'ordre de bataille va vous être envoyé ; mais pour gagner deux heures, le prince royal me charge de vous dire de partir à minuit avec toutes vos troupes ».

L'intention exprimée par Bernadotte de livrer bataille concordait avec les idées émises par Bülow depuis le commencement de la guerre ; il les lui soumettait de nouveau à 8 heures 1/4 du soir :

____

(1) Wiehr, p. 133.

« Je reste toujours concentré ; je considère comme désavantageux
de s'éparpiller : je crois qu'il sera meilleur, si l'ennemi s'avance, de
l'attaquer avec toute notre masse, ce qui du reste devrait avoir lieu
d'accord avec l'ensemble » (1). Dès lors puisqu'à Saarmund, Bülow
était averti dès 8 heures du soir des événements de la journée, il
paraît inadmissible que Bernadotte ne l'ait pas été à 9 heures 3o
à Potsdam.

L'instruction de Bernadotte parvenait à 11 heures du soir à Bülow.
Aussitôt il faisait écrire à Tauentzien par Boyen pour lui observer
qu'il serait préférable d'établir son corps au nord de Blankenfelde,
de manière à avoir le village devant le front, et d'occuper de suite
fortement le passage de Jühnsdorf, « car Jühnsdorf était le point
le plus important de cette région ». Cette disposition permettrait
au général Borstel de rappeler le bataillon qu'il y avait envoyé.

« A Blankenfelde, ajoutait-il, vous seriez plus à portée, aussi bien
de soutenir le poste de Jühnsdorf que celui de Mittenwalde. Le général Oppen fera observer Klein-Beeren de Lœvenbruch. On a dû
abandonner Trebbin et Nunsdorf, mais la position de Thyrow et
de Wendisch-Wilmersdorf est occupée » (2).

Cette modification était certainement très heureuse, néanmoins,
comme ni Tauentzien, ni Bülow ne prenaient soin d'en avertir Bernadotte, il en résultait que, le 22, ce dernier ignorait où se trouvait
la réserve du IVe corps (3).

Ces marches de gauche à droite, puis de droite à gauche avaient
fortement mécontenté Bülow et produit une mauvaise impression
parmi les troupes. Les nouvelles dispositions de Bernadotte ne le
satisfaisaient pas. Par son ordre, Boyen adressait les propositions
suivantes à Adlercreutz :

« L'avis que Votre Excellence m'a donné de l'attaque de l'ennemi
à Trebbin et à Nunsdorf me procure l'occasion de vous soumettre
quelques idées sur les opérations à entreprendre en tenant compte
du terrain.

Le plus important me semble être de ne pas nous disperser, mais
de marcher à l'ennemi, aussitôt que possible, en masse. Je ne sou-
tiendrai donc le général Thümen que sous certaines restrictions,
et considère comme préférable qu'en présence d'un ennemi supérieur, il se retire sur mon aile gauche. Dans ce cas, et si vous

(1) Bulow à Tauentzien. Quistrop, p. 141.
(2) *Armée du Nord*, p. 255.
(3) « Le prince royal n'a aucune nouvelle du général Tauentzien que l'on
a cherché vainement à Klein-Beeren. Il vous charge de lui transmettre les
ordres ». Adlercreutz, Teltow, 22 août, Wiehr, p. 136.

acceptiez ma proposition, le général de Borstel avec Tauentzien occuperait la position de Berlin, tandis que les trois corps réunis déboucheraient d'ici pour livrer une bataille à l'ennemi ; Tauentzien et Borstel pourraient encore opérer sur son flanc » (1).

Position des deux divisions Thümen et Borstel le 21 au soir, appréciation de la situation par ces généraux.

Le 21 au soir, Thümen avait son gros à Thyrow ; en avant de lui, vers l'ouest, le major Clausewitz établi, à ce qu'on croyait, à Beuthen ; vers l'est, six compagnies à Wilmersdorf et au Weinberg et six autres compagnies derrière les fossés de la Nuthe pour recueillir les premières. Le front de sa position était inabordable, mais une attaque venant de l'est faisait tomber toute résistance. A 7 heures du soir, Thümen communiquait ses craintes à Bülow. « L'ennemi ne peut enlever ma position de front, mais il me tournera, parce qu'il cherche à pénétrer par Glienick et Gross-Schulzendorf sur Jühnsdorf ou Lœwenbruch. Les généraux Oppen et Borstel doivent empêcher ce mouvement tournant, car autrement je serai aussi forcé d'abandonner ma position, ce que je ne ferai que très involontairement et dans le cas du plus extrême danger » (2).

A 10 heures du soir, il estimait à 24 canons et à environ 20.000 hommes les forces employées contre lui dans la journée et il croyait les Français maîtres de Wittstock. « L'ennemi, concluait-il, attaquera vraisemblablement mon aile gauche, où la défense est la plus faible, à la pointe du jour. La route de Berlin lui est ouverte si le général Oppen ne l'arrête pas. L'ennemi est fort en cavalerie. Mon aile gauche a besoin de renforts, autrement elle peut être forcée » (3).

Le général Borstel, au contraire, s'était fait une idée très fausse de la situation. Il rendait compte à 6 heures du soir que ses avant-postes de Mellen et Wuensdorf avaient été attaqués par 12.000 hommes : « Maintenant l'ennemi a poussé jusqu'à Saalow, Schünow, Nunsdorf et Wendisch-Wilmersdorf ; il n'a eu devant lui que les avant-postes de la division Thümen. Il a renvoyé chargées beaucoup de voitures vides qu'il menait avec lui. Il peut en résulter que sa marche ne

____

(1) Il semble que cette dépêche, qui n'est pas datée, répond à l'ordre donné par Bernadotte à 9 heures 30. Au cas où elle serait la minute de la lettre de Bülow datée à 8 heures 1/4, il n'y aurait plus aucun doute sur la question de savoir si, à 9 heures 30, Bernadotte connaissait les combats de Nunsdorf et de Trebbin. Boyen à Adlercreutz. *Mémoires*, 556 557.

(2) Thümen, 21 août, Quistrop, p. 231.

(3) Thümen, 21 août, 10 heures, Quistrop, p. 232.

soit qu'une expédition de brigands. Je serai vraisemblablement attaqué demain. Ma position est très étendue. Je manque d'une artillerie suffisante et d'une forte réserve. Je vous prie de m'envoyer le renfort promis fourni par le corps de réserve du général von Dobschütz. Je retirerai les avant-postes de Zossen sur Telz et Gross Machnow » (1). Ce rapport était à 8 heures entre les mains de Bülow. En attendant des ordres de conduite, Borstel prescrivait pour le lendemain de lancer une reconnaissance d'infanterie et de cavalerie de Machnow sur Glienick.

La crainte que le général de Thümen exprimait la veille d'être tourné sur son flanc gauche, s'augmentait encore pendant la nuit.

Il adressait, le 22, à 4 heures du matin un nouveau rapport à Bülow pour lui représenter les dangers de sa position. Toute l'armée française, ou au moins un corps de 25.000 à 30.000 hommes, se préparait à l'attaque ; or il ne pouvait lui opposer sur son flanc gauche que quatre bataillons. L'ennemi avait dirigé sur ce point la plus grande partie de ses forces et l'emporterait, car le terrain offrait, dans cette partie, plus d'avantages à l'attaque qu'à la défense. La montagne de Wilmersdorf étant située en avant de la Nuthe, il était facile de l'envelopper et, dès lors, on perdrait les troupes qui s'y trouvaient ; il serait alors forcé de se retirer derrière le fossé d'écoulement de la Nuthe qui ne constituait pas un obstacle ; large de douze pieds, il offrait beaucoup de gués que les Français franchiraient certainement avec l'appui de canons établis sur la montagne. Le général Oppen, à qui il s'était adressé, refusait de surveiller Lœwenbruch ; il se bornait à étendre sa gauche jusqu'à Jühnsdorf. « Je puis me faire tuer, s'écriait-il, et je le ferai avec plaisir, car je suis soldat pour cela, mais je ne puis rendre possible aucune impossibilité » (2).

Thümen apprenait dans la matinée que le poste de Wittstock n'était pas encore occupé par les Français; il y envoyait un bataillon (IVe/5e Res. Rég.) et deux pièces ; trois compagnies (9e, 10e, 12e/4e Pr. Orient.) et un régiment de cavalerie (Pom. Nat. Rég.) devaient le suivre comme soutien.

A 3 heures du matin, la cavalerie de réserve était à Blankenfelde ; Oppen se rendait de sa personne auprès de l'escadron détaché à Jühnsdorf, tout y était tranquille. A son retour, il recevait la dépêche de Thümen et une lettre où Bülow l'informait de l'arrivée du général Tauentzien.

<hr>

(1) Borstel à Bülow, 21 août, *Armée du Nord*, p. 250.
(2) Thümen à Bülow, 22 août 4 heures du matin. — Quistrop, p. 244-245.

Il se portait alors vers l'ouest ; les dragons de Brandebourg
et deux pièces demeuraient à Blankenfelde avec ordre de tenir
Jühnsdorf jusqu'à ce que la division de réserve eut rejoint ; la
brigade de landwehr s'établissait à Genshagen ; les deux autres
régiments de dragons et quatorze pièces se dirigeaient sur Ludwigsfelde d'où ils gagnaient Wittstock ; le restant de la cavalerie de
réserve s'y réunissait successivement dans l'après-midi après que
la division Dobschütz eût atteint Blankenfelde.

De son côté, Borstel envoyait un bataillon (Ier/2e Landw. Kurm.)
de Mittenwalde à Jühnsdorf et un bataillon (IIIe/2e Res. Rég.) avec
un escadron à Dabendorf.

Disposition d'Oudinot pour le 22. — Le maréchal recevait
dans la nuit une dépêche de Reynier qui nous manque, mais dont
il partageait les idées. A ce qu'il semble, Reynier lui proposait de
placer un corps en arrière des deux autres pour se constituer une
réserve et d'attaquer à fond le camp de Thyrow ; un autre motif
décidait Oudinot à adopter cette mesure, il croyait les marais au
sud de Trebbin impraticables.

En conséquence, il appelait la division Raglowich à Trebbin ;
sa première intention avait été de la porter à Christinendorf, néanmoins il la laissait à Trebbin et l'établissait : un bataillon pour garder la ville, un bataillon au défilé en arrière, le restant, avec la
division Lorge, sur les hauteurs de Cliestow. « Le but de cette
position était de soutenir le point de Trebbin, important pour le
tout ».

Il autorisait le général·Bertrand à se faire joindre par la division
wurtembergeoise en des termes qui dénotent une grande hésitation
devant toute responsabilité : « Vous pourrez, ce me semble, rappeler vos troupes de Baruth, mais ne le faites cependant qu'autant que
vous n'y verrez pas d'inconvénients. A votre place, je le ferais d'autant mieux que c'est un fameux renfort pour vous. Aujourd'hui,
notre réunion opérée, nous avons besoin de tous nos renforts pour
chercher du succès. D'ailleurs peu importe qu'il y ait des partisans
à Baruth quand il y en a partout ailleurs ».

Rien n'était plus juste que cette considération, mais alors pourquoi Oudinot prévoyait-il d'avance que les divisions bavaroise et
wurtembergeoise étaient destinées à garder les flancs et n'assiste-
raient pas à la bataille?

Après s'être entretenu avec le général Raglowich, le maréchal
se rendait à Nunsdorf; il y trouvait le VIIe corps en position d'attente.

Déploiement du VII⁰ corps. Prise de Wendisch-Wilmersdorf par le XII⁰. — Le général Reynier s'était rendu à ses avant-postes dès 5 heures du matin pour reconnaître le terrain en avant de Nunsdorf ; il formait le VII⁰ corps au nord du village sur les hauteurs qui avaient été occupées pendant la nuit par les avant-postes et attendait de nouveaux ordres. Lecoq maintenait la batterie de 12, une de 6 et un bataillon sur les hauteurs au nord du défilé pour le couvrir. A son arrivée, Oudinot appelait à une conférence le général Reynier, le duc de Padoue et Lebrun. On en est réduit à Cerrini pour savoir ce qui s'y passait. D'après cet unique témoignage, le manque de confiance en lui-même et de décision d'Oudinot s'y fit voir au grand jour, et, à ce qu'il prétend, sans la présence de Lebrun, les projets de Reynier auraient trouvé plus de créance (1). Ceci est inexact, car le maréchal avait pris sa résolution dès Trebbin.

Vers 11 heures, lorsque la tête de la division Guilleminot apparaissait, Reynier donnait l'ordre d'attaquer.

La division Durutte marchait sur Wittstock en colonne de régiment ayant en arrière, à gauche la division Sahr en colonne ouverte et à droite la brigade de cavalerie. Tandis que les tirailleurs de cette colonne s'engageaient devant le village, le maréchal dirigeait sur Wilmersdorf la brigade Bardet ; il ordonnait à la brigade Brause d'attaquer le Weinberg par le nord et aux deux batteries saxonnes en position sur la hauteur de Nunsdorf de soutenir leur mouvement.

La brigade Brause, ayant à sa tête la compagnie de chasseurs et le régiment Lecoq, passa à un endroit presque sec le bas-fond partout ailleurs impraticable, et se dirigea vers le Weinberg ; une partie de ces forces se déployaient en tirailleurs devant le front nord de la colline, leur droite s'étendait toujours davantage vers le fossé de la Nuthe.

Les tirailleurs de la brigade Bardet s'étaient arrêtés devant le front est. Les deux batteries saxonnes s'efforçaient de les appuyer, mais leur feu, quoique fort vif. vu la distance, restait inefficace (2).

Thümen jugeait nécessaire de renforcer ses postes de gauche pour résister à cette offensive des Français qui se prononçaient par l'est comme il l'avait prévu. Il envoyait un bataillon (2/Elb.Rég.) à Kerzendorf pour couvrir vers l'ouest les défenseurs de Wittstock ;

<hr>

(1) Cerrini, p. 217-218.
(2) Voir Pohlmann, Lossow, p. 418-422.

le major de Clausewitz recevait le commandement des trois bataillons, l'ordre lui était remis à 10 heures; un bataillon et une compagnie (2/5 Res Rég.) allaient occuper le pont de la Nuthe pour
recueillir les défenseurs du Weinberg.

La position avancée du Weinberg avait empêché les Prussiens
d'y placer de l'artillerie qui aurait été fort compromise en cas de
retraite; néanmoins les progrès de l'infanterie française et saxonne
étaient très lents.

Vers 5 heures seulement, une nuée de tirailleurs français, cou-
vrant la marche de sept colonnes, se portait à l'assaut. Le major de
Clausewitz avait rempli sa mission; il ne crut pas être en état de
résister à une si grande supériorité numérique et évacuait la montagne. Les assaillants, en atteignant la crête, n'y trouvaient plus
personne, une batterie française et la moitié de la batterie de 12
saxonne couronnaient de suite le plateau et poursuivaient de leur
feu les Prussiens en retraite qui éprouvaient quelques pertes au
franchissement des fossés. Il était alors 6 heures, le combat n'était
pas encore décidé à Wittstock, néanmoins Thümen ordonnait à ses
troupes de se rassembler, en prévision d'une retraite.

Combat de Wittstock. — Le terrain entre Kerzendorf et
Wittstock est constitué par des prairies humides traversées par un
fossé qui en conduit les eaux à la Nuthe; l'inondation qui s'étendait sur ses deux côtés formait un obstacle de 800 pas. Une digue,
longue de 500 pas. franchissait le fossé sur un pont de bois et conduisait de Wittstock à Ludwigsfeld; une colline la dominait à son
débouché nord et tenait la route sous un feu concentrique. Cette
position, quoique très forte, présentait un inconvénient grave; le
bord N.-O. de l'inondation n'offrant pas de couverts, les tirailleurs,
vu la distance, étaient forcés, pour atteindre la digue, de s'avancer
sur le terrain inondé.

Par contre, les marais et la disposition des maisons de Wittstock empêchaient l'assaillant de déployer, au nord du village, une
artillerie suffisante pour réduire au silence celle de son adversaire.

Le IVe/5 Res. renonçait à se maintenir à Wittstock dont la
défense aurait été très périlleuse pour les défenseurs, car la lisière
est avait un champ de tir très réduit et leur unique ligne de retraite
passait par le pont au N.-O. du village que l'assaillant pouvait facilement atteindre avant eux. Le major Wedel poussait ses tirailleurs
au bord de l'eau; les deux pièces étaient mises en batterie sur la colline, le régiment de cavalerie s'arrêtait au nord du mamelon et lan-

çait un peloton en avant de Wittstock. Ce dernier avait le tort de s'attarder trop longtemps ; lorsqu'il se repliait, il n'avait pas le temps de rompre le pont.

Le bataillon de fusiliers du 4ᵉ de la Prusse orientale s'était mis en marche à 9 heures ; il atteignait à 1 heure Kerzendorf où il avait été devancé par le major de Clausewitz. Aussitôt les tirailleurs et les chasseurs du bataillon de fusiliers se déployaient en tirailleurs sur le bord de la prairie et entretenaient un feu extrêmement vif ; ils brûlaient 120 cartouches.

Entre temps, le général Oppen était venu s'établir entre le chemin de Ludwigsfelde et Lowenbrück ; ses deux batteries relevaient les deux pièces placées à la redoute. En outre, le 2ᵉ bataillon de l'Elbe, arrivé après 1 heure à l'ouest de Wittstock, se dirigeait vers la droite : il déployait d'abord ses tirailleurs, puis deux compagnies au nord de la prairie (1).

Reynier se contentait d'entretenir le combat avec ses tirailleurs, jusqu'au moment où la colline du Weinberg tombait entre nos mains ; une batterie avait réussi à prendre position dans le village même, à l'abri d'un monticule, mais l'artillerie prussienne mettait le feu à Wittstock, ce qui l'obligeait à changer d'emplacement ; elle prenait position en dehors et à l'est. Le gros de la division Durutte se tenait masqué au sud du village, ayant en arrière et à sa droite la brigade Gablenz ; la division Sahr entretenait à sa gauche la liaison avec le 24ᵉ.

Entre 5 et 6 heures, Reynier, débarrassé de toute préoccupation pour sa gauche, se décidait à enlever le passage de front. Il tirait deux bataillons de la division Sahr (bat. Anton et bat. léger) et les poussait au travers du marais, vers Kerzendorf, avec mission de favoriser la marche de la brigade Devaux ; celle-ci, formée en colonne serrée, le 1ᵉʳ bataillon du 35ᵉ en tête, était chargée de l'attaque de front. Une première tentative échouait sous le feu de l'artillerie prussienne que ne pouvait combattre l'artillerie française ; à en croire Boyen, trois attaques poussées peu vigoureusement auraient échoué ; le général Oppen aurait alors fait retirer sa batterie pour encourager les Français à déboucher et saisir cette occasion de les charger.

Le général Quistrop avance au contraire qu'une partie de l'infanterie française se jetait dans le marais ; elle réussissait à le traverser et faisait sentir son action sur le flanc gauche de la batterie

____

(1) Historique du 26ᵉ, p. 25-26, qui contredit Quistrop.

prussienne ; au même instant arrivait un ordre de Thümen prescrivant de se retirer sur Ludwigsfelde (1).

Cette version est confirmée par le rapport français : « On trouva
cependant, dit-il, le moyen de faire passer sur la droite le marais
par le 4ᵉ bataillon du 133ᵉ ». L'historique du 4ᵉ de la Prusse orientale constate également que de fortes masses de tirailleurs français
franchissant la Nuthe vers Lœwenbruch, en dehors de la portée du
feu de l'infanterie prussienne, la forçaient à former un crochet
défensif ; elle était bientôt débordée de nouveau, ce qui obligeait
l'artillerie à se replier. La ligne ennemie était donc menacée sur
ses deux ailes.

Quoi qu'il en soit, Devaux saisissait habilement l'instant où l'artillerie ennemie masquait son feu pour lancer sa colonne ; le bataillon de tête, après avoir atteint le débouché nord, formait le carré
avec un ordre remarquable et se portait sur la hauteur où toute
la brigade se formait sur deux lignes : le général Oppen se
jetait sur elle avec les deux régiments de landwehr et le régiment
national de Poméranie sans avoir préparé son attaque ; à ce qu'il
paraît, il enfonçait quelques rangs de notre droite, mais n'ayant
aucune réserve sous la main, il échouait devant la seconde ligne
qui ne perdait pas contenance ; une partie de la première ligne qui
s'était jetée par terre pour laisser passer la charge, se relevait et
fusillait les cavaliers ennemis dans le dos.

Le général Oppen, sans se décourager, lançait contre Devaux la
brigade de dragons (1).

Son chef, le colonel de Treskow, estimant que ses ordres étaient
mal compris, arrêtait sa brigade sous le feu de l'artillerie française,
appelait auprès de lui, comme à la manœuvre, les chefs d'escadrons
et les capitaines, leur exprimait ses intentions avec le plus grand
calme ; puis il ordonnait la charge. Tous ces préparatifs avaient
donné à la brigade Devaux le temps de se rassembler. « Rarement
on fit plus belle charge ; les régiments s'avancèrent avec une décision et un ordre exemplaire ». Néanmoins ils échouèrent devant
une infanterie intacte et se ralliaient sur le 4ᵉ/Drag. Pr. Or. Cet
escadron, ayant dû faire place à une batterie qui se repliait, n'avait

(1) Les détails de cette charge varient suivant les différents auteurs. Quistrop fait d'abord exécuter une première attaque par la landwehr.

Carensprung (264-265) avance que la brigade de dragons était en première
ligne (265) ; deux autres régiments suivaient en seconde.

Boyen parle de quatre régiments qui se lançaient en ligne sans réserve.

Jusqu'à la publication des rapports, il est impossible de préciser. J'ai suivi
Quistrop.

pas pris part à l'action ; il lançait deux pelotons en tirailleurs (3e et
4e) pour arrêter la poursuite des tirailleurs français (1).

L'offensive de la division Durutte avait été si rapide qu'elle coupait à l'infanterie prussienne la route de Ludwigsfelde ; les trois
bataillons se rejetaient vers Kerzendorf. L'artillerie prussienne prenait une position de repli à la ferme de Weinberg, mais elle avait
son tir masqué par la cavalerie du général Oppen. Elle se repliait
par échelons au pas sur Ludwigsfelde canonnée par l'artillerie française, et y arrivait vers 8 heures ; deux bataillons l'y rejoignaient,
le troisième (2e de l'Elbe) s'était débandé. Tandis que l'infanterie
s'installait à la lisière sud du bois pour attendre le général de
Thümen, la cavalerie continuait sa marche sur Gross-Beeren qu'elle
atteignait à 10 heures : par ordre de Bülow, elle rejoignait à Heinersdorf où elle bivouaquait vers minuit.

Aussitôt après l'enlèvement de la colline, la division Sahr et la
brigade Gablenz franchissaient la digue et venaient se former à
la gauche de Durutte ; une batterie à cheval s'avançait en avant
sur la route de Berlin, et poursuivait de son feu la cavalerie
Oppen.

Le soir, le VIIe corps bivouaquait ; la 25e division et la brigade
de cavalerie aux environs de Lœwenbruch entre des forêts ; la division Durutte à sa gauche, vers Kerzendorf, où Reynier établissait
son quartier général ; la 24e sur la hauteur du Moulin, au nord de
Wittstock ; elle rappelait à elle les deux batteries qui avaient appuyé
l'attaque de Wilmersdorf. Tout le train rejoignait de Schœneweide
et parquait au nord de Wittstock.

Une reconnaissance rendait compte, vers 9 heures du soir, que
l'ennemi se repliait sur Berlin par Ludwigsfelde et Damsdorf.

Combat de Juhnsdorf. — La route de Gros-Schulzendorf à
Jühnsdorf franchit l'inondation sur une digue élevée de un mètre
au-dessus des eaux ; à l'ouest, elle côtoie le pied d'une hauteur (le
Lindenberg) ; à l'est, la ligne de partage des eaux entre le lac de
Rangsdorfer et les canaux d'écoulement était demeurée praticable.

Le bataillon envoyé de Mittenwalde (1re/2e landw. kurm.) avait
atteint Jühnsdorf vers 8 heures ; il s'établissait au Lindenberg où il
arrêtait les premiers éclaireurs de Bertrand ; une compagnie s'avançait à 1.200 mètres au sud du village.

La division Dobschütz. quoique alarmée dès minuit, n'avait
quitté son bivouac devant Berlin qu'à 9 heures, elle approchait

(1) Barensprung, p. 265.

du village vers midi. Tauentzien l'y avait devancée; après avoir reconnu du sommet du Lindenberg les mouvements des Français, il estimait qu'il n'était pas question sur ce point d'une attaque décisive. Il décidait, peut-être sous l'influence de Borstel, qui lui envoyait le lieutenant-colonel de Rüchel, de diriger le général Dobschütz vers l'est, dans la direction de Mittenwalde, par Dahlwitz, sur Klein-Kienitz, et il maintenait seulement deux bataillons, deux pièces et deux canons à Blankenfelde ; un de ces bataillons (IIIe/2e landw. Neum.) et les pièces gagnaient de suite Jühnsdorf. Tauentzien rejoignait Dobschütz à 2 heures.

La division Fontanelli débouchait de Schulzendorf vers 3 heures ; une batterie s'établissait sur une colline au nord du village et canonnait l'artillerie prussienne qui restait cachée sans répondre ; une première attaque des Italiens était repoussée vers 4 heures. Le général Bertrand laissait une brigade devant la colline, dirigeant la seconde vers l'ouest avec mission de la tourner. Trois compagnies (IIIe/2e landw. Neum.) venaient border le versant ouest du Lindenberg, afin de s'opposer à ce mouvement ; la 4e occupait le bois situé entre la colline et le village — une pièce recevait pour mission de battre la digue, la seconde le bas-fonds à l'ouest.

L'attaque s'effectuait entre 5 et 6 heures ; un des bataillons italiens ayant réussi à tourner la colline, le major Hiller battait en retraite ; il essayait vainement de tenir à la sortie du village, puis continuait son mouvement sur Blankenfelde ; en route, il rencontrait le général Tauentzien. Celui-ci, en entendant le bruit du combat sur sa droite, avait fait arrêter la division Dobschütz entre Klein-Teinitz et Brusendorf, puis en avait dirigé cinq bataillons, deux escadrons et deux pièces sur Jühnsdorf ; de sa personne, il se rendait dans cette direction. Il avait un instant l'intention de reprendre l'offensive avec le bataillon de Blankenfelde ; une contre-attaque arrêtait les progrès des Italiens, mais se sentant trop faible, il continuait sa retraite sur ce village (1).

Toute la division Dobschütz s'y réunissait pendant la nuit.

Division wurtembergeoise. — En conséquence des ordres du 21, le général Franquemont avait dirigé sur Speeremberg un bataillon ; il y entrait le 22 à 1 heure du matin, après une marche

_____

(1) Il est impossible d'admettre l'explication de son rapport. *Wiehr*, p. 174. « Je rejetai l'ennemi et il ne semblait pas impossible de le déloger des hauteurs dominantes, si je n'avais pas cru devoir préférer d'abandonner ce poste à l'entrée de la nuit, poste qui ne pouvait être repris qu'avec une forte perte et qui en outre m'empêchait de concentrer tout le corps à Blankenfelde ».

de nuit assez pénible ; son chef faisait barricader les passages entre
les deux lacs et établissait le reste de son bataillon en arrière ; une
demi-compagnie était détachée sur le chemin de Saalow. La nuit
du 21 au 22 s'écoulait fort tranquillement aux avant-postes de Paplitz et de Gros-Ziescht.

A la réception de l'ordre de rejoindre, le général Franquemont
ordonnait au convoi de partir à 3 heures du matin et aux brigades
Doering et Spitzenberg de se mettre en marche à 5 heures ; la
brigade de Stockmayer suivrait une heure après que la queue de
la colonne aurait quitté le camp.

La brigade de cavalerie détacherait 100 hommes au convoi, 100
avec les deux brigades d'infanterie, le reste marcherait avec la
brigade de Stockmayer. L'arrière-garde d'infanterie masquerait le
mouvement du gros ; la cavalerie couvrirait celui de l'infanterie, en
poussant bien en avant une chaîne de postes de cavalerie.

**Le 22, réunion des généraux prussiens à Philippsthal.
Ordres de Bernadotte.** — Bernadotte, s'il faut ajouter foi à ce
qu'il écrivait le 22 à 2 heures 1/2 du matin à Blücher, était décidé
à livrer bataille (1) ; il se rendait à Philippsthal dans la matinée
du 22 et y appelait à une conférence les trois généraux présents.

L'histoire militaire allemande moderne (2) n'accepte plus la scène
dramatique racontée par ses prédécesseurs ; elle refuse d'ajouter
foi à la légende d'après laquelle Bernadotte aurait voulu abandonner la capitale et en aurait été empêché par Bülow qui se serait
écrié : « Nos os doivent blanchir devant Berlin et non derrière ».
Elle a complètement adopté les conclusions de Wichr.

Le général de Boyen ne mentionne pas cette prétendue scène (3) ;
en outre, une note écrite en 1848 par le général Reiche, nettement
hostile à Bernadotte, porte qu'à la conférence du 22 août on décida
de livrer une bataille dans la plaine entre la capitale et la ligne
d'inondation ; pour un cas extrême, on choisit une position sur le
Templow-Berg

---

(1) « J'apprends à l'instant que l'Empereur Napoléon avait le 17 son quartier général à Bautzen et qu'il voulait se rendre de là à Gorlitz... Commu-
niquez au roi et à Sa Majesté l'Empereur Alexandre ce que je vous dis ici
sur les mouvements des Français et priez-le de pousser sur Dresde pour
couper la retraite aux Français. Mes avant-postes ont été attaqués hier par
les troupes du duc de Reggio. Son armée est estimée à 80.000 hommes. Je
pourrai au plus en rassembler un nombre égal. Je marche pour lui livrer
bataille ». Wichr, p. 138.

(2) Voir Friederich, p. 387.

(3) Voir *Mémoires*, p. 111-119.

Quoi qu'il en soit, Bernadotte prescrivait à 9 heures 1/2 du matin au général de Bülow de placer à Saarmund deux ou trois bataillons d'infanterie avec une demi-batterie; le reste de son corps s'établirait, la gauche à Heinersdorf, la droite vers Ruhlsdorf; l'armée suédoise viendrait dans cette ville; l'armée russe à Gütergotz; elle se mettrait en liaison avec Hirschfeld qui arrivait à Potsdam; les cosaques de Wintzingerode continueraient toujours à inquiéter le flanc gauche d'Oudinot vers Beelitz, Trebbin et Jüterbog; Wobeser gagnerait Buchholz pour agir sur le flanc droit de l'armée française.

S'il y avait un mouvement de retraite, l'armée russe et Bülow se réuniraient sur les hauteurs de Steglitz; Tauentzien sur celles de Weinberg; Borstel se joindrait à lui.

Position de l'armée du Nord le 22 dans l'après-midi. — L'armée alliée occupait dans l'après-midi les emplacements prescrits par l'ordre de mouvement. Les deux divisions de Bülow se rendaient de Nudow à Heinersdorf par Schenkendorf, Sputendorf et Gross-Beeren, sans laisser de troupes dans ce dernier endroit.

L'armée suédoise se portait de Philippsthal par Gütergotz sur Ruhlsdorf.

L'armée russe passait la Nuthe à Saarmund et s'établissait entre Gütergotz et Ruhlsdorf.

Retraite de la division Thümen. — Après la perte de Wittstock, Thümen abandonnait Thyrow et se repliait sur Lichterfelde; en chemin, il recueillait le IIe de l'Elbe. Il avait l'intention d'attendre à proximité de ce village la cavalerie dont il ignorait la position; des officiers envoyés pour la chercher faillirent tomber entre nos mains; la batterie à cheval saxonne, portée en avant sur la route de Berlin (1), ouvrait à l'improviste le feu sur lui dans l'obscurité; il maintenait comme arrière-garde les deux bataillons en position au sud de la forêt et continuait de là sur Gross-Beeren où il bivouaquait à minuit.

Le bataillon détaché à Jütgendorf avait reçu ordre de rejoindre à Gross-Beeren par Siethen; en traversant ce dernier endroit, il y trouvait un escadron français qu'il chassait devant lui; néanmoins, il préférait se rabattre vers l'ouest par Nudow sur Saarmund.

(1) Voir page 95.

Division Wobeser. — A l'extrême gauche, le général Wobe-
ser, après avoir laissé à Crossen deux bataillons (Ier et IIe/Ier Sil.
landw.), se rendait à Guben.

Avant son départ, il avait reçu à 6 heures l'ordre, expédié le 20
par Tauentzien, qui lui prescrivait de gagner Friedland. Il lui expli-
quait à 7 heures les motifs qui l'avaient déterminé à appuyer vers
le sud : « Lorsque Votre Excellence m'a ordonné de marcher sur
Friedland, elle n'était pas encore instruit de ma retraite sur Ziebingen, ce qui m'a fait perdre un jour. Mon corps se porte en ce
moment par Crossen sur Guben, afin d'éviter le passage difficile
de Schidlow. Je crois par suite répondre pleinement à vos vues,
comme à celles du prince royal, en marchant avec mon corps, non
sur Friedland, mais directement sur Lieberose et en laissant Peitz
occupé par un bataillon et quelques cavaliers jusqu'au moment où
le prince Bagration, dont je n'ai aucune nouvelle, sera à ma hauteur ».

Son avant-garde (brigade Jeannerets) occuperait Lieberose le 22 ;
elle s'avancerait le 23 sur Lübben « pour rattraper le temps
perdu » et occuperait Buchholz. Il continuait ainsi à tenir la grande
route.

Tous les environs de Crossen, au loin et au large, étaient évacués
par l'ennemi ; en conséquence, il appelait à Guben un bataillon de
la garnison de Crossen pour couvrir ses derrières et assurer ses
réquisitions (1).

Ordres du prince royal, le 22 au soir. — Dans la soirée
du 22, le prince royal donnait l'ordre suivant pour le 23 :

« Le prince royal de Suède ordonne que le lieutenant-général de
Hirschfeld s'avance vers Saarmund avec huit bataillons et sa cavalerie; il laissera pour la garde des ponts et des retranchements,
particulièrement pour celui de Baumgarten, trois bataillons et
quelques canons. Il soutiendra demain, au moment de l'attaque,
l'aile droite de l'armée alliée, en s'avançant sur l'aile gauche de
l'ennemi; il entretiendra ainsi la liaison avec le corps russe détaché
à Treuenbrietzen et à Beelitz.

Le général de Wintzingerode s'approchera demain matin avant
la pointe du jour de l'aile droite de l'armée suédoise, de façon à se
lier complètement avec elle et à ne faire qu'un corps. Une brigade
de sa cavalerie légère demeurera en ordre de bataille devant Gütergotz ; le reste demeurera en réserve derrière l'armée russe. Les

____

(1) Wobeser, 22 août, 7 heures du matin. — Quistrop, p. 321-322.

généraux en chef sont avertis que le général Wintzingerode, avec ses cosaques détachés, attaquera demain l'ennemi sur ses derrières et son flanc.

Le général de Bülow s'approchera, avec son aile droite, de Ruhlsdorf, de façon à s'appuyer à l'aile gauche du centre de toute l'armée. La cavalerie du général de Bülow se tiendra en première ligne devant son front de bataille.

Le général de Tauentzien prendra le camp du général de Bülow à Heinersdorf. Sa cavalerie se tiendra également en première ligne.

Si les généraux Borstel et Thümen ont quitté leurs positions, ils se retireront dans la direction des lignes de bataille qui se trouvent derrière elles et formeront les avant-gardes de ces lignes.

C'est la volonté du prince royal que, si l'ennemi veut entourer notre aile gauche, nous l'attaquions; et le prince royal veut en tirer l'avantage de jeter l'ennemi dans les marais et lacs entre Cœpenick et Wusterhausen; pour y réussir, il suffit de mettre de l'unité dans les mouvements.

Le général Tauentzien ordonnera au général de Wobeser de s'avancer de Buchholz sur Baruth. Si le général Wobeser peut exécuter ce mouvement, et s'il parvenait seulement jusqu'à la moitié du chemin, l'ennemi se trouverait mis dans une mauvaise position. Pour cela, il convient que le général Wobeser exécute ses attaques avec la plus grande décision, même s'il devait y perdre beaucoup d'hommes.

Tout le monde se tiendra prêt à se battre à la pointe du jour.

Le prince royal rappelle particulièrement à la cavalerie que, pour cette arme, la victoire est fille de l'audace.

Le général Wintzingerode enverra une brigade d'infanterie derrière la ligne suédoise, afin de constituer avec la 6e brigade d'infanterie suédoise l'infanterie de la réserve.

Le général de Bülow formera également avec le général de Tauentzien une semblable brigade d'infanterie de réserve.

Le prince royal ordonne à chaque régiment de cavalerie prussienne de lui envoyer demain, dès que l'on prendra les armes, un officier pourvu de quoi écrire » (1).

Cet ordre avait dû être donné dans la supposition que toute l'armée française marchait par la grande route de Berlin; il était déjà expédié, lorsque Bernadotte apprenait la retraite de la division Thümen. Par son ordre, Adlercreutz écrivait à 8 heures à Bülow: « Le prince royal vient d'apprendre que le général de Thümen se retire

____

(1) Bernadotte (Ordre) Ruhlsdorf. Wiehr, p. 470.

complètement ; le prince ordonne que ce général fasse halte sur la route où il se retire entre l'armée suédoise et la vôtre ».

Toutefois, à en juger d'après une dépêche adressée par Bülow à Tauentzien, on ignorait encore à ce moment si l'on agirait offensivement ou défensivement. Après l'avoir prévenu des combats soutenus à Nunsdorf, Trebbin et Mellen où l'on avait conservé la position principale, il ajoutait « nous sommes prêts à soutenir les points menacés ou à nous réunir suivant les dispositions du prince royal avec les Suédois et les Russes » (1).

Bernadotte était informé un peu plus tard du combat de Jühnsdorf. Il estimait devoir maintenir un corps devant le général Bertrand ; le 23, à 1 heure du matin il modifiait sa première instruction :

Bernadotte à Bülow,   Moulin de Ruhlsdorf, 1 heure du matin, 23 août (2).

« Le prince royal vient d'apprendre que le général Bertrand est opposé au général Tauentzien, et que son aile gauche s'appuie à Jühnsdorf. Son Altesse Royale suppose que vous avez déjà donné ordre au général de Borstel de se retirer et que ce général ne se laissera pas déborder sans prendre une décision. Puisque la présence du général Bertrand ne vous permet pas de prendre votre camp, Son Altesse Royale désire que vous serriez étroitement votre aile gauche à votre droite pour être en état d'attaquer de grands corps qui s'avanceraient sur Heinersdorf. Le général de Borstel se placera principalement devant votre aile droite. Ce corps, en s'unissant à vous, vous permet d'avoir un corps réuni de 30.000 hommes, et ainsi le prince royal pense que le succès n'est pas douteux.

Le prince royal pense que les Prussiens se souviendront du succès de leur grand Frédéric et qu'ils vengeront les insultes dont l'Empereur Napoléon les accable depuis dix ans » (2).

Bernadotte à Tauentzien,   Moulin de Ruhlsdorf, 23 août.

« Le prince royal vient d'apprendre que le corps de Bertrand est en face de Tauentzien. Il ordonne à Tauentzien de soutenir sa position et de défendre à l'extrême la route de Berlin. Le général Bertrand a peu de cavalerie, le général de Tauentzien aura par suite un grand avantage sur lui s'il lance sur lui les hulans avec beau-

---

(1) Bulow à Tauentzien, 22 août, 8 heures du soir. *Armée du Nord*, p. 255-256.
(2) Bernadotte à Bulow, 23 août, 1 heure du matin. Wiehr, p. 472.

coup d'impétuosité. Le général Tauentzien enverra des nouvelles d'heure en heure » (1).

Modification apportée par Bülow à ces dispositions. — Le général de Bülow avait conclu de l'ensemble des événements du jour que l'armée française voulait déboucher de Wittstock sur Berlin par la route de Gross-Beeren (2). De sa propre initiative, il modifiait les ordres de Bernadotte. Au lieu de maintenir en avant les deux divisions Thümen et Borstel, il prescrivait à 10 heures du soir à Borstel de venir le rejoindre à Heinersdorf avec toute sa division à l'exception d'un détachement de cavalerie qui resterait sur la Notte pour agir de Mittenwalde contre la ligne de communication d'Oudinot, et il rappelait à lui la division Thümen. Cet ordre parvenait le 23 vers 2 heures à la 4e division ; elle l'exécutait de suite.

Sa retraite dégarnissait complètement le front du IIIe corps; afin de la remplacer, un détachement, fort de trois bataillons d'infanterie (Fus./Colb.; Ier/9e Res. Rég.; Ier/Neum. landw.), de quatre escadrons (Ier Huss. Leib.) et d'une batterie allait occuper pendant la nuit Gross-Beeren comme avant-postes (3).

Durant la journée du 22. le général de Borstel n'avait été attaqué sur aucun point de la longue ligne de Kœnigs-Wusterhausen à Zossen ; néanmoins il demandait un renfort de quatre bataillons et huit pièces.

Dans la soirée, une dépêche de Tauentzien l'informait de la perte de Jühnsdorf et de sa retraite sur Blankenfelde. D'autre part, sur son front, tout était tranquille : « Les Français avaient complètement détruit le pont de Mellen et montré ainsi clairement qu'ils ne méditaient rien aussi bien sur Zossen que sur Mittenwalde ». D'ailleurs ils débordaient déjà la première de ces villes. Une reconnaissance lancée contre Schünow avait rencontré deux escadrons ennemis et leur avait enlevé vingt-quatre prisonniers et deux officiers ; d'autres fortes patrouilles étaient poussées sur Baruth « pour apprendre si l'on devait attendre quelque chose de ce côté ». On peut conclure de cette dernière phrase que, malgré l'interrogatoire des prisonniers, le mouvement du IVe corps français lui avait échappé.

En terminant, il réclamait des ordres de conduite (4).

(1) Wiehr, p. 472.
(2) Boyen à Tauentzien, 22 août, 11 heures du soir. Qnistrop, p. 263.
(3) Mackensen. p. 409.
(4) Borstel à Bulow, Mittenwalde, 22 août, 10 heures 1/2 du soir, *Armée du Nord*, p. 288,

Alors que Bernadotte se préparait à livrer bataille au sud de Berlin, des renseignements, dont on ignore la source, lui annonçaient que le maréchal Davout, après avoir évacué la rive droite de l'Elbe, remontait ce fleuve vers Magdebourg. Cette retraite était heureuse pour lui, puisqu'en dégageant ses derrières elle lui permettait de rapprocher le corps de Wallmoden. Il lui ordonnait de se mettre de suite en marche sur Havelberg et d'y attaquer brusquement l'ennemi ; un corps de 8.000 hommes demeurerait sous le général Vegesack pour couvrir le Mecklenbourg et la Poméranie suédoise. En cas de retraite, ce dernier se replierait sur cette province et le général Wallmoden sur Berlin (1).

A ce qu'il semble, Bernadotte n'avait encore aucun avis lui signalant l'offensive du général Girard.

(1) *L'Armée du Nord*, p. 298, avance que cet ordre a été expédié dans la nuit du 22 au 23. — Quistrop, p. 313, dans l'après-midi du 23. Il est étonnant que deux historiens travaillant sur source puissent varier sur un tel point. Si Quistrop a raison, il en résulterait toujours que dans l'après-midi du 23 Bernadotte croyait n'avoir plus rien à craindre pour ses derrières.

CHAPITRE V

Dispositions de l'armée française le 23 au matin. —
L'armée française, à l'issue de la journée du 22, était maîtresse de
quatre points de passage sur la Nuthe : les renseignements relatifs
aux forces ennemies les portaient à 120.000 hommes constituant
deux groupes, l'un vers Potsdam, l'autre vers Berlin. Oudinot se
décidait à prendre l'offensive dans cette dernière direction ; mais,
contrairement à l'idée qu'il avait manifestée la veille d'avoir une
réserve, il divisait de nouveau son armée en trois colonnes. Le
IVe corps marchait par Schulzendorf sur Blankenfelde, le VIIe sur
Gross-Beeren avec la division Defrance, le XIIe sur Ahrensdorf.

Le maréchal s'efforcera dans son rapport à l'Empereur de justifier cette disposition : « J'ignorais, dira-t-il, par quelle ligne d'opérations l'ennemi déboucherait sur moi, et beaucoup de cavalerie
m'inquiétait par les routes de Potsdam et de Teltow ». Cette mesure
« de prudence » privait l'armée de près de 25.000 hommes, en
outre, comme le maréchal était résolu à ne pas abandonner le
XIIe corps, elle l'éloignait de la bataille au cas où l'offensive de l'ennemi se produirait vers la droite ou le centre.

Le rapport de Reynier confirme ce que dit Oudinot des dispositions prises par lui. Toutefois la perte de ses ordres pour la matinée
du 23 ne permet d'avancer que quelques hypothèses ; il semble que,
dans l'esprit d'Oudinot, le VIIe corps devait attendre, pour se mettre en mouvement, sinon le débouché des deux autres, au moins
que leur canon se fit entendre. En tout cas, il est indiscutable que
les corps des ailes avaient pour mission d'appuyer le mouvement
sur Gros-Beeren.

Cerrini, dont le récit est si remarquablement impartial, nous
expose la situation en ces termes : Le général Lecoq, chargé d'as-

surer la liaison avec le VII⁰ corps, avait envoyé son officier d'ordonnance au général Bertrand pour savoir ce qui s'était passé sur
sa droite ; celui-ci répondit « qu'à la vérité il était en possession
de Jühnsdorf, mais qu'il ne pouvait franchir le défilé avec son
corps avant que l'ennemi, qui se trouvait en face de lui, menacé
par des mouvements sur son flanc droit, ne fût amené à se retirer, et que, par suite, le VII⁰ corps devait marcher contre Gross-
Beeren ».

Reynier transmettait ce renseignement au maréchal. Il donnait
ordre à la division Sahr et à la brigade de cavalerie de Gablenz de
se mettre en mouvement sur la route de Berlin dès qu'on entendrait
le canon sur la droite. Non seulement le maréchal Oudinot accep-
tait cette proposition, mais il promettait de déboucher de Trebbin
avec son corps et les deux divisions de cavalerie.

Il semble bien difficile d'admettre qu'Oudinot se soit déterminé à
se porter en avant uniquement à la suite de cette intervention ; il est
plus vraisemblable, comme l'avancent son rapport et celui de Reynier, qu'un ordre du maréchal avait déjà réglé les dispositions des
trois corps. Les troupes du XII⁰ corps, qui avaient combattu la
veille devant Trebbin, rebroussaient chemin par Nunsdorf et Christinendorf, ce qui retardait leur arrivée à hauteur du VII⁰ corps ;
ainsi s'expliquerait la mise en marche tardive de l'armée.

Je me permets de risquer ici une hypothèse ; on possède un ordre
original de Bertrand à Franquemont daté de Nunsdorf à 6 heures 1/2
du matin. Or le quartier général de Bertrand était le 22 au soir à
Schulzendorf ; ne peut-on admettre qu'il y ait eu une conférence entre
les trois généraux en chef à Nunsdorf et que, n'ayant pas avec lui
son chef d'état-major, Bertrand a expédié directement ses instructions? Ainsi s'expliquerait le manque d'ordre écrit, tout aurait été
réglé verbalement. En outre, à 8 heures, Delort confirme, de Werben, l'ordre de Bertrand ; une heure trente minutes s'écoule entre
l'expédition des deux lettres : temps nécessaire à Bertrand pour
retourner à Werben.

En tous cas, il est hors de doute que le mouvement de Reynier
devait être lié à celui de Bertrand. Un officier saxon le constate
dans son journal : « Le général Reynier s'informait soigneusement
si l'on n'entendait pas de coups de canon. Le rapport que l'on en
entendait à droite et en avant dans la direction de Mittenwalde parut
le décider. A 2 heures de l'après-midi, on commençait la marche
contre Gross-Beeren le long de la route de Berlin ».

Dans son rapport à l'Empereur, Reynier justifiera également
son offensive par le désir de ne pas laisser écraser le IV⁰ corps,

« On entendit une attaque vive sur l'avant-garde du IVᵉ corps vers
Jühnsdorf ou Blankenfelde. Il était à craindre que les troupes du
IVᵉ corps qui avaient passé la digue à Jühnsdorf ne fussent cul-
butées. Le VIIᵉ corps se mit en marche à midi... » (1).

Le combat du IVᵉ corps ayant été, d'après ces témoignages, cause
de l'offensive du VIIᵉ corps. nous allons résumer brièvement ce
que les auteurs allemands rapportent de l'engagement de Blankenfelde (2).

Combat de Blankenfelde. — Le 23 au matin, toute la division Dobschütz était réunie à Blankenfelde avec le Iᵉʳ/2ᵉ Kurm.
landw., (division Borstel) et deux escadrons de dragons de Brandebourg; une batterie envoyée par Bülow la rejoignait dans la
matinée.

La route de Jühnsdorf à Blankenfelde traverse des bois jusqu'à
la lisière sud de ce dernier village ; une plaine d'environ un
kilomètre de large sur 1.500 mètres de profondeur s'étend sur
les deux côtés de ce dernier village ; elle est limitée à l'est par le
Blankenfelder sec et l'inondation.

Le général de Tauentzien, décidé à livrer un combat défensif,
ne voulut pas engager ses landwehriens encore peu exercés dans
un combat de bois ni de village ; il confiait au major Creilsheim
le soin de former l'avant-garde avec trois bataillons du 3ᵉ de
réserve, deux escadrons et deux pièces ; il la plaçait à la sortie sud
de Blankenfelde avec mission de le renseigner de l'approche des
Français.

Jusqu'à 6 heures tout restait tranquille ; puis après quelques
tiraillerics, Bertrand portait en avant des forces assez importantes (3).

Tauentzien faisait alors prendre position à sa division ; dix
bataillons avec douze pièces s'établissaient à l'ouest du village ;
quatre bataillons et six pièces à l'est ; les troupes étaient formées
sur deux lignes, le reste de l'artillerie et de la cavalerie était en
réserve ; le village même restait inoccupé, fait sur lequel les auteurs
allemands insistent comme preuve du peu de capacité manœuvrière
des landwehriens.

Cette position offrait de grands avantages pour la défense, puisque l'artillerie prussienne tenait sous son feu la lisière nord de la

---

(1) On discute sur cette heure : le journal de X. dit 2 heures. Reynier midi.
Cerrini, qui s'appuie sur le journal B, à 10 heures. — Sussmilch, p 140.
(2) Nous n'avons aucun renseignement français sur cette affaire.
(3) Rapport de Tauentzien, Wiehr, p. 164-165.

forêt et que le Blankenfelder see couvrait sa gauche contre tout mouvement tournant dirigé par l'est.

Vers dix heures. Bertrand engageait les troupes appartenant aux deux brigades Santa-Andrea et Moroni ; le major Creilsheim leur opposait dans la forêt tous les tirailleurs des trois bataillons du 3e de réserve auxquels le IIIe bataillon servait de réserve.

Le combat de tirailleurs durait plusieurs heures ; les Italiens, cinq fois repoussés, revinrent cinq fois à la charge et réussirent pourtant à s'installer dans le saillant de la forêt qui se dirige vers l'est de Blankenfelde. Une batterie prenait position dans l'angle rentrant que forme le bois en cet endroit, et appuyait une attaque tentée par trois colonnes qui se dirigeaient contre la droite prussienne. Tauentzien portait sa seconde ligne à la hauteur de la première pour éviter d'être débordé, mais l'infanterie italienne ne réussissait pas à déboucher sous les obus de la batterie prussienne. Au bout de peu de temps, la batterie italienne se repliait ainsi que les colonnes.

Un peu plus tard, quelques centaines de tirailleurs s'élançaient en dehors du bois ; comme ils n'étaient pas soutenus par de l'artillerie, une batterie prussienne s'avançait à leur rencontre jusqu'à 400 pas et les écrasait sous la mitraille. Une patrouille de 22 chevaux (7e kurm. landw.) suivait les Italiens le long du lac et rapportait l'avis qu'une nouvelle attaque se préparait. Le bataillon d'extrême gauche (Ie/1er Kurm. landw) envoyait ses tirailleurs dans le bois pour s'en assurer, ils étaient rejetés par une troisième offensive italienne. Le major Dullack les soutenait avec trois compagnies de son bataillon, rejetait les Italiens dans le bois où ses tirailleurs, appuyés par la 3e compagnie, se maintenaient. Le combat s'éteignait à 2 heures.

Le général Tauentzien avait engagé trois bataillons et 6 pièces ; ses pertes s'élevaient à 200 hommes. Or le corps de Bertrand comptait plus de 15.000 hommes Ces chiffres ont leur éloquence, il est inutile de les commenter. S'il faut ajouter foi au récit allemand, il n'aurait même pas engagé toute la division Fontanelli, ce que semblent confirmer les pertes en officiers, puisque seuls les 6e et 4e en ont éprouvées (1).

En résumé, Bertrand a espéré que les forces ennemies qui lui étaient opposées se retireraient à la suite d'un succès remporté par Reynier ; il a cru obtenir la victoire sans pertes. Illusion éternelle de ceux qui hésitent à la forcer par un acte de vigueur.

(1) Martinien, p. 114 et 116.

S'il faut ajouter foi à une lettre de son secrétaire, sa responsabilité serait encore bien plus grande.

« Vers 3 heures après-midi, nous nous attendions à une affaire .. Un silence solennel semblait répandu sur la nature, lorsque vers 4 heures la canonnade s'engagea fortement du VIIe corps avec l'ennemi. Le canon faisait trembler la terre, les coups se succédaient avec rapidité et semblaient vouloir répondre à ceux du tonnerre dans le ciel. Nous avions le sentiment d'être tout près du combat. Les nuages prirent une teinte tout à fait noire, puis rougeâtre ; le bruit s'éloigna, se rapprocha, puis cessa vers 6 heures 3o pour faire place aux incendies, plusieurs villages brûlaient... Quelle émotion, quel sentiment indéfinissable n'éprouvâmes-nous pas tous à la pensée, à la certitude des malheurs sans nombre qu'allait entraîner cette défaite » (1).

Si l'on avait le sentiment d'être tout près du combat, comment le IVe corps n'a-t-il pas attaqué à fond tout ce qu'il avait devant lui et secouru le VIIe corps ?

Bataille de Gross-Beeren, VIIe corps. — Le VIIe corps s'avançait dans l'ordre suivant : 25e division, division Durutte, 24e division ; quelques bagages accompagnaient le corps d'armée, le reste demeurait parqué en arrière de Wittstock sous une garde de 25 hommes par division mais dut rejoindre à la suite d'un ordre postérieur.

A gauche, le maréchal Oudinot maintenait à Trebbin la brigade Haberman avec une brigade de cavalerie et chargait le général Raglowich d'occuper Beuthen avec sa seconde brigade ; elle détachait deux compagnies au pont.

De son côté, le général Bertrand appelait à lui la division Franquemont par Speerenberg, Saalow, Schünow. Au cas où les bagages seraient engagés sur celle de Gadsdorf, on les laisserait continuer leur route sous l'escorte d'une brigade et de cinquante chevaux.

Mouvements de l'armée alliée. Division Borstel. — L'ordre de Bülow (2) parvenait à 5 heures 1/2 du matin à Borstel ; craignant qu'une colonne française ne vînt lui couper la route de Mittenwalde à Berlin en poussant sur Gross-Goris, il préférait donner à ses bataillons le village de Brusendorf comme point de rendez-vous et il prescrivait à la garnison de Wustershausen de se retirer

---

(1) Massé, *Correspondant*, 10 février 1910, p. 555.
(2) Voir page 103.

sur Berlin. Un escadron de hussards, le régiment de cosaques Ilowaiski et un escadron de hussards placé à Neubruck eurent ordre
de former l'arrière-garde et de chercher à atteindre Berlin ; s'ils n'y
réussissaient pas, de se porter par Storkow sur Fürstenwalde ;
le major Arnim, stationné dans les cercles de Beeskow et de
Storkow, de se jeter en Saxe avec deux escadrons de hussards
poméraniens pour inquiéter la ligne de communication française
entre Mittenwalde et Baruth (1).

Le général Borstel se dirigeait de Brusendorf par Selchow,
Wassmannsdorf, Klein-Ziethen sur Gross-Ziethen. Il avait l'inten-
tion de joindre le général Tauentzien qu'il croyait à Heinersdorf ;
à cet effet, il envoyait le major de Rüchel en rendre compte à
Bülow. Cet officier rencontrait en chemin le général de Bülow à
Lichtenrade qui lui ordonnait de se porter entre cette localité et
Klein-Teinitz.

La 6e division venait de s'y installer lorsqu'un nouvel ordre lui
prescrivait de se placer entre Heinersdorf et Lichtenrade.

**Mouvements du IIIe corps prussien dans la matinée
Ordres de Bernadotte.** — A 5 heures du matin, Bülow établissait son corps entre Heinersdorf et le Ruhlsdorfer-Windmühlen-
berg ; vers 9 heures, le bruit du canon, qui se faisait entendre du
côté de Blankenfelde, lui inspirait de l'inquiétude pour la division
Borstel, il se portait sur Lichtenrade, soit de sa propre initiative,
soit qu'il y ait été autorisé. Les deux opinions peuvent se défendre
par des arguments sérieux.

A en croire Boyen, le général de Bülow était mécontent de la
position qui lui avait été affectée ; il considérait le camp de Ruhlsdorf comme une position défensive dont on ne pouvait sortir
qu'avec peine. L'aile droite à Gütergotz avait la forêt de Sputendorf devant le front ; le centre pouvait déboucher difficilement de
Ruhlsdorf et l'aile gauche, où devait agir le IIIe corps, était limitée
par des terrains inondés. On avait en outre derrière soi le défilé de
Teltow ; or la disposition indiquait non seulement la retraite sur
Steglitz, mais encore s'informait de la nature du chemin et du
pont de Charlottenbourg. Il est difficile de voir dans ces indications
autre chose que de simples mesures de prudence, Bülow les considérait comme un indice que l'on voulait battre en retraite.

A tous ces motifs se joignait le désir d'être indépendant.

En conséquence, il envoyait Boyen auprès de Bernadotte pour lui

(1) Borstel à Bulow, Quistrop, p. 271.

demander de lui affecter une position en dehors du camp ; le mouvement du IVe corps français sur Blankenfelde lui offrait un motif de justifier cette demande.

Le colonel de Boyen trouvait Bernadotte à Ruhlsdorf ; il lui exposait la nécessité de détacher le IIIe corps pour soutenir Tauentzien et observer le terrain. Bernadotte consentait, après beaucoup d'hésitation, à l'autoriser à reprendre la position occupée pendant la nuit précédente (1). Bülow dirigeait alors le IIIe corps sur Lichtenrade.

Contrairement au témoignage de Boyen, plusieurs historiens allemands admettent que le bruit du canon de Blankenfelde déterminait le général Bülow à marcher sur Lichtenrade.

Le prétexte de soutenir le général Tauentzien, mis en avant pour justifier ce mouvement, semble peu vraisemblable, car, comme l'observe Wiehr, Blankenfelde est au sud-est de Heinersdorf et Lichtenrade à l'est. Le général de Bülow se contentait d'envoyer pour tout renfort à Tauentzien huit pièces (5e demi-batterie de 12, 11e demi-batterie à cheval) sous l'escorte d'un escadron (2e Pom. Landw. Cav.).

Les avant-postes de Gross-Beeren conservaient leur position.

Un bataillon (Fus./4e Pr. Or.) et quatre escadrons (1er Pom. landw.) s'avançaient à Klein-Beeren pour couvrir le flanc droit pendant cette marche de flanc.

A en croire certaines sources, Bernadotte maintenait directement à Heinersdorf la division de Hesse-Hombourg, ce qui mécontentait fortement le général de Bülow. Si le fait est exact, il est très compréhensible ; tout le monde trouvera naturel que Bernadotte ait laissé une division pour garder la grande route de Berlin. Il n'est pas nécessaire d'expliquer cette mesure si judicieuse par le désir de ne pas engager les Suédois.

Le IIIe corps avait occupé sa nouvelle position depuis une couple d'heures, lorsqu'il recevait l'ordre suivant :

Bernadotte à Bülow,   Ruhlsdorf, 10 heures 1/2 (2).

« Le prince désire avoir des nouvelles du général de Borstel. L'avis vient d'arriver à l'instant que l'ennemi a évacué Klein-Beeren. Ce mouvement doit déterminer le général de Bülow à ne pas s'éloigner d'Heinersdorf. »

Cet ordre a été cité pour prouver que le général de Bülow avait

(1) *Mémoires de Boyen*. Néanmoins Quistrop avance, sans discuter le témoignage de Boyen, que Bernadotte a refusé son autorisation, p. 272.
(1) Wiehr, p. 473.

agi de sa propre initiative; il semble au contraire qu'on doit le considérer comme un contre-ordre à une autorisation accordée précédemment. Quoi qu'il en soit, Bülow ramenait de suite son corps sur Heinersdorf, il y était en place à 1 heure. La division Borstel le rejoignait à 2 heures.

Entre temps, un troisième ordre lui était parvenu.

Bernadotte à Bülow,   Moulin de Ruhlsdorf (1).

« Le général de Bülow se concentrera à Heinersdorf et Gross-Beeren. Le général Borstel marchera de suite sur ces mêmes villages, de manière à ce qu'il puisse se joindre avec les troupes du général de Bülow et à pouvoir soutenir le général Tauentzien en cas de besoin ».

L'ensemble des dispositions de Bernadotte était complété dans l'après-midi par une instruction adressée à Hirschfeld. Ce général s'était avancé en avant de Philippstal et avait fait reconnaître jusqu'au delà de Spütendorf sans obtenir aucun renseignement. En réponse au rapport où il en avertissait, il recevait l'ordre suivant : « Le général de Wintzingerode a rendu compte au prince royal que vous êtes sorti de Saarmund avec l'intention d'attaquer le flanc gauche de l'ennemi s'il avait commencé son attaque. Le prince voit avec plaisir que vous avez exécuté ses ordres et il vous prie de vous tenir prêt à faire cette attaque si vous en avez le temps. Vous fixerez surtout votre attention sur les villages de Philippstal et de Schenkendorf. Vous ferez allumer de grands feux devant Saarmund et bivouaquer deux bataillons. »

Ces instructions étaient très nettes, chaque général était suffisamment fixé sur la conduite à tenir. A tort ou à raison le prince royal avait même pris le soin d'indiquer la manière dont les troupes devaient être disposées lors de l'action.

Ordre du jour   Ruhlsdorf, 23 août.

Les seconde et troisième lignes des corps d'armée seront en masse ; la première ligne en bataille. Néanmoins, chaque brigade de la première ligne aura le bataillon de droite, celui de gauche et celui du centre, en colonne serrée.

Le VIIe corps enlève Gross-Beeren. — Le général Reynier mettait le VIIe corps en mouvement vers midi ; son avant garde (infanterie légère saxonne) rencontrait des tirailleurs prussiens à

(1) Wiehr, p. 473.

une demi-lieue en avant de Gross-Beeren ; ils se repliaient à son approche.

Au débouché du bois, commence une large plaine qui monte en pente très douce jusqu'à Gross-Beeren ; au sud-ouest de ce village, le terrain y constitue une croupe qui s'étend parallèlement à la lisière des bois et permet d'en battre les débouchés à 1.500 mètres. L'avant-garde apercevait sur cette colline des colonnes de cavalerie et peu après elle était canonnée par une batterie.

Le major de Cardel avait confié la défense de la lisière du village à un bataillon (1er/9e Res. Reg.) qui était réparti : 1re et 2e compagnies à la sortie est vers Genshagen, la 3e à l'est vers Klein-Beeren, la 4e dans le bois vers la sortie nord. les tirailleurs (Schützen) aux lisières sud et ouest (1), un deuxième bataillon (Fus./Colb.) se tenait à l'intérieur, le troisième (Ier/1er Landw. Neum.) se plaçait à l'extérieur comme soutien ; quatre pièces avaient pris position sur la colline couvertes par le 1er leib hussards.

Le général Reynier décidait aussitôt d'attaquer, l'artillerie à cheval saxonne renforcée par une batterie à pied réduisait au silence l'artillerie prussienne.

La division Sahr poussait en avant une ligne de tirailleurs et se formait : la première brigade à droite de la route, la seconde à gauche ; elles étaient sur quatre lignes en colonne de bataillon. Reynier ordonnait d'enlever Gross-Beeren, point d'appui qui couvrait le débouché de la forêt.

Le bataillon Sperl appuyait à droite jusqu'au chemin de terre qui, partant de la pointe nord du bois, vient aboutir à la partie sud du village, il avait en arrière de lui comme soutien le bataillon Kœnig à cheval sur la route ; la batterie de la division en position sur la hauteur soutenait l'attaque et mettait le feu au village. La pluie empêchait les armes de faire feu, le bataillon Sperl se jetait sur le village et l'enlevait, une demi-compagnie s'y installait, le reste s'étendait dans le bois entre Gross et Klein-Beeren.

L'infanterie du détachement prussien se reformait au nord de Heinersdorf, le leib Hussard rentrait à sa brigade. Son chef, le major Sandrart, estimait la force des Français à au moins 8.000 hommes et vingt pièces.

La retraite des Prussiens était si rapide, qu'à en croire un officier saxon, il lui semblait, ainsi qu'à plusieurs de ses camarades, y avoir là quelque chose de peu naturel et qu'il l'exprima à plusieurs

____

(1) Schreiber, p. 19.

reprises. On n'apercevait plus dans la plaine que quelques tirailleurs ennemis ; le général Reynier crut la journée finie ; avec une insouciance qui ne lui était pas habituelle il ne faisait même pas suivre l'ennemi par sa cavalerie légère ; il indiquait au VIIe corps les emplacements où il devait bivouaquer : la 25e division sur le Windmühlenberg, la droite à Gross-Beeren, la gauche au moulin à vent ; la division Durutte à sa gauche et en arrière ; la 24e devait terminer la ligne, ces deux divisions formaient un angle obtus par rapport à la 25e ; puis il ordonnait d'installer le quartier général dans le bien seigneurial où ses gens déchargeaient ses bagages. La division Defrance ne l'avait pas rejoint pour des motifs que l'on ignore ; son absence se faisait cruellement sentir. Reynier a peut-être craint de risquer la faible brigade saxonne contre la cavalerie ennemie qu'il savait très supérieure et ainsi s'expliquerait son maintien en arrière.

Le IIIe corps prussien marche contre Beeren. Qui a décidé cette attaque ? — Brusquement une violente canonnade se faisait entendre sur tout le front ; c'était le IIIe corps prussien qui se portait à l'attaque. Tous les récits relatifs à cette bataille varient tellement qu'il est impossible de les mettre d'accord.

A en croire Boyen, dès les premiers coups de canon il montait à cheval et rencontrait les bataillons de Gross-Beeren qui battaient en retraite. Il n'avait aucun doute sur ce qu'il convenait de faire. « La position de Borstel donnait occasion à une attaque combinée, avantageuse sur Beeren et l'aile droite ennemie, tandis que l'aile gauche se trouvait en l'air sur un terrain propre à notre cavalerie ». Il se rendait auprès de Bülow et lui faisait part de ses intentions ; après que ce dernier les eut approuvées, il les transmettait verbalement aux commandants de brigade. Elles portaient « que la réserve d'artillerie mettrait en batterie devant notre aile droite, ouvrirait le combat et que la canonnade, tant que cela serait convenable, continuerait avec une marche en avant par échelons. L'infanterie attaquerait en échelons, l'aile gauche en avant. La division Krafft, comme premier échelon, se porterait droit sur Gross-Beeren le long du marais marécageux, tandis que le général de Borstel la soutiendrait également par Klein Beeren en faisant une attaque de flanc. La division Hesse-Hombourg suivrait comme deuxième échelon, Thümen et Oppen avec la réserve de cavalerie comme réserve. Ce dernier reçut encore pour mission, aussitôt que l'attaque sur Gross-Beeren aurait réussi, d'attaquer l'aile gauche de l'ennemi. »

Le général Reiche au contraire se vante d'avoir provoqué un

revirement dans les dispositions de Bülow. D'après ses mémoires, les généraux étaient rassemblés pour recevoir les instructions relatives à une retraite sur Tempelhof, lorsqu'il se précipitait dans la chambre où ils étaient rassemblés. « Il pressait Bülow de ne pas se retirer, mais d'attaquer sans délai l'ennemi qui se trouvait devant lui à Gross-Beeren. Le général de Bülow m'écoutait, et lorsque je lui eus exposé en peu de mots les motifs de ma proposition, et la certitude certaine du succès, il dit : Reiche peut avoir raison, nous attaquerons... : il me donnait ordre de me rendre auprès du prince de Suède à Ruhlsdorf, de lui rendre compte de la résolution prise et de le déterminer à opérer de son côté une diversion sur le flanc gauche de l'ennemi ».

Le prince royal approuvait l'attaque par ces paroles : « chacun défend son front » et refusait son concours en disant : « j'ai l'ennemi devant moi ».

Dans une note, Reiche augmente encore l'importance de son rôle , il prétend que Borstel aurait dit à son entourage : « Si Berlin est sauvé aujourd'hui, c'est au major de Reiche que nous le devons » (1).

Le major Reiche a affirmé à plusieurs reprises à Boyen que, dans son entretien avec Bernadotte, celui-ci n'avait même pas mentionné avec une syllabe l'ordre donné à Bülow d'enlever Gross-Beeren. Boyen de son côté déclare qu'il n'en a pas eu connaissance ; il n'a vu deux officiers suédois auprès de son chef que lorsque le mouvement en avant était déjà commencé (2).

Il résulterait donc de ces deux témoignages que l'initiative de la décision de marcher sur Gross-Beeren appartiendrait à des officiers prussiens. Mais le général de Bülow a écrit tout le contraire, et cela dans trois documents différents :

I. Dans son rapport au prince royal : « Après que j'eus reçu l'ordre de Votre Altesse Royale, je fis mettre en mouvement la division du prince de Hesse-Hombourg et du colonel de Krafft en première ligne... » (3).

II. Dans son rapport au roi : « Le 23 de ce mois, le VIIe corps français, sous les ordres de Reynier, attaqua nos avant-postes à Gross-Beeren et les délogea.

Je me décidai de suite à attaquer l'ennemi et j'en fus chargé particulièrement par un ordre postérieur du prince royal » (4).

(1) Reiche, *Mémoires*, pp. 290-291.
(2) Boyen, *Mémoires*, t. III, p. 121.
(3) Schwederus, t. II. p. 60.
(4) Bülow au roi, Wiehr, p. 479.

III. Par une lettre du 27 août à sa femme : « Il n'est pas vrai que le prince royal m'ait ordonné d'attaquer complètement l'ennemi ; son idée était que je devais seulement reprendre les avant-postes à Gross-Beeren » (1).

D'après ces trois textes, il est impossible de douter que le général de Bülow n'ait reçu l'ordre soit d'attaquer à fond, soit de reprendre seulement Gross-Beeren. Comme Reynier était décidé à s'y maintenir, une bataille devait nécessairement s'engager.

Remarquons-le en outre, dans sa relation de la bataille, l'*Histoire de l'Armée du Nord* parle de l'étonnement et du mécontentement manifestés par le prince royal en recevant le rapport de Reiche (3). Or Friedrich nous apprend que dans le mémoire déposé par Reiche en 1848 aux archives prussiennes de la guerre, il n'y a pas la moindre mention d'étonnement ou de mécontentement.

Enfin dans le récit du général von Quistrop, certainement très mal disposé pour Bernadotte, apparaît un nouveau détail inconnu des autres écrivains. Lorsque le corps était déjà en marche, le général de Lowenjielm le rejoignait ; il était porteur d'un ordre où le prince royal « pour sauvegarder sa position de chef suprême » prescrivait à Bülow de reprendre Gross-Beeren, et comme ce dernier lui demandait si en cas de malheur il pouvait compter sur son appui, le général lui répondait : le prince n'en a pas parlé (4).

Formation du IIIᵉ corps prussien. — Le IIIᵉ corps s'avançait sur deux lignes : la première formée par les divisions Hesse-Hombourg et Krafft ; la seconde par la division Thümen qui constituait la réserve.

Les troupes qui avaient déjà combattu à Gross-Beeren, trois bataillons d'infanterie (Fus. Colb ; 1ᵉʳ/9ᵉ Res. Reg. ; Iᵉʳ/1ᵉʳ Landw. Neum.), moitié de la 19ᵉ batterie de 6, le détachement d'Helwig, deux compagnies de chasseurs de la Prusse orientale et la moitié de la 5ᵉ batterie de 12 demeuraient en réserve à Heinersdorf.

Les troupes de la première ligne étaient formées en ligne à intervalles de déploiement, les secondes en colonnes sur le centre (5) ; chaque division était également disposée sur deux lignes.

(1) Warnhagen von Ense, p. 195.
(2) *Armée du Nord*, t. Iᵉʳ, p. 317.
(3) Friedrich, t. Iᵉʳ, p. 404.
(4) Quistrop, t. Iᵉʳ, p. 282.
(5) Friederich, p. 406. Néanmoins, Boyen écrit (page 123) que l'infanterie s'avançait en bataillons en masse, et que lorsqu'on voulut former la ligne habituelle pour la protéger contre les pertes, cet essai n'ayant pas eu de succès, on dut revenir à la masse. Il semble intéressant de citer la conclusion qu'il

L'ordre de bataille était le suivant de la droite à la gauche :

Division Hesse-Hombourg : première ligne : 2e grenadiers Prus. Orient.; Ier, IIe/3e Pr. Orient.; Ier, IIe, Fus./4e Res. Reg.

Deuxième ligne: Fus./3e Pr. Orient.; Ier, IIe, IIIe, IVe/3e Landw. Prus. Orient., 5e batt. de 6 devant l'aile droite.

Division Krafft: première ligne: IIe/1er Landw. Neum.; Ier, IIe/Colberg.

Deuxième ligne : IVe/1er Landw. Neum.; IIe, Fus./9e Res. Reg., 16e batt. de 6 devant l'aile gauche.

Division Thümen : Première ligne : Ier, IIe/4e Pr. Orient. ; IIe/5e Res. Rég.

Deuxième ligne : IIe/Elbe ; IIe, IVe/5e Res. Reg.

Troisième ligne : IIIe/5e Res. Rég.

Moitié de la 6e batt. de 6 en arrière de la gauche.

Réserve d'artillerie : à droite de Thümen : 21e batt russe de 12, moitié de la 19e de 6 ; la 7e batt. russe de 12 en avant de la gauche de Hesse-Hombourg ; la 4e de 12 prussienne en avant de la droite de Krafft.

Division Borstel (1) : première ligne : grenadiers Pom.; Ier, IIe Fus./2e Res. Reg.; IIe/2e Landw. Kurm.

Deuxième ligne : Ier, IIe, Gren./1er Pom.; IVe/2e Landw. Kurm.

En arrière, 10e batt. de 6 ; 11e demi-batterie à cheval, Hulans/Pr. Occ., 2 escadrons Huss. Pom.

Réserve de cavalerie : brigade Treskow : en arrière de l'aile droite, Drag. Kœnigin. Dragons 2e Pr. Occ.

Deuxième ligne : deux escadrons dragons Brandebourg.

5e batt. à cheval.

A l'aile gauche. Première ligne : 2e Landw. Kurm.; 4e Landw. Kurm.

Deuxième ligne : Pom. Nat. Rég.

6e batt. à cheval derrière la droite.

Combat d'artillerie. — Au moment où le corps allait se porter en avant, le colonel Holtzendorf observait au général de Bülow que le terrain était très uni et que les Français avaient déjà sur le

tire. « J'en conclus qu'avec l'emploi actuel de l'artillerie et avec l'utilisation du terrain, il est impossible de s'avancer avec de longues et minces lignes ; par suite, cette prescription doit être rayée du règlement ».

(1) D'après Quistrop, p. 283. — L'officier d'état-major détaché à la division donne une autre répartition. Première ligne : Ier, IIe/1er Pom., Ier, IIe/2e Res. Reg.; deuxième ligne : Gren./Pom.; Fus./2e Res. Rég. ; IIe, IVe/Landw. Kurm., 10e batt. de 6 à droite devant le front couverte par Fus./1er Pom. — Boyen, *Mémoires*, p. 565.

Windmühlenberg une forte artillerie; il lui proposait de pousser
en avant la plus grande partie des batteries ; Bülow y consentait.
En conséquence, il formait une longue ligne d'artillerie constituée
de la droite à la gauche par la 5e de 6, la 7e russe de 12, la 4o de 12,
la 16e de 6 (1); la moitié de la 19e batterie, la 21e batterie russe
de 12 et les 5e et 6e demeuraient en réserve derrière l'infanterie (1).

Les batteries de 12 commencèrent leur tir à une distance de 1,800
pas de la ligne saxonne ; après que leur feu eût duré une demi-
heure, celles de 6 s'avançaient jusqu'à 1.300 sur un second emplacement où les rejoignaient les batteries de 12. Afin d'obtenir la
supériorité du feu sur l'artillerie saxonne, Holtzendorf portait en
avant l'autre moitié de la 19e batterie de 6 et la 21e batterie russe
de 12; elles s'intercalaient entre les deux batteries de 12 déjà en
position ; la 5e batterie à cheval, escortée par les dragons de la
reine, se rendait à droite où elle prenait à revers l'artillerie
saxonne; la 6e agissait de même sur la gauche.

« Les circonstances atmosphériques étaient très désavantageuses
pour l'emploi de l'artillerie. La pluie, qui tombait à torrent, étei-
gnit les mèches et on dut employer les lances à feu : l'air était trou-
ble· et rendait plus difficile la visée; des nuages de fumée produits par la poudre demeuraient devant les pièces par suite du
manque absolu de vent et enlevaient par instant toute vue; il en résultait de longues pauses de feu. Enfin le sol détrempé diminuait l'effet du feu à ricochet dont les batteries firent usage jusqu'à la dernière position ; il occasionna le manque d'éclatement de beaucoup
d'obus » (2).

Les batteries du VIIe corps au nombre de six répondaient à l'artillerie prussienne avec beaucoup de succès; autant qu'on peut en
juger, elles étaient disposées de la droite à la gauche : les deux
batteries de la 25e division au Nord du petit bois au Nord-Ouest
de Gross-Beeren, une batterie à cheval, les deux batteries de la
division Durutte, une batterie à cheval. L'infanterie saxonne la
soutenait en arrière : elle s'était installée ; le bataillon Sperl, trop
faible pour occuper toute la lisière du village de Gros-Beeren, dans

(1) Strotha, p. 320. Boyen expose les faits différemment ; au moment où
la canonnade s'engageait, le colonel Holtzendorf s'approchait du colonel
russe Dietrich et l'invitait à le suivre ; celui-ci ayant paru hésiter, le colonel
prussien, sans perdre son temps, se portait en avant avec les batteries prussiennes et commençait le combat. Le colonel s'intercalait alors avec deux
batteries dans la ligne. P. 122. Ce récit doit être inexact. Voir rapport Holtzendorf, 304.

(2) Strotha, p. 321.

le cimetière ; le 2e régiment d'infanterie légère dans le petit bois à l'Ouest, ayant à sa gauche les bataillons Anton et Kœnig et tout le reste de la division Sahr.

Durant cette lutte d'artillerie, l'artillerie du VIIe corps démontait cinq pièces à la 5e batterie à cheval, quatre à la 5e batterie de 6 (1) ; cependant une batterie suédoise (Cardel) venait prolonger sur la droite la ligne d'artillerie prussienne et rétablissait le combat ; au bout d'une demi-heure, la 6e demi-batterie et la 19e s'avançaient à la bricole jusqu'à 900 pas du village ; cet exemple entraînait toute la ligne ; la 4e batterie de 12 et la 16e de 6 protégées par Gros-Beeren avaient eu très peu à souffrir ; elles tiraient sur le village et y mettaient le feu (2).

L'infanterie prussienne avait marché à 300 pas de distance en arrière de son artillerie, lorsque le feu des batteries du VIIe corps commença à se faire sentir, les bataillons de la première ligne se déployèrent en ligne (3).

Le général Borstel avait reçu comme instruction générale de suivre la division Thümen, d'agir d'après les circonstances et particulièrement d'avoir soin de couvrir la gauche du corps d'armée. A en croire Borstel, le mouvement du IIIe corps vers la droite menaçait fortement d'interrompre la communication avec le général Tauentzien ; il se décidait alors à faire front à Klein-Beeren par une conversion à droite et à occuper ce village (4).

Suivant certains auteurs, Borstel aurait agi de sa propre initiative ; au contraire, l'officier d'état-major détaché à sa brigade affirme que Borstel, ayant éprouvé des craintes pour la protection de la route de Berlin, l'envoya les exprimer au général de Bülow ; il en reçut pour réponse qu'il avait ordonné à son chef d'occuper Klein-Beeren (5).

Reynier ne prend aucune disposition pour sa droite. — Reynier n'avait pas voulu ajouter foi aux nombreux avis qui lui parvenaient de l'approche de l'ennemi sur sa droite ; même lors-

---

(1) Elle tirait 210 boulets et 48 obus.

(2) Le rapport d'Holtzendorf est formel ; il porte que la moitié de la 6e batterie faisait partie de la première ligne : au contraire Quistrop (p. 285) avance qu'elle était alors en réserve.

Pour cette lutte d'artillerie, voir en outre Strotha et Malinowski, qui ne concordent pas.

(3) Quistrop, p. 288. On a vu néanmoins ce qu'écrit Boyen à ce sujet.

(4) Rapport de Borstel cité par Wiehr, p. 191.

(5) Rapport de l'officier détaché à la division de Borstel. Boyen, *Mémoires*, p. 565-566.

que les colonnes prussiennes commencèrent à apparaître, il répondait à ses officiers qui attiraient son attention sur leur approche : Ah ! ce n'est rien, ils ne viendront pas. Il redoutait au contraire un mouvement tournant sur sa gauche qui le séparerait du XII⁰ corps dont il attendait le débouché ; il portait toute son attention de ce côté et s'y tenait de sa personne.

Attaque du général de Borstel contre Klein-Beeren. — Le général de Borstel, ignorant que Klein-Beeren était déjà tenu par les Prussiens, ordonnait aux 1er et 2e bataillons du 2e de réserve et à 4 pièces à cheval (11e batt.) d'enlever ce village. Les deux bataillons s'avançaient en colonne ayant en avant de leur front les tirailleurs du 1er ; leur chef, le colonel Knobloch, plaçait l'artillerie au centre et invitait le capitaine Wius qui avait fait précédemment une reconnaissance sur Klein-Beeren, à couvrir sa gauche avec deux escadrons de hussards de Poméranie. Il trouvait le bois au nord du village inoccupé et au delà le 4e bataillon du régiment d'infanterie de la Prusse Orientale ; ce dernier traversait le village, le 2e de réserve se plaçait à sa gauche.

On entendait vers Gross-Beeren une forte canonnade. Le major Knobloch décidait d'attaquer pour faciliter la marche de la brigade Krafft : il en rendait compte à Borstel. L'artillerie et la cavalerie, devançant l'infanterie, allaient prendre position sur la hauteur à l'est de Gross-Beeren.

L'artillerie canonnait le village jusqu'au moment où l'infanterie la rejoignait ; les tirailleurs du 2e bataillon se portaient en avant, ceux du 1er bataillon s'avançaient jusqu'à la route qui conduit de Klein à Gross-Beeren.

Le major Knobloch ayant remarqué de la cavalerie saxonne qui soutenait vers l'est la ligne d'artillerie du VII⁰ corps, portait son artillerie à la droite de la route Klein-Beeren-Gross-Beeren d'où, elle la canonnait avec succès. Cette cavalerie, pour se mettre à l'abri du feu, rentrait dans Gross-Beeren. Peu après la 10e batterie de 6 venait relever la 11e à cheval, cette dernière allait alors prendre position sur une hauteur à l'est du village ; de cet emplacement, elle était à même de canonner toute troupe qui en sortirait.

Par ordre du major Knobloch, les tirailleurs des deux bataillons se lançaient à l'attaque du village soutenu par le 1er bataillon ; le 2e s'avançait à la gauche en colonne pour couvrir l'artillerie.

Dispositions du général Reynier lorsqu'il reconnaît le danger qui menace sa droite.— La division Lecoq était encore dans les bois lorsque la canonnade s'était engagée ; dès qu'elle apparaissait, Reynier lui confiait la mission de couvrir la gauche ; elle se déployait de suite en colonne, puis formait un grand carré ouvert en arrière avec le bataillon de garde, de grenadiers Spiegel, les régiments prince Frederich et Steindel. La 1re brigade laissait une chaîne de tirailleurs pour occuper la lisière Nord du Gen-shagener-Heide ; le reste se portait sur Neu-Beeren, traversait le village et se dirigeait vers le bois au Nord-Ouest pour en observer la sortie. Leur feu prenait de flanc la batterie Cardel et l'obligeait à se replier dans un petit bois qu'occupaient cinq bataillons suédois. Une batterie s'installait devant le carré, l'autre restait en réserve en avant des tirailleurs de la brigade Brause, ou d'après Cerrini, moitié en réserve, moitié à la gauche.

Le général Reynier, inquiet des avis répétés qui lui parvenaient de sa droite, y envoyait le colonel Charlet qui les lui confirmait. Toute la division Sahr était engagée, il ne lui restait aucune réserve disponible. Reynier ordonnait au général Sahr « de disposer ses bataillons de manière à charger à la baïonnette les premières troupes qui s'avançaient ».

Celui-ci retirait de la ligne les bataillons Anton et Kœnig, ainsi qu'une demi-batterie (Zandt). Reynier prétend qu'on prit par erreur une des batteries établies sur la gauche de Gross-Beeren qui répondait aux grandes batteries ennemies. Mais, à ce qu'il semble, cette mesure était inévitable, puisqu'il ne restait plus qu'une seule batterie non engagée à la division Lecoq.

Quoi qu'il en soit, cette retraite dégarnissait la ligne ; les Prussiens s'en apercevaient et le général de Bülow donnait l'ordre d'attaquer Gros-Beeren.

Attaque de Gross-Beeren par le IIIe corps prussien. — L'infanterie prussienne avait éprouvé quelques pertes pendant la canonnade. Le général de Bülow prescrivait, pour les diminuer, de la former en ligne, mais il en résultait du désordre et il en revenait à la formation de masses (1). La pluie tombait à verse, et les vêtements, en s'évaporant, répandaient une telle buée que les colonnes étaient semblables à de grands nuages de vapeur (2).

Le IIIe corps s'avançait en ordre oblique, la gauche en avant ; la

<hr>

(1) Boyen, *Mémoires*, p. 122.
(2) Bagenski, p. 114.

brigade Krafft était obligée, à proximité de Gross-Beeren, de faire
passer en réserve plusieurs des bataillons de la première ligne, parce
que le ruisseau qui coule parallèlement à la route Heinersdorf-Gross-
Beeren limitait de plus en plus le terrain ; ces bataillons constituaient ainsi un troisième échelon. La brigade Thümen détachait
deux bataillons (5e Res. Reg.) dans le bois qui s'étend au nord du
village, à l'est et parallèlement à la route de Heinersdorf ; ils avaient
pour mission d'en chasser l'infanterie saxonne qui aurait pu s'y
glisser et dont le feu aurait inquiété la batterie de Borstel placée à
l'est du ruisseau ; ils le trouvaient inoccupé et allaient devancer
la brigade Krafft lorsque son chef les arrêtait et leur ordonnait
de suivre en réserve (1).

Le 1er bataillon de Colberg, précédé des tirailleurs des deux
bataillons du régiment et ayant en soutien deux autres bataillons
(IIe/Colb. et IIe/5e régiment) en colonne sur le centre, se jetaient sur
le village au moment où le 1er bataillon du 2e Res. Reg. l'abor-
dait par l'est, tous trois l'enlevaient au bataillon de grenadiers
Sperl. Ce dernier était vivement canonné à la sortie du village
par les quatre pièces de la 1re batterie à cheval prussienne.

La deuxième ligne prussienne était alors constituée par le
IVe/1er Landw. Neum., le IIIe/5e Res. Reg., le IIe/1er Landw. Neum.
Le IIe/4e Res. Reg., tiré de la division Thümen, formait une réserve,
le général de Bulow ayant jugé nécessaire de soutenir les bataillons
de landwehr par une troupe de ligne.

Le colonel Krafft estimait que l'appui des deux bataillons du 5e
ne lui était plus nécessaire après la prise de Gross-Beeren ; il donnait toute liberté à leur chef, le major Gagern, « de les diriger sur
la batterie placée à droite du village ». Ils se jetaient sur le bois à
l'ouest de Gross Beeren tandis que le colonel Krafft portait en
avant son deuxième échelon pour boucher l'intervalle qui s'était
produit entre lui et la division de Hesse-Hombourg.

Le bataillon de Fusiliers/Colberg et le Ier du 2e de réserve, en
débouchant de Gross-Beeren, apercevaient les deux bataillons saxons
König et Anton en colonne. Le général Sahr les avait établis ; le
bataillon Anton l'aile droite au ravin, le bataillon König la gauche
à la route qui traverse le village ; la batterie Zandt lorsqu'elle voulait mettre en batterie était tombée sous le feu de la batterie à cheval n° 11 et avait été réduite au silence. Le bataillon Anton recueillait le bataillon de grenadiers Sperl.

Lorsque le général Krafft vit son flanc droit assuré par l'arrivée

(1) Pohlmann, p. 20.

de la division Hesse-Hombourg, il ordonnait de continuer le mouvement en avant. Les deux bataillons saxons essayèrent une salve, cinq ou six coups partirent à peine ; on en vint à un combat à la baïonnette où les Prussiens supérieurs en nombre obligèrent les Saxons à battre en retraite vers la forêt. Malheureusement la route franchit sur un pont de bois un fossé de débarras qui se jette dans le Lilo-Graben ; beaucoup de soldats y périrent ou furent faits prisonniers.

La résistance de ces bataillons avait certainement arrêté l'élan de la division Krafft et permis à l'artillerie saxonne, qui avait épuisé ses munitions, de se retirer couverte par le 2ᵉ d'infanterie légère ; ce régiment se plaçait à cheval sur la route de Berlin.

Contre-attaque du général Reynier ; elle échoue, Bülow interdit de poursuivre. — Pour dégager sa droite, Reynier ordonnait à la division Lecoq de se porter sur le Windmühlenberg, d'y arrêter la division de Hesse-Hombourg, puis de couvrir la retraite sur la route de Wittstock, et à la division Durutte de soutenir Sahr vers Gross-Beeren. Toutes les sources allemandes avancent que la 32ᵉ division se débandait d'une manière honteuse. Reynier, cet homme si modéré, écrit au contraire « la division Durutte reçut l'ordre de se porter à la lisière du bois pour en garder le débouché. La brigade du général Devaux qui marcha la première prit par erreur la croisée pour faire ce mouvement, ce qui y causa du désordre, mais la brigade du général Jarry marcha en bon ordre au milieu des bataillons et escadrons ennemis, vint occuper ce point où des détachements ennemis étaient déjà arrivés ».

Quoi qu'il en soit, le général Reynier pour procurer un peu d'air à l'artillerie, donnait ordre au général Sahr de tenter une contre-attaque ; celui-ci l'exécutait avec la plus grande énergie ; il portait en avant le régiment de Löw formé en deux colonnes de bataillon : celle de droite rejetait le IIᵉ/1ᵉʳ Landw. Neum. ; mais bientôt elle était attaquée de front par le IIᵉ/5ᵉ Res. Reg., tandis que le IIIᵉ/5ᵉ Res. Reg. se jetait sur son flanc droit ; cette attaque combinée de trois bataillons anéantissait presque le 1ᵉʳ bataillon saxon de Löw ; le 2ᵉ était attaqué par le IIIᵉ/4ᵉ de réserve que conduisait en personne le prince de Hesse-Hombourg ; les Iᵉʳ et IIᵉ s'étaient arrêtés.

L'historique s'exprime en ces termes sur le rôle du 3ᵉ bataillon. « Aussitôt que notre colonne fut arrivée à 70 pas de distance, le bataillon saxon fit demi-tour et chercha à se retirer par un petit bois. Le 3ᵉ bataillon, ayant ses tirailleurs en ligne déployée en avant, suivit cette masse qui fuyait ; il l'attaqua avec ses baïonnettes et à coup de crosse et la chassa devant lui à travers ce bois un espace de 5oo pas...

Lorsqu'on eut atteint la lisière du bois, le prince remarquait environ trois escadrons de hulans et une demi-batterie dont l'intervention dans le combat aurait pu lui donner une suite fâcheuse » (1); il ramenait le bataillon en arrière à hauteur du reste de la brigade. Pendant l'action, le prince avait presque enlevé le drapeau du bataillon saxon et le premier peloton de tirailleurs s'était rendu maître d'un obusier. Néanmoins le 2ᵉ bataillon de Löw attaqué de front éprouvait relativement peu de pertes.

Les deux bataillons du 5ᵉ de réserve s'étaient conduits brillamment et avaient puissamment contribué à la victoire ; quelques jours plus tard Bülow leur accordera l'honneur d'avoir décidé le gain de la bataille.

Toutefois cette action vigoureuse avait eu pour résultat de fatiguer les deux bataillons du 5ᵉ de réserve qui y avaient pris part ; le major Gagern les ramenait près du village de Gross-Beeren où était demeuré le 1ᵉʳ de Colberg (2).

Durant cette phase de la lutte, le général de Borstel avait fait franchir à sa cavalerie le ruisseau de Gross-Beeren ; il lui ordonnait de charger sur les débris français et saxons qui erraient dans la plaine. Il est hors de doute qu'elle était rejetée par une attaque très vigoureuse des hulans saxons. Le régiment de landwehr de Poméranie ne se ralliait que devant le village ; un bataillon l'occupait, les quatre autres formaient le carré. De son côté, la cavalerie saxonne qui n'était pas soutenue, ne parvenait pas jusqu'à l'infanterie, elle se repliait.

A la fin de l'action, la division Krafft était placée : la gauche à 200 pas en avant de Gross-Beeren, le bataillon d'extrême-droite sur le Windmühlenberg. Le général de Bülow interdisait tout mouvement en avant (3).

Retraite du VIIᵉ corps. — A la gauche, la division Lecoq n'avait pu exécuter l'ordre qu'elle avait reçu.

La brigade Melletin se heurtait bientôt dans son mouvement en avant à la division de Hesse-Hombourg. Autant que l'on en peut juger, le bataillon de Linde 1ᵉʳ/3ᵉ Pr. Or. faisait face à Neu-Beeren ayant à sa droite le 2ᵉ bataillon de grenadiers. L'attaque fut certai-

(1) *Historique du 16ᵉ*, p. 51.
(2) Pohlmann, p. 22.
(3) Il est impossible d'après le rapport de l'officier d'état-major d'admettre que la brigade Krafft ait poursuivi.

nement sérieuse. Une partie des troupes saxonnes dut se diriger vers le petit bois à l'ouest de Neu-Beeren pour déborder la droite prussienne avec de l'artillerie ; le major Siöholm s'en apercevait, il tirait le bataillon de Fus./3e Pr. Or. de la seconde ligne et le portait à la droite des grenadiers que prolongeaient vers l'ouest deux batail-lons de chasseurs suédois venus de la forêt de Ruhlsdorf.

Un bataillon de landwehr était rejeté ; il était recueilli par le bataillon Linde qui repoussait les assaillants.

Après l'échec de la 32e division, Reynier ne jugeait pas à propos d'engager la brigade Brause, sa dernière réserve ; il ordonnait à Lecoq de se replier et de couvrir avec elle la retraite par la route de Neu Beeren (1) en prenant position à l'entrée des bois, tandis que la brigade Jarry et le 2e régiment d'infanterie légère saxonne défen-draient la lisière sur la route Gross-Beeren-Wittstock. Pendant l'ac-tion. le régiment de hussards avait été envoyé sur Wittstock pour dégager les ponts. Les progrès des Prussiens n'étaient plus arrêtés sur cette partie du champ de bataille que par la 2e batterie de 6 saxonne et la 1re batterie de 12 Rouvray.

Le bataillon de grenadiers et les Fus./3e Pr. Or. poursuivaient la 24e division, ayant leur droite couverte par le leib hussard qui avait lancé ses chasseurs volontaires vers l'ouest. Les tirail-leurs d'infanterie s'apprêtaient à gagner d'un dernier élan le petit bois au sud de Neu-Beeren ; ils avaient déjà presque enlevé la batterie de 12, lorsque les chasseurs du leib hussards signalaient l'apparition d'une forte masse de cavalerie française ; les compagnies désunies par leur longue marche à travers bois et dont l'attention était attirée sur ce nouveau danger ne soutenaient pas à temps leurs tirailleurs (2) ; quelques renforts survenus aux Saxons reprenaient cette batterie.

Attaque de la division Fournier. — Guilleminot, en enten-dant le bruit du canon, avait marché de lui-même sur Spütendorf. La division Fournier ayant la brigade Ameil en tête, débouchait sur le champ de bataille à l'ouest de Neu-Beeren après 8 heures du soir. Lorsque le leib hussard les découvrait. elle était déjà sur les derrières des bataillons Gleissenberg et Beckendorf ; ceux-ci se repliaient en carré sur le Windmühlenberg en laissant leurs tirail-leurs dans le bois. Le colonel Sandrart « reconnut de suite la situa-tion dangereuse où ces deux bataillons pouvaient se trouver par suite

(1) Il est impossible d'admettre que cette brigade ait couvert la retraite de tout le VIIe corps.
(2) Kopka von Lossow, p. 427.

de la proximité de la cavalerie française» ; il formait le leib hussard sur une ligne et le lançait sur le flanc droit de la brigade Ameil ; trois escadrons rencontraient la première ligne, deux la seconde. Il rejetait la brigade Ameil, mais était à son tour refoulé vers l'est par la brigade Mouriez ; cette charge était certainement menée très vigoureusement dans la direction de Heinersdorf.

Les troupes prussiennes, après une nuit passée au bivouac sans sommeil, sur de la terre humide et sans paille, avaient marché une partie de la matinée ; elles s'étaient battues pendant l'après-midi à jeun et sous une pluie battante ; l'effort produit était donc considérable. Leur état de fatigue était un motif très puissant pour ne pas s'engager dans une poursuite de nuit. Aussi Bülow avait-il ordonné de faire bivouaquer les troupes, bien qu'il crût, à la suite de l'interrogatoire d'un officier d'état-major de Reynier fait prison_nier (1), avoir affaire aux seules divisions Durutte et Sahr.

La division Borstel s'installait : un bataillon à Gross-Beeren, deux au défilé, trois et l'artillerie à Klein-Beeren, trois à la lisière du bois au nord de ce dernier village.

Les trois autres brigades bivouaquaient sur le champ de bataille.

Brusquement un grand tumulte se faisait entendre, c'était la cavalerie française qui arrivait par petits paquets à l'aventure poussant vers Heinersdorf. Les bataillons de droite de la division Thümen formaient le carré ; le général Thümen jetait le 2e de l'Elbe dans Gross-Beeren ; deux autres bataillons et un de land-wehr dans le taillis le long de la route d'Heinersdorf. Le général de Borstel portait deux bataillons en avant de Gross-Beeren.

A son retour, la division Fournier éprouvait une perte de 400 hommes et n'était pas détruite comme l'avance le major San-drart (2).

Certes la perte était grande, mais elle avait obtenu un résultat sérieux. Le général de Bülow, ignorant si cette charge de cavalerie n'était pas le prélude d'une attaque de nuit, ramenait sur Heiners-dorf les brigades Krafft, Hesse-Hombourg et la moitié de la brigade Thümen, le reste, quatre bataillons, se maintenait sur le Wind-mühlenberg.

Le hardi chef du leib hussard a porté sur cette charge de la cavalerie française un jugement qui étonne venant de lui. « Ce combat, écrit-il, confirme l'expérience déjà faite combien il est tou-jours risqué d'engager des combats de nuit avec de grandes masses

(1) 16e rég., p. 49.
(2) Mémoires de Wedel.

de cavalerie, même avec des soutiens judicieusement placés » (1).

Le résultat du combat de nuit de Laon prouve le contraire.

A mon avis, la conduite du général Fournier mérite d'être louangée sans restriction. Il connaissait certainement la défaite de Reynier et il a lancé sa division pour dégager ses camarades. *Il aurait pu comme bien d'autres chefs dans cette malheureuse campagne, soi-disant épargner ses hommes, prétexte commode pour excuser l'indécision ou la nonchalance, il a préféré une offensive hardie. Heureuses sont les troupes qui auront le bonheur d'être commandées par des chefs qui, lors de l'attaque, les engageront à fond. Qu'importe les pertes ? Les générations des hommes sont comme les feuilles, elles tombent et sont remplacées par d'autres, mais le souvenir des braves demeure dans les rangs de l'armée, la gloire qu'ils s'acquièrent enrichit notre patrimoine militaire sur lequel repose uniquement, quoi qu'on en dise, l'avenir de notre race.*

Réunion du VIIe corps à Lœvenbruch. — Peu après l'échec du régiment de Lœw, le chef de la 1re brigade, colonel de Bose, croyait entendre sur sa droite et en arrière les cors des tirailleurs prussiens ; pas un des fusils mouillés par la pluie ne partait ; en restant en position, il courait sans utilité le danger d'être coupé ; il se décidait à se retirer sur Lœwenbruch. En route, il recueillait les bataillons de grenadiers et Kœnig et atteignait le bivouac de la nuit précédente en assez bon ordre, trois porte-aigle s'étaient réfugiés dans ses rangs ; le restant de la 25e division et la 32e s'y rendaient également ; la 24e division, après avoir couvert la retraite, se dirigeait sur le même point dans le plus grand ordre par la route de Neu-Beeren ; elle rejoignait à 10 heures du soir.

Conduite du maréchal Oudinot pendant la journée du 23. — La retraite de la cavalerie ennemie vers l'ouest avait rendu le maréchal Oudinot inquiet pour sa gauche. Il dirigeait la division Guilleminot sur Ahrensdorf par Siethen et avec le restant du XIIe corps il se portait de Nunsdorf sur Christinendorf, Trebbin, Gross-Beuthen, sur Siethen où bivouaquait la division Pacthod. Le maréchal avait devancé son corps ; en arrivant à Siethen il manifestait l'intention d'envoyer à Guilleminot les deux divisions du 3e corps, mais ayant aperçu un gros corps de cavalerie ennemi vers Klein-Beuthen il gardait avec lui la division Lorge ; celle de

_____

(1) Mackensen, p. 413.

Fournier rejoignait Guilleminot. La cavalerie ennemie se repliait sur Saarmund. La direction de cette retraite attirait encore davantage l'attention d'Oudinot sur ce qui pourrait déboucher contre sa gauche. Il maintenait à Trebbin la 1re brigade bavaroise avec une batterie et arrêtait la 2e à Gross-Beuthen. Une dépêche, qu'il adressait de Siethen à Guilleminot porte trace de ses préoccupations. « Prenez force renseignements lui disait-il sur ce qui se passe et communiquez-les-moi, surtout sur ce qui se passe à Potsdam, Beelitz et Saarmund ». Néanmoins il songeait à opérer sa réunion avec le VIIe corps, car il ajoutait : « Vous reconnaîtrez Sputendorf, et vous me direz si nous pouvons demain marcher sur ce village et Ruhlsdorf pour opérer ma réunion avec le IVe et le VIIe corps ».

Dans la soirée, Oudinot était informé que la division Guilleminot s'était installé à Abrensdorf ; ses partis avaient poussé jusqu'à Sputendorf et n'avaient rencontré que de la cavalerie ennemie ; il était sans nouvelle de sa droite, mais avait entendu une forte canonnade qui s'éloignait et il en avait conclu que le VIIe corps avait enlevé Gross-Beeren. Il n'avait encore pris aucune décision pour le lendemain ; il projetait de concentrer le XIIe corps à Sputendorf et d'avoir une entrevue avec les commandants de corps avant d'adopter aucun parti. Quant à lui, une lettre adressée à Reynier dans la soirée, nous le montre toujours inquiet pour sa gauche. « Je serai sans doute contraint de refuser ma gauche et peut-être à ne prendre part qu'à ce qu'on me décochera de Beelitz et de Potsdam ».

Brusquement la canonnade reprenait sur la droite vers 6 heures ; elle augmentait en peu d'instant et donnait de grandes inquiétudes à Oudinot ; il envoyait plusieurs de ses officiers pour avoir des nouvelles et, à l'en croire, il se préparait à marcher à son secours avec tout le XIIe corps, ceci est certainement inexact comme on le verra plus loin. Vers 8 heures ces officiers revenaient ; ils s'étaient trouvés entraînés dans un grand désordre et, par leurs récits exagérés, ils achevaient de faire perdre contenance au maréchal. En résumé un des corps avait été battu, mais les deux autres étaient intacts. Néanmoins le maréchal « se déterminait à faire sur-le-champ son mouvement de retraite sur Trebbin ». Son chef d'état-major allait en porter l'ordre aux généraux Reynier et Bertrand ; il avait beaucoup de peine à trouver ce dernier. Ce témoignage formel du colonel Blein prouve que le maréchal a pris de lui-même son parti, et non, comme il l'a avancé, « sur l'assurance que lui donna le général Reynier qu'il serait le lendemain hors d'état de reprendre l'offensive et qu'ainsi il fallait se retirer ».

D'ailleurs dans le rapport de Reynier sur la bataille transmis par le maréchal, on lit « il reçut à 1 heure du matin l'ordre de se retirer sur Gottow s'il n'était pas en état d'agir de nouveau ».

En outre, il semble indiscutable qu'il n'a pas donné ordre à Guilleminot et à Fournier de marcher au canon, car, lorsqu'il envoya des officiers à Ahrensdorf on n'y trouvait plus ces deux divisions. Leurs généraux ont marché d'eux-mêmes sur Sputendorf et leur succès relatif est resté ignoré du maréchal et du commandant du VII° corps.

Pertes. — Les pertes du III° corps prussien s'élevaient à environ 1.000 hommes et 200 chevaux.

Les Saxons avaient 83 tués ; 13 officiers et 247 hommes blessés ; 15 officiers et 1.755 prisonniers, soit 28 officiers et 2.085 hommes.

La division Durutte, non compris le 133° et le régiment de Wurzbourg, perdaient, le 22 et le 23, 16 officiers et 1.122 hommes (1).

La division Fournier 400 hommes.

Le total montait à environ 3.500 hommes. On avait en outre laissé 13 pièces de canon entre les mains des alliés.

Division Hirschfeld. — A l'extrême droite de l'armée, le mouvement de Guilleminot avait échappé, comme on s'en souvient, à la nombreuse cavalerie russe ainsi qu'à la division Hirschfeld, bien que cette dernière prétendit avoir poussé des reconnaissances au delà de Sputendorf. Vers minuit 1/2, des partis ennemis vinrent reconnaître les avant-postes bavarois de Beuthen et de Trebbin.

Division Wobeser. — A l'extrême gauche, la division Wobeser entrait à Lieberose ; le colonel Jeannerets à Lübben ; il lançait de cette ville une reconnaissance de vingt chevaux sur Baruth.

---

(1) Quistrop, t. III, p. 186, évalue la perte totale de cette division pour le 23 à 974 hommes dont 600 prisonniers.

CHAPITRE VI

**Poursuite de l'armée ennemie dans la journée du 24.
Ordres de Bernadotte.** — A en croire les rapports prussiens, la
nuit seule aurait sauvé le VII⁰ corps (1). On devait donc supposer
que, le 25, dès la pointe du jour, Bülow entamerait de sa propre
initiative une poursuite vigoureuse contre le VII⁰ corps, d'autant
plus qu'il recevait dans la matinée l'ordre positif de marcher sur
Trebbin. Un peu plus tard, lorsque Bernadotte était informé de
l'occupation de cette ville par les Russes, il prescrivait à Bülow
d'attaquer de front tout ce qu'il rencontrerait en face de lui, tandis que vers l'est le général de Tauentzien se réunirait à Wobeser ;
ce dernier aurait sa gauche à Zossen, sa droite à Mittenwalde et
chercherait à tourner le flanc droit de l'armée française ; l'avant-
garde du IV⁰ corps prussien prendrait position entre Wittstock et le
Weinberg ; le gros resterait à Günsdorf. Très vraisemblablement
le corps de Wintzingerode devait déborder la gauche française.

On a vivement reproché autrefois à Bernadotte de n'avoir pas
poursuivi avec toutes ses forces l'armée d'Oudinot. Le dernier écri-
vain allemand de cette campagne a fait ressortir au contraire avec
beaucoup de force les motifs qui l'en avaient empêché (2).

Le 20, une dépêche expédiée par Wallmoden, le 19, à 8 heures,
reconnaissait l'impossibilité de le prévenir à temps d'une offensive
tentée par Davout. « Si l'ennemi veut franchir l'Elbe, lui mandait-il,
il peut venir presque aussi rapidement devant Magdebourg que je
puis en rendre compte à Votre Altesse » (3).

Il avait été informé dans la soirée du 23 que Davout abandonnait la rive droite de l'Elbe et qu'il avait porté des troupes sur Magdebourg. Le général Puttlitz n'avait averti de son échec que le 22
en arrivant à Genthin ; son rapport parvenait seulement le 24 ; il

(1) Rapports de Bulow, Hesse Hombourg, Krafft. — Wiehr, p. 207-208.
(2) Friederich, p. 417.
(3) Wallmoden à Bulow, 19 août. — Quistrop, p. 226.

est très malheureux qu'on ne l'ait pas publié, car Bernadotte
en concluait que le corps qui avait débouché de Magdebourg,
appartenait aux troupes de Davout. Toutefois, les renseignements
reçus devaient être peu précis, puisqu'il ignorait si les colonnes
françaises arrivaient par Lehnin ou par Genthin. Il ordonnait à la
brigade russe, mise le 23 à la disposition de l'armée suédoise, de
relever à Saarmund, poste qui devait être défendu à outrance, la
division Hirschfeld. Cette dernière se dirigerait aussitôt après sur
Potsdam et lancerait quatre escadrons sur Lehnin, afin de se lier
avec les troupes de Tschernitchef placées à Brück, Beelitz et Belzig.
De son côté, le général Puttlitz remonterait vers Lehnin et s'assurerait si l'ennemi voulait se porter de Magdebourg sur Ziesar. En
attendant que la situation fût éclaircie, Hirschfeld se tiendrait prêt
à marcher soit sur Lehnin, soit sur Brandebourg.

D'autres renseignements signalèrent dans la journée la marche de Girard sur Ziesar, car à 3 heures 1/2 un second ordre dirigeait Hirschfeld avec tout son corps sur Brandebourg; il lui prescrivait d'y reprendre le commandement des troupes de Puttlitz et de
« faire toutes les dispositions propres à faire échouer les projets de
l'ennemi et à le repousser au delà de l'Elbe ». Wintzingerode lui
enverrait un régiment de cosaques et détacherait à Potsdam une
brigade avec 12 pièces pour lui servir de soutien.

Le colonel Friederich apprécie ces différentes mesures en ces termes : « Une vive préoccupation pour le flanc droit s'exprime dans
tous ces ordres et, par suite de ce souci, il est compréhensible qu'il
ne soit pas question d'une poursuite d'Oudinot par toute l'armée.
Cette préoccupation était-elle justifiée? Au point de vue du prince
royal, cette question doit être répondue par un oui » (1). Tel est
également mon avis, mais cette opinion, venant d'un officier prussien, lorsqu'il s'agit d'une disposition prise par Bernadotte, a certainement plus de poids.

Exécution par Bülow et Tauentzien. — Contrairement aux
ordres de Bernadotte, Bülow se contentait de lancer deux détachements vers le sud; l'un commandé par le major de Thümen
(4ᵉ hussards poméraniens et Fus./1ᵉʳ Pom.) suivait la route de
Wittstock ; l'autre, sous les ordres de Hellwig (cav. Hellwig,
Fus./4ᵉ Pr. Or.), s'avançait dans la forêt de Genshagen; ils ramas-
saient de nombreux prisonniers; Thümen s'arrêtait devant la digue

(1) Friederich, p. 417.

de Wittstock que gardait un bataillon saxon ; à son départ, la cavalerie de Hellwig gagnait Nunsdorf.

Le général de Bülow n'obéissait pas au premier ordre de Bernadotte, il répondait à Adlercreutz :

« — Son Altesse royale ordonne à Votre Excellence de pousser vers Trebbin —. Je crois répondre à cette mission en lançant des partis, je l'ai fait, car le major Hellwig a déjà atteint Wittstock, point le plus important pour ma position ; il s'est également avancé sur la route de Trebbin ; il a reçu deux bataillons de soutien. D'après son premier rapport, que je viens de recevoir, les piquets ennemis sont au moulin de Schulzendorf ; l'ennemi a occupé les hauteurs qui s'y trouvent.

Si Votre Altesse désire une opération plus étendue, j'attends des ordres plus précis » (1).

Bülow ne montrait pas plus d'activité à poursuivre vigoureusement même après avoir appris que le reste de l'armée du Nord se portait en avant, et que les Russes étaient maîtres de Trebbin. L'évacuation de cette ville sans combat témoignait avec évidence qu'Oudinot ne songeait pas à livrer un nouvel engagement. Bülow écrivait cependant : « Je sens complètement la nécessité de ne pas perdre de vue l'ennemi dans les circonstances actuelles. En attendant des ordres ultérieurs du prince royal, je ferai avancer le général de Borstel jusqu'à Genshagen avec ordre d'envoyer quelques postes jusqu'à la ligne d'inondation et, si possible, vers Trebbin. Le général de Thümen demeurera à Gross-Beeren et je me tiendrai prêt à suivre avec le reste en cas de besoin.

P.-S. — Je reçois à l'instant l'avis que Trebbin est déjà occupé par les Prussiens (Russes). Je détacherai le général de Borstel jusqu'à Wittstock et Thyrow » (2).

Ses lieutenants eux-mêmes le pressaient d'agir. Le 4 septembre, de Borstel se plaindra à sa femme de l'inaction où il a été maintenu. « Le corps de Reynier était complètement battu par nous et mis dans le plus grand désordre, je désirai l'utiliser et demandai au général de Bülow l'autorisation de pouvoir suivre le 24. On ne me l'accorda pas, et je pus seulement poursuivre le 25 au matin » (3).

Involontairement, une réflexion s'impose à l'esprit ; comment certains historiens allemands qui ont rejeté toute la faiblesse de la

(1) Schwederus, p. 88.
(2) Schwederus, p. 122.
(3) Wiehr, p. 211. Archives de la guerre prussiennes.

poursuite sur Bernadotte, n'ont-ils pas discuté ces textes? Il est impossible d'admettre qu'ils les aient ignorés.

De son côté, Bülow ne cessera, les jours suivants, de reprocher à Bernadotte son peu de vigueur. Il écrira le 27 à sa femme : « Nous continuons notre marche de limaces, construisons à l'ennemi des ponts d'or, le laissons échapper et s'approcher de l'Elbe en toute tranquillité, alors que nous aurions pu le détruire. Je n'ai pas encore vécu quelque chose de plus triste ».

Le 28 : « Je mets des poucettes au prince royal pour le pousser en avant, mais c'est difficile. Aujourd'hui, encore un jour perdu ».

Chacun décidera, d'après l'étude des faits, s'il était possible de rejoindre l'armée française le 25 après la journée perdue le 24. Cette inactivité de Bülow paraîtra d'autant plus étrange que, d'après ses propres paroles, « la retraite de l'armée française était semblable à celle d'Auerstædt » (1).

De son côté, Tauentzien avait poussé, à 7 heures 1/2 du matin, une reconnaissance commandée par le major Rottenburg sur Jühnsdorf où les avant-postes laissés devant le village par la division italienne se rendirent sans coup férir ; de là, elle continuait sur la route de Saalow ; la cavalerie atteignait ce village ; le gros s'arrêtait à Næchts-Neuendorf.

Tauentzien transmettait au prince royal, à 10 heures et à 1 heure, les résultats de ces reconnaissances. Il se mettait en marche à 2 heures avec son avant-garde (2 bat., 4 esc. et 6 pièces) par Jühnsdorf et Glienick ; une colonne de flanc (2 bat., 1 esc. et 2 pièces) s'avançait par Dahlwitz et Machnow jusqu'à Dabendorf ; le gros s'arrêtait à Schulzendorf.

En réalité, le général Tauentzien n'avait pas la volonté de s'engager ; il écrivait le 25 à 4 heures 1/2 du matin : « L'ennemi se retire, il exécute une marche concentrique ; je l'ai rejoint hier soir, mais avec des troupes fatiguées ; je n'ai pu l'inquiéter davantage que de l'obliger, par l'approche de mes troupes, à hâter encore plus sa retraite, puisqu'il ne voulait accepter aucun combat.

Le IVe corps se tint toute la journée à Saalow. Si Son Altesse royale voulait agir, la chose irait bien, mais si nous conservons un rôle passif et si nous comptons seulement sur la bravoure de nos troupes, nous ne ferons aucun progrès... Je ne m'engagerai inutilement dans aucun combat » (2).

(1) Lettres de Bülow à sa femme des 21, 28, 25, Warnhagen, p. 195.
(2) Cité par Wichr, p. 239.

On n'a aucun renseignement sur les mouvements du corps russe. Son avant-garde, général Orurk et cosaques d'Ilowaiski, avait un faible engagement avec Guilleminot à Trebbin où le gros s'arrêtait ; les cosaques continuaient sur Gadsdorf accompagnés par un aide de camp de Wintzingerode. Cet officier rendait compte que le IVe corps avait pris position entre Gadsdorf et Saalow et le VIIe vers Gottow. Les Russes, forts de 2.000 chevaux, s'étaient arrêtés en face des hauteurs devant Saalow que tenaient les avant-postes du IVe corps. L'aide de camp de Wintzingerode, qui avait reconnu nos positions, était d'avis qu'on pouvait nous causer du dommage.

Ordres de Bernadotte. — A 11 heures 30 du soir, dès la réception de ce rapport, Bernadotte donnait à Bülow toute liberté pour agir, « l'opinion du général Wintzingerode étant qu'on pourrait faire beaucoup de mal au IVe corps, si on l'attaquait dans sa position actuelle, le prince royal m'a chargé d'en informer Votre Excellence pour qu'elle puisse prendre de concert avec le général Tauentzien les mesures qui vous paraîtront les plus efficaces à ce sujet ».

Comme après la Katzbach, l'armée alliée avait perdu un jour, et ce retard avait procuré à l'armée française la liberté de se retirer sans être inquiétée.

Division Wobeser. — Le 24, le général Wobeser se dirigeait sur Lübben : en chemin, il recevait l'ordre suivant donné le 22 par Tauentzien, en exécution de celui de Bernadotte. « Je vous invite à vous lier le plus rapidement possible avec moi. Je m'avance avec mon corps de réserve entre Zossen et Trebbin et désire que vous gagniez Jachzenbrück. Votre Excellence attirera à elle le prince Bagration qui doit être à Crossen et fera battre l'estrade avec une partie de ses troupes vers Baruth, Golssen et Luckau. »

Cette dépêche décidait le général Wobeser à forcer sa marche ; il accordait un repos de 4 heures 1/2 à ses troupes à Lübben et rejoignait dans la nuit du 25, entre minuit et une heure, le colonel Jeanneret à Rietz-Neuendorf ; il avait parcouru 47 kilomètres en vingt-quatre heures.

Le détachement laissé par le général Borstel sous le major Arnim à Mittenwalde se joignait à lui.

Le général Wobeser avait l'intention de chercher à se lier, le 25, en remontant vers le Nord, avec la division de réserve ; mais il recevait dans la soirée le rapport de la patrouille lancée le 23 sur Baruth (1) qui lui apportait la nouvelle de la victoire remportée le

(1) Voir p. 129.

23 à Gross-Beeren. Le colonel Jeanneret aurait été d'avis d'attaquer Baruth par l'ouest et le bas fonds du Hammer ; Wobeser, avec beaucoup de raison, ne voulut pas se heurter avec ses 5.000 landwehriens aux forces considérables qu'il supposait encore dans cette localité.

Division Hirschfeld. — Le général Hirschfeld se mettait en mouvement à 4 heures de l'après-midi, traversait Potsdam et bivouaquait le 25, à 1 heure du matin, entre Baumgartenbrück et Gros-Kreutz, il reprenait la marche au matin et atteignait Brandebourg à midi, après avoir parcouru 54 kilomètres en 20 heures. Le 5ᵉ régiment de cavalerie avait reconnu vers Lehnin.

Retraite de l'armée française. VIIᵉ corps. — Le général Reynier accordait à ses troupes quelques heures de repos à Löwenbruch ; pendant ce temps il s'efforçait personnellement de faire filer l'artillerie et tous les bagages sur Wittstock ; il y réussissait heureusement. Le VIIᵉ corps continuait ensuite sa retraite, brûlait le pont dont un bataillon gardait le débouché sud et attendait le lever du jour sur la colline au nord de Wittstock ; il se remettait en marche à 8 heures, atteignait Nunsdorf à 10 heures ; après s'y être reposé, il reprenait son mouvement ; il bivouaquait le soir, la 24ᵉ division à Schönefeld, la 32ᵉ à Dümde, la 25ᵉ à Linow ; le mouvement du XIIᵉ corps l'avait forcé de prendre cette direction.

XIIᵉ corps. — La division bavaroise ouvrait la marche ; elle escortait le grand parc qui s'ébranlait à 2 heures ; le soir, elle s'arrêtait à Jänickendorf où les cosaques venaient l'inquiéter. Le reste du corps entrait à 10 heures à Trebbin, il y faisait halte. Le maréchal, à ce qu'il paraît, était assez incertain sur la direction à donner à la retraite, certains proposèrent de l'effectuer sur Luckau. Oudinot préférait Jüterbog, point intermédiaire entre cette ville et Wittenberg. En conséquence le XIIᵉ corps continuait de là son mouvement sur Gottow qu'il exécutait dans le plus grand ordre. Le grand parc parquait à Jänickendorf où Raglowich prétend avoir été inquiété par de la cavalerie prussienne, ce qui est certainement inexact.

IVᵉ corps. — Le général Bertrand se retirait sur Speerenberg ; il ordonnait à la division wurtembergeoise de diriger avec beaucoup de célérité une brigade sur Baruth pour reprendre ses anciennes positions, une autre en avant de Glienick et la troisième avec le général Beaumont vers Neuendorf ; leur rôle consistait à observer ce qui viendrait de Zossen et de Mittenwalde ; par suite il n'y avait pas lieu de pousser de l'infanterie jusqu'aux villages mêmes. Tous les bagages suivraient la route Speerenberg, Wander, Mückendorf.

Toutefois, Bertrand modifiait cet ordre un peu plus tard ; il prescrivait de diriger un seul bataillon sur chacune des routes de Mittenwalde et de Neuendorf et aux deux autres brigades de se tenir prêtes à marcher sur Saalow. La division italienne formait l'arrière-garde. Le soir le IVe corps bivouaquait à Speerenberg.

Pour le 25, Bertrand ordonnait à Franquemont de mettre en mouvement sur Dahme deux brigades, à 9 heures 3o, la troisième à 10 heures 3o ; il s'arrêterait à hauteur de Damsdorf pour attendre que la division Morand, venant par Damsdorf, eût atteint ce village. La division wurtembergeoise faisait ainsi office de flanc garde, vers l'est.

Retraite de l'armée française le 25. XIIe corps. — Le maréchal Oudinot ordonnait de continuer la retraite sur Dahme où il envoyait son parc sous l'escorte de la brigade Habermann. Mais dans la journée il avait connaissance d'un mouvement de l'ennemi sur Luckau, ce qui le déterminait à appuyer vers l'ouest sur Jüterbog et à confier au IVe corps le soin de former l'arrière-garde. Le soir, les deux divisions françaises s'établirent à Riesdorf, la 2e brigade de la division bavaroise à Sernow, couverte par la division Fournier à Lichterfelde, les divisions Defrance et Lorge à Hohen-Schlenzer.

IVe corps. — Le 25 au matin, la route de Neuhof à Linow s'étant trouvée impraticable, tout le IVe corps s'engageait sur celle de Baruth ; cet allongement de colonne obligeait Bertrand à retarder la mise en mouvement du général Franquemont chargé de flanquer le IVe corps vers l'est. La division wurtembergeoise s'ébranlait vers 11 heures, dans l'ordre suivant :

Avant-garde : un escadron (Herzog Louis) ; deux compagnies Ier/4e.

Gros : le restant du régiment de cavalerie ; deux compagnies (Ier/4e), un bataillon (IIe/4e) ; 2e batterie d'artillerie, trois bataillons (IIe/6e, IIe/2e, Ier/1), le parc, un bataillon (Ier/1).

Arrière-garde le général de Stockmayer avec sa brigade et la batterie d'artillerie légère (1). Le général Briche devait particulièrement surveiller la gauche, la colonne suivrait la route par Gross-Zioscht, Schenkendorf.

(1) Starkof donne un ordre différent, p. 348.

Il est impossible de préciser la manière dont le IVe corps effectuait sa retraite ; à ce qu'il semble, la division italienne filait sous la protection des deux autres et constituait la tête de la colonne.

Bertrand évitait de suivre directement la route Baruth, Holbeck, Linow, Stulpe, de crainte de rencontrer l'ennemi dans une formation de flanc. Il gagnait Schenkendorf, s'engageait sur la route de Jüterbog et, à mi-chemin, remontait vers le nord.

Combat de Stulpe. — Franquemont avait ordre d'occuper Holbeck ou une position près de ce village ; comme il n'en trouvait pas, il s'arrêtait avec deux brigades à Stulpe de manière à être soutenu en cas de besoin par la division française, un bataillon (1/4) et trois escadrons de chasseurs Louis poussés à Holbeck le couvraient vers l'ouest contre de forts partis ennemis qu'on lui avait signalés dans la direction de Luckenwalde ; l'infanterie occupait le village, les chasseurs se plaçaient entre la forêt et le lac sur un terrain assez libre, ayant en avant d'eux, vers Luckenwalde, une ligne de vedettes.

Une nuée de cosaques venait les assaillir peu après leur installation ; ils se lançaient directement au grand galop sur le défilé ; les trois escadrons postés en arrière leur opposaient une troupe de tirailleurs devant lesquels l'ennemi s'enfuyait pour se reformer à quelque distance. Les cosaques renouvelaient sans succès leur tentative à trois reprises différentes, puis ils se repliaient (1).

Combat de Kemlitz. Division Wobeser. — Le général de Stockmayer avait reçu pour instruction du général Franquemont de prendre une position d'arrière-garde au sud de Baruth, puis de se replier vers 2 heures. Il envoyait le 10e régiment et le 1er bataillon du 7e avec cinq pièces, au sud de la localité et il maintenait le 9e régiment au nord. Comme le terrain était impraticable sur les deux côtés de la route, ce régiment exécutait très facilement sa retraite lorsque l'ordre lui en était donné. Il se plaçait : deux compagnies en arrière d'une digue, le restant avec une pièce dans la ville ; le 2e bataillon du 7e rejoignait le gros de la brigade.

Stockmayer attendait dans cette position l'heure fixée presque sans être inquiété ; il apercevait seulement vers l'est quelques cosaques dans la vallée de Klein-Ziescht.

A 2 heures, il se mettait en marche sur Kemlitz, dans l'ordre suivant : 10e régiment, cinq pièces, 7e régiment, deux compagnies du 9e régiment, une pièce, le restant du 9e régiment.

---

(1) Starkof. p. 349.

Lorsqu'il arrivait devant Kemlitz, trois fortes colonnes de cavalerie débouchaient de la forêt, au nord de cette localité ; Stockmayer faisait canonner la colonne du centre par la pièce de l'arrière-garde et déployait le 9ᵉ régiment. Ses deux autres régiments prenaient position à droite et à gauche de la route, la batterie soutenait par son feu la retraite du 9ᵉ régiment qui se retirait peu à peu.

Les troupes qui apparaissaient appartenaient à la division Wobeser. Le colonel Jeanneret avait lancé 5o chevaux sur Baruth à la pointe du jour ; n'ayant point encore leur rapport à 10 heures il les suivait avec cinquante autres. En arrivant devant la ville, il apercevait un petit camp de baraques couvert par des postes de cavalerie et une batterie ; il rejetait les postes wurtembergeois et peu après 4.000 hommes se montraient sur la hauteur du moulin à vent, puis se repliaient sous la protection d'une arrière-garde dont les tirailleurs forçaient les Prussiens à se retirer jusqu'à Glashutte. Jeanneret demandait des renforts ; aussitôt après les avoir reçus (1ᵉʳ et 3ᵉ/Cav. Pr. Orient. I et IIᵉ/Huss. Pom.), il se lançait à leur poursuite.

Une colonne ennemie ayant voulu se diriger sur la droite, Stockmayer y envoyait le 10ᵉ régiment avec quatre pièces ; les deux autres régiments et deux pièces arrêtaient le colonel Jeanneret de front ; celui-ci, faute d'artillerie, ne pouvant obtenir d'avantages, se repliait au bout d'une heure sur Baruth, où Wobeser entrait à 8 heures du soir avec une partie de sa division.

Stockmayer rejoignait, dans la soirée, Franquemont à Stulpe, sans avoir été suivi.

Le contact était si mal établi entre les différentes fractions de l'armée que l'on ignorait dans la soirée où se trouvait le XIIᵉ corps. Le général de Stockmayer, désireux de savoir si Jüterbog était occupé par nous, lançait sur cette ville une reconnaissance d'un peloton commandé par le second lieutenant Herbort, des chasseurs Louis.

« L'instruction qu'il lui remettait était des plus laconique ; le chemin de Jüterbog traversait en grande partie des forêts, la ville était éloignée de trois lieues à gauche d'Holbeck. La route pour s'y rendre n'était pas plus connue. Du reste, la marche devait être effectuée aussi rapidement que les forces des chevaux le permettraient. »

L'officier rencontrait à une lieue et demie les avant-postes d'Oudinot et arrivait entre 3 ou 4 heures du matin devant Jüterbog. Tout était silencieux, néanmoins il laissait son peloton à l'entrée de la ville et y pénétrait avec trois hommes. Il rencontrait brusquement devant l'Hôtel-de-Ville une vingtaine de cosaques sur lesquels il faisait feu et qui s'enfuyaient. Après avoir appris des habitants qu'environ 400 cosaques campaient en dehors de la ville, il rentrait à Holbeck sans pertes (1). Cette reconnaissance, certainement très dangereuse, méritait d'être signalée.

VII⁰ corps. — Le général Reynier apprenait dans la matinée que les voitures à la suite de la 25⁰ division avaient suivi la route de Linow ; « qu'il y en avait encore d'embourbées et qu'il était impossible d'y passer ». Ce fâcheux contre-temps forçait le VII⁰ corps à suivre la route du XII⁰. La 25⁰ division se mettait en mouvement à 7 heures du matin avec la batterie de 12 ; elle passait par Smielkendorf, Riesdorf et s'arrêtait avec la brigade de cavalerie entre Werbig et Græfendorf. La division française se dirigeait de Dümde sur Werbig ; la 24⁰ division la suivait. Cette dernière envoyait pour protéger cette marche de flanc le 2⁰ bataillon du 2⁰ d'infanterie légère Lecoq à Neuendorf, deux compagnies du 1ᵉʳ bataillon à Gottow et le 2⁰ bataillon du régiment prince Frederich, le long du fossé qui s'étend entre Gottow et Schöneweide.

Le bataillon de grenadiers Spiegel avec un canon fut établi en soutien au point de réunion des routes de Gottow et de Schönefeld. Le 2⁰ bataillon du régiment prince Frederich se heurtait à Gottow à de la cavalerie ennemie qu'il rejetait sur Schöneweide. Ces bataillons formaient l'arrière-garde ; quelques coups de canon suffisaient pour arrêter les partis ennemis lancés à notre poursuite. Le 2⁰ bataillon d'infanterie légère se repliait par Linow.

Le VII⁰ corps s'arrêtait à Werbig ; il bivouaquait : Durutte au nord de Werbig, la 24⁰ division à sa gauche ayant le village au centre, la 25⁰ vers Gräfendorf ; la brigade de cavalerie à sa gauche.

Poursuite de l'armée ennemie dans la journée du 25. Ordres de Bernadotte à Tauentzien. — Le manque d'activité dont Bülow avait fait preuve le 24 avait donné une certaine avance au général Tauentzien ; Bernadotte ralentissait ses progrès à 9 heures 1/2 du matin pour ne pas l'exposer à être attaqué isolément ; peut-être craignait-il également un mouvement de l'Empereur contre l'armée du Nord. Afin de permettre à Bülow de rattraper le temps perdu, il ordonnait au IV⁰ corps de ne pas dépasser Zossen et de se lier avec le III⁰ corps. Quant au général Wobeser, il devait

(1) Starkof, 349-350. Il est étonnant qu'il n'ait pas rencontré de Polonais dans cette localité (voir p. 142) ; ceux-ci, *conformément aux vrais principes de la guerre*, avaient dû, à la tombée de la nuit, bivouaquer en dehors de la ville.

« toujours côtoyer le flanc gauche de l'ennemi.... Le but du général
Wobeser devait être celui de se trouver toujours sur le flanc et les
derrières de l'ennemi, le harceler dans sa marche et lui enlever
beaucoup de prisonniers ».

Le général Tauentzien se rendait à Zossen en exécution de ces
instructions ; ses patrouilles ayant appris des habitants que le corps
de Bertrand se retirait en une colonne par Neuendorf, Wander et
Speerenberg, il dirigeait un détachement (deux bataillons, quatre
escadrons, deux canons et les cosaques) sur Baruth ; il s'arrêtait
à Speerenberg d'où il se liait avec Borstel et, dans la nuit, ses
postes avancés communiquaient avec ceux de Wobeser devant
Baruth. Tauentzien rendait compte à 3 heures de l'après-midi que
la retraite des Français dégénérait en une véritable fuite, la route
était couverte d'armes et de chevaux morts.

Borstel s'installait à 8 heures à Thyrow en exécution des ordres
du 24 ; son avant-garde, deux bataillons, trois escadrons et une
batterie occupaient les villages à la sortie du défilé, les cosaques
patrouillaient vers Luckenwalde, Gottow et Cummersdorf. Vers
11 heures, croyant entendre le canon vers Baruth, il demandait
l'autorisation de pousser sur cette ville ; elle lui était accordée.
A 10 heures du soir il atteignait Cummersdorf. Le major Hellwig
avait rejoint l'arrière-garde du IV⁰ corps français lorsqu'elle quittait Speerenberg.

Le gros du III⁰ corps quittait Heinersdorf à 7 heures et se portait
en deux colonnes sur Wittstock et Löwenbruch ; il bivouaquait à
Kerzendorf. La division de Thümen remplaçait la division Borstel,
à Gross-Beuthen et à Trebbin, sa cavalerie atteignait Schulzendorf
et Lüdersdorf. Bülow rendait compte de Kerzendorf, d'après un
rapport de Tauentzien, que l'armée française se repliait vers
l'Elbe, et il demandait l'autorisation de se diriger le 26 sur Treuenbrietzen (1).

Il est indiscutable qu'il avait reçu le 24 pleine liberté d'agir et
d'attaquer à fond tout ce qu'il trouverait devant lui après s'être
entendu avec Tauentzien. La distance de Heinersdorf à Kerzendorf,
parcourue le 25, s'élève à 14 kilomètres, bien petit effort pour des
troupes victorieuses après un jour de repos. Néanmoins, de Kerzendorf, Bülow écrivait à Bernadotte : « qu'il avait envoyé une division pour soutenir Tauentzien, parce qu'il croyait qu'il aurait une
affaire. Il espérait qu'on l'approuverait, parce qu'il avait l'obligation aussi bien de soutenir les corps isolés que nettoyer d'ennemis,

(1) Schwederus, p. 123.

aussi vite que possible, les états de son souverain, le roi de Prusse, par une offensive vigoureuse » (1). Cette lettre est étonnante, elle nous permet de saisir sur le vif la valeur des reproches adressés par Bülow à son chef. L'envoi de la division Borstel, après l'ordre du 24, était approuvé par avance, et l'offensive vigoureuse dont parle Bülow, alors que son gros a exécuté une faible marche de 14 kilomètres en deux jours, témoigne que chez lui il y a toujours loin des paroles aux actes. Enfin, il est hors de doute que ces deux corps auraient pu être mieux liés et que l'arrêt imposé au IVe corps prussien par Bernadotte était une conséquence forcée du peu d'activité du IIIe.

L'armée russe et les Suédois demeuraient à Gütergotz ; Tchernitchef poussait sur Brück avec cinq régiments de cosaques ; Orurk entrait à Luckenwalde, d'où il lançait deux régiments de cosaques sur Gottow et Schönefeld.

Division Hirschfeld. — Le général Girard avait passé la journée du 24 à Ziesar : le 25, il se rabattait vers l'est afin de se rapprocher de Dombrowski ; il quittait ses cantonnements à 8 heures du matin et entrait à Brück dans la journée. A son grand étonnement, il s'y heurtait aux cosaques de Tchernitchef et, dans la soirée, il apprenait par un grenadier saxon la défaite de Gross-Beeren.

Dès midi, on était informé à Brandebourg du mouvement de Girard sur Bruck. Hirschfeld lançait Puttlitz sur cette direction par le plus court chemin et prescrivait à Marwitz, fort de deux bataillons et trois escadrons, de se diriger à l'ouest de Plaue sur Wollin ; lui-même suivait avec le gros de ses troupes deux heures plus tard.

L'avant-garde de Puttlitz entrait à Golzow, lorsque l'arrière-garde française en était déjà partie ; ses troupes, complètement épuisées, s'arrêtaient après avoir parcouru 65 kilomètres. Les cosaques de Rabrejeff avec deux escadrons de Puttlitz dépassaient cette localité ; ils expédiaient des rapports contradictoires portant les uns que Girard continuait son mouvement, les autres qu'il avait fait demi-tour.

Marwitz, arrêté par le rétablissement du pont de Plaue, atteignait Wollin à une heure avancée de la nuit (2).

Ordres donnés par Bernadotte, le 25 au soir pour le 26. Journée du 26. — A ce qu'il paraît, Bernadotte était informé

(1) Schwederus, p. 124.
(2) Quistrop, p. 398-399.

dans la journée du 25, que les troupes qui avaient débouché de Magdebourg n'appartenaient pas à Davout mais à Girard. Néanmoins ses corps gagnaient peu de terrain.

Il prescrivait :

A Tauentzien, d'occuper Zossen et de pousser une avant-garde à Speerenberg ;

A Bülow, d'avoir une division à Gadsdorf et Saalow et de gagner Trebbin avec le reste de son corps ; l'avant-garde s'avancerait à Gottow et Stulpe ;

A Wintzingerode, de porter son corps à Beelitz et Treuenbrietzen, ses postes éclairant jusqu'aux portes de Wittenberg et battant le terrain vers Dahme, Jüterbog, Zerbst et Ziesar ;

A Hirschfeld, de se diriger sur Ziesar et d'y attaquer l'ennemi ; s'il se retirait sur Brandebourg, de l'y suivre ; le lieutenant-colonel Marwitz marcherait sur Havelberg, afin d'établir la liaison avec Wallmoden ;

A Wobeser, de se lier avec la gauche du général Tauentzien « en s'avançant cependant sur Baruth par les bois »; des partis agiraient sur Golssen et Luckau, point sur lequel Bernadotte appelait également le prince Bagration.

Le soir, le corps de Bülow occupait : Thümen, Gadsdorf et Saalow ; la réserve de cavalerie, Christinendorf; les divisions Hesse-Hombourg et Krafft, Cliestow.

Oudinot laisse reposer l'armée le 26. — Oudinot profitait de cette journée pour rallier ses corps et surtout pour attendre le IVe, car, s'il faut ajouter foi au rapport wurtembergeois, le maréchal avait perdu la liaison avec Bertrand qui ignorait où se trouvait le gros de l'armée. Au bruit de la canonnade des combats d'Holbeck, Oudinot envoyait à la recherche du IVe corps un officier d'état-major qui réussissait à le retrouver.

Le grand parc d'artillerie le rejoignait et allait cantonner à Hohen-Schlenzer.

Les divisions italiennes et wurtembergeoises qui formaient l'arrière-garde de l'armée dans cette journée eurent à soutenir quelques combats d'arrière-garde avec les partis des alliés.

Combat de Holbeck. — Le général de Stockmayer relevait devant Holbeck le 1er bataillon du 4e régiment par le régiment d'infanterie légère n° 9 ; ce dernier avait à sa droite le 1er bataillon du 7e posté le long de la forêt qui s'étend entre ce village et

Stulpe. Le 10ᵉ avait pris position en avant de cette localité vers
Dümde et le 2ᵉ du 7ᵉ vers Linow.

Le 9ᵉ régiment avait déjà aperçu des essaims de cosaques lorsqu'il plaçait ses avant-postes ; vers 8 heures, deux régiments de cosaques et un bataillon de chasseurs russes débouchaient par Jænickendorf et rejetaient sur le village une demi-compagnie établie en
avant-poste ; trois compagnies du bataillon le défendaient énergiquement, la 4ᵉ occupait l'intervalle entre la sortie sud et le lac ; les chasseurs Louis s'établissaient à l'est du lac, le bataillon se repliait
après une vive résistance sur les hauteurs au nord où il était secouru
par le 1ᵉʳ bataillon du 1ᵉʳ régiment et à droite par le 1ᵉʳ bataillon
du 7ᵉ ; le 2ᵉ régiment était en arrière, mais ne prenait aucune part
à l'affaire. A l'arrivée de ces renforts, les Wurtembergeois se portaient en avant ; les trois bataillons appuyés par une demi-batterie
rejetaient les Russes.

Le général Orurk, qui s'était rendu de sa personne sur le terrain,
renonçait à renouveler le combat ; il maintenait en observation un
bataillon, deux escadrons et deux pièces et se dirigeait avec son gros
sur Jüterbog où on lui avait signalé la présence d'un détachement polonais (quatre compagnies de voltigeurs, un escadron) qui
en avait rejeté les cosaques le 25 (1). L'infanterie d'Orurk enlevait
Jüterbog ; quatre escadrons russes, les deux escadrons d'Hellwig
et deux pièces poursuivaient les Polonais et les atteignaient entre
Rohrbeck et Bochow d'où ils les chassaient, après leur avoir soi-
disant causé une perte de 300 hommes (2).

La division d'extrême droite de l'armée française n'avait pas été
inquiétée plus sérieusement. Wobeser concentrait de grand matin
sa division à Baruth qu'occupait un bataillon, le gros bivouaquait
sur la hauteur du moulin à vent ; ayant été informé par le colonel
de cosaques Galathi qu'une colonne de toutes armes se montrait
à Linow, il le faisait soutenir par trois bataillons, quatre pièces
et deux escadrons ; un petit combat d'arrière-garde presque insignifiant s'engageait entre cette colonne et des troupes de la
division Fontanelli. Le soir, le détachement prussien rentrait à
Baruth. Les divisions italiennes et wurtembergeoises avaient donc
eu peu de peine à se dégager, elles bivouaquaient à Smielkendorf
et en partaient certainement de très bonne heure.

---

(1) Quistrop, p. 318.
(2) On n'a aucun renseignement sur cette affaire, mentionnée seulement par
le *VIIᵉ Bulletin de Bernadotte*, p. 149.

Attaque de nuit du général de Borstel. — En effet, une attaque de nuit tentée par le général Borstel ne trouvait plus personne sur ce point. Cette division, conformément aux ordres reçus, s'était rendue à Gottow où elle arrivait à 5 heures de l'après-midi. Borstel y apprenait des habitants qu'une troupe évaluée à 7.000 hommes campait à Smielkendorf; il décidait de l'attaquer de nuit. A cet effet, il confiait à un bataillon la garde du défilé et se mettait en mouvement à 7 heures du soir sur Holbeck avec le gros de sa division, tandis qu'une colonne de flanc passait par Dümde.

Mais en arrivant devant Smielkendorf les landwehriens prirent leurs patrouilles de flanc pour l'ennemi et commencèrent à tirer, ce qui occasionnait un gros désordre; un bataillon se débandait et jetait même ses sacs. Bien qu'on n'eût trouvé personne dans le village, les Français étaient certainement à proximité, puisque des feux de bivouac brûlaient encore aux alentours.

Borstel arrêtait sa division en carré sur six rangs, l'artillerie au centre, les avant-postes tout contre le front. A la pointe du jour, ceux-ci distinguaient les avant-postes wurtembergeois à 600 pas de distance, en même temps Borstel recevait l'avis certain qu'il avait en face de lui des forces supérieures. Il décidait de se lier avec les Russes à Zinna avant de rien entreprendre et établissait sa division au bivouac dans une forêt au nord de Smielkendorf; l'avant-garde occupait le village poussant les tirailleurs du bataillon de fusiliers du 2e/Inf. Res. et un escadron des hussards de Poméranie dans les petites forêts au sud.

Vers 5 heures, une patrouille wurtembergeoise qui allait à l'eau tombait au milieu des avant-postes prussiens qui l'enlevaient; le bruit de cette escarmouche donnait l'éveil aux Wurtembergeois; ils attaquaient les tirailleurs qui appartenaient aux 9e et 10e compagnies du 2e de réserve; les deux dernières compagnies du bataillon se tenaient en arrière en réserve : quelques autres compagnies du 2e bataillon furent encore placées comme soutien, mais n'intervinrent pas.

Le général Franquemont n'avait certainement pas d'autre but que de masquer la retraite, puisque les deux compagnies prussiennes suffisaient pour interdire tout progrès à l'assaillant. Au bout d'une heure, il rompait le combat ; deux escadrons recueillaient ses troupes avancées et un vif feu d'artillerie arrêtait les tirailleurs prussiens qui avaient voulu poursuivre (1).

(1) Krafft, p. 53.

Entre temps Borstel avait appris qu'il avait affaire au IVe corps ; d'autre part, il ne pouvait compter sur aucun renfort, il jugeait imprudent d'attaquer avec sa seule division et regagnait Gottow.

Division Hirschfeld. — Le général Hirschfeld recevait dans la nuit l'ordre de Bernadotte du 25 qui ne répondait plus à la situation, puisque Girard avait abandonné Ziesar et qu'il ne s'était pas retiré sur Magdebourg.

Dès 2 heures du matin, il savait par des rapports de paysans que Tchernitschef était engagé avec Girard devant Belzig. Il ordonnait à Puttlitz, « afin de faciliter l'attaque de ce général, et peut-être même encore de prendre part au combat », de partir de Golzow avec sept bataillons, quatre escadrons et quatre pièces et de se rendre à Dippmannsdorf et Schwanebeck « pour y tenter de pouvoir encore attaquer l'ennemi et de soutenir, s'il était possible, l'attaque de Tchernitschef. Si vous ne pouvez plus atteindre l'ennemi dans les environs de Belzig, ordonnait-il, ou que vous arriviez après la fin du combat, vous vous dirigeriez avec votre corps sur Lobourg... Je vous recommande de hâter, autant que possible, le départ de vos troupes » (1).

Les deux bataillons de landwehr de la division Hirschfeld, les plus proches de son cantonnement, lui étaient adjoints. Avec le restant de sa division, Hirschfeld marchait sur Ziesar pour gagner de là Magdebourg et il dirigeait Marwitz de Wollin sur Burg (1).

Par suite d'une erreur dans l'expédition, l'ordre adressé à Putt-litz lui était remis seulement à 9 heures 1/4 à Græben où il s'était rendu de lui-même, en voyant la direction générale prise par les troupes de Hirschfeld. Comme l'ordre lui prescrivait de gagner Lobourg dans certains cas, il se dirigeait sur cette ville, afin de rester en liaison avec son chef. Le soir, il atteignait Gloina d'où il adressait l'ordre suivant ouvert aux deux bataillons qui lui avaient été affectés. « Si un bataillon appartenant au corps du général Hirschfeld se trouve encore à Golzow ou à Krahne, je lui expédie l'ordre de rompre de suite à la réception de ceci, de marcher sur Werbig et de me rejoindre là où je me suis rendu ».

Toutes les troupes de Hirschfeld étaient réunies à Wollin pour 8 heures du matin ; on dut leur y accorder un long repos ; puis elles reprenaient la marche et s'arrêtaient seulement à 5 heures du soir échelonnées à Görtzke, Bramsdorf, Buckau et Ziesar.

Mais, à 6 heures du soir, des paysans en fuite apportaient la

(1) Hirschfeld à Puttlitz, 27 août, 2 heures, Quistrop, p. 400.

fausse nouvelle que Girard se dirigeait de Lübnitz sur Bramsdorf. Hirschfeld établissait son avant garde (trois bataillons, deux escadrons et deux pièces sur le Weinberghöhe et à l'est de Görtzke ; il ordonnait à Puttlitz de la recueillir entre Wutzow et Wendlobesse si Girard marchait réellement sur Görtzke. Il rappelait à lui Marwitz qui avait été détaché à Burg et reprenait à 9 heures du soir, avec le gros de sa division, la marche sur Wendlobesse ; cinq compagnies avec quelque cavalerie placées entre Grebs et Græben, continuaient à surveiller la route de Ziesar, Hirschfeld était à minuit 1/4 à Wendelobesse. Les renseignements sur Girard se confirmaient. Ils le signalaient entre Lübnitz et Steindorf, le front vers Belzig (1).

L'ordre adressé à Marwitz le trouvait à 9 heures du soir à Trichheim ; il entrait à Wendlobesse le 27 à 3 heures du matin. Le général de Puttlitz rejoignait la division dans la matinée, ce qui portait les forces d'Hirschfeld à 11.600 hommes dont 1.100 cavaliers et 2.400 cosaques (2).

Comme on s'en souvient, la correspondance de Lemarois et de Dombrowski avait été enlevée par les cosaques (3) ; Girard à son grand étonnement était donc sans nouvelle des Polonais dont il ne pouvait s'expliquer le silence. Il évacuait Brück dans la nuit à la suite des renseignements fournis par le grenadier saxon (4) et gagnait Lübnitz pour se rapprocher de Wittenberg ; de là, il appelait de nouveau à lui la division Dombrowski ; les officiers qu'il lui envoyait lui parvinrent.

Il est surprenant que Girard ne se soit pas hâté de continuer son mouvement sur Wittenberg aussitôt après avoir été informé de la défaite d'Oudinot, alors qu'il lui restait au plus 5.500 hommes de troupes douteuses, un seul bataillon avait perdu 190 hommes. Son séjour à Lübnitz le 26 et dans la matinée du 27 paraît peu fondé ou du moins on n'en découvre pas les motifs.

Ordres de Bernadotte le 26. — Bernadotte était très mal renseigné sur les mouvements des troupes signalées sur la rive droite de l'Elbe. Il prescrivait à Hirschfeld de prendre position à Belzig avec le gros de ses forces. De ce point, continuait-il « il tâchera d'empêcher Girard de se jeter dans Wittenberg. Il poussera

---

(1) Hirschfeld à Puttlitz, 27 août, minuit 1/4, Quistrop, p. 403.
(2) Quistrop, p. 399-403.
(3) Voir page 81-84.
(4) Voir page 140.

des reconnaissances sur cette ville et Jüterbog » pour se lier avec Wintzingerode établi à Beelitz. « Il n'hésitera pas à attaquer le général Girard partout où il le trouvera » et à le faire poursuivre par des partis de cavalerie, « tenant toujours son corps de bataille prêt à faire un mouvement sur Magdebourg, Wittenberg ou Rathenau ». Il détacherait Puttlitz sur cette dernière ville où il commanderait des vivres pour 25.000 hommes et 3.000 cavaliers et pousserait de là des reconnaissances sur Havelberg et Fehrbellin. Le colonel Marwitz se porterait sur Lentzen.

L'envoi de Puttlitz à Rathenau semble indiquer que Bernadotte envisageait encore comme possible un mouvement de Davout sur ses derrières. Peut-être trouvera-t-on cette mesure justifiée ; mais il était peu prudent, après avoir séparé la division Hirschfeld en deux groupes, de lui donner l'ordre positif d'attaquer Girard.

Faut-il attribuer au désir de soutenir cette division les mesures qui faisaient appuyer l'armée sur la droite ou y voir uniquement un moyen de masquer une inactivité voulue ? Chacun est libre d'en décider par lui-même.

Bernadotte ordonnait le 26, à 7 heures du soir :

A Tauentzien, de faire occuper Baruth et Golssen par Wobeser, d'envoyer une brigade à Gadsdorf et Saalow pour communiquer avec Bülow à Trebbin et de rester avec son gros à Zossen ;

A Bülow, de maintenir une division à Trebbin, dont l'avant-garde occuperait Liebætz et Luckenwalde ; de là, elle s'éclaircrait sur Zinna et Jüterbog, le reste du IIIe corps gagnerait Elsholz, Rieben et Wittbrietzen ; sa cavalerie assurerait la liaison par Felgentren entre Treuenbrietzen et Luckenwalde.

L'armée suédoise garderait ses positions, sauf une brigade qui rejoindrait Wintzingerode à Michelsdorf.

Wintzingerode enverrait une brigade à Brück ; ses reconnaissances pousseraient sur Wittenberg, Zerbst, Lobourg, communiquant avec celles de Puttlitz à Hohen-Zieritz. La nombreuse cavalerie russe n'avait pas encore réussi à découvrir la situation exacte de Girard. Bernadotte le supposait en retraite sur Magdebourg ; il ordonnait à Hirschfeld de porter sa cavalerie à Hohen-Zieritz et de pousser Puttlitz sur Möckern s'il était possible.

Ces ordres étaient déjà donnés, lorsqu'une dépêche de Wallmoden le renseignait sur les opérations de Davout ; en même temps, il apprenait que la grande armée de Bohême débouchait des montagnes et qu'elle serait le 27 à Leipzig.

La lettre de Wallmoden s'exprimait en ces termes : « Hier soir et dans la nuit, toute l'armée ennemie, forte de 32.000 hommes

(4.000 cavaliers et 70 pièces), a marché sur Schwerin. Je n'en sais rien de plus et ne peut deviner son intention. L'ennemi peut vouloir aller soit sur Rostock et Stralsund, soit vers l'Oder, ou tomber sur moi et les derrières de Votre Altesse. S'il marche le long de la mer, je le suivrai continuellement ; si c'est contre moi, je me replierai et Vegesack se portera en avant. Le mouvement de l'ennemi est incompréhensible ; si Votre Altesse pouvait détacher contre lui, il aurait pour lui les suites les plus fâcheuses » (1).

L'offensive de Davout déterminait Bernadotte à arrêter une partie du corps de Wintzingerode ; il lui ordonnait de former un détachement de 6.000 hommes d'infanterie, 3.000 chevaux et 20 canons sous les ordres de Woronzow et Tchernitchef et de le tenir prêt « à se porter au premier avis entre Magdebourg et Ziesar pour appuyer les opérations du général Hirschfeld ». Une fois Girard rejeté dans Magdebourg, 6.000 hommes de Hirschfeld se réuniraient à Woronzof qui irait soutenir Wallmoden par Perleberg. Le général Tchernitchef marcherait de suite sur Magdebourg, ce qui lui ferait gagner une marche. « Donnez-moi des nouvelles de l'ennemi, concluait-il, et, si elle [sa retraite] est prononcée sur l'Elbe, le général Worouzow se mettra en marche dans la journée ».

En attendant, il autorisait Wallmoden à appeler le colonel Marwitz à lui. Toutefois, il est étonnant qu'après avoir invité Woronzof « à donner connaissance à Wallmoden du mouvement qu'il était prêt à opérer », il n'ait pas cru devoir en informer directement ce dernier.

La situation de Bernadotte était certainement très difficile ; il avait sur ses derrières le maréchal Davout, sur sa droite un corps qui lui retenait la division Hirschfeld ; en face de lui une armée non battue à laquelle il avait peut-être enlevé 4.000 hommes. C'est à ce moment que le général de Bülow, méconnaissant complètement la situation, lui adressait l'étrange proposition de transporter le théâtre de la guerre sur la rive gauche.

« Aussitôt que le général Tauentzien occupe Baruth, si je marche sur Dahme et que le corps russe se porte sur Jüterbog et environs, l'ennemi ne peut plus se tenir sur la rive droite de l'Elbe, cette région ouverte et libre nous donne l'occasion de battre les corps de l'ennemi et, aussitôt que nous aurons bien nettoyé cette rive de l'Elbe, de courir avec une partie de nos forces vers le bas Elbe et de

(1) Wallmoden à Bernadotte, 24 août, 2 heures après-midi, Quistrop, II, p. 338.

transporter le théâtre de la guerre sur la rive gauche de ce fleuve.

Si Votre Altesse ne voulait pas en donner l'ordre aux autres corps, je suis prêt, après m'être uni avec le corps de Tauentzien, à me porter en avant » (1).

En un mot, on lui proposait de diviser son armée en deux groupes et de lancer 5o.ooo hommes sur la rive gauche de l'Elbe.

Bernadotte ignorait encore, le 26 au soir, la direction suivie par l'armée française, il l'évaluait à 8o.ooo hommes et croyait qu'elle se retirait en deux colonnes sur Torgau et Wittenberg. Dans la matinée du 27, il apprenait la retraite de Blücher sur la Katzbach.

Si une partie des forces d'Oudinot se repliait réellement sur Torgau, l'Empereur Napoléon était libre de les renforcer avec quelques-uns des corps qu'il avait avec lui. Il est certain que cette hypothèse s'est présentée à l'esprit de Bernadotte comme en témoigne l'ordre du jour du 27.

« Le prince annonce aux généraux Bülow et Tauentzien que la grande armée de Bohême a débouché le 21 par Sebastiansberg sur Annaberg et Zwickau ; ainsi l'objet des généraux Bülow et Tauentzien doit être de bien reconnaître l'ennemi et de tomber sur ses derrières du moment où il lèvera ses camps pour se retirer sur l'Elbe. Mais comme l'Empereur Napoléon agit souvent contre les règles et les principes de la guerre, ils doivent éviter de donner dans les pièges qu'il pourrait leur tendre.

Son mouvement offensif sur le général de Blücher, et qui lui a réussi, doit rendre les généraux très circonspects lorsqu'ils marchent, mais ils doivent être très audacieux quand ils sont aux mains avec l'ennemi ».

Dès le 26, Bernadotte avait recommandé à Tauentzien d'avoir toujours son corps réuni et sous la main prêt à combattre ou à marcher selon les circonstances ; il avait prescrit de fortifier Trebbin sur son flanc droit de manière « à retenir une colonne de 15.ooo à 20.ooo hommes qui voudrait tenter de passer sur ce point ».

Dans ces circonstances, Bernadotte employait la journée du 27 à combattre les corps qui menaçaient ses derrières et à chercher à fixer par des reconnaissances la direction que suivait l'armée d'Oudinot. Par son ordre, Adlercreutz répondait à Bülow. « Le prince reconnaît la justesse de vos plans si les circonstances le permettaient, mais le prince m'a ordonné de vous rappeler, pour vous communiquer la situation des choses, que l'ennemi a attaqué Blü-

_____

(1) Bülow à Bernadotte. Trebbin, 26 août 6 heures soir. Schwederus, p. 123.

cher et que celui-ci a dû se replier derrière la Katzbach ; que le prince d'Eckmühl, qui a également passé à l'offensive, a rejeté Wallmoden. Qu'Eckmühl est entré à Schwerin et qu'il domine ainsi une partie du Mecklenbourg, et qu'une attaque a également été effectuée de Magdebourg. Tout cela doit vous prouver, général, que la plus grande prudence est nécessaire si l'on ne veut perdre les avantages obtenus. Son Altesse Royale ne désire rien de plus ardemment que de pouvoir délivrer les pays prussiens de leur fardeau et travaille assidûment à préparer les moyens de porter en avant toute l'armée du nord réunie » (1).

En conséquence il ordonnait à Bülow d'envoyer de forts postes de cavalerie sur Jüterbog, Zinna et la route de Dahme ; à Tauentzien de se lancer sur Dahme et sur Luckau. Il prescrivait à Wallmoden de réunir toutes ses forces y compris le colonel Marwitz, ce qui lui constituerait environ 20.000 hommes, « de marcher franchement et en guerre à la rencontre » de Davout et de l'attaquer « en quelque point qu'il se trouve ». « Le général Walmoden, écrivait-il, donnera l'ordre au général Vegesack de le soutenir, il liera ses opérations de manière à ce que le prince d'Eckmühl soit attaqué sur tous les points. En même temps que l'attaque aura lieu sur le front et sur les flancs le général Tettenborn se portera sur les derrières de l'ennemi. »

Puis comme la cavalerie de Wintzingerode lui avait signalé que Girard « avait passé la nuit entre Görtzke et Belzig et que son arrière-garde s'était arrêtée à Lübnitz », il ordonnait à Hirschfeld de « l'empêcher de rentrer dans Magdebourg » et de le combattre. A en croire les renseignements ce corps était déjà très ébranlé ; « il s'agissait de l'aborder franchement et à la baïonnette. Mais pour y parvenir, il fallait éviter de l'attaquer d'une manière décousue et tenir ses réserves en mesure de soutenir les assaillants ». En conséquence, il combinerait ses opérations avec celles de Tschernitchef qui, débouchant de Belzig, l'attaquerait de front alors que l'armée russe en position à Jüterbog serait à même de les recueillir.

Dans la journée, Bernadotte apprenait par un officier allemand, déserteur, la retraite du grand parc de l'armée sur la route Dahme Jüterbog. Il ordonnait à Tauentzien de lancer une partie de son avant-garde de Baruth sur Dahme pour l'enlever. « Le prince royal, écrivait Adlercreutz, invite le général Wintzingerode de pousser fermement l'ennemi sur Lichterfeld, Riesdorf et Sernow et le géné-

<hr>

(1) Adlercreutz Saarmund, 27 août, Schwederus, p. 92.

ral de Bülow à pousser de même avec la plus grande vigueur sur Sernow, Niebendorf et Waltersdorf.

A 11 heures 1/2 du soir, il exprimait encore de nouveau à Bülow son mécontentement sur la manière dont était fait le service des renseignements.

« Le prince royal savait déjà que le IVe corps [Bertrand] se trouvait à Jænickendorf ; il avait ordonné aux généraux Tauentzien et Wintzingerode, pour le chasser des forêts, d'envoyer contre Dahme de forts partis qui le forceraient à la retraite et faciliteraient à vos avant-gardes de tomber vivement sur son arrière-garde. Le prince ne pouvait cependant pas croire que ce corps se trouvait encore entre Jænickendorf et Smielkendorf puisqu'aucun commandant d'avant-garde ou de corps ne l'en avait prévenu. Le prince a ordonné de pousser des reconnaissances vers l'Elbe pour plus de prudence afin d'éviter, en se portant en avant, de tomber dans une embuscade, et cet ordre est une suite de celui donné précédemment que l'on devait attaquer l'ennemi là où on le trouvait.

On a découvert la position du IVe corps seulement aujourd'hui après l'exécution de cet ordre. Le prince est d'accord que vous laissiez votre avant-garde à Luckenwalde et que vous la souteniez par une brigade de la division établie à Trebbin » (1).

Exécution des ordres de Bernadotte. — Le IIIe corps prussien se mettait en mouvement le 27 à 8 heures du matin en deux colonnes ; le soir, il bivouaquait : les deux divisions Hesse-Hombourg et Thümen, la réserve de cavalerie et l'artillerie à Wittbrietzen et Elsholz (2) ; la division Krafft à Trebbin ; elle détachait un bataillon à Waltersdorf (3) et un bataillon à Liebast.

Borstel devait suivre le mouvement sur Wittbrietzen ; il recevait cet ordre en arrivant à Gottow avec des troupes fatiguées par trente heures de marche ; il en remettait l'exécution au lendemain. Sa cavalerie surveillait les points de passage de Jænickendorff, Stulpe et Holbeck ; elle lançait une forte patrouille sur Schœneweide afin de se lier avec le corps de Tauentzien, l'avant-garde d'infanterie tenait le passage à Gottow ; le gros restait entre cette localité et Schœneweide.

(1) Bernadotte à Bülow, 27 août 11 heures 1/2 du soir. Quistrop, p. 335. — Schwederus, p. 93. Il est absolument évident que cette lettre répond à celle de Bülow du 25 et que l'on doit la considérer comme un blâme du peu d'activité avec laquelle a été exécuté l'ordre du 24. Voir p. 133.

(2) Quistrop place le Leib-Hussard à Lindo — l'historique — à Wittbrietzen, p. 415.

(3) On ignorait tellement la situation, que ce bataillon s'était cru exposé à Luckenwalde parce que, d'après les rapports des habitants, les Russes avaient été rejetés dans la matinée de Jüterbog.

Mouvement de Tauentzien. — Tauentzien, contrairement aux ordres donnés, lançait après midi le général Wobeser sur Luckau : son avant-garde arrivait dans la soirée devant la ville ; le gros s'était arrêté à Golssen ; sur son flanc droit, deux escadrons de hussards s'étaient portés de Gross Ziescht à Dahme où ils trouvaient les cosaques d'Orurk.

Dans la soirée, Tauentzien décidait de suivre Wobeser sur Luckau ; à 8 heures du soir, il en avertissait Borstel par cette dépêche étonnante.

« J'attends seulement un rapport du colonel de Jeanneret pour prendre mes dispositions et attaquer Luckau. Dahme est occupé par mes troupes et j'ai envoyé l'ordre, il y a une heure, au général Wobeser, d'en renforcer la garnison. Si l'ennemi se maintient à Jüterbog, j'opérerai sur son flanc droit, en marchant en force sur Dahme, ce qui contraindra l'ennemi à se retirer. Telle est mon intention, j'espère faire de l'air à Votre Excellence. Je vous prie de continuer à me communiquer vos renseignements sur la situation qui est peut-être changée actuellement » (1).

Division Hirschfeld. — Dans la journée, Hirschfeld et Tchernitchef détruisaient la division Girard à Hagelberg. Toutefois ils éprouvaient une perte sérieuse, 229 tués, 831 blessés et 662 égarés. Les débris de Girard gagnaient Wittenberg (2).

Dispositions d'Oudinot pour le 27. — Le 27, le maréchal Oudinot arrêtait de se diriger sur Jüterbog. Le XIIᵉ corps marchait directement sur la ville ayant la division Guilleminot à droite, la division Pacthod à gauche ; une brigade bavaroise et le parc que couvrait la seconde brigade bavaroise suivaient en arrière et en échelons.

Le VIIᵉ corps formait deux colonnes : celle de droite, 24ᵉ et 32ᵉ divisions, passait par Hohen-Gœrsdorf ; celle de gauche, 25ᵉ division, par Græfendorf et Hohen-Ahlsdorf. Le parc d'artillerie de réserve marchait sur la droite de la 32ᵉ division et sur autant de voitures que le terrain le permettait. Le IVᵉ corps s'avançait par Markendorf.

La nécessité de se protéger contre les cosaques avait obligé ces corps à prendre une formation très pénible pour les troupes ; le

(1) Tauentzien à Borstel, Baruth, 27 août, 8 heures du soir. *Armée du Nord,* tome II, p. 24.
(2) Comme on n'a aucun rapport français sur cette journée, il a été impossible d'en faire une relation.

VIIe corps, et probablement tous les autres, était disposé « l'infanterie en colonne serrée à demi-distance par brigade, chaque brigade
marchant à la même hauteur ayant entre elle l'artillerie de la division et la brigade légère marchant en tête et sur les flancs ».

En arrivant devant Jüterbog, on découvrit l'ennemi en colonnes
serrées sur les hauteurs à l'ouest ; le maréchal, après l'avoir reconnu
et avoir été salué de quelques coups de canon, fit défiler la division
Pacthod à travers la ville pour agir contre son flanc droit ; la division Guilleminot suivit pour appuyer le mouvement ; les Bavarois
et le parc s'arrêtaient sur les hauteurs du moulin à vent, tout contre
la ville. En même temps, le IVe corps (1), en s'avançant par Markendorf, le menaçait sur son flanc gauche. Après une forte canonnade, l'ennemi se repliait ; des prisonniers rapportèrent qu'ils
appartenaient à l'avant-garde du corps de Woronzof évalué à
12.000 hommes et qu'il y en avait 8.000 de présents.

Le soir, l'armée française campait :

IVe corps : division wurtembergeoise à Werder, sa cavalerie vers
Neuhof ; Morand et Fontanelli à l'est de la ville entre Markendorf et
Werder ;

VIIe corps, 24e division : entre Jüterbog et Rohrbeck, le front
vers la route de Wittenberg, la compagnie de chasseurs et le bataillon Spiegel couvraient le flanc gauche en occupant Rohrbeck ; une
compagnie d'infanterie légère tenait le petit bois au nord.

La 25e division bivouaquait sur les hauteurs à l'ouest de la ville
étendant son front obliquement à la route de Treuenbrietzen ; la
brigade de cavalerie à l'ouest de la route, le parc à Dennewitz. Le
général Reynier l'y maintenait malgré les observations de Lecoq
qui l'y trouvait exposé.

Le XIIe corps occupait la route de Treuenbrietzen et tenait le plateau jusque vers Zinna.

Le 3e corps avait les divisions Lorge et Defrance au nord de la
ville, la division Fournier à Rohrbeck.

Le quartier général d'Oudinot était à Jüterbog.

Mouvements de Bernadotte le 28. — La victoire de Hagelberg dégageait entièrement la droite de l'armée du Nord ; en outre,
une dépêche de Wallmoden, à la date du 26, informait que Davout
ne se dirigeait pas contre elle.

La situation s'était donc complétement modifiée à l'avantage de
Bernadotte, néanmoins il n'en profitait pas pour donner plus d'acti-

(1) Krafft dit XIIe. Ceci est une erreur.

vité à ses opérations. Il estimait que la prudence avec laquelle il avait agi dans ses manœuvres, avait été justifiée et couronnée par le succès; il était bien décidé à ne pas s'aventurer. » D'après tout ce que j'ai pu remarquer ici pendant ma courte présence, écrivait Krusemarck au roi, il me semble que Son Altesse est animée de la meilleure volonté d'utiliser les fautes de l'ennemi par des mouvements offensifs, mais qu'en général il est bien décidé à ne les tenter qu'après avoir complètement assuré son dos et ses flancs »(1).

Etait-il bien nécessaire, après une victoire aussi complète que celle de Hagelberg et alors qu'il devait connaître la faiblesse de Girard, de prescrire à Wintzingerode de soutenir de toutes les manières Hirschfeld et Tchernitchef. En outre, pourquoi disposer des troupes de Brück en faveur de Hirschfeld « pour le mettre à même de pouvoir ultérieurement entreprendre contre Magdebourg ». Cette division avait exécuté des marches forcées qui lui faisaient véritablement grand honneur. Il était naturel de la laisser reposer quelques jours, puis de lui faire joindre le gros de l'armée. Dès l'instant où Bernadotte hésitait à attaquer Oudinot, n'aurait-il pas dû profiter de l'occasion pour exécuter l'opération qu'il avait en vue le 26, renforcer Wallmoden par 9.000 Russes et 6.000 Prussiens, tomber sur Davout et s'en débarrasser pour quelque temps. Au lieu d'une décision énergique, il lui conseillait de le manœuvrer, de le couper de Hambourg puisque, d'après sa lettre, il voyait que Davout « ne pourrait être attaqué qu'avec bien des difficultés dans la position qu'il occupait ».

Les ordres du 28 faisaient exécuter au gros de l'armée du Nord un léger mouvement en avant. Bülow gagnerait Treuenbrietzen avec deux divisions; Borstel resterait à Luckenwalde; la division placée à Trebbin s'avancerait entre Zulichendorf et Felgentren.

Les reconnaissances du IIIe corps prussien devraient s'attacher à s'assurer si le IVe corps français, après le combat de Schmielkendorf, « s'était retiré sur Dahme ou s'il avait pris la route de Wittenberg ».

Tauentzien, de son côté, tiendrait toujours son corps prêt à combattre; il « observerait bien les mouvements qui pourraient être faits sur Baruth, venant de Dahme et de Luckau ».

L'infanterie de Wintzingerode remplacerait Bülow à Elsholz et Wittbrietzen; les troupes russes établies à Treuenbrietzen gagneraient Nieder Werbig, Grabow et Niemeck à l'arrivée du IIIe corps prussien; une brigade suédoise lui servirait de réserve à Beelitz, son

____

(1) Krusemarck au roi, 28 août, cité par Wiehr, p. 252.

avant-garde, forte d'au moins 8.000 chevaux, pousserait sur Zahna et Wittenberg ; elle devrait masquer par un grand rideau de cavalerie les mouvements de l'armée.

Journée du 28. Retraite d'Oudinot sur Wittenberg. — Le 27 au soir, on s'attendait dans l'armée française à un mouvement offensif sur Treuenbrietzen. Chacun peut calculer les chances de succès qu'il offrait à Oudinot contre une armée que les dispositions de Tauentzien avaient séparée en deux.

Le maréchal y renonçait pour des motifs que nous ignorons ; il se décidait à se replier sur Wittenberg. Son intention était d'établir le lendemain l'armée sur la route de Wittenberg à Treuenbrietzen. Le XIIe à Lindo, poussant son avant-garde jusqu'à Treuenbrietzen ; le IVe à Maltershausen ; le VIIe à Marzahne.

VIIe corps. — Le VIIe corps commençait le mouvement à midi. Il était chargé de conduire à Wittenberg un convoi formé par tous les blessés et les voitures vides des trois corps. L'escorte en était confiée au général Durutte qui se dirigeait sur Zahna par Gölsdorf.

La 25e division et la cavalerie légère se rendait à Wergzahna par Nieder Goersdorf, Kaltenborn et Schönefeld.

La 24e à Rabnsdorf, par Wœlmsdorf qu'elle laissait à droite, Dalichow et Mellnsdorf. Le parc, après l'avoir rejointe à Wœlmsdorf, marchait sur un large front entre les deux divisions. Les troupes avaient pris la même formation que la veille.

Le soir, le VIIe corps s'établissait : la 24e division, brigade Mellentin, en avant de Wergzahna, brigade Brause, dans un bois situé à l'est ; deux compagnies occupaient le village de Blönsdorf ;

La 25e division au sud de Kurz Lippsdorf ayant un bataillon d'infanterie légère dans le village ;

La brigade de cavalerie entre ce bois et Mellnsdorf ;

Le parc à Mellnsdorf entre la brigade Mellentin et la cavalerie légère ;

Le quartier général à Mellnsdorf.

Le XIIe et le IVe corps. Combat de Jüterbog. — Tandis que le VIIe corps exécutait son mouvement, Oudinot restait en position avec le XIIe. Il avait poussé de grand matin la division wurtembergeoise sur le plateau au nord de Jüterbog.

Franquemont laissait le 2e régiment dans la ville et portait le 1er sur la hauteur au nord (Weinberg) ; il envoyait le 10e régiment fouiller le bois situé au sud de Dorf-Zinna avec mission de chasser les cosaques postés sur la hauteur qui s'étend entre ce village et le bois. Après s'en être rendu maître, son chef, le major Bequignoll, en occupait la lisière nord avec trois compagnies, la quatrième demeurait en réserve, la cavalerie couvrait son flanc droit. La brigade Doering se plaçait avec une batterie à pied à la gauche de la brigade Spitzemberg ; elle occupait Kappan, lorsque la division Morand eut abandonné cette ferme. L'autre batterie à pied et la batterie à cheval, moins deux pièces jointes à la cavalerie, étaient sur la hauteur avec le 1er régiment. La brigade de cavalerie légère s'était avancée avec deux pièces dans la plaine au nord du Weinberg.

La division Morand s'établissait à Kappan, la division Foutanelli dans la ville. Vers 3 heures, le maréchal Oudinot faisait commencer le mouvement de retraite par les deux divisions françaises du XIIe corps qui appuyaient vers la gauche.

L'avant-garde d'Orurk n'avait cessé, durant toute la matinée, d'escarmoucher avec les avant-postes wurtembergeois ; elle avait été rejointe par le leib-hussards dont les patrouilles signalaient deux fortes colonnes qui se dirigeaient l'une sur Kaltenborn, l'autre sur Malterhausen (1).

Woronzow qui avait pris le commandement de l'avant-garde du corps russe, croyant le moment favorable venu, donnait l'ordre d'attaquer les avant-postes de la division wurtembergeoise qu'il s'était contenté d'inquiéter depuis midi avec ses cosaques.

Bientôt toute la campagne fut couverte d'une nuée de piques ; les deux régiments de cavalerie wurtembergeoise, malgré la supériorité de l'ennemi, se lançaient contre eux. Les cosaques ne soutinrent pas le choc ; ils se dispersèrent pour se reformer un peu plus loin et tentèrent une nouvelle charge qui n'eut pas plus de succès ; cinq pelotons les poursuivirent et se mêlèrent à eux. De son côté, la batterie à cheval couverte par un peloton s'efforçait d'intervenir (2). La cavalerie wurtembergeoise montrait dans cette action une bravoure qui excita une approbation générale et dont Bertrand et Oudinot lui exprimèrent leur satisfaction.

La lutte se poursuivit ainsi pendant quelque temps sans avantage marqué, jusqu'à l'apparition de l'infanterie russe dont quatre bataillons se dirigèrent sur le Weinberg avec le leib-hussard et deux autres vers la forêt. La cavalerie wurtembergeoise se repliait avec le plus grand ordre, devant ces forces supérieures, sous la protection du feu du 1er régiment. Le général de Spitzemberg,

____

(1) *Historique leib-hussard*, p. 415.
(2) Starkof, p. 355.

renforcé par le 2ᵉ bataillon du 7ᵉ régiment qu'il portait à la droite du 1ᵉʳ régiment, repoussait toutes les attaques des Russes.

Le 13ᵉ chasseurs russe avait marché contre la forêt ; il déployait deux compagnies qui se dirigeaient vers la partie ouest ; quatre autres contre la partie est ; deux restaient en réserve. Les Wurtembergeois ayant abandonné la forêt après une résistance d'une demi-heure, Franquemont ordonnait au général de Stockmayer de la reprendre ; celui-ci portait le 1ᵉʳ bataillon du 9ᵉ à la droite du 10ᵉ et renforçait le centre avec deux compagnies du 9ᵉ ; ce soutien entraînait toute la ligne ; les Russes perdaient de nouveau le bois. La lutte se terminait par une canonnade entre les deux artilleries ; l'artillerie wurtembergeoise s'avançait sur le plateau pour la soutenir, couverte par le 1ᵉʳ bataillon du 4ᵉ.

Pendant ce combat, Oudinot avait arrêté le mouvement du XIIᵉ corps ; une brigade de la division Pacthod exécutait une contre-marche et revenait sur Kappan, tandis que les divisions Morand et Fontanelli appuyaient sur la droite pour soutenir les Wurtembergeois ; le 23ᵉ régiment allait les renforcer dans le bois au nord de Jüterbog ; la division Lorge gagnait également le champ de bataille ; la division bavaroise avec le parc se rendait à l'extrême aile gauche de la ligne pour la couvrir. Toutefois aucun des éléments de ces divers corps ne prenait part à la lutte.

Woronzow s'était facilement rendu compte qu'il lui était impossible, avec sa faible avant-garde, d'obtenir de succès contre l'armée française actuellement réunie. Il ne semble pas qu'il ait voulu reconnaître par cet engagement la force et la position d'Oudinot, comme le croit Raglowich, puisqu'il avait distinctement vu notre marche. Son seul but, écrivait-il, « était d'inquiéter les Français autant qu'il pourrait ; de les tenir sous les armes et de diminuer la force morale chez leurs soldats » (1).

Oudinot était présent à cet engagement ; il semble qu'il a laissé échapper une belle occasion d'infliger un sérieux échec à ce petit corps.

Mouvements des corps prussiens. — Le major Hellwig tournait l'aile gauche de l'armée française, et gagnait la route Jüterbog-Wittenberg afin d'apprendre si Oudinot se dirigeait sur cette dernière direction ; après avoir escarmouché pendant toute la journée contre le VIIᵉ corps à Wölmsdorf, Blönsdorf et Mellnsdorf, il passait la nuit à Maltershausen. Le Leib hussard demeurait

(1) Woronzow à Borstel, Quistrop, p. 344.

toute la journée à Zinna. Le général llowaiski passait la nuit à Treuenbrietzen, ayant en avant de lui un régiment de cosaques poussé vers Zahna et Rahnsdorf.

La division Borstel partait à 6 heures du matin de Gottow et atteignait Zulichendorf, son avant-garde (2 bat., 3 esc., 4 pièces), Mehlsdorf. Un bataillon et deux escadrons furent détachés à Felgentreu pour la recueillir; deux régiments de cosaques à Lindo couvraient sa droite; deux escadrons de hulans et 6o chasseurs d'Hellwig établis à Frankenförde, sa gauche. A leur arrivée, un parti de 120 chevaux du 4e régiment de landwehr de la Marche Electorale qui s'y trouvait, poussait sur Luckenwalde d'où il détachait 6o chevaux sur Jänickendorf à l'ouest des bois.

Mouvement de Tauentzien, prise de Luckau. — Le 28, le général Tauentzien dirigeait ses deux divisions sur Dahme et Luckau. De sa personne, il demeurait à Preusdorf avec quatre bataillons, quatre escadrons et quatre pièces sur la route de Dahme; tandis que plus au nord, le général Dobchütz commandait un détachement de même force à Kemlitz. Ces dispositions couvraient vers l'ouest la division Wobeser contre un mouvement de l'armée française et assuraient la liaison du IVe corps avec le reste de l'armée alliée. A 10 heures du matin, le général Wobeser, parti de Golssen, se réunissait à Giessmannsdorf avec le colonel Jeanneret, puis il se dirigeait contre Luckau qui capitulait après une très faible résistance; les Prussiens perdaient 5r hommes et deux officiers devant la place.

Mouvements des corps prussiens le 29. — Le 29, les corps prussiens exécutaient les ordres du 28 qui leur étaient parvenus trop tard.

Bülow se portait sur Treuenbrietzen en deux colonnes et bivouaquait à l'ouest de cette ville. Krafft gagnait Liebätz par une pénible marche de nuit en passant par Waltersdorf; au jour, il continuait son mouvement par Ruhlsdorf, Luckenwalde, Mehlsdorf et bivouaquait à Pechüle où il entrait à 6 heures du soir.

Borstel s'installait à Dorf-Zinna; son avant-garde à Kappan, un bataillon occupait la ville, un autre bataillon avec 4o chevaux était demeuré à Mehlsdorf pour assurer la communication avec la division Krafft. Vers l'est, ses cosaques entraient en liaison avec ceux du colonel Prendell qui avait tourné l'armée française de la gauche à la droite. Dès la pointe du jour, le major Sandrart jugeant sa présence inutile à Zinna, où se trouvait une nombreuse cavalerie russe, se rendait à Clausdorf devant le front de son corps d'armée. Avant de s'installer au bivouac, il voulut se porter sur la route Lindo-Treuenbrietzen, mais il tombait non loin de Clausdorf sur les avant-postes du XII° corps, où il chargeait avec succès deux escadrons de Westphaliens sans pouvoir pénétrer dans la forêt de Lindo (1).

Le major Hellwig prenait position à Lüdendorf. Comme ses rapports ne concordaient pas avec ceux de Woronzow, Oppen exécutait une reconnaissance avec deux régiments de cavalerie et une batterie sur Lindo, mais il ne pouvait dépasser Ludensdorf et s'arrêtait devant la forêt. Toutefois il réussissait à apercevoir une partie de la ligne française de Eckmansdorf à Lindo. Le leib-hussard bivouaquait à Clausdorf, ses avant-postes à portée de fusil des nôtres ; il était appuyé par Woronzow, qui avait exécuté un mouvement parallèle à celui de l'armée française.

Wintzingerode se rendait à Treuenbrietzen afin de se conformer à l'ordre de Bernadotte de couvrir les mouvements par une masse de cavalerie : il y convenait avec Bülow de pousser une forte reconnaissance sur Marzahne, tandis que la cavalerie prussienne agirait à l'est.

Mouvements des corps français le 29 août. — Le VII° corps se mettait en mouvement à 5 heures du matin et se dirigeait : la 24° division entre Schönefeld et Wergzahna sur Kropstædt, la 32° par Zahna sur Jahmo, la 25° avec la brigade de cavalerie légère à la droite de la 24°, sur Marzahne ; le parc suivait la 24° division. En chemin, la cavalerie légère chassait de ses bivouacs un corps de cosaques qui, à partir de ce moment, côtoyèrent la colonne ; en arrivant à Feldheim ils s'augmentèrent tellement que la brigade fut forcée de se déployer. Elle rejetait les cosaques et les poursuivait jusqu'au nord de Schmœgelsdorf où s'engageait un combat de cavalerie qui durait une heure ; tous ses éléments y prirent part, deux escadrons de hulans s'y signalaient particulièrement.

Dès son arrivée à Marzahne, le colonel Brause poussait une compagnie (4° de Sahr) sur Smœgelsdorf, puis il exécutait, sous sa protection, une reconnaissance du terrain. Il apercevait vers le nord de nombreuses troupes russes, ce qui le décidait à envoyer encore deux autres compagnies (3° et 5° de Sahr) dans le village. Avant son départ, il renouvelait l'ordre de le défendre à outrance.

Le plus ancien officier, lieutenant von Germar, confiait à la

____

(1) *Historique du leib-régiment*, p. 416.

4ᵉ compagnie l'occupation du cimetière et la sortie nord ; à la 3ᵉ, la sortie sud ; la 5ᵉ restait en réserve dans le village. L'église, très avantageusement située, fut organisée pour la défense. Peu après, arrivait le major de Bunau qui prenait le commandement des trois compagnies.

Après différentes alternatives de revers et de succès, la brigade de Gablenz était vivement attaquée de front par de la cavalerie régulière, sur les deux flancs par les cosaques, elle était obligée de battre en retraite par escadron sur Marzahne où elle se plaçait au sud du village, le front face à Lobbesse à l'exception de deux escadrons demeurés avec la garnison de Schmœgelsdorf. Les tirailleurs d'infanterie arrêtaient la poursuite des cosaques.

La 24ᵉ division avait pris position sur le plateau au nord de Kropstädt ; la brigade Mellentin assurait la liaison avec la 25ᵉ division et occupait les routes menant à Jahmo, Weddin et Bossdorf ; à droite, la brigade Brause tenait les débouchés de la forêt vers l'est

Vers 2 heures, les postes de Smögelsdorf et Marzahne furent attaqués de front par de la cavalerie avec de l'artillerie à cheval, tandis que de forts nuages de poussière s'élevaient vers Lobbesse où l'on apercevait des corps assez importants. Ce mouvement trahissait le projet de l'ennemi de tourner l'aile gauche du VIIᵉ corps ; pour s'y opposer, le général Lecoq lançait deux bataillons vers la forêt à l'ouest de Kropstädt qui entoure ce village comme d'un demi-cercle.

Devant Marzahne, les Russes s'efforçaient de se rendre maîtres de la forêt qui, vers le sud, sépare ce village de Kropstädt. Reynier ramenait la 25ᵉ division sur l'emplacement de la 24ᵉ ; le mouvement s'exécutait en carré sans perte. La brigade Bose fut chargée de défendre cette forêt avec trois pièces ; la brigade Ryssel prenait la position de la brigade Brause qui allait se placer en colonne derrière la brigade Mellentin. Sur l'ordre exprès de Reynier, elle se retirait lentement en arrière en maintenant son front, pour ne pas faire remarquer de suite sa retraite, puis, lorsque la crête la masquait, elle conversait par demi-division à gauche.

Les hulans, avec une batterie, s'établissaient au pied de la hauteur, tout contre la route de Berlin, les hussards à la gauche ; le 2ᵉ bataillon Sahr tenait les passages de la forêt vers l'est.

La retraite de la cavalerie avait laissé aux cosaques la faculté d'entourer le village de Schmögelsdorf. « Dans cette situation certainement pénible, le major de Bunau rassemblait les trois commandants de compagnie et leur posait cette question : Puisque l'on n'avait pas de retraite, que l'on ne pouvait compter sur un soutien et que la captivité devait être le sort des troupes, n'était-il pas convenable d'essayer d'obtenir de l'ennemi une bonne capitulation ? Les trois commandants de compagnie, étonnés d'entendre une telle proposition d'un si brave soldat, se déclarèrent unanimement contre et répondirent expressément que, si l'on n'avait pas d'autre ordre ou de délivrance, on devait tenir tant que les munitions suffiraient ».

Peu après, le capitaine de Lindemann, à la tête du 5e escadron affecté à l'escorte de Reynier, leur apportait de sa part l'ordre de rejoindre la division. Le major de Bunau réunissait ses trois compagnies à la sortie sud du village et exécutait sa retraite en colonne poursuivi par les cosaques qu'accompagnait de l'artillerie légère ; deux de leurs projectiles éclatant dans ses rangs y enlevaient quinze hommes (1).

Tandis que Wintzingerode maintenait une partie de sa cavalerie devant le VIIe corps, le restant tournait sa droite et atteignait la route de Wittenberg. « Cette situation occasionnait les craintes les plus justes ».

Heureusement, Oudinot apparaissait avec le corps d'Arrighi sur le flanc gauche de l'ennemi, entre Eckmannsdorf et Maltershausen, dont s'était rendu maître le bataillon bavarois Fortis et arrêtait les progrès des Russes.

Wintzingerode faisait rompre le combat ; il bivouaquait à Niemegk, Woronzow, à Rietz, à la droite du IIIe corps prussien.

Le soir, le XIIe corps bivouaquait à Eckmannsdorf, Danna et Feldheim ; le IVe à Maltershausen.

Ordres de Bernadotte le 29 et le 30. — Le 29, Bernadotte faisait avancer l'armée suédoise à Beelitz où s'installait le quartier général. En l'absence de Wintzingerode, il prescrivait directement aux troupes russes stationnées à Elsholz, de se rendre à Kather et à Jehserig ; le 30, le restant du corps établi à Rieben et à Wittbrietzen les y rejoindrait ; la crainte qu'elles ne s'égarassent dans la nuit l'avait déterminé à remettre ce mouvement au lendemain.

Bernadotte concluait des avis reçus dans la journée du 29 que le maréchal paraissait vouloir se concentrer à Eckmannsdorf et Kaltenborn, entre Wittenberg et Treuenbrietzen. Dans la matinée du 30, les renseignements envoyés par Wintzingerode et Woronzof

(1) Holtzendorf, p. 135-137. — Sussmilch, p. 150.

« ne laissaient presque plus de doute que l'ennemi ne se retirât vers
l'Elbe ».

En outre, le prince Kutaïsof, envoyé par l'Empereur Alexandre,
le rejoignait après avoir passé l'Elbe entre Meissen et Mülhberg ;
il lui apportait des nouvelles de la grande armée alliée qu'il avait
quittée le 26 à une lieue au sud de Dresde. Les progrès de l'armée
de Bohême faisaient admettre à Bernadotte que l'Empereur avait
ramené le gros de ses forces sur la rive gauche, et que Blücher
reprenant de suite l'offensive, avait atteint Bautzen. Si telle était
réellement la situation, le flanc gauche de l'armée du Nord était
complètement protégé contre toute opération de l'Empereur.

En prévision d'une bataille future, Bernadotte concentrait son
armée sans se laisser détourner de ce but important par les rapports
de Tauentzien qui lui signalaient des forces considérables à Grossenhayn. Il ramenait le général de Hirschfeld à Belzig à l'exception d'un détachement de 300 hommes qui demeurerait devant
Magdebourg pour surveiller la place. En route, il demanderait
partout des vivres pour un corps de 30.000 hommes dont il annon-
cerait l'arrivée.

Le IIIe corps se réunirait à Treuenbrietzen en laissant un détachement de 1.200 hommes à Zinna pour communiquer avec Tauentzien.

Ce dernier viendrait à Zinna (1) ; au cas où il entendrait le canon,
il hâterait sa marche pour tomber sur le flanc droit de l'armée
française. Toutefois Bernadotte ne négligeait pas les rassemble-
ments français signalés sur la rive droite de l'Elbe, il confiait à la
division Wobeser la mission d'observer la direction du sud. « Ce
général, ordonnait-il, sera très surveillant à Sonnenwalde, se
trouvant en l'air de tous côtés. Il doit avoir des troupes massées
et prêtes à se mouvoir au premier signal que les circonstances le
forceraient à donner ». Un parti lancé par sa cavalerie sur Torgau éclairerait tout ce qui pourrait se diriger de Dresde et de
Grossenhayn sur cette place. Comme on s'en souvient, Bernadotte
supposait Blücher à Bautzen. Toutefois, pour se protéger contre
toute surprise, il prescrivait au IVe corps de laisser une garnison
à Luckau qui aurait pour instruction de se défendre à outrance
et de ne recevoir aucune proposition avant d'avoir supporté
deux assauts au corps de place. En outre, Tauentzien inviterait le
prince Bagration à se porter à marches forcées sur Seuftenberg.

(1) Bernadotte à Tauentzien, 10 heures 1/4 du matin, *Armée du Nord*, II,
p. 45.

« Le prince Bagration, écrivait-il, aura pour objet d'éclairer la
marche de tous les corps ennemis que l'Empereur Napoléon pourrait détacher de Bautzen sur Kœnigsbrück et de là sur Torgau ; ou
enfin de prévenir si ce souverain faisait un grand mouvement pour
tâcher de se réunir au corps du duc de Reggio ».

L'armée suédoise venait à Bucholz où le prince royal établissait
son quartier général.

Le soir, Bülow bivouaquait à Treuenbrietzen ; la division Borstel
à Pechüle.

Le 1er régiment de hussards, deux escadrons du régiment de
hussards poméraniens suivirent la marche du XIIe corps français.

IVe corps prussien. — Le général Tauentzien ne songeait
nullement à exécuter l'ordre de Bernadotte. Le 29, il entrait à
Luckau où il concentrait la division Wobeser ; la division Dobschütz
cantonnait son infanterie à Giessmannsdorf, la cavalerie bivouaquait à Luckau ; quatre bataillons, quatre escadrons et quatre pièces
avec cinquante cosaques couvraient vers l'ouest son flanc droit
tandis que le 1er régiment de cavalerie de la Marche Electorale
patrouillait jusqu'à Jüterbog.

Les renseignements qu'il s'était procurés sur les Français étaient
inexacts et auraient pu avoir pour conséquence d'amener l'armée
du Nord à de fausses manœuvres vers l'est. Il écrivait, le 29 :
« que, d'après le rapport du colonel Jeanneret, toute l'armée française avait quitté Dresde et qu'elle avait bivouaqué le 29 entre cette
ville et Dresde ».

Le 30, à 2 heures de l'après-midi, il confirmait cet avis : « L'ennemi doit avoir un camp formidable à Grossenhayn... Torgau
est occupé par des troupes de nouvelle levée, tant Français que
Saxons » (1).

Peut-être s'étonnera-t-on que Tauentzien n'ait pas employé sa cavalerie à vérifier ces renseignements, mais elle était épuisée. Cet exemple mérite de fixer l'attention, il prouve combien il est difficile, pour
ainsi dire impossible, de découvrir la vérité même avec une population favorable. Dès l'instant où Tauentzien transmettait ces nouvelles, il devait les tenir pour vraies ; à en croire Hœpfner, il y voyait
un motif de prendre l'offensive vers le sud-est et il songeait à lier

---

(1) Schwederus, p. 148. Aucun historien allemand ne cite ces rapports.
Après leur lecture, il est impossible de comprendre comment Hœpfner a pu
écrire : « Le général Tauentzien, établi à deux fortes marches à gauche à
Luckau, n'annonçait rien d'une marche de l'ennemi débouchant de la Silésie ». Tome II, p. 35.

ses opérations avec celles de l'armée de Silésie ; le journal du IVe corps le déclare expressément ; le major Arnim envoyé le 29 à Borstel lui rapportait une expression des officiers d'ordonnance de Tauentzien : « qu'il s'était rendu à Luckau le 29 à 6 heures sans ordre ultérieur du prince royal pour exécuter, après s'être réuni avec Wobeser, une opération qui devait faire de l'air à Blü-cher ». Plotho avance qu'il songeait à marcher sur Kamenz (1).

La résolution de Tauentzien privait Bernadotte de près de 25.000 hommes ; néanmoins le même historien l'apprécie en ces termes : « Cette conduite paraît justifiée par la situation des choses ; ce corps, en réalité, ne manquait pas à l'armée, tandis qu'au contraire il avait très besoin de repos, surtout la cavalerie prussienne de landwehr ». Quelle que soit l'opinion que l'on porte sur ce jugement, il est impossible d'admettre avec Hœpfner que Bernadotte en avait suggéré l'idée à Tauentzien, par la mission confiée au prince Bagration de menacer le flanc gauche de l'armée française opérant en Silésie.

Toutefois, pour paraître condescendre à l'ordre du 30, Tauentzien détachait le 31 la division Dobschütz (non compris la garnison de Dahme), soit six bataillons, quatre escadrons et huit pièces, sur Zinna. Tout le reste de son corps demeurait concentré à Luckau et il lançait trois reconnaissances vers le sud-est : la première sous le colonel Jeanneret (Bataillon Bennigsen, 1er régt. de cav. de la Pr. occidentale, dix cosaques) sur Hoyerswerda ; la seconde commandée par le général Ilowaisky (Régt. de cosaques, Bat. Seidlitz, 3e/2e Régt. cav. Nouvelle Marche) sur Grossenhayn ; la troisième, aux ordres du major Crcilsheim, (Fus/3e Rés. Régt , 3/Cav. Pr. Orient. et dix cosaques) sur Torgau.

Retraite de l'armée française le 30. XIIe corps. — Le maréchal se dirigeait sur Marzahne. De la cavalerie ennemie se montrait pendant la marche dans les bois derrière Schmœgelsdorf ; en outre le maréchal croyait voir des colonnes venant de Zeuden et de Pflüguff ; il poussait une forte reconnaissance sur ces hauteurs « pour éloigner l'ennemi qui y montrait beaucoup de monde et connaître ce qu'il y avait derrière », et ordonnait à Bertrand de venir le joindre en appuyant sa droite à Feldheim. Le mouvement du IVe corps s'effectuant trop lentement, le maréchal craignait d'être débordé, il ramenait le XIIe corps sur Marzahne et il prescrivait à Bertrand d'occuper Wergzahna avec une brigade pour se lier avec

(1) *Armée du Nord,* II, p. 44.

le VIIe. Cet ordre était mal compris ; Bertrand évacuait complètement Feldheim, de telle sorte que la droite du XIIe corps restait en
l'air. Cette retraite était d'autant plus incompréhensible que la
reconnaissance du XIIe corps n'avait rencontré que de la cavalerie.

A en croire le maréchal, l'absence d'autres armes l'aurait décidé
à ramener ses troupes en arrière. L'armée, s'il faut ajouter foi au
témoignage de Lebrun, en pensait autrement ; elle estimait « que le
mauvais choix de la position, au centre d'une plaine dominée de
tous sens », lui avait encore attiré cette petite affaire. En outre, on
avait eu le tort de présenter des masses aux partis de l'ennemi, de
telle sorte que celui-ci, quoique tirant avec trois pièces seulement,
nous avait tué une vingtaine d'hommes.

Le XIIe corps était placé : la division Guilleminot au centre, la
droite au village de Schmœgelsdorf ; la division bavaroise à gauche ; en cas de besoin, elle devait assurer la défense de la petite ville
de Marzahne ; la division Pactbod tenait la droite. Toute l'artillerie
était en batterie en avant de la position, couverte par quelques
bataillons ; la cavalerie Arrighy avait été répartie selon le besoin.

Dispositions de Bernadotte le 31. — Les rapports reçus pendant la nuit confirmant la présence de l'armée française entre
Marzahne et Kropstädt, Bernadotte ordonnait à 2 heures du matin à
la cavalerie de Wintzingerode de reconnaître la position française à
l'ouest, tandis que toute la cavalerie de Bülow agirait à l'est, en
restant toutefois tellement concentrée qu'il pût s'en servir pour attaquer au besoin l'ennemi de front.

Le général Woronzof arrivait entre 6 et 7 heures sur les hauteurs
de Pflügkuff d'où il découvrait la position du XIIe corps ; il ne s'engageait pas.

Bülow dirigeait à 7 heures 1/2 la cavalerie de réserve de Nichel
par Rietz sur Lüdendorf. La division Hesse-Hombourg s'établissait
en arrière d'une hauteur à Rietz ; les trois autres en soutien à sa
gauche dans la forêt de Lüdendorf.

En arrivant à la hauteur de Feldheim, le général Oppen laissait
sa cavalerie dans la forêt et se dirigeait, avec trois escadrons et deux
pièces, contre ce village où il mettait le feu.

Bülow n'avait pas ordre d'engager une bataille ; renseigné sur la
présence et la force des Français, il rompait le combat vers midi.
Il rendait compte que l'ennemi marchait dans la direction de Magdebourg (1). Son corps s'établissait au bivouac à Frohnsdorf ayant

____

(1) **Schwederus**, p. 147.

à sa droite la division Borstel à Lüdendorf qui fournissait les avant-postes vers Schwabeck.

Vers l'est, le colonel Prendell s'était porté de Listerfehrda sur Woltersdorf et Wüstemark, pour couper les communications de l'armée française avec Wittenberg.

Lecoq envoyait contre lui le capitaine de Lindemann avec 5o chevaux et 100 hommes d'infanterie ; il rejetait les cosaques de Wüstemark, après un violent combat, et en occupait le pont. La brigade Ryssel marchait à son secours avec deux pièces, chassait environ 600 cosaques de Zahna et passait la nuit à Wüstemark.

Plus à l'est, les troupes de Dobschütz cantonnaient à Waltersdorf couvertes par deux escadrons poussés à Welsickendorf qui lançaient des patrouilles vers Schweinitz et Jessen.

Ordre de Bernadotte le 31 au soir. — Dans la journée, les Suédois entraient à Treuenbrietzen où Bernadotte prenait son quartier général. De cette ville, il ordonnait toute une série de dispositions qui concentraient son armée entre Jüterbog et Niemegk.

L'infanterie du corps russe camperait au sud de Nichel, sur deux lignes ; la première forte de 4.000 hommes, la seconde de 8.000, occupant par un bataillon chacun des deux villages de Haseloff et de Nieder-Werbig. Sa cavalerie se formerait le 1er septembre de grand matin entre Haseloff et Pflügkuff ; elle serait couverte sur sa droite par Tchernitchef à Niemegk : de leur personne Wintzingerode et Woronzow se tiendraient à Haseloff.

La division Hirschfeld se placerait entre Niemegk et Wiesenburg.

Les cosaques de Tchernitchef s'efforceraient de tourner l'aile gauche de l'armée française par Weddin, Kœpnick et Zahna ; les cosaques de Prendel agiraient de même sur sa droite.

Enfin Bernadotte comptait sur la présence de Tauentzien à Jüterbog. Mais à 6 heures 1/2 du soir, la dépêche où ce général lui rendait compte des dispositions prises en exécution de son ordre du 3o, lui apprenait qu'il ne fallait plus compter sur l'appui du IVe corps. Il ordonnait à Bülow de pousser immédiatement le détachement placé à Jüterbog sur Zinna où il couvrirait la droite de l'armée.

Les mesures de Tauentzien lui causaient un vif mécontentement. Il l'approuvait d'avoir lancé des reconnaissances de cavalerie sur les points indiqués, mais il le blâmait de leur avoir adjoint de l'infanterie « attendu que divisée par bataillon, elle lui paraissait trop aventurée. »

Il lui renouvelait son ordre de rallier l'infanterie de la division Wobeser et de l'établir à Sonnenwalde. « Le reste de votre corps d'après les mêmes ordres, ajoutait-il, devait se porter à Zinna et près de Jüterbog, mais puisque cela n'est pas fait et qu'un temps précieux est perdu, le prince royal désire que vous ne perdiez pas un instant à vous mettre en marche, et à vous porter promptement sur Dennewitz, ville située sur la route de Jüterbog à Zahna. Le prince n'attend que votre arrivée pour attaquer l'ennemi, et il vous a destiné à faire des démonstrations sur Zahna, tandis que le général Hirschfeld va recevoir l'ordre d'en faire sur Kerzendorf et Kropstædt, non loin de Zahna, en même temps que l'armée attaquera de front. » Un de ses officiers d'ordonnance, le colonel Holst, était porteur de cette dépêche.

Etat moral de l'armée française, découragement d'Oudinot, lettres de Lebrun. — L'arrêt de l'armée alliée devant la position française avait été considéré dans nos rangs comme un succès. Le général Raglowich le déclare expressément. « La position des autres divisions, quoique légèrement dominée par la position ennemie, lui inspira un tel respect que, bien qu'il eut encore été renforcé par de l'infanterie qui venait d'arriver, il n'osa faire aucun effort et resta tranquille à quelque distance. »

Justement à midi on apprenait la victoire de l'Empereur à Dresde. Cette nouvelle causait un vif enthousiasme ; il est indiscutable que le général Raglowich s'attendait à une offensive vigoureuse prononcée par les quatre corps « qui aurait peut-être pu procurer à l'armée épuisée par des efforts continuels quelque repos ».

Le maréchal dut s'apercevoir de l'étonnement, peut-être du mécontentement de l'armée, car, à ce qu'il semble, il a cherché à justifier son immobilité auprès de l'Empereur. A l'en croire, il avait considéré cette cavalerie comme l'avant-garde d'une grande armée et il se préparait à livrer bataille ; « mais l'ennemi se borna à rester en présence, n'apercevant que de la cavalerie, expliquait-il, je ne jugeai pas à propos de l'attaquer ».

On a parlé du découragement des troupes : le général Bertrand affirme que son corps valait mieux qu'au départ de Sprottau et qu'il y régnait le meilleur esprit ; il s'était accoutumé à manœuvrer devant l'ennemi avec calme. On a attaqué fortement la cavalerie, pourtant les rapports témoignent à plusieurs reprises de sa vigueur. Le 31, le général Bertrand parle de l'aplomb avec lequel la division Beaumont a couvert la marche de flanc du 30. Comme on le verra un peu plus loin, le général Lebrun parle de l'ardeur de l'infanterie.

La vérité est que le maréchal avait complètement perdu toute confiance dans le succès. Il évaluait les forces de l'ennemi à 13o.ooo hommes dont 3o.ooo ou 4o.ooo de cavalerie et déclarait net qu'il n'y avait rien à faire ; même si l'on doublait ses trois corps, il était « loin d'avoir confiance aux dispositions qu'on pourrait prendre ». Un chef d'armée a rarement poussé la démoralisation au point d'écrire : « J'ajouterai que si mes troupes se portent assez en avant pour que l'ennemi manœuvre sur leurs derrières, c'en est assez pour causer un grand malheur et, en admettant même que la force que j'accorde à l'ennemi soit moindre, il y aurait toujours à craindre pour le salut de l'armée, ne fût-ce que par la masse de cavalerie qui harcelle ses flancs avec autant de supériorité ». En d'autres termes, c'était avertir qu'il s'arrêterait seulement sous le canon de Wittenberg.

Cette dépêche ne confirmait que trop bien celle de Lebrun ; il avait déjà chargé verbalement M. de Caraman d'instruire l'Empereur de la mauvaise direction donnée à l'armée. Le 1ᵉʳ septembre il lui écrivait directement :

« Je ne saurais trop répéter directement à Votre Majesté, ce que je lui ai fait dire par M. de Caraman. Le peu d'ensemble, l'indécision perdront les corps d'armée : on ne sait ni marcher quand il le faut, ni se reposer ; des dispositions sont convenues le matin ! 5o cosaques les font changer. On convient de prendre une position, mais on la prend mal, et elle devient détestable de bonne qu'elle aurait été ; il s'ensuit des alertes continuelles toutes les nuits, qui, si elles étaient suivies d'une attaque sérieuse, auraient peut-être des suites très fâcheuses, parce que personne ne saurait ce qu'il devrait faire.

Les généraux Reynier et Bertrand sont tous deux de l'avis, en attendant des ordres de Votre Majesté, de prendre des positions telles qu'on y puisse recevoir la bataille, parce qu'en effet, avec le défaut total de nouvelles et le rideau de cavalerie qui nous couvre, une armée ennemie pourrait aussi bien être à deux lieues qu'à vingt-cinq. Mais le duc de Reggio qui ne sait pas prendre son parti, ne veut pas très souvent avoir l'air de céder à leurs avis, ou n'y cède qu'après s'être fâché et avoir boudé. Il faut que je cours de l'un à l'autre pour remettre un peu d'ensemble, et très souvent quand je reviens auprès de lui, il a changé une partie des dispositions convenues. Par une fatalité étrange, il a auprès de lui un chef d'état-major qui a du zèle, mais qui est tout à fait au-dessous de sa besogne. Je ne crois pas qu'une armée puisse aller plus mal, et pourtant ses éléments sont bons. L'infanterie particulièrement est pleine d'ardeur et ne demande qu'à se battre, et la cavalerie rendrait des services si elle était bien employée. »

Disposition d'Oudinot le 1ᵉʳ septembre. — Bien que la cavalerie ennemie eût été peu pressante dans la journée du 31, de l'aveu même du maréchal, néanmoins il battait encore en retraite le 1ᵉʳ septembre.

VIIᵉ corps. — La brigade de cavalerie légère et la 1ʳᵉ brigade de la 25ᵉ division se dirigeaient sur Grabo au point du jour. L'infanterie occupait les jardins au nord du village, la cavalerie se plaçait en arrière la gauche à la route conduisant de Wittenberg à Niemegk. La 2ᵉ brigade avec le détachement de cavalerie envoyé la veille à Zahna quittait cette localité à 1 heure du matin et rejoignait la division à 2 heures de l'après-midi ; elle appuyait sa gauche à la droite de la brigade Gablenz. La 1ʳᵉ brigade de la 24ᵉ accompagnée par la batterie de 12 quittait sa position à 6 heures du matin et allait se placer à Jahmo à la droite de la division Durutte. Les postes restaient sur leurs emplacements jusqu'à l'arrivée du XIIᵉ corps et se rassemblaient une demi-heure plus tard.

La 2ᵉ brigade de la 24ᵉ division conservait sa position à la Bergerie de Kropstædt et gardait le bois entre cette ferme et Weddin. Le bataillon de Spiegel surveillait les chemins conduisant de Lobbesse à Weddin ; le 1ᵉʳ bataillon d'infanterie légère Lecoq se liait par des postes à droite avec ce bataillon, à gauche avec ceux de la division Durutte ; ces deux bataillons faisaient face à l'ouest tenant Weddin et Assau. Le grand parc se mettait en mouvement à 5 heures pour Mochau ; à 10 heures du soir il recevait ordre de se rendre à Teuchel.

XIIᵉ corps. — Le XIIᵉ corps se repliait à 3 heures, ayant la division bavaroise en tête et venait prendre l'emplacement du VIIᵉ corps. La division Guilleminot formait le centre occupant par un bataillon les bois en avant, Pacthod la droite, les Bavarois la gauche, leurs postes se liaient avec ceux du VIIᵉ corps.

IVᵉ corps. — Le IVᵉ corps avait eu ordre de s'établir à Rahnsdorf avec une division à Zahna ; mais le général Bertrand observant qu'il aurait le ruisseau de Zahna à dos, préférait s'établir à Woltersdorf occupant comme avant-poste avec un bataillon les villages de Bülzig, Zahna et Rahnsdorf. Au point de vue défensif, sa position était formidable, puisque son canon balayait le coteau qui s'étend jusqu'à l'Elbe ; il était à une lieue de la ligne de retraite de l'armée sur Wittenberg par Kœpnick et à une demi-lieue de Kropstædt où il pouvait arriver par une grande route en colonne par division.

A sa droite, le général Dombrowski envoyait à 1 heure du matin une brigade composée d'infanterie et de cavalerie avec deux pièces vers l'Elbe. Deux autres reconnaissances polonaises se dirigeaient vers Niemegk, Belzig et Zerbst ; le reste du corps restait à Teuchel.

Disposition de Bernadotte le 1ᵉʳ septembre. — La retraite de l'armée française semblait offrir une occasion heureuse pour l'attaque ; mais vers 10 heures Bernadotte recevait un rapport où Bülow lui rendait compte à 9 heures « que, d'après toutes les nouvelles, l'ennemi était parti et se retirait dans la direction de Magdebourg ». Ce rapport était confirmé dans la journée par ce second « la retraite de l'ennemi continue sur Magdebourg, quoique avec plus de force sur Dessau » (1)

Le détachement de Zinna (bat. de Gren. Pom.) avait été dirigé pendant la nuit sur Kaltenborn conformément à l'ordre du 31 ainsi que le 1ᵉʳ hussard, en outre une patrouille du 2ᵉ Poméranien avait été poussée au nord de Smœgelsdorf, ces renseignements en proviennent peut-être. Dès que Bernadotte était informé de la retraite de l'armée française, il suspendait l'attaque qu'il prétendait préparer. Il arrêtait Hirschfeld à l'endroit où l'ordre lui en parviendrait ; puis, par un ordre postérieur, il l'invitait à se tenir sur ses gardes, l'ennemi ayant commencé « son mouvement rétrograde sur Rosslau et Magdebourg ». Il est impossible de ne pas considérer cette recommandation comme une conséquence du rapport de Bülow à 10 heures.

En réponse, il ordonnait à ce général d'établir son gros à Schwabeck et de pousser son avant-garde à Feldheim communiquant avec Kurz-Lippsdorf. Wintzingerode appuierait son mouvement en envoyant une petite avant-garde à Marzahne. Le 2, il inquiéterait le flanc gauche de l'armée française à Grabo, Dobien et Reinsdorf. Il résulte clairement de cet ordre que Bernadotte espérait obtenir la retraite de son adversaire sur la rive gauche de l'Elbe en le menaçant sur les deux flancs.

Le IIIᵉ corps se portait à midi trente en trois colonnes sur Schwalek ; son avant-garde, division Borstel, trouvait ce village évacué par les Français, sa pointe s'établissait au nord de Wergzahna, deux

(1) Schwederus, p. 147.

escadrons à Feldheim. Le bataillon de grenadiers poméraniens et le 1ᵉʳ hussards continuaient leur marche dans l'après-midi et atteignaient Kurz-Lippsdorf.

Le général Dobschütz s'était mis en marche le 1ᵉʳ septembre sur Seyda par Welsickendorf; le colonel Holst l'y rencontrait à 11 heures et le dirigeait sur Dennewitz, conformément à l'ordre dont il était porteur, cette division y entrait à 3 heures de l'après-midi.

Dans la soirée, des rapports postérieurs du major Hellwig rendaient compte qu'Oudinot se retirait en grande hâte sur Zahna. En conséquence, vers 6 heures, Bernadotte ordonnait à Wintzingerode d'attaquer avec vigueur ce qui pourrait rester dans les villages de Bossdorf, Weddin et Wergzahna en même temps que des partis lancés sur Dopping et Dobien menaceraient les derrières de l'armée française. De son côté, Bülow pousserait vivement les arrière-gardes de l'ennemi et tâcherait d'avoir des équipages et des prisonniers. La division Dobschütz arrivée à Dennewitz était mise sous ses ordres.

Vers 6 heures, on voyait en effet des masses considérables d'infanterie se mettre en mouvement; elles s'arrêtaient en arrière des fossés. La cavalerie s'avançait dans la plaine, les cosaques poussaient jusqu'aux avant-postes, mais ne s'engageaient pas. Bülow répondait à Bernadotte « qu'il lui était impossible avec son unique corps d'obtenir un succès contre la position avantageuse et les forces supérieures de l'ennemi » (1).

Tout se réduisait à une vive tiraillerie entre les avant-postes Une reconnaissance d'infanterie et de cavalerie poussée par le VIIᵉ corps sur Straach, avait trouvé cette localité occupée.

A la droite du XIIᵉ corps, la brigade envoyée par le général Dombrowski avait chassé de Iserbegka et d'Elster les cosaques qui s'y trouvaient.

Dispositions d'Oudinot pour le 2 septembre. — La cavalerie russe avait très vraisemblablement montré plus d'activité que le corps prussien, car le maréchal s'attendait à être attaqué le 2 sur son flanc gauche; les troupes prenaient les armes de grand matin.

Toute la 24ᵉ division se réunissait à Jahmo; elle devait laisser ses postes en place « avec ordre de se reployer sur elle par les bois dans le cas où ils seraient attaqués par des forces supérieures, la division Durutte allait appuyer la 25ᵉ en arrière de Grabo; à l'ouest,

<hr>

(1) Bülow à Bernadotte, 1ᵉʳ septembre. Quistrop, p. 359.

Dombrowski se rendait à Dobien faisant battre le terrain vers Coswig.

Le XIIe corps conservait sa position, à l'exception d'un bataillon du 10e régiment bavarois chargé de couvrir les bois qui entouraient sa gauche.

Les avant-postes de la 24e division avaient probablement quitté la bergerie de Kropstædt trop tôt, car Raglowich en reconnaissant le terrain qui le séparait du VIIe corps, manquait de se faire enlever par un poste de cinquante cosaques qui s'était glissé dans l'intervalle.

Disposition de Bernadotte. — De son côté Bernadotte faisait prendre les armes à son armée à 4 heures. Il donnait ordre :

A l'avant-garde de Wintzingerode de se placer entre Lobesse et Marzahne pour soutenir le flanc droit de Bülow, et d'établir son infanterie à Pflügkuff.

A Dobschütz, d'occuper Kurz-Lippsdorf, ayant sa cavalerie sur Zahna et Naundorf.

A l'armée suédoise, de serrer sur Rietz.

A la droite, le général de Hirschfeld s'établirait à Wiesenburg.

Le IIIe corps prussien demeurait immobile.

A en croire Bernadotte, si le maréchal Oudinot conservait sa position son intention était de l'attaquer de front et d'agir sur son flanc droit avec le corps de Tauentzien. Comme on s'en souvient, ce dernier avait différé d'obtempérer à l'ordre du 30 en se basant sur les renseignements fournis par ses détachements lancés vers le sud qui lui faisaient redouter un mouvement de l'Empereur sur Berlin. Afin de s'y opposer, il voulait tenir fortement la route directe par Luckau, et à cet effet il se proposait de ramener le général Dobschütz sur cette ville (1). A la réception du rapport où Tauentzien faisait part de ses intentions, Bernadotte à 8 heures 1/2 du soir lui marquait son mécontentement de la non-exécution de ses ordres.

Après lui avoir rappelé qu'il l'avait invité à laisser 6.000 hommes vers Luckau et à le rejoindre en passant par Jüterbog, il ajoutait : « J'ai manœuvré conformément à cet ordre, mais je suis dans la nécessité de différer une attaque ; mon intention était de serrer l'ennemi par 12.000 hommes de votre corps qui aurait pris l'offensive sur sa droite, tandis que le même mouvement s'opérerait sur sa gauche et que je marcherais à lui de front. Cette manœuvre nous laissait la presque certitude de faire beaucoup de prisonniers.

(1) Schwederus, p. 150.

Si l'ennemi ne quitte pas demain sa position, vous serez encore à temps, mon cher général, d'exécuter mon ordre et de faire remarquer votre présence sur le champ de bataille. Faites-en sorte que vous puissiez me seconder rapidement »

Tout se bornait à des tiraillieries entre les avant-gardes ; les avant-postes poussés vers Marzahne furent canonnés par les batteries à cheval de la division Borstel ; à droite le leib hussard rentrait à la 3e division ; le major Hellwig observait de Zahna pendant une partie de la journée la position de l'armée française ; mais le manque d'eau l'obligeait à se retirer sur Wellmsdorf.

En arrivant à Dennewitz, le général Dobschütz y trouvait l'ordre de gagner Kurz Lippsdorf ; il l'exécutait aussitôt, mais en chemin un nouvel ordre de Bülow lui prescrivait de se diriger sur Zahna et d'en chasser les Français (1).

Dans la journée, Bernadotte avait reconnu personnellement les positions françaises. Les rapports de Borstel et de Bülow lui signalaient une retraite de l'armée française. Le premier mandait de Schwabeck :

« L'ennemi a étendu sa gauche plus vers Weddin que dans la matinée » le second écrivait :

« Les cosaques ont pris Bossdorf ; l'ennemi semble donc avoir replié quelque peu son aile gauche » (2).

Exploration des détachements du général Tauentzien. — Les résultats obtenus par l'exploration du général Tauentzien dans les journées du 31 août au 2 septembre sont extrêmement intéressants ; mais avant de les faire connaître, il convient de rappeler les dispositions adoptées par l'Empereur pour couvrir le flanc gauche de l'armée de Macdonald. Le 23 août, l'Empereur avait ordonné à Marmont d'envoyer à Hoyerswerda un détachement de 1.200 à 1.300 hommes d'infanterie, 600 hommes de cavalerie avec trois pièces, pour couvrir la route de Torgau à Dresde par la rive droite (3). Marmont en avait confié le commandement au général

---

(1) Schwederus, p. 150 : « En partant de Dennewitz, selon l'ordre de Votre Altesse Royale, le général de Bülow me dirigea vers Zahna, en m'ordonnant d'en chasser l'ennemi ». Dobschütz, 5 septembre. Néanmoins l'*Histoire de l'Armée du Nord* indique que cet ordre fut donné seulement le 3. Tome II, p. 55. D'après Schwederus, p. 150, Bernadotte aurait marqué son mécontentement à Bülow de ce que Kurz Lippsdorf n'était pas occupé : au contraire suivant l'*Armée du Nord*, il y aurait relevé le leib hussard et les Poméraniens, p. 43.

(2) Schwederus, p. 148.

(3) L. N. I., n° 280, p. 109.

Normann « d'abord parce qu'il n'avait pas de général qui eût l'habitude du service des troupes légères, et ensuite parce que ce général lui avait paru recommandable par son zèle, son exactitude et son habitude du service » (1).

Le 25 août à 10 heures 1/2 du matin, l'Empereur détachait le général Lhéritier à Grossenhayn avec deux mille chevaux, un bataillon et une batterie à cheval (2).

Jusqu'au 27 août, le général Normann n'avait pas été inquiété par les postes de l'armée du Nord ; le 25, il avait vu un détachement de cosaques qui s'était porté à midi sur Spremberg où il y avait environ 5oo hommes qui en étaient partis pour Triebel ; les renseignements qu'il s'était procurés, vraisemblablement par les habitants du pays, portaient qu'une colonne russe estimée à 15.ooo ou 16.ooo hommes filait par Güben ; c'était la colonne prussienne de Wobeser ; ses reconnaissances n'avaient rien rencontré à quatre ou cinq lieues aux alentours (3).

Le 28, la situation était toujours la même à Hoyerswerda ; la liaison était établie entre les généraux Normann (4) et Lhéritier (5)

Le 29, Lhéritier apprenait, probablement par un escadron envoyé à Torgau, que Tchernitchef était à Belzig avec six régiments ayant en avant de lui Benkendorf à Marzahne.

Un régiment de cosaques avait été poussé sur Seyda ; un autre était le 28 à Jessen.

« Le centre de leur ligne, écrit-il, est à Elsterwerda et se pro-

---

(1) Marmont à Berthier, 24 août, 9 heures 1/2 du soir (A G.).
(2) Berthier à Saint-Cyr, *Rég. d'ordres*, t. II, p. 93.
(3) Normann à Marmont   Hoyerswerda, 27 août, (Doc. Y.)
J'ai l'honneur de vous rendre compte, que d'après les renseignements que j'ai pu prendre aujourd'hui ; la colonne russe file encore par Guben.
Les reconnaissances que j'ai envoyées tout autour de moi à quatre et cinq lieues n'ont rien rencontré, et n'ont reçu aucun renseignement que l'ennemi soit dans les environs.
On évalue la force de la colonne passée par Guben de quinze à seize mille hommes.
(4) Normann à Marmont   Hoyerswerda, 28 août (Doc. Y.)
J'ai l'honneur de rendre compte à Votre Excellence que les reconnaissances de la journée n'ont rien appris de l'ennemi qui paraît être toujours dans les environs de Guben. Conformément à vos ordres, je me suis mis en communication avec M. le général Lhéritier, qui m'a fait connaître, qu'il n'avait rien de nouveau de son côté et que seulement quelques partis de cosaques peu nombreux parcouraient le pays. Cet officier général a eu la bonté de m'annoncer la victoire que vient de remporter Sa Majesté l'Empereur et Roi sur les armées combinées ; cette heureuse nouvelle, que je me suis empressé de faire connaître aux troupes que je commande, a été reçue avec enthousiasme et aux cris mille fois répétés vive l'Empereur.
(5) Lhéritier à Berthier, 28 août, Grossenhayn, *La Katzbach*, doc. p. 32.

longe sur leur droite par Dobrilugk, Herzberg, Dahme, Schœnwald, Schweinitz, Seyda, Niemeck, Belzig et Brück, c'est toujours par ce dernier endroit qu'ils débouchent et parcourent tout le pays entre les villages ci-dessus dénommés qui est couvert de forêts considérables. Leur gauche, partant d'Elsterwerda, passe par Ruhland, Senftenberg, Spremberg et Triebel ».

Le même jour, il est informé que le maréchal Oudinot veut rallier ses corps sur Wittenberg (1).

Le 3o, Lhéritier connaît la perte de Luckau (2). De son côté Normann ayant entendu parler par les habitants du pays d'un mouvement de l'ennemi sur Kalau, lance une reconnaissance sur Senftenberg avec ordre de dépasser la ville. L'officier qui la commande, atteint Alt Dobern où on l'avertit de la perte de Luckau qui s'est rendu à une division forte de 6.ooo hommes et six pièces, deux bataillons de landwehr et quelque cavalerie occupent Sonnenwalde et Finsterwalde (3).

La présence de Lhéritier à Grossenhayn avait certainement occasionné les bruits rapportés à Tauentzien qui lui faisaient signaler le 3o, la réunion de forces françaises considérables sur ce point (4).

Le 3i, le colonel Jeanneret atteignait Alt Dœbern ; le 1er septembre Senftenberg (5). Un rapport envoyé de Gros-Raschen par une de ses patrouilles l'informait qu'il y avait à Hoyerswerda des Bavarois et des Wurtembergois ; en entrant à Senftenberg, il apprenait qu'une patrouille wurtembergeoise s'y était montrée une heure

----

(1) Lhéritier à Berthier, 29 août, Grossenhayn, *La Katzbach*, doc. p. 4i.
(2) Lhéritier à Berthier, 3o août, Grossenhayn, *La Katzbach*, doc. p. 43.
(3)   Normann à Marmont   Hoyerswerda, 3o août (Doc. Y.)
J'ai l'honneur de rendre compte à Votre Excellence que je suis positivement informé que M. le maréchal duc de Reggio a fait un mouvement de retraite sur Wittenberg. Plusieurs habitants m'ayant annoncé que l'ennemi se portait sur Kalau, j'ai fait pousser une forte reconnaissance sur Senftenberg avec ordre de dépasser la ville et l'officier qui la commandait me fait rapport qu'il a été jusqu'à Alt Doebern et qu'il a appris, qu'avant-hier, les troupes russes et prussiennes étaient entrées à Luckau avec une colonne d'environ 6.ooo hommes et 6 pièces de canons et qu'il y avait aussi ce matin quelques cosaques à Kalau. On lui a également rapporté qu'il y a deux bataillons de landwehr et quelque peu de cavalerie à Sonnenwalde et Finsterwalde. Les habitants disent que l'on s'occupe d'organiser des bataillons de landwehr dans les environs de Guben et Muka, et il est sûr que des paysans parcourent le pays achetant du drap et du cuir pour leur habillement et équipement.

Dans la position actuelle l'ennemi pouvant faire un mouvement sur moi, je vous prie, Monseigneur, de donner des ordres pour faire rejoindre les officiers et sous-officiers ainsi que les soldats qui manquent au bataillon de marine, que j'ai sous mes ordres.

(4) Voir p. i63.
(5) Pour toute cette exploration, voir *Armée du Nord*, II, p. 46-5o.

auparavant ; il lançait à sa poursuite une patrouille qui lui enlevait quatre Wurtembergeois. Ceux-ci lui rapportaient que le général Normann occupait Hoyerswerda avec 2.000 hommes (trois escadrons wurtembergeois, trois pièces et deux bataillons français) et que leurs avant-postes étaient à Lanbusch.

Le 2, le colonel Jeanneret s'avançait jusqu'à ce qu'il aperçût de l'infanterie ; de son côté, Normann, averti de l'arrivée de forces prussiennes à Senftenberg, envoyait sur cette ville une forte reconnaissance ; elle lui rendait compte qu'il y avait sur ce point 200 cosaques et un bataillon d'infanterie (1).

Le colonel Jeanneret recevait à 5 heures de l'après-midi l'ordre de rentrer à Luckau ; il l'exécutait à 6 heures, marchait toute la nuit, atteignait Kalau à 6 heures du matin, reprenait la marche à 3 heures et entrait à Luckau le 4 au matin.

Le général Ilowaiski atteignait Sonnenwalde le 31 ; le 1er, il se dirigeait par Hohen-Leipisch sur Elsterwerda où l'avait devancé par Dobrilugk une avant-garde sous le capitaine Kockeritz. Celle-ci poussait sur Grossenhayn et s'avançait jusqu'à une demi-lieue de cette localité ; d'après son rapport, il y avait dans la ville 2.000 ou 3.000 hommes d'infanterie ennemie et 200 cavaliers ; les villages de Merschwitz, Wildenhayn, Bonda et Wolbe étaient également occupés ; les avant-postes étaient placés à peu de distance des cantonnements ; l'effectif total des troupes réunies autour de Grossenhayn devait s'élever à 8.000 hommes d'infanterie, 16 pièces et peu de cavalerie. Ces renseignements étaient inexacts quant à l'effectif de Lhéritier, par contre, le capitaine Kockeritz avait réussi à s'en procurer de très précieux sur les mouvements réels de Napoléon. Après avoir transmis des détails très importants sur la bataille de Dresde que lui avait fournis le chambellan Weissenbach il ajoutait :

« Hier, 31 août, 40.000 Français ont eu ordre de marcher de Dresde par Grossenhayn sur Elsterwerda et Sonnenwalde pour faire une attaque sur Berlin. Les gardes et plusieurs troupes françaises étaient déjà en marche entre Dresde et Grossenhayn lorsque l'Empereur a reçu l'avis que son armée de Bautzen avait éprouvé une défaite complète ; en conséquence les troupes qui étaient en mouvement, ont reçu ordre de revenir de suite à Dresde ».

De son côté, le major Hiller écrivait le 1er septembre à 4 heures et demie du soir :

« Deux hommes qui étaient encore le 31 à Dresde viennent d'arriver, ils disent : que l'armée française est partie le 29 de Dresde,

(1) Lhéritier à Berthier, 3 septembre. *La Katzbach*, documents p. 63.

elle a bivouaqué entre Grossenhayn et Dresde, mais elle a été rappelée hier 31 à Dresde » (1).

Ces nouvelles étaient en partie vraies ; le 31, l'Empereur donnait en effet l'ordre à la garde de passer dans la journée sur la rive droite de l'Elbe, mais il était inexact que l'armée française eût bivouaqué le 29 entre Grossenhayn et Dresde (2). Toutefois il est remarquable que le projet de marcher sur Berlin, tenu si secret par l'Empereur, eût été immédiatement connu.

Le 2 septembre, une reconnaissance de Lhéritier le renseignait exactement sur l'effectif de ce corps de partisans ; elle l'évaluait à 1.000 hommes de cavalerie russe et 500 hommes d'infanterie commandés par le major Hiller. On assurait dans le pays qu'un corps d'armée fort de 30.000 hommes venant de Finsterwalde devait arriver le 2 à Elsterwerda ; un autre corps, dont on ignorait la route, marchait directement sur Dresde. Un espion, arrivant de Luckau, prétendait avoir vu à Munchausen, route de Sonnenwalde à Elsterwerda, un camp de 6.000 hommes, et un habitant de Sonnenwalde affirmait qu'un corps de 15.000 à 16.000 hommes arrivait dans la ville au moment où il en partait (3).

Lhéritier dirigeait au point du jour une forte reconnaissance sur Elsterwerda sous les ordres du général Klicky, avec mission d'éclaircir ces différentes nouvelles ; il rencontrait trois escadrons de cosaques et recevait ordre « de les chasser et de pousser sur Elsterwerda à moins qu'il ne rencontrât des forces supérieures » (4). Les deux cavaleries escarmouchaient pendant la matinée autour de Zabellitz et Frauenhain ; vers midi, le général Klicky menaçait de tourner le corps prussien qui repliait son infanterie sur Hohenleipitsch, sa cavalerie à Kraupa. La cavalerie française le suivait jusqu'à Elsterwerda et rendait compte qu'elle avait aperçu derrière la ville 1.000 à 1.200 hommes de cavalerie et 600 hommes d'infanterie. De son côté Normann avait poussé une reconnaissance sur Senftenberg où elle signalait 200 cosaques et un bataillon d'infanterie (5). Le 3, il se rendait à Schweinitz sur la route Senftenberg-Kœnigsbruck (6) pour couvrir la droite de Lhéritier contre ce corps qu'il estimait à 2.000 hommes.

Le major Kockeritz confirmait le 2 les renseignements envoyés la

---

(1) *Armée du Nord,* II, p. 49-50.
(2) Voir *Introduction du journal du prince de Wurtemberg,* p. CCCXI-CCCXIII.
(3) Lhéritier à Berthier, 2 septembre, *La Katzbach,* documents, p. 59.
(4) Lhéritier à Berthier, 2 septembre, *La Katzbach,* documents, p. 60.
(5) Lhéritier à Berthier, Grossenhayn, 3 sept., *La Katzbach,* doc., p. 63.
(6) Normann à Berthier, Hoyerswerda, 3 sept., *La Katzbach,* doc., p. 63.

veille. « Je puis seulement donner comme authentique avec quelque certitude que les généraux Sacken et Blucher ont réellement battu le 3o et le 31 les Français à Bautzen.

Que les troupes françaises étaient en marche le 31 de Dresde sur Grossenhayn et éloignées seulement d'une lieue de ce dernier endroit où les gardes se trouvaient, les troupes devaient marcher jusqu'à Elsterwerda et Sonnenwalde, mais elles ont été rapidement rappelées par un courrier ».

Le corps prussien se repliait dans la soirée sur Sonnenwalde qu'il atteignait le 3 au matin ; la cavalerie continuait sur Dahme, l'infanterie sur Luckau.

Le major Creilsheim passait la nuit du 31 à Schlieben ; de là il envoyait trois patrouilles sur Annaburg, Herzberg et Ubigau ; elles lui rapportaient qu'il n'y avait pas de troupes françaises sur la rive droite de l'Elbe de Mühlberg à Prettin. En conséquence il se dirigeait à 6 heures du matin sur Herzberg où il bivouaquait sur la rive droite de l'Elster couvert sur son flanc droit par un détachement de cavalerie à Arnesta ; un autre établi à Wahrenbruck assurait la liaison avec le général Ilowaiski ; un poste de correspondance était établi à Schlieben.

Il apprenait que Torgau était occupé par 6.000 hommes d'infanterie, mais que tous les magasins avaient été conduits à Wittenberg. Comme on ne découvrait aucune trace de Français, sa cavalerie poussait l'après-midi à Fermerswalde et à Gross-Rœssen. Le 2, le 2e escadron gagnait Cosdorf, le 3e, Dobrichan ; les patrouilles lancées sur Zwethau et Zschackau lui rapportaient que les troupes françaises s'étaient dirigées de Torgau sur Grossenhayn et qu'il y avait sur ce point de 6.000 à 8.000 hommes. Dans la soirée du 2, tout le détachement se réunissait à Herzberg et se repliait le 3 au matin.

Conseil de guerre tenu par Oudinot dans la journée du 2. — Le maréchal réunissait dans la journée les commandants de corps à un conseil de guerre. A l'en croire, tout le monde était d'avis de battre en retraite sur Wittenberg et d'occuper une ligne passant par Dobien, Trajuhn, Euper, ayant comme avant-postes Woltersdorf et Zahna. « Les troupes que j'ai devant moi sont si supérieures en nombre, écrivait-il, que je ne puis me hasarder de me porter en avant. Le prince royal vient d'y arriver avec de ses troupes et les corps de Bülow, Borstel, Benkendorf et Tchernitchef ; ils manœuvrent sur nos flancs, et je n'ai d'autre parti à prendre que celui d'éviter une mésaventure ». Non seulement Oudinot recu-

lait sans motif, sans combat devant des partis de cavalerie, mais il
entrevoyait déjà le moment où il repasserait sur la rive gauche de
l'Elbe faute de vivres, laissant ainsi l'armée alliée libre de ses mouvements. Une telle conduite de guerre ne pouvait qu'exciter le
mécontentement de l'Empereur ; les généraux consultés le sen-
taient ; mais au lieu de s'efforcer d'entraîner leur chef à une résolution énergique, ils préféraient se plaindre au général Lebrun
croyant ainsi mettre leur responsabilité à couvert.

« Ce qui a déterminé l'avis des généraux Reynier et Bertrand de
se rapprocher de Wittenberg, écrivait-il, c'est le peu d'ensemble
qui existe dans notre armée. Ils pensent que nos positions étaient
bonnes d'autant plus que la cavalerie ennemie n'y pouvait point
agir » ; et dans une autre dépêche il ajoutait : « Nous ne croyons
pas être assez nombreux contre lui, mais surtout nous craignons
les mauvaises dispositions et le manque d'ensemble. »

Retraite de l'armée française le 3 septembre. XIIe corps.
—Oudinot recevait dans la matinée du 3 une dépêche de blâme qui
nous manque. A en juger par sa réponse, après l'avoir averti que
Bernadotte avait fait un détachement considérable vers Schwerin
contre Davout, Berthier lui ordonnait de reprendre l'offensive.
Oudinot s'y refusait ; ses renseignements portaient que Davout
n'avait pas bougé de Schwerin et ses lettres étant restées sans
réponse il ne pouvait juger la position du XIIIe corps ; les forces de
l'ennemi étaient bien telles qu'il en avait rendu compte. Dans cette
situation, il répétait à l'Empereur ce qu'il lui avait écrit la veille.
« Quelque bien que l'on fasse ici, les instructions qui m'ont été
données sont aujourd'hui impossibles à suivre si on ne manœuvre pas avec de bien plus grandes forces que celles que j'ai ». Il est
donc étonnant qu'il ait cherché à rejeter sur Reynier la défensive
où il se maintenait, en ajoutant : « Malgré cette supériorité de
forces [de l'ennemi], j'aurais repris l'offensive, si le général Reynier
eût été refait ; il lui manque toujours des choses utiles sans lesquelles il déclare ne pouvoir rentrer en lice ». En réalité une phrase
de ses explications semble indiquer qu'il aurait accepté une bataille
défensive. « J'ai quand je l'ai pu offert la bataille, mais je n'ai point
été accepté... D'ailleurs mon opinion à cet égard était celle de tous :
l'ennemi suit et probablement qu'arrivé à la position que je veux
tenir, il y aura un engagement ».

Le XIIe corps commençait la retraite : il se dirigeait sur Teuchel ; son premier élément de tête, la division bavaroise, se rassemblait à 2 heures du matin en arrière de Kropstædt, elle ouvrait la

marche avec toute l'artillerie. Oudinot établissait le XIIe corps :
Les deux divisions françaises à cheval sur la grande route à hauteur de Thiessen ; la division bavaroise en réserve.

VIIe corps. — La 24e division se rendait par Mochau à Teuchel
où elle s'établissait en réserve ; la 25e, la 32e, la cavalerie Gablenz
gagnaient Dobien par Smilkendorf ; elles se plaçaient : la divi-
sion Durutte face à Smilkendorf, la division Sahr face à Reinsdorf
dont elle occupait le pont ; chacune de ces colonnes était couverte
par une arrière-garde, formée de deux bataillons et de deux escadrons, qui furent assaillis par la cavalerie ennemie depuis Smilkendorf et Mochau ; elle menaçait l'aile gauche du VIIe corps et se
repliait après un combat de deux heures.

En arrière et à l'ouest. la division Dombrowski qui avait reçu
ordre à 3 heures du matin de prendre position entre Apollensdorf
ét Braunsdorf (1) couvrait la gauche de l'armée française.

IVe corps. — La division italienne se rendait directement à
Euper sans combiner son mouvement avec la colonne de gauche
du corps d'armée ; après avoir fait demi-tour, elle appuyait sa
gauche au XIIe corps. Le reste du IVe corps d'armée se portait sur
le même point ayant la division wurtembergeoise en tête suivie par
la division Morand, la cavalerie Beaumont couvrait le mouvement
et éclairait la plaine. En arrivant sur l'emplacement fixé, Bertrand
ramenait en deuxième ligne la division Morand qui avait d'abord
dû se placer à la droite de la division italienne.

---

(1) Gressot à Sahr   Teuchel, 3 septembre (A S)
Le général en chef a vu un troupeau de bœufs assez considérable dans les
buissons qui se trouvent près de la palissade qui est en avant du pont de
Reinsdorf que vous occupez. Il désire que vous le fassiez prendre si cela se
peut sans trop compromettre le détachement que vous y enverrez.

(2) Dombrowski à Berthier   Wittenberg, 3 septembre (A G)
J'ai l'honneur de rendre compte à votre Altesse Sérinissime que j'ai chassé
l'ennemi avec une brigade de Iserbegka et Elster et ouvert la communication
entre Zahna et l'Elbe. Le 2 septembre après minuit, je reçus l'ordre du duc de
Reggio de me porter sur l'aile gauche de son armée, de prendre position à
Dobien et de l'observer vers Belzig et Coswig.

Aujourd'hui à 3 heures du matin, j'ai reçu l'ordre de me porter plus à la
gauche de l'Elbe et j'ai pris position : mon aile gauche sur l'Elbe près d'Apollensdorf et mon aile droite à Braunsdorf en appuyant l'aile gauche du général
Reynier à Dobien.

J'ai eu quelques affaires avec les troupes légères de l'ennemi, mais de peu
d'importance de l'un et de l'autre côté.

Disposition de Bernadotte. Combat de Thiessen. — Bernadotte se contentait de diriger sur Seyda toutes les troupes qui arrivaient avec Tauentzien. L'armée suédoise s'établissait entre la droite à Raben, la gauche à Rœdigke, les autres corps conservaient leur position.

Dans la matinée du 3, Bülow rendait compte que les deux divisions saxonnes fortes de 10.000 hommes s'étaient repliées sur Wittenberg (1) ; ce rapport, rapproché de ceux du 2, semblait marquer que l'armée française battait en retraite ; il y avait donc là un motif de passer à une offensive vigoureuse . pour précipiter son mouvement.

A 6 heures, l'avant-garde de la 5e division, quatre escadrons, deux bataillons d'infanterie et quatre pièces (2) commandée par le major de Thümen débouchait de Marzahne sur la route de Wittenberg ; le général de Borstel l'accompagnait avec le général de Bülow. Une autre colonne, sous le major de Beier, forte de deux escadrons, deux bataillons et deux pièces (3), recevait pour mission de tourner la forêt à l'est de Thiessen et de s'avancer par Wergzahna, Rahnsdorf sur Woltersdorf ; le gros de la division suivait la grande route (4).

L'avant-garde du IIIe corps prussien suivait l'arrière-garde de Bertrand qui s'arrêtait à la lisière sud du bois au nord de Thiessen. Bülow n'avait pas l'intention d'engager une affaire sérieuse jusqu'au moment où il en recevrait l'ordre du prince royal qui le lui avait fait espérer la veille. Il ordonnait aux fusiliers du 2e de réserve de s'emparer de cette lisière, et appelait la division Krafft à Kropstædt et la division Dobschütz à Zahna.

Les bataillons de fusiliers, après s'être rendus maîtres de la lisière sud du bois, se lançaient à l'attaque de Thiessen ; ils réussissaient, appuyés par deux compagnies de tirailleurs du régiment de Poméranie qui avaient prolongé leur gauche, à prendre pied dans la partie nord-est du village. Fontanelli qui attachait une grande importance à la possession du village, envoyait contre leur gauche plusieurs bataillons en colonne, appuyés par une batterie dont les obus faisaient beaucoup d'effet dans cette épaisse forêt ; il les rejetait. Le bataillon de fusiliers du 2° de réserve exécutait sa retraite

(1) Schwederus, p. 148.
(2) Hussards Poméraniens ; Fus/1er Poméranien ; III/2e réserve régiment ; 12e batterie à pied.
(3) Ier et II/2e Rés. Rég. ; hulans de la Prusse occidentale, 11e batterie à cheval.
(4) Rapport de Mirbach chez Krafft, p. 57

avec le plus grand ordre quoique tous les tirailleurs et six pelotons eussent été employés en débandade dans ce combat de bois. Durant cet engagement le gros de la division s'était arrêté à Kœpenick ; deux bataillons du régiment de Poméranie s'en détachaient et se dirigeaient sur la gauche de la route. L'intention de leur chef, le lieutenant-colonel de Schœn, était de prolonger à gauche la ligne des fusiliers, puis de se rabattre à droite pour prendre Thiessen à revers, en conséquence il prescrivait au 2e bataillon (major Podewils) de chercher la liaison avec les troupes du major de Thümen.

Les Wurtembergeois évacuaient Woltersdorf à l'approche du major de Beier ; cet officier faisait alors converser ses deux bataillons et les dirigeait, précédés par leurs tirailleurs dans le bois entre Thiessen et Euper. Le colonel de Schœn en entendant le bruit du combat sur sa gauche, arrêtait le bataillon demeuré avec lui puis, après avoir assuré la liaison avec le major de Beier, tous deux continuaient leur marche sur Thiessen. Pendant cet arrêt dans la marche un certain vide s'était produit entre les deux bataillons du régiment de Poméranie.

A la suite de ces engagements, Bülow rendait compte avant midi que les Français se retiraient (1). A midi, arrivait une dépêche de Bernadotte qui, au lieu d'annoncer un appui, ne contenait que des choses insignifiantes. Le général de Borstel réduit à ses propres forces prescrivait de rompre le combat ; mais avant que l'ordre lui en fût parvenu, le 2e bataillon de Poméranie entraîné par son ardeur débouchait imprudemment dans la plaine ; il subissait de fortes pertes et était rejeté dans la forêt, l'artillerie wurtembergeoise avait contribué à cet échec. Toutefois une charge du régiment de cavalerie bavaroise, qui avait voulu profiter de cet échec pour poursuivre, échouait.

A l'apparition de la colonne du major de Beier, Bertrand avait ordonné à la brigade Spitzemberg de couvrir la droite de Fontanelli en occupant les hauteurs au nord d'Euper ; de cet emplacement il menaçait de tourner le flanc gauche des deux bataillons du 2e de réserve prussien, ce qui rendait leur retraite nécessaire.

Les pertes de la division Borstel s'élevaient à 8 officiers et 227 hommes ; celles de la brigade Spitzemberg, les seules que l'on connaisse du côté français, à 5 officiers et à 154 hommes.

Le IVe corps ne semble pas avoir poursuivi les Prussiens qui, après avoir franchi les bois, gagnaient Woltersdorf sous la protection de deux escadrons de hulans. La position prise par le général

____

(1) Schwederus, p. 148.

Dobschütz contribuait vraisemblablement à arrêter toute offensive de Bertrand. Le général Dobschütz s'était mis de lui-même à 2 heures du matin en mouvement sur Zahna qu'il savait évacué par les Français et que les cosaques avaient incendié. En entendant le bruit du combat, il tournait ce village et poussait sur la hauteur qui domine le vallon de Abtsdorf deux bataillons et deux pièces qui intervenaient contre la droite française. Dans la soirée il ramenait ses troupes entre Bulzig et Woltersdorf (1).

A l'issue du combat, la brigade Stockmayer allait remplacer à Euper la division Morand qui passait en seconde ligne. L'escadron Bassewitz, des chasseurs Louis, lui était affecté avec 90 cavaliers bavarois, westphaliens, hessois, sous le capitaine Korriger. Stockmayer occupait le village et une petite forêt au nord avec le 7e régiment ; le 9e prenait position sur une hauteur boisée à sa droite ; le 10e demeurait en réserve, la cavalerie patrouillait sur les deux flancs qui étaient en l'air. Cette position à un kilomètre en avant de la ligne était fort exposée « les avant-postes étaient à cinquante pas l'un de l'autre et les bivouacs si près que l'on pouvait presque entendre chaque mot qui s'y prononçait » (2).

A ce qu'il semble, et bien qu'aucun historien n'en parle, le général Woronzow avait éprouvé un échec vers Smilkendorf à la suite duquel Bernadotte invitait Bülow à se reporter en avant. En effet ce dernier lui répondait à 4 heures 1/2 de l'après-midi : « Borstel ne peut s'avancer plus en avant (comme le prince le lui avait ordonné), parce qu'il se trouverait dans une tiraillerie continuelle avec l'ennemi. Votre Altesse royale me communique que Woronzof est repoussé par l'ennemi. Le général de Borstel ne peut cependant pas s'avancer sans s'exposer à une affaire. Du reste le feu semble cesser de ce côté... et le rapport que je reçois dans ce moment me communique que le général Woronzow... se retire sur Grabo sans être poursuivi » (3).

Peut-être Oudinot aurait-il trouvé, en s'engageant vigoureusement, une occasion d'infliger une perte sérieuse au IIIe corps prussien. Mais une lettre de lui, expédiée à minuit, nous montre qu'il restait convaincu de la supériorité numérique des forces ennemies auxquelles il avait affaire. D'ailleurs le maréchal Ney arrivait à 2 heures de l'après-midi à Wittenberg chargé du commandement de l'armée.

(1) Quistrop, p. 375.
(2) Starkow, p. 359.
(3) Schwederus, p. 149.

Corps de Tauentzien. — Le général Tauentzien se décidait enfin à obéir aux ordres de Bernadotte. Il rendait compte à 9 heures du matin qu'il allait se diriger sur Seyda où il y attirerait à lui le général Dobschütz qu'il supposait à Dennewitz. Un second rapport expédié à 3 heures de Dahme avertissait qu'il marchait par Welsickendorf sur Dennewitz, où il attendrait de nouveaux ordres « pour agir de concert avec le reste des armées » ; il appellerait sur ce point le général Dobschütz qu'il croyait à Œhna et pousserait des reconnaissances sur Zahna

LAVAL. — IMPRIMERIE L. BARNÉOUD & Cⁱᵉ.

DOCUMENTS

Prétet à l'Empereur

Gœrlitz, 2 juillet [A N.]

« Sire, les troupes du VIIe corps sont placées ainsi qu'il suit :

La division Durutte est campée sur la rive droite de la Neisse à environ un mille de Gœrlitz, ayant sa droite près du village de Schœubrunn. Le quartier général est à Schemberg avec les chevaux du train de l'artillerie. Le camp est placé sur un terrain élevé et sablonneux adossé à un petit bois de bouleaux ; il a sur son front un terrain en partie inculte que les soldats ont préparé pour champ d'exercice. Un ruisseau coule près du camp, les baraques des soldats ont absolument la forme des tentes, la carcasse est formée avec des perches de 4 à 5 pouces de diamètre sur lesquelles on a établi une bonne couverture en paille.

La profondeur du camp est de quatre baraques renfermant une demi-compagnie. On a fait en planches les baraques des officiers et des généraux.

La division saxonne est plus rapprochée de Gœrlitz ; elle a sa gauche appuyée à la Neisse, à une demi lieue au-dessus de la ville et elle est à cheval sur le chemin de Gœrlitz à Mois. La forme et la disposition des baraques sont conformes à celles de la division Durutte.

Les camps sont situés dans des lieux sains ; ils sont d'une grande propreté, aussi y a-t il peu de fiévreux.

La cavalerie saxonne est cantonnée dans beaucoup de villages du côté d'Ostritz ; la rareté des fourrages a nécessité cette mesure.

Les troupes qui sont campées reçoivent régulièrement les vivres tous les deux jours ; elles ont ration complète de pain, viande, eau-de-vie, sel et légumes quand il y en a ; quand il n'y en a pas, ils sont remplacés par quatre onces de viande. Les vivres sont fournis par le cercle, mais cependant ce sont les boulangers du corps d'armée qui font le pain et, pour cela, la commission du cercle pour les subsistances fait conduire tous les cinq jours et à l'avance, dans la manutention, la quantité de farine nécessaire à la nourriture du corps d'armée.

Les troupes vont deux et même trois fois par jour à l'exercice : elles sont au détail le soir ; le matin, après le détail, on les réunit pour commencer l'école de bataillon. Les maniements d'armes commencent à se faire avec ensemble et il est présumable que, dans quinze jours, ils se feront généralement bien.

Tous les généraux et officiers se louent de la bonne conduite, du zèle et de l'obéissance de leurs jeunes soldats.

L'armement de l'infanterie est bon, il manque peu de fusils. Ceux, en petit nombre, qui ont besoin de quelques réparations, sont mis en état par les armuriers du corps.

Il manque beaucoup de sabres pour les grenadiers.

L'habillement est mauvais dans les corps qui ont encore un certain nombre d'anciens soldats, parce qu'ils n'ont rien reçu depuis longtemps. On a généralement besoin de souliers.

Le 131e régiment n'a pas d'effets de campement et il se sert de marmites et gamelles en terre ; les autres corps sont, à peu de chose près, au complet.

La cavalerie saxonne s'exerce dans ses cantonnements : je l'ai vue ce matin toute réunie à Küsdorf, près d'Ostritz. Le général Reynier en passait la revue. Les hommes se portent bien, les chevaux aussi ; mais il manque beaucoup d'officiers.

Dans le régiment de hussards, il manque passablement de carabines et de pistolets et, parmi celles qui existent, beaucoup demandent à être réparées. Grand nombre de mors de bride sont mauvais.

Dans le régiment de lanciers, il n'y a point de carabines et il manque la moitié des lances ; il y a aussi beaucoup de mors à changer.

Les chevaux de l'artillerie se portent bien, toutes les voitures sont bien attelées. Il y a beaucoup de harnais vieux et mauvais, on les répare le mieux possible. Je joins ici un état du personnel et du matériel de l'artillerie, tous deux sont en bon état.

L'argent pour solder avril n'est point encore arrivé, on assure qu'il est en route.

Il y a dans la division Durutte 1.561 galeux traités au camp et il n'y a presque pas d'autres malades. On m'a assuré que la cause de cette gale était la malpropreté de vieux habits sortis des magasins par le ministre directeur de l'administration de la guerre pour faire achever d'user.

Habillement

35e régiment d'infanterie légère. — A 330 hommes qui ont fait la dernière campagne à réhabiller. Le régiment n'a qu'une paire de souliers par homme. Le 1er bataillon n'a pas d'habits d'infanterie légère.

36e régiment d'infanterie légère. — Il lui manque 247 habits, 300 vestes, 301 pantalons, 19 capotes et 900 paires de souliers pour que chaque soldat ait ce qu'il doit avoir. Il faut aussi 147 baudriers de sabre.

131e régiment d'infanterie de ligne. — Il lui manque l'habillement complet de 40 hommes. 276 habits à changer, les plaques de shakos à changer et deux paires de souliers par homme.

132e régiment d'infanterie de ligne. — A besoin de renouveler 641 habits, 933 vestes, 969 capotes, 939 culottes, 630 shakos ; il lui manque 14 caisses, 271 sabres.

133e régiment d'infanterie de ligne. — Il manque son aigle qu'il n'a pas reçue ; manque 15 habits, 75 à remplacer, 120 pantalons, 20 capotes, des sabres pour les grenadiers.

Artillerie. — L'habillement est bon. » (1)

Prétet à l'Empereur

Sprottau, 18 juillet [A. N.]

« Sire. le IVe corps a son quartier général à Sprottau, mais les troupes sont dispersées dans plusieurs cercles afin de pouvoir subsister. Le pays offrait si peu de ressources que, si l'on n'eût pas cantonné et éparpillé les troupes, il eût été impossible de les faire vivre. Le IVe corps se compose en ce moment d'environ 20.000 hommes présents, savoir :

______

(1) La situation du VIIe corps au 2 juillet est jointe à ce document.

32e division (française).	6.976
15e division (italienne).	7.101
38e division (wurtembergeoise) . .	3.369
Artillerie, y compris le train . . .	1.582
Génie.	593
Equipages militaires	337
	19.958

Les soldats sont nourris par les habitants, ils sont généralement bien, il n'y a que très peu de plaintes de portées. On exerce tous les jours deux fois dans les cantonnements, et deux fois la semaine les régiments se réunissent. L'instruction a fait beaucoup de progrès, elle en aurait fait davantage si les divisions eussent été réunies et campées. Le général en chef se propose, aussitôt après la récolte et si les cantonnements continuent, de réunir ses troupes par division et de les faire manœuvrer et camper deux fois par semaine. Les régiments tirent à la cible.

L'artillerie s'exerce au maniement des armes et à la manœuvre du canon. Le génie joint à l'exercice d'infanterie, une école de sape avec la construction des fascines, saucissons, gabions, etc. Les sapeurs commencent à être bien exercés. Les corps ont réparé l'armement, l'habillement et particulièrement la chaussure ; il y a deux tanneries à Sprottau qui ont été d'une grande ressource pour cet objet.

L'artillerie française, au moyen d'un dernier envoi qui lui arrivera le 20, sera complète, elle aura toutes ses bouches à feu avec un approvisionnement et un demi-approvisionnement à la réserve. Il lui manquera cependant une deuxième batterie de 12 annoncée, mais sans indiquer l'époque de son arrivée.

Il manque quatre pièces pour compléter les batteries de la division italienne et autant pour la division wurtembergeoise, rien n'est annoncé pour ce complément.

L'infanterie légère wurtembergeoise a des fusils de calibre de 28 à la livre, il lui manque environ 30.000 cartouches pour être au complet. Elle fait elle-même ses balles, il suffit de lui fournir du plomb, mais cette fourniture devient nécessaire puisqu'elle serait exposée à manquer de munitions.

Les chevaux de l'artillerie se portent assez bien, quoique n'ayant point d'avoine, les harnais ont été réparés : il manque à l'artillerie française, 133 selles ; elles sont remplacées par des panneaux qui ont le défaut de blesser les chevaux ; il manque aussi 167 habits pour les soldats du train.

Le génie a refait entièrement à neuf ses neuf caissons d'outils ; ils venaient de *Palma Nova*, étaient lourds, vieux, et tout à fait hors de services, son matériel consiste en :

9 caissons ou prolonges chargés d'outils,

1 forge,

1 haquet à nacelle,

16 caisses pour charger huit chevaux de bât, deux par compagnie, des outils dans des étuis avec un baudrier, pour armer tous les sapeurs dans la proportion de 1/3 haches, 1/3 pelles, 1/3 pioches.

Les chevaux sont au complet, les harnais en bon état ; je joins ici la situation des divisions du IVe corps avec l'emplacement des troupes ; celles du personnel du génie et celles du personnel et du matériel de l'artillerie. Il faut retrancher du personnel du génie une compagnie de sapeurs qui reçoit en ce moment l'ordre de se rendre au corps du duc de Bellune.

Il y a au IVe corps, trois compagnies des équipages militaires, deux françaises et une italienne.

Compagnies françaises

5e du 9e bataillon : elle a 36 caissons et une prolonge, 133 chevaux dont 20 ont besoin de repos. 19 hors de service ont été renvoyés à Dresde.

121 soldats du train auxquels il manque peu de choses. Les voitures sont en état ; 27 sont en route pour Dresde.

7e du 9e bataillon : cette compagnie vient du XIIe corps, elle n'a que 17 caissons, une forge et une prolonge.

63 chevaux, dont 30 sont à refaire, 55 ont été envoyés au dépôt à Dresde.

2 officiers et 71 soldats du train sont présents et en état.

Compagnie italienne

78 voitures, 8 forges et une prolonge, 183 chevaux présents, environ 100 à refaire ; 145 soldats du train manquant de beaucoup d'effets.

Hôpital. — L'hôpital est établi au château de Wichelsdorf à environ une lieue et demie de Sprottau, il renferme en ce moment 360 malades dont 20 blessés et le reste fiévreux. Il y a dans le château 140 malades avec les chirurgiens, employés, etc., le reste est placé dans de très belles granges que l'on a disposées convenablement Les malades ont des lits avec des demi-fournitures ; tous n'ont pas encore des draps et des couvertures. On fait acheter des toiles pour faire des draps et des chemises. Ces objets arrivent peu à peu. On confectionne 50 matelas.

On distribue aux malades des vivres sains ; mais ils n'ont pas de vin. Les Wurtembergeois traitent eux-mêmes leurs malades, ils ont un hôpital à Primkenau.

Magasins et munitions — On a construit à Sprottau une manutention renfermant six fours de 500 rations chacun, la manutention est pourvue de tous les ustensiles nécessaires ; elle a des magasins, elle n'a point encore servi.

Le cercle de Sprottau n'ayant presque rien fourni, les magasins du IVe corps sont vides. Ils ont en ce moment :

221 qx 90 kil. de seigle de mauvaise qualité, il a été fourni par le cercle.

4 qx 25 kil. de farine de seigle,

25.492 rations de biscuits, 1/5 froment et 4/5 seigle,

25.000 rations de biscuits venant de Dresde,

400 quintaux, poids de marc, de riz,

2.222 litres d'eau-de-vie.

Le IVe corps doit envoyer chercher 1.000 quintaux de farine à Torgau et envoyer à Dresde toutes les voitures dont il pourra disposer, afin de lui apporter son approvisionnement.

Il y a encore dans le cercle de Sprottau 400 chevaux de trait que l'on surveille pour le cas où l'on serait forcé d'y avoir recours. Les voitures envoyées à Torgau et à Dresde sont attelées avec des bœufs.

Le cercle de Sprottau a été imposé à une contribution de 140.000 francs, environ moitié est rentrée soit en billets, soit en argent. Les habitants du pays ne désirent que la paix, il n'y a nulle exaltation dans les têtes. »

Préfet à l'Empereur

Luckau, 20 juillet [A N.]

« Sire, le XIIe corps est placé en partie dans le cercle de Luckau, le quartier général est dans la ville. Cependant M. le duc de Reggio s'est établi à

Lubbenau, à trois lieues de Luckau. Le XIIe corps a deux divisions d'infanterie française, la 12e et la 13e et une division bavaroise.

La 12e division composée de onze bataillons à 7.439 hommes présents dont 1.128 galeux que l'on traite dans les villages. Cette division a cinq bataillons campés devant Luckau et quatre près de Lübben.

Un bataillon est à Cottbus et à Peitz pour la rentrée des réquisitions. Un bataillon est réparti sur la ligne entre la Sprée et le lac de Schwielung.

La 13e division a quatre bataillons campés près de Giessmannsdorf, demi-lieue de Luckau et quatre bataillons tant au camp de Paserin qu'à Dahme. Un bataillon est à Golssen et environs. Cette division n'a que 4.269 présents.

Les camps sont assez bien établis, il manque des lits de camp dans la plus grande partie des baraques ; ils sont nécessaires pour préserver le soldat de l'humidité du sol. L'armement est en bon état, mais l'équipement manque de plusieurs choses ; l'état exact a été envoyé.

Il ne manquera à la 12e division que 6.270 paires de souliers pour être au complet, ainsi chaque homme en a deux bonnes paires.

La 13e division n'a guère qu'une bonne paire de souliers par homme.

Les soldats sont exercés deux fois par jour, l'instruction a fait beaucoup de progrès : on va commencer le tir à la cible.

Il y a peu de malades ; les divisions ont des hôpitaux où leurs malades sont traités. Il y en a un à Lübben que l'on m'a dit très bien tenu. Luckau a deux hôpitaux renfermant 219 malades dont 24 blessés. Le premier, établi dans la maison du lazaret, en a 106. Le deuxième, établi dans la maison de l'arquebuse, en a 113.

Les malades ont des demi-fournitures ; mais ceux de l'arquebuse n'ont pas de bois de lit, ce qui est mauvais surtout pour le rez-de-chaussée.

Les malades manquent souvent de vin.

Il n'y a pas de manutention à Luckau, le pain se confectionne dans les fours particuliers tant de la ville que des villages des environs. On sent combien cette méthode est défectueuse, elle empêche toute surveillance et favorise la fraude que l'on peut à peine éviter dans les manutentions fermées ; il n'eût pas été plus difficile de construire des fours à Luckau que partout ailleurs.

Les magasins d'approvisionnement du XIIe corps consistent en 136.000 rations de biscuits confectionnées sur différents points et 666 qx 50 kil. quintaux métriques, venant de Torgau.

Les rentrées du pays occupé par le XIIe corps suffisent à peine pour nourrir les troupes.

Équipages militaires. — Le XIIe corps a quatre compagnies du 7e bataillon des équipages militaires, la 1re compagnie a 89 voitures à la comtoise, une prolonge et une forge.

Quatre voitures ne sont pas attelées.

Cette compagnie a 223 chevaux dont 10 à refaire. 1 officier et 142 soldats du train.

2e compagnie : 87 voitures, 7 non attelées, 219 chevaux, 14 à refaire, 2 officiers, 148 soldats.

La 3e compagnie a 99 voitures dont 30 non attelées, 204 chevaux dont 12 à refaire, 2 officiers, 148 soldats.

Un détachement de la 4e compagnie, 40 voitures dont 6 non attelées, 87 chevaux, dont 9 à refaire, 1 officier, 55 soldats.

Toutes les voitures sont en état, mais les chevaux ont généralement besoin de repos. Les soldats du train sont habillés et équipés.

Les deux divisions d'infanterie française n'ont chacune qu'une batterie à pied de six pièces de 6 et deux obusiers avec l'approvisionnement simple. Les chevaux et voitures appartenant à la batterie sont en bon état.

Le général commandant l'artillerie du XIIe corps ne se trouvait point à Luckau ni le chef d'état-major du corps d'armée, en sorte que je n'ai pu me procurer de renseignements sur l'artillerie et sur la division bavaroise, attendu que je devais être rendu le 20 à Dresde et qu'il ne me restait que le temps nécessaire pour m'y rendre.

Il a passé à Luckau le 17 un convoi de 200 voitures chargées de farine de Magdebourg destinées pour Glogau. Ce convoi était dans le plus grand désordre ; chaque jour nombre de voitures sont abandonnées et il est probable qu'il n'en arrivera pas moitié à destination.

Le convoi a abandonné :

    120 sacs à Jüterbog,
    237   —   Luckau,
    105   —   Kalau.
    ____
Total : 462

Ces 462 sacs abandonnés dans l'arrondissement du XIIe corps ont été ramassés et mis en lieu de sùreté par les soins de M. l'ordonnateur du XIIe corps.

La ville de Luckau a souffert considérablement par les événements qui se sont passés sous ses murs à la veille de l'armistice. Un grand faubourg et une partie de la ville ont été réduits en cendres. La ville a environ 1.000 toises de tour, elle est fermée d'une muraille et d'un large fossé plein de cinq à six pieds d'eau, elle a deux portes principales et une troisième pour les hommes à pied seulement. Il y a des ponts en bois sur les fossés vis-à-vis des portes ; l'ennemi les avait démontés pour se défendre dans la ville.

Luckau est un poste où l'on peut se regarder à l'abri des cosaques et même des partisans sans artillerie. Il faut y faire des portes et construire quelques créneaux. »

Gressot à Lecoq

Gœrlitz, 9 août [A S.]

Son Excellence le général en chef désire que vous fassiez distribuer dans le jour aux troupes de votre division les cartouches à poudre destinées à l'exercice à feu ordonné pour le 10, à raison de 10 par homme.

M. le colonel Verpeau, commandant l'artillerie du corps d'armée, a déjà donné des ordres à ce sujet à M. le colonel d'artillerie de Raabe.

Delort à Franquemont

Sprottau, 9 août [A W.]

Le général en chef me charge d'avoir l'honneur de vous prier de profiter de l'occasion de la réunion des officiers pour la fête de l'Empereur, afin de recommander de faire saisir, dès leur retour à leur cantonnement, tous les chevaux de leur cantonnement, et de les faire conduire dès le 11 au matin au chef-lieu de votre division où vous les ferez examiner immédiatement par des officiers d'artillerie et des équipages militaires Avant de renvoyer aucun cheval, Son Excellence vous prie de lui en rendre compte et d'attendre ses ordres. Comme l'armistice peut être dénoncé le 10. et que cette dénonciation peut nous mener à faire un mouvement immédiatement, Son Excellence vous prie de donner les ordres les plus précis pour que toute votre division soit en état de partir avec armes et bagages le 11.

Oudinot à Berthier

Luckau, 10 août [A X.]

J'ai l'honneur d'adresser à Votre Altesse Sérénissime quelques notes qui m'ont paru intéressantes et traduites des journaux de Berlin.

Oudinot à Berthier

Luckau, 10 août [A X.]

Monseigneur, j'ai l'honneur d'adresser à Votre Altesse Sérénissime un rapport sur la situation des fortifications de Luckau au 9 de ce mois et un projet pour l'armement de cette place.

Oudinot à Berthier

Luckau, 10 août [A X.]

J'ai l'honneur de rendre compte à Votre Altesse Sérénissime que le général Bülow m'a écrit hier en date du 8 pour se plaindre de ce qu'il avait été volé dans une enclave prussienne. Il résulte de nos recherches que c'est un piquet de chasseurs à cheval de la garde, placé là pour l'escorte de Sa Majesté dans un village où il n'y avait pas de fourrages, qui a été en chercher dans le voisin qui était et qu'il ne savait pas prussien. Je crois ne devoir pas répondre à cette lettre.

De Caraman à l'Empereur

Luckau, 10 août [A. N.]

Baruth. — Le terrain situé entre Luckau, Baruth, Jüterbog et Dahme se distingue en deux parties de nature très différente. Celui à gauche de la route de Luckau à Baruth s'élève sur une étendue de cinq à six lieues, couvert par des masses de bois, mêlé de champs peu fertiles. Le Colmberg paraît en être le point dominant auquel se rattachent les autres hauteurs. La route de Luckau à Baruth suit au pied de ce grand plateau, ainsi qu'un petit ruisseau, indiqué sur la carte Geille ou Bobe, mais que les habitants appellent Dahme. Tout ce terrain est sec, les communications y sont faciles, et il est accessible sur tous les points, excepté sur quelques points du ruisseau et portions de marais près de Linow et Baruth.

La droite de la route est un terrain plat couvert de bois sur une étendue de quatre ou cinq lieues. Le ruisseau indiqué précédemment le coupe après avoir traversé la route à Golssen se dirigeant sur Buchholz, ses bords sont presque partout marécageux, mais accessibles en beaucoup d'endroits.

La route de Luckau à Baruth partage les deux terrains qu'on vient de décrire, passe par Giessmannsdorf, Golssen, Alt-Golssen laissant à droite le ruisseau qui vient de Luckau à Golssen et Alt-Golssen ; il y a une digue, au milieu de marais, à chacun de ces endroits ; ce sont les seuls défilés qu'on peut même éviter en prenant sur la gauche par Ziescht. De là, on est presque toujours dans les bois, longeant quelques hauteurs isolées, dépendantes du Frauenberg près Baruth.

La route est assez bonne, les pluies l'endommagent beaucoup, l'hiver elle est impraticable.

De Luckau, il y a une autre route qui conduit également à Baruth par Ziescht, Schenkendorf, Sellendorf rejoignant Alt-Golssen : on prend celle-ci lorsque les digues sont couvertes d'eau par les marais.

Indépendamment des routes indiquées, tous les villages situés entre la route de Dahme à Baruth et celle de Luckau, communiquent entre eux par des chemins praticables.

Il en est de même sur la droite de la route de Luckau à Baruth ; beaucoup de chemins traversent le terrain situé à droite du ruisseau Bobe et aboutissent à Buchholz, mais la partie des bois située entre Baruth, Teupitz, Buchholz et Golssen n'a cependant que deux chemins, de Baruth par Rietze allant à Lübben, l'autre venant de Dornswalde allant aussi à Rietze.

Position de Baruth. — Baruth n'est qu'un bourg sans enceinte, à sept lieues de Luckau sur la route de Mittenwalde, on y compte 700 à 800 habitants.

La ville n'est enfermée que par un petit fossé bordant une suite de jardins dépendant de chaque maison, un ruisseau qui vient de Paplitz tourne autour de la ville et forme des marais qui s'étendent loin dans la plaine et enveloppe une grande partie des environs de Baruth.

Une digue d'environ 300 toises est le seul débouché par où l'on puisse arriver du côté de la Prusse, trois chemins différents, venant de Ziescht, Teupitz et Dornswalde viennent s'y rejoindre. Un autre chemin vient de Luckenwalde par Linow et rejoint la route de Luckau à la porte.

Baruth n'est ainsi accessible que par un point du côté de la Prusse. Un seul débouché, facile à défendre, des marais presque tout autour, impraticables à l'artillerie, difficiles pour les troupes, les rendent très susceptibles de résistance, de fermer la route de Luckau, mais non d'être à l'abri d'un coup de main si ce poste demeurait livré à ses propres moyens.

Il y faudrait un enceinte quelconque, détruire tous ces jardins qui facilitent une surprise et de plus beaucoup de travail ; d'ailleurs le Frauenberg et les hauteurs adjacentes découvrent la ville et tout le pays quoique situées en arrière des marais indiqués ; l'ennemi pourrait y arriver en prenant un détour éloigné par les bois et dérober son attaque.

Il ne serait donc guère possible d'y établir un poste fermé et isolé, mais ce point paraît avoir une toute autre importance en l'envisageant différemment.

Les hauteurs indiquées en arrière de Baruth, situées obliquement sur la route de Luckau, découvrent et dominent une grande étendue du pays limitée seulement par les bois de Zossen et de Mittenwalde à plusieurs lieues.

Un corps considérable peut s'y développer et y prendre une bonne position défensive occupant le Frauenberg, descendant de là dans la plaine, dans une direction à peu près parallèle à la route de Baruth à Linow et Stulpe, ses extrémités s'appuyeraient au grand bois entre Buchholz et Teupitz et ceux du Colmberg.

Baruth ainsi soutenu devient un poste avancé, susceptible d'offrir une forte résistance et de défendre la route de Luckau découvrant en même temps tout le pays au loin.

Au premier coup d'œil, cette position paraît ainsi avoir tous les avantages d'une très bonne position défensive ; mais il importerait avant de se prononcer de reconnaître si les bois auxquels s'appuieraient les deux extrémités, peuvent être bien gardés, afin que l'ennemi ne puisse pas en profiter pour dérober sa marche et tourner la position.

Il faudrait en fermer les débouchés ou être en relation avec d'autres troupes situées assez à portée pour que l'ennemi ne puisse hasarder ce mouvement.

Dans Baruth, il y a un château entouré de fossés ou marais, qui peut faire un bon poste momentané.

Gressot à Sahr

Gœrlitz, 11 août [A S.]

« M. le général en chef me charge de vous mander qu'il désire que vous continuiez à lui faire parvenir régulièrement le résultat des feuilles d'appel des troupes du camp de votre division ainsi que le rapport journalier, conformément au modèle que j'ai eu l'honneur de vous adresser dans le temps.

Son intention a toujours été que ce rapport lui soit remis directement par un officier d'état-major de chaque division du corps d'armée. »

Delort à Franquemont

Sprottau, 11 août [A W.]

« J'ai l'honneur de vous adresser un état de répartition de 7.000 scheffels de seigle ou farine de seigle que le cercle de Sprottau doit fournir aux magasins de l'armée, savoir : 3.500 dès demain 12 ou après-demain au plus tard et 3.500 pour le 15 au plus tard. Chaque commune doit fournir autant de quintaux de paille que de scheffels de grains. La répartition en doit être faite aujourd'hui par l'intendance qui n'a encore fait que la réquisition des grains. Son Excellence vous prie de donner ordre à tous les chefs de cantonnement de surveiller le versement que chaque commune doit effectuer et de s'assurer qu'on les transporte à chaque chef-lieu de division.

Comme ce travail est pressant, il a été plus court pour moi de faire copier toute la liste que d'en extraire les villages qui vous appartiennent, pour ne vous envoyer que ceux-ci ; cela est plus sûr, parce qu'on pourrait se tromper chez moi dans la distribution des villages où est le corps d'armée, tandis qu'on ne peut pas se tromper dans les bureaux de votre division sur les villages qu'elle occupe.

Tous les chevaux reconnus propres au service de l'artillerie et des transports doivent être gardés et soignés jusqu'à ce que Son Excellence en ait fait la répartition aux différents services; il faudra en faire donner des reçus bien en règle. Tous ceux impropres doivent être renvoyés à leurs propriétaires. »

Oudinot à Berthier

Luckau, 12 août [A X.]

« J'ai l'honneur d'adresser à Votre Altesse Sérénissime, avec la reconnaissance des différentes communications sur Jüterbog, celle de Baruth et qui ont motivé le projet que j'ai l'honneur de vous annoncer par une lettre ci-jointe. »

Oudinot à Berthier

Luckau, 12 août [A X.]

« Quelques heures après l'avis des hostilités reprises, je me propose de marcher, avec les deux divisions françaises du XIIᵉ corps, sur Baruth pour y rester en position, jusqu'à ce que des ordres de Votre Altesse Sérénissime changent ma direction.

Je porterai la division bavaroise à Dahme, parce que les communications sont autant faciles pour me rejoindre à Jüterbog qu'elles le seront aux deux autres divisions par celui des trois chemins qui conduisent directement de Baruth à ce dernier endroit.

Dans cette alternative, je me trouve forcé d'abandonner Lübben, et je prie alors Votre Altesse de donner des ordres pour que ce point soit occupé par les troupes du IIe corps qui n'ont qu'une marche pour y arriver.

Si ces dispositions changeaient les ordres que l'on se propose de me donner, je serais fort aise de le savoir même avant le commencement des hostilités.

Le point de Baruth me paraissant menacé par les troupes qui viennent d'y arriver, ainsi que mon rapport le mentionne, j'ai pensé qu'il était nécessaire de vous faire part de mon projet. »

Oudinot à Berthier

Luckau, 12 août [A X.]

« J'ai l'honneur de prévenir Votre Altesse Sérénissime que j'ai fait une disposition pour que toute l'artillerie et les équipages soient attelés et prêts à mouvoir huit heures après l'ordre de le faire, mais les Bavarois sont disséminés et trop éloignés de moi, pour être réunis à moi dans moins de vingt heures ; je demande à Votre Altesse s'il ne serait pas convenable que je les réunisse de suite. »

Oudinot à Berthier

Luckau, 12 août [A X.]

« Je reçois des avant-postes, la nouvelle qu'il est arrivé le 10 à Buchholz 1.300 hommes d'infanterie de la Poméranie prussienne ; il y a à Krausnig 200 hommes d'infanterie et 100 de cavalerie ; les cosaques qui font le service de la ligne recommencent déjà à inquiéter les paysans saxons ; ils leur ont pris quelques moutons, et ont dit que dans peu de jours ils seraient libres de prendre les troupeaux. »

Oudinot à Berthier

Luckau, 12 août [A X.]

« Les travaux de Luckau sont tellement avancés qu'ils seront tous demain en état d'être défendus. Il ne faudra plus que quelques jours de travail pour leur perfectionnement ; les plates-formes sont déjà en partie établies et je demande à Votre Altesse Sérénissime de me faire savoir où je dois prendre l'artillerie nécessaire pour armer ces ouvrages. »

Oudinot à Berthier

Luckau, 12 août [A X.]

« Tous les hôpitaux du XIIe corps seront évacués demain sur Torgau et il ne restera à la suite du corps d'armée aucun embarras qui puisse ralentir la marche. »

Oudinot à Berthier

Luckau, 12 août [A X.]

« J'ai l'honneur de rendre compte à Votre Altesse Sérénissime que sur l'effectif de 720 chevaux des quatre compagnies du 7e bataillon des équipages militaires attaché au XIIe corps, 200 environ sont dans le plus mauvais état.

Ces mêmes compagnies ont en tout 380 voitures dont 70 ne sont pas du tout attelées. J'ai ordonné que l'on réunit dans le pays les chevaux nécessaires pour les atteler, et je les ferai employer au transport du riz que Votre Altesse Sérénissime m'a annoncé que je pourrai faire prendre à Dresde. »

Oudinot à Berthier

Luckau, 12 août [A X.]

« Je n'ai pas cru devoir communiquer la lettre par laquelle Votre Altesse Sérénissime m'annonce les prétentions de l'Autriche, parce que je l'ai regardée comme une confidence, je n'en parlerai pas sans votre autorisation. »

Gressot à Lecoq

Gœrlitz, 12 août [A S.]

« Son Excellence le général en chef me charge d'avoir l'honneur de vous prévenir que le corps d'armée devant se mettre en marche pour se rendre à Luckau, la division sous vos ordres devra se tenir prête à partir après-demain 14 pour prendre cette direction. Veuillez bien en conséquence donner les ordres que vous jugerez nécessaires tant pour resserrer les cantonnements des troupes détachées que pour faire rentrer demain à leur régiment respectif les galeux de votre division et faire rapprocher les chevaux de vos deux batteries, afin que votre division puisse se mettre en marche après-demain de bonne heure, bien réunie. Donnez les ordres au 1er bataillon de grenadiers de partir de ses cantonnements demain 13 pour se rendre le même jour à Gœrlitz. Prescrivez, je vous prie, aux troupes de votre division, qui se trouvent cantonnées, de prendre dans leurs cantonnements, autant que possible, des vivres pour quatre jours ; l'artillerie devra en outre se pourvoir d'autant de fourrage qu'il lui sera possible d'en emporter de ses cantonnements.

Les troupes de votre division recevront demain leurs distributions ordinaires pour deux jours, des magasins d'Ober Moys ; il leur sera en outre délivré des magasins de réserve de Gœrlitz du riz pour huit jours qui devra être précieusement conservé et auquel il ne pourra être touché que sur un ordre exprès de M. le général en chef. Faites distribuer du riz à vos troupes dans la journée de demain. Bien entendu que celles cantonnées devront avoir part à cette distribution de réserve. Après-demain matin, avant de vous mettre en marche, il sera encore délivré à vos troupes pour deux jours de pain. M. le major Cerrini, ayant pris note des mouvements ordonnés pour demain au surplus des troupes saxonnes, aura eu l'honneur de vous en rendre compte ; j'aurai d'ailleurs celui de vous adresser demain matin le tableau des marches du corps d'armée. »

Gressot à Sahr

Gœrlitz, 12 août [A S.]

« En conséquence des ordres de Son Excellence le général en chef, votre division se mettra en marche demain 13 pour aller occuper le même jour les cantonnements de Nieder-Seiffersdof, Melaun et Brache, qui auront été quittés le matin par la batterie d'artillerie de réserve des pièces de 12. Votre division recevra de nouveaux ordres pour continuer sa marche sur Luckau, dès que le général en chef aura déterminé l'itinéraire que devra suivre le corps d'armée qui a ordre de prendre cette direction.

Comme vous ne ferez demain qu'une très petite marche, il suffira que vous partiez après que les distributions auront été faites. Votre division recevra demain matin de bonne heure du pain pour quatre jours et de la viande pour deux jours aux magasins d'Ober Moys. Il lui sera délivré des magasins de réserve, du riz pour huit jours qui devra être conservé précieusement et auquel il ne sera touché que sur un ordre exprès du général en chef.

Vous emmènerez avec votre division les deux batteries d'artillerie à pied qui y sont attachées ; faites en conséquence réunir de très bonne heure les chevaux du train qui leur appartiennent.

Comme le 2e bataillon de grenadiers est trop éloigné pour qu'il puisse rejoindre dans le jour votre division, donnez-lui ordre de partir demain matin de ses cantonnements pour venir loger à Gœrlitz, d'où il vous rejoindra au gîte qui sera assigné à votre division pour après-demain 14.

Le général en chef établira son quartier général le 14 à Gottamelde, le 15 à Hoyerswerda, le 16 à Alt-Dœbern et le 17 à Luckau.

Veuillez, je vous prie, mon général, avoir la bonté d'envoyer demain soir un officier à Gœrlitz pour recevoir et vous porter les ordres ultérieurs du général en chef pour l'itinéraire que devra suivre votre division.

La 2e batterie d'artillerie à cheval arrivée aujourd'hui à Einersdorf suivra le mouvement de votre division et fera partie de la colonne à vos ordres.

Le train de votre artillerie et les bataillons du roi et Niesemeuchel qui se trouvent cantonnés, devront emporter avec eux ainsi que le 2e bataillon de grenadiers le plus de vivres et de fourrages. »

Delort à Franquemont

Sprottau, 12 août [A W.]

« M. le général en chef me charge de vous prévenir qu'il a désigné M. le sous-lieutenant Delagny du 12e régiment pour commander le dépôt du IVe corps d'armée à Glogau, en remplacement de M. l'officier de votre division auquel il vous prie de donner l'ordre de rentrer à son corps, aussitôt après l'arrivée de M. Delagny. »

Oudinot à l'Empereur

Luckau, 13 août [A X.]

« Sire, je n'ai reçu autre chose relatif au mouvement que Votre Majesté ordonne, sinon une lettre du prince major général datée du 9 qui m'annonce qu'il serait possible que les hostilités fussent dénoncées du 11 au 13, parce que les prétentions exagérées des Autrichiens ont été repoussées.

Je n'ai donc jusqu'ici, 2 heures de l'après-midi, d'autres instructions pour me gouverner que les instructions exprimées par la lettre de Votre Majesté : je vais, quant au XIIe corps, les exécuter ; mais j'aurai de la peine à réunir la cavalerie légère westphalienne et les Bavarois pour le 15, car, malgré que l'on n'ait pas perdu de temps, ces troupes étaient trop éloignées ou dispersées ; d'un autre côté je ne sais si les corps qui passent sous mon commandement en ont reçu l'avis et, dans le cas contraire, si mes ordres suffiront pour les convaincre.

C'est donc un véritable et double regret que j'éprouve du retard singulier de l'officier qui m'aura été dépêché et dont je ne devine pas le sort ; je prie Votre Majesté de me tranquilliser à cet égard, en me faisant passer le duplicata des instructions qu'elle pensait que j'avais reçues.

J'ai retenu quelques heures l'officier d'ordonnance porteur des dépêches de Votre Majesté parce que j'attendais l'arrivée de celui qui devait le précéder, mais j'ai enfin jugé convenable de ne pas le retarder davantage.

Je compte laisser à Luckau l'adjudant-commandant Sébel, le seul que j'ai à ma disposition ; j'ignore de quoi devra se composer la garnison ; dans tous les cas, j'y laisserai jusqu'au 17 trois compagnies de sapeurs pour achever les travaux, et je désire aussi savoir si je dois ensuite leur faire rejoindre le XIIe corps ou si elles doivent suivre à son passage le IVe auquel elles appartiennent. »

Oudinot à Berthier

Luckau, 13 août [A X.]

« Monseigneur, l'officier par qui Votre Altesse sérénissime m'a envoyé les ordres de mouvement que l'Empereur pense que j'ai reçus, ne m'est point arrivé ; il en résulte que je suis dans un véritable embarras et bien désireux de connaître les instructions dont il était porteur ; je prie Votre Altesse Sérénissime de me tranquilliser à cet égard.

J'ai l'honneur de lui adresser un rapport du général Pacthod et deux exemplaires de feuilles jetées aux avant-postes par l'ennemi. »

Reynier à l'Empereur

Gœrlitz, 13 août, 11 heures 1/2 du soir [A N.]

« Le VIIe corps d'armée est en marche pour aller à Luckau où il arrivera le 17, conformément aux ordres que j'ai reçus du major-général.

Je prie Votre Majesté d'être persuadée de mon zèle pour son service et de mon empressement à seconder de tous mes moyens M. le maréchal duc de Reggio. »

Gressot à Lecoq

Gœrlitz, 13 août [A S.]

« La fabrication du pain ayant été beaucoup plus considérable que l'on ne pouvait l'espérer, il pourra en être délivré demain, dès les 3 heures du matin, pour trois jours aux troupes de la division que vous commandez.

Son Excellence le général en chef me charge en conséquence de vous mander de donner des ordres pour que tous les camps et détachements de votre division fassent leurs bons pour trois jours, de manière à ce qu'ils se trouvent pourvus de pain pour les 14, 15, 16 et 17 de ce mois, y compris la distribution faite ce matin. »

Gressot à Lecoq

Gœrlitz, 13 août [A S.]

« J'ai l'honneur de vous adresser ci-joint le tableau de marche du corps d'armée présentant l'itinéraire que devra suivre votre division. Vous remarquerez, mon général, que le régiment de hussards et les deux bataillons de grenadiers suivront le mouvement de votre division à moins que le chemin par Olsa, Förtschen et Klitten soit praticable pour leur marche de demain.

Le général en chef désire que vous fassiez compléter les cartouches de votre division à 40 par homme.

Les vivres de vos troupes cantonnées devront être complétés à quatre jours à l'avance, dans le cas où elles n'auraient pas pu se les procurer en totalité dans leurs cantonnements.

Les sapeurs et pontonniers suivront l'itinéraire du quartier général. »

Gressot à Sahr

Gœrlitz 13 août [A S.]

« J'ai l'honneur de vous adresser ci-joint le tableau de la marche que suivra le corps d'armée pour se rendre à Luckau. Vous y verrez l'itinéraire que devra suivre votre division. Le général en chef désire que, si cela vous est possible, vous poussiez une partie de vos troupes en avant de Weissen-

berg au lieu de leur faire occuper les cantonnements qui se trouvent en
arrière de cette ville, ainsi que cela est déterminé par votre itinéraire pour
votre marche d'aujourd'hui, attendu que votre division ne se trouverait avoir
que de mauvais cantonnements, que vous seriez alors à même d'étendre
davantage. Vous verrez aussi, mon général, que le bataillon de grenadiers
de votre division marchera avec le régiment de hussards et que la 2e batterie d'artillerie à cheval de votre division ne fera pas partie de votre colonne
ainsi que je vous l'avais annoncé hier soir.

Le général en chef désire que vous fassiez compléter les cartouches de
votre division à 40 par homme. »

Delort à Franquemont

Sprottau, 13 août [A W.]

« La division wurtembergeoise partira aujourd'hui 13 de ses cantonnements avec armes et bagages pour se rendre le 13 à Sprottau, le 14 à Sorau,
le 15 à Pfoerten, le 16 en arrière de Cottbus, le 17 à Luckau.

Les équipages du corps d'armée et le quartier général marcheront avec la
division wurtembergeoise ; chaque soldat doit emporter avec lui cinq livres
de farine qu'il prendra à Sprottau et une ration de pain biscuité. »

Delort à Franquemont

Sprottau, 13 août [A W.]

« Vous prendrez cette nuit à Sprottau cinq livres de farine par homme que
l'ordonnateur en chef vous fera donner.

La cavalerie marche avec vous jusqu'à nouvel ordre. »

Delort à Franquemont

Sprottau, 13 août [A W.]

« M. Franquelin, après avoir remis à la division wurtembergeoise les
hommes à cheval de cette division, regagnera la division française qui est à
une marche en avant de la division wurtembergeoise. La division française
couchera demain 14 à Niwerte et le 15 en arrière de Cottbus. »

Delort à Franquemont

Sprottau, 13 août [A W.]

« La 38e division wurtembergeoise mettra à la disposition de M. l'ordonnateur en chef, pour évacuer les hôpitaux jusqu'à Glogau, douze hommes
commandés par un sous-officier; ce détachement rentrera avec l'employé de
l'administration. »

Delort à Franquemont

Sprottau, 13 août [A W.]

« J'ai l'honneur de vous remettre une invitation de faire fournir un bataillon pour escorter les équipages militaires du IVe corps d'armée.

Je vous prie de vouloir bien donner les ordres pour que ce bataillon soit
mis à ma disposition demain à 4 heures du matin. »

Delort à Franquemont

Sprottau, 13 août [A W.]

« Un bataillon de la division wurtembergeoise escortera à compter de
demain 14, de Sprottau, les équipages militaires du IVe corps. En conséquence, ce bataillon sera mis à la disposition de M. l'ordonnateur en chef. »

Préfet à l'Empereur

Luckau, 13 août [A N.]

« Sire, les travaux qui ont été ordonnés pour la défense de Luckau sont déjà en état de servir, mais ils demandent encore quelque temps pour être achevés.

Les ouvrages sont dans l'état suivant :

1° La lunette qui couvre le port de Dresde a ses terrassements à peu près terminés, le pont sur son fossé et la barrière sont achevés. Il reste à couper la route sur l'ancienne direction, à palissader et à achever de dresser les passeponts.

2° La lunette ou rideau à droite entre l'ouvrage précédent et l'ouvrage à corne de la porte Kalau est entièrement achevé, il est palissadé et a six pieds d'eau dans ses fossés. On commence le chemin couvert qui doit unir ce rideau à la lunette de la porte de Dresde.

3° L'ouvrage à corne de la porte de Kalau a environ 230 toises de développement, l'excavation des fossés est très avancée. L'ouvrage est massé partout et pourrait servir au besoin, la branche gauche est entièrement enlevée. L'ouvrage demande encore dix ou douze jours pour être terminé.

4° Il y a une butte à gauche entre la porte de Dresde et celle de Kalau, elle doit former cavalier et être enveloppée par un ouvrage en terre, on ne fait que commencer ce travail. On s'occupe de créneler les murs de la ville ; beaucoup de sapeurs y sont employés

Les travaux de Luckau demandent 7.000 palissades : 3.500 sont sur place ; 2.000 sont coupées et le reste le sera dans deux ou trois jours. Les moyens de transport manquent particulièrement à cause de la récolte.

On construit une manutention composée de douze fours ; les fours seront formés aujourd'hui 13 ; mais il faudra construire le bâtiment de manutention et se procurer tous les ustensiles nécessaires.

Le projet d'armement de Luckau est de 22 pièces d'artillerie, il n'y en a pas encore une seule, il n'y a également pas de munitions, ni de vivres destinés à la place.

Il n'y a plus de malades aux hôpitaux de Luckau, de Lübben, etc., ils ont tous été évacués sur Torgau. Je joins ici la situation des magasins du XII⁰ corps au 13 courant. »

Oudinot au duc de Padoue

14 août [A X.]

« Mon cher duc, je désire que vous dirigiez les deux premières divisions, à mesure qu'elles arriveront à Dahme, sur Baruth ; c'est-à-dire que la division Lorges soit arrivée au dit endroit le 15, et la division Fournier le 16 ; quant à la 3ᵉ division de réserve, elle recevra une destination aussi vite que les corps annoncés arriveront, mais en attendant vous devrez l'établir à Dahme, point d'ailleurs intéressant à cause de ses communications ; si vous y restez de votre personne, je vous serais obligé de me le mander. Je ne suis pas moins flatté que vous que les circonstances nous amènent à servir ensemble et il me sera bien agréable de justifier l'obligeante confiance que vous me témoignez.

Je vous prie de m'envoyer votre état de situation. »

Oudinot à Berthier

Luckau, 14 août [A X.]

« Monseigneur, sans doute il est très honorable d'avoir un commandement de l'importance de celui que vient de me confier Sa Majesté, mais, ce serait mal répondre, ce me semble, à ce bienveillant et fortuné témoignage que de l'accepter sans déposer les craintes qu'il m'inspire, je ne dirai pas sous le rapport de mes devoirs ni de l'exécution des ordres que je recevrai, parce que, sous ce rapport, je ne serai jamais en tort, mais ma santé, monseigneur, est telle que je ne puis répondre d'être un jour à l'autre arrêté ; par exemple, mes maux de gorge sont si fréquents et dangereux que, quand ils me prennent, ils me réduisent à en garder le lit et me rendent incapable. Si donc j'étais assez malheureux pour que je fusse attaqué de cette infirmité dans le cours de mes opérations, cela ne compromettrait-il pas les intérêts de l'Empereur ?

Dans cette hypothèse pourquoi n'enverrait-on pas ici le roi de Naples qu'on dit arrivé et à qui j'obéirai, non seulement sans répugnance, mais avec plaisir ; du moins, si je devenais malade, je serais plus facilement remplacé. Je pense, monseigneur, que ces réflexions ne seront pas mal prises de Sa Majesté dont le suffrage m'est plus précieux que la vie, mais, quoi qu'il arrive, je ne négligerai rien pour justifier le choix qui me flatte tant. »

Oudinot à Berthier

Luckau, 13 août [A X.]

« Monseigneur, il est midi... et je n'ai pas encore reçu l'officier porteur des dépêches annoncées par la lettre de Sa Majesté en date du 12. Cependant elles doivent être assez intéressantes pour que Votre Altesse Sérénissime m'en adresse un duplicata, d'autant surtout qu'elle me parle sans doute de Luckau de manière à m'apprendre ce que je dois y faire pour sa défense. J'y ai d'abord laissé trois compagnies de sapeurs jusqu'à perfectionnement des travaux presque terminés, et je compte y arrêter un des bataillons du corps qui passera le dernier outre quatre pièces de 6 que j'ai jugées indispensables d'y laisser, jusqu'à ce qu'elles soient remplacées par celles qui sont destinées à ce service ; je désire avoir deviné les intentions de Sa Majesté à cet égard, mais aussi en être assuré par Votre Altesse.

Le duc de Padoue m'a écrit que sa division d'avant-garde serait rendue à Dahme le 14 et successivement les autres à un jour d'intervalle ; de ce côté je me trouverai donc en mesure, mais je n'ai encore rien appris des IVe et VIIe corps ; il paraît que l'ennemi me préviendra, car il se grossit fort sur la frontière et surtout sur les points de Trebbin et de Beelitz. »

Oudinot à Berthier

Luckau, 14 août [A X.]

« Monseigneur, je reçois enfin dans l'instant les instructions de Votre Altesse Sérénissime, mais je n'y trouve rien au sujet de Luckau.

J'ignore la route par laquelle arrive le comte Bertrand ; je présume qu'il arrive par Cottbus, je lui envoie l'ordre de laisser sa cavalerie légère avec un bataillon en corps d'observations pour manœuvrer entre Güben et Lübben.

Je ne ferai point passer le IVe corps par Lübben où il n'y a point de vivres de préparés, mais bien par Luckau où il en trouvera ; je dirigerai les IVe et VIIe corps par Baruth, par deux routes différentes, c'est-à-dire Golssen et Dahme. »

Delort à Franquemont

Niwerle, 14 août [A W.]

« Son Excellence le général en chef me charge d'avoir l'honneur de vous prévenir que demain, au lieu de vous rendre à Pfœrten, vous devez aller à

Forste qui est plus près ou au besoin aussi près d'ici que Pfœrten et plus voisin de Cottbus, et que, le 16, au lieu d'aller en arrière de Cottbus ou à Cottbus, il faut pousser le plus près que vous pourrez en avant de cette ville la tête de la division, de manière que le 17 la division wurtembergeoise puisse arriver à Luckau ou du moins très près. Le quartier général du général Morand sera demain, 15, à Cottbus, ainsi que celui du général en chef. »

Oudinot à Berthier

Baruth, 15 août, 4 h. 1/2 [A X.]

« Monseigneur, je reçois le duplicata des instructions que Votre Altesse Sérénissime vient de m'envoyer.

La division Lorge arrive dans ce moment à Baruth, et le XIIe corps est entièrement réuni.

Je prie Votre Altesse Sérénissime d'envoyer un commandant à Luckau ; le seul que j'ai pu y laisser se trouvant un officier de cavalerie dont j'ai d'ailleurs grand besoin.

Votre Altesse Sérénissime doit sentir combien il est indispensable que j'aie à ma disposition une somme pour la partie secrète et les frais de courses de mes officiers, et je la prie de me la faire parvenir le plus promptement possible car je suis absolument sans ressources de ce côté. »

Oudinot à Berthier

Baruth, 15 août [A X.]

« Monseigneur, j'ai reçu des nouvelles du général Reynier ; le 18 il sera au moins à Dahme.

D'après les renseignements que j'ai reçus de l'ennemi et sur la nature des chemins, je pense que je serai forcé de prendre la route de Trebbin plutôt que celle de Mittenwalde où il paraît que l'ennemi se trouve massé et fortifié ; par la route de Trebbin, j'arrive plus tôt dans la plaine et je puis donc manœuvrer plus librement : quelque chose qui arrive, j'entrerai le 18 avec le XIIe corps sur le territoire ennemi. »

Gressot à Lecoq

Hoyerswerda, 15 août [A S.]

« L'intendant général a donné des ordres pour qu'il fût préparé du pain à Spremberg, mais il n'a point encore reçu de rapport sur la quantité qui a pu y être fabriquée pour votre division. Il ne sait pas également le nombre de bœufs qui y ont été réunis. Je viens de lui prescrire de donner ses ordres au commissaire Stein, chargé de veiller à la subsistance de votre division, de la faire pourvoir au moins de vivres pour deux jours à Spremberg indépendamment de ceux qu'elle doit déjà avoir en réserve.

Le général en chef me charge de vous prier, mon général, de prendre de votre côté toutes les mesures nécessaires pour que ces deux jours de vivres soient exactement fournis, et particulièrement la viande qui devra être livrée sur pied pour chaque régiment, bataillon et détachement de votre division, ainsi qu'aux troupes qui composent la colonne de M. le colonel de Lindenau.

Dans le cas où, malgré toutes les précautions prises à l'avance, les vivres ne pourraient être fournis et distribués avant votre départ de Spremberg, le général en chef désire que vous laissiez dans cette ville un détachement suffisant avec votre commissaire des guerres pour les faire expédier à la suite de votre division demain soir.

Tous les rapports reçus de Luckau annonçant également que ce pays ne présente aucune espèce de ressources en vivres et fourrages ; vous sentez, mon général, combien il importe que nous y arrivious pourvus de tout ce qui est nécessaire pour faire vivre les hommes et les chevaux, au moins pendant quatre jours. »

Bertrand à l'Empereur

Niwerte, 15 août [A N.]

« Je reçois la lettre de Votre Majesté du 13 août.

Le major général ne m'ayant pas prescrit de passer par Güben, je me rends à Luckau par la route directe de Sorau, Pförten et Cottbus.

Je servirai le duc de Reggio avec tout le zèle que Votre Majesté peut désirer ; j'aurai l'honneur de l'informer de tout ce qui se passera et je lui dirai toujours la vérité.

Pour ne point éveiller l'attention de l'ennemi, je n'ai point répandu que le corps d'armée devait marcher sur Berlin, je l'ai dit seulement aux généraux de division et nous espérons du succès.

Avant de connaître notre mouvement, j'avais supposé que peut-être Votre Majesté se porterait elle-même sur Berlin pour écraser cette aile de l'ennemi, et obtenir là un de ces résultats décisifs et brillants dont elle a donné tant d'exemples

Je supposais que, pour agir sur la droite, Votre Majesté attendrait peut-être que les projets de l'ennemi fussent démasqués et que les affaires de Bohême fussent éclaircies, et que, pendant qu'on opérerait à la droite un mouvement de concentration, Votre Majesté aurait le temps de détruire le corps de Berlin dont Luckau n'est éloigné que de trois ou quatre marches, et de rejoindre sa grande armée avant que l'ennemi eût la nouvelle de ce qui se serait passé à Berlin.

Puisque nous marchons seuls, nous ne pouvons plus espérer les mêmes succès, mais en général le corps d'armée est dans un bon esprit, il a de la confiance ; la présence du général Fontanelli était nécessaire à la division italienne ; elle y a fait beaucoup de bien.

Le général de Franquemont, quoique n'étant pas encore guéri, suit sa division.

Notre artillerie est bien attelée, mais nos marches sont très fortes, et le parc suit avec peine ; les transports sont passablement attelés.

700 chevaux sont peu pour un corps d'armée, il y a, il est vrai, un corps de cavalerie, mais c'est une chose bien différente d'avoir des troupes qui font partie de l'organisation, accoutumées à servir avec les mêmes chefs, dont on connaît les officiers et qu'on a sous la main à tous les instants.

Je n'ai aucune connaissance des forces de l'ennemi et de la composition de son armée. On dit le prince de Suède à Berlin.

On m'a dit hier qu'il devait arriver aujourd'hui à Sommerfeld, village de l'arrondissement de Crossen distant d'ici de deux lieues, deux ou trois corps russes.

J'ai demandé si c'était des régiments de cavalerie ou d'infanterie et on n'a pu me donner aucun détail. »

Oudinot à Bulow

Baruth, 16 août [A X.]

« Monsieur le général, j'apprends à l'instant que le nommé Zuichen, intendant des postes à Baruth, est détenu à Berlin depuis plus d'un mois, sans qu'on puisse alléguer quoi que ce soit sur sa conduite ; s'il en est ainsi, je prie Votre Excellence de lui rendre la liberté sur l'assurance que je me plais à donner que c'est un particulier paisible et jouissant dans son pays d'une bonne réputation.

C'était par méprise que des soldats de passage étaient allés dans le village de Kaden pour y prendre du foin, et je suis étonné que les habitants se soient plaints, car justice leur a été faite aussitôt que j'ai été prévenu du délit involontaire.

On a fait passer à M. le duc de Bellune, la lettre contresignée de Votre Excellence qui a été remise hier aux avant-postes. »

Oudinot à Fournier

Baruth, 16 août [A X.]

« Je reçois, mon cher général, votre lettre du 15 de ce mois, il n'est pas étonnant que vous n'ayez point reçu de réponse à celles que vous dites m'avoir écrites, car il ne m'en est parvenu aucune depuis que nous nous sommes vus à Metz ; du reste, je me félicite de nous voir réunis et destinés à opérer sur le même terrain. »

Oudinot à l'ordonnateur

Baruth, 16 août [A X.]

« Monsieur l'ordonnateur en chef, votre véritable obligation est de nous procurer force vivres, et de ne vous occuper que superficiellement des bestiaux, car les troupes en sont déjà pourvues et en trouveront, j'espère, dans leur marche.

Vous devez aussi faire partager vos ressources aux IV⁰ et VII⁰ corps ; ainsi vous leur donnerez, outre le pain frais qui doit être d'au moins 70.000 rations, environ pour deux jours de riz, pourvu que cela ne nous affame pas nous-même, et même des légumes secs. Calculez vos ressources et traitez ces corps en véritable père de famille, n'évacuez plus de malingres sur Torgau. Chargez le colonel Lebel de les enrégimenter et d'en former un bon noyau qui soit susceptible de faire une résistance opiniâtre dans la place, au cas que, contre mon attente, elle soit sérieusement inquiétée.

Envoyez cependant à Baruth les bestiaux que vous auriez ramassés et rejoignez-nous dès que les deux corps attendus auront passé et que vous aurez satisfait aux volontés de l'Empereur, relativement aux vivres à leur fournir et à l'ordre que je vous ai réitéré de jeter des provisions tant que vous le pourrez à Luckau. »

Oudinot à Bertrand

Baruth, 16 août [A X.]

« Mon cher général, l'Empereur, par les dernières dépêches en date du 15, ne me parle plus du corps d'observation que le prince major général m'avait ordonné de laisser entre les communications de Luckau et de Guben. Je pense donc que, s'il a renoncé à cette disposition, il faut la modifier en chargeant la brigade désignée de ne s'éloigner des murs de Luckau et Lubben qu'autant qu'il n'y aurait aucun danger et, dans le cas contraire, la cavalerie vous rejoindrait en laissant toutefois le bataillon à Luckau où il tiendrait provisoirement garnison.

Emportez force vivres de Luckau et surtout rejoignez-nous le 18, car je commencerai mon mouvement hostile ce jour même et j'ai besoin du concours de vos forces pour assurer les succès que nous devons espérer.

Je vous embrasse, mon cher comte.

Laissez tous vos écloppés à Luckau et si, contre mon attente, ils étaient assez forts pour remplacer le bataillon destiné à rester, alors il suivrait la cavalerie dans son retour qui, dans tous les cas, doit fermer votre marche à au moins deux jours de distance. »

Gressot à Sahr

Alt-Dœbern, 16 août [A S.]

« Le général en chef me charge d'avoir l'honneur de vous prévenir qu'il se rendra demain de très bonne heure à Luckau afin de déterminer sur les lieux l'emplacement que devra occuper votre division.

Comme elle arrivera la première, il serait possible qu'il la fît porter un peu en avant de cette ville dans la direction de Dahme. Veuillez, je vous prie, mon général, avoir la bonté d'envoyer un officier à l'avance pour prendre les ordres du général en chef.

Son Excellence désire, ainsi qu'elle a eu l'honneur de vous le dire, que demain matin vous fassiez fabriquer à Kalau le plus de pain possible pour être distribué à vos troupes avant leur départ et que vous preniez des mesures pour faire suivre, sans le moindre retard, les farines et les bœufs demandés au président du cercle par l'intendant général.

Je vous prie d'avoir la bonté de faire passer de suite la dépêche ci-jointe à M. le général de division Lecoq dont le quartier général est à Oggerose. »

Delort à Franquemont

Cottbus, 16 août [A W.]

« Le général en chef vous prie de mettre de suite à la disposition du colonel Wullisen douze chasseurs wurtembergeois qui devront se rendre ce soir à Spremberg. »

Raglowich à Oudinot

Baruth, 17 août [A. B. Min.]

« Votre Excellence est déjà informée que le colonel de Seyssel a été pris par un détachement ennemi, accident très fâcheux, qui me prive d'un excellent officier de cavalerie ; dans ce moment, on me fait le rapport que le lieutenant Baierlein avec son détachement d'un officier et 50 hommes a été également fait prisonnier. Je connais trop la bienveillance de Monseigneur pour la division bavaroise, pour ne pas être persuadé qu'il partage mes regrets d'un événement qui doit, non seulement faire une très mauvaise impression sur les esprits de la cavalerie bavaroise, mais qui influe également sur le reste de ma division. Votre Excellence a eu la bonté de m'accorder au commencement de cette campagne que ma cavalerie ne serait jamais séparée de mon infanterie et toujours sous mes ordres. N'ayant que la gloire et les intérêts de Sa Majesté l'Empereur et de mon souverain en vue, je voudrais atteindre ces deux buts pour tout ce qui est en mon pouvoir, mais sans faire du tort ni à l'un ni à l'autre. J'ose donc réclamer à Votre Excellence de ne plus vouloir... »

Lebrun à l'Empereur

Luckau, 16 avril au matin [A N.]

« Sire, je n'ai plus trouvé le duc de Reggio à Luckau, il était parti le 14 pour Baruth.

Les ouvrages de la place de Luckau sont pour ainsi dire terminés, il n'y a plus que quelques objets de détail qui pourraient l'être, lors même que l'ennemi tiendrait la campagne ; il y a à présent cinq pieds d'eau devant tous les ouvrages.

L'armement de cette place doit être de douze pièces, il n'y en a que quatre ; j'envoie à Torgau pour accélérer l'envoi des huit nécessaires avec leur approvisionnement.

Il n'existe aucun approvisionnement en vivres. On a fait des réquisitions dans les environs, mais comme il n'y a pas un homme de garnison, à l'exception de trois compagnies de sapeurs du IVe corps, dont deux rejoindront ce corps et la troisième restera à Luckau, on ne peut pas espérer la prompte rentrée des réquisitions. Le VIIe corps doit fournir la garnison ; aussitôt qu'elle y sera, on fera des détachements pour leur rentrée qui sera peut-être difficile à cause de la présence des partisans ennemis.

L'adjudant-commandant Lebel, commandant de Luckau, ne paraît pas un homme de beaucoup de vigueur ni de ressources.

Il a entre ses mains le petit chiffre pour correspondre avec le major général, le général Durosnel, le gouverneur de Torgau et le duc de Reggio, je lui ai recommandé de me tenir au courant de tout ce qu'il pourrait apprendre.

J'ai l'honneur d'adresser à Votre Majesté une situation de la place de Luckau et une note du commissaire ordonnateur du XIIe corps sur les subsistances de son corps d'armée, sur les vivres préparés pour le passage du IVe et du VIIe corps, et enfin sur ce qu'il laisse à Luckau faute de transports' et qui, en cas de besoin, servirait pour la place.

Il n'y a plus de malades ni d'hommes isolés à Lübben les malades qui étaient ici ont aussi été évacués sur Torgau. »

Boileau (Note)

Luckau, 16 août [A N.]

« Le corps d'armée s'est mis en mouvement le 13 août.

Chaque soldat a emporté avec lui :

> 2 jours de pain ;
> 2 jours de biscuit ;
> 2 jours de farine ;
> 4 rations de riz ;
> 4 rations de légumes secs.

Il y a à la suite du corps 90.000 rations de biscuit.

Il reste ici en magasin 26.000 rations de biscuit.

Farines, quintaux métriques, 190 quintaux ou 32.000 rations.

Légumes 12 quintaux ou 19.000 rations.

60.000 rations de pain sont préparées pour les corps d'armée qui vont passer ici et la fabrication est en pleine activité, ce qui, joint au manque de transports, prive le XIIe corps de toutes les farines de réserve.

Sa Majesté avait ordonné qu'il serait mis à la disposition du XIIe corps la quantité de 6.000 quintaux, poids de marc, de farine.

On avait déjà reçu 3.000 quintaux.

Il est arrivé hier un petit convoi de 260 quintaux ci 3.660 ; reste à recevoir 2.340 quintaux poids de marc.

On a réuni avec beaucoup de peine 95 voitures de réquisition qui ont été employées à terminer les évacuations des malades du corps d'armée ; elles sont parties pour Torgau ; elles doivent apporter des farines ; au cas où elles arriveront, elles apporteront 500 quintaux poids de marc.

Il est bien entendu que les farines de Torgau qui ont été livrées, ont été employées pour la confection du biscuit et la fabrication du pain néces-

saire aux corps d'armée qui vont passer par cette place ou qu'elles forment
le restant en magasin. »

Oudinot à Raglowich

Baruth, 17 août [A B. et A X.]

« Il ne m'appartient pas, mon cher général, de changer la décision de
l'Empereur qui encadre vos chevau-légers dans la brigade de cavalerie
légère commandée par le général Wolf, mais je vous promets de réclamer à
ce sujet par le premier courrier que j'enverrai et j'exprimerai la peine que
vous ressentez tous de cette mesure. »

Oudinot à Berthier

Baruth, 17 août [A X.]

« L'ennemi paraît avoir complété une inondation telle que depuis Potsdam
jusqu'à Wusterhausen, en passant par Saarmund, Trebbin, Zossen et Mittenwalde, il est presque évident que nous ne pourrons franchir que très difficilement ces obstacles, cependant je vais tâcher de rendre nuls ceux qui se
trouvent dans la direction de Trebbin ; en marchant par trois différentes
routes sur cette ville, il y en aura au moins une, j'espère, qui nous réussira.

Je n'ai renoncé à marcher sur Mittenwalde qu'après avoir consulté
MM. les généraux en chef, qui sont convenus que le seul moyen d'arriver
était celui qui va être exécuté, puisque cette place est inabordable. Le
XIIe corps se dirigera sur Luckenwalde et Trebbin par Stulpe ; le VIIe corps
par Schoneweide sur Trebbin ; le IVe par Neuhof et Speerenberg, mais ce
dernier conservera sa droite à Baruth et attendra là par échelons que mon
opération soit commencée pour faire un mouvement : de cette manière il
contiendra l'armée qui doit être à Mittenwalde et l'empêchera de déboucher
sur Baruth.

Arrivé à Trebbin, je marcherai sur Berlin si le corps de Woronzow, campé
à Treuenbrietzen, ne vient pas à moi ou se retire sous Potsdam ; dans le cas
contraire, je détacherai un corps à sa poursuite et je marcherai sur Bülow
et Platof, quoiqu'on leur accorde plus de 100.000 hommes.

Il y a plusieurs corps détachés dont je ne connais pas les commandants ;
par exemple, celui qui est à Treuenbrietzen, celui de Belitz, celui de Lützow
qui en organise plusieurs.

Le prince de Suède paraît être à Oranienbourg avec les Suédois et les
Mecklenbourgeois, mais les renseignements que j'ai sur lui sont trop vagues
pour que je puisse assurer leur authenticité. »

Reynier (Rapport)

[Min. A G. Orig. A N.]

« *17 août.* — Le VIIe corps a logé : la cavalerie légère à Dahme ; la
25e division à Kemlitz ; la 24e à Uckro et la 32e au camp de Baruth où était
son quartier général.

Rapport du 18. — La cavalerie et la 25e division ont campé à Merzdorf ; la 32e division et le parc à Damsdorf ; la 24e division et le quartier
général à Gross-Ziescht.

Rapport du 19. — Le VIIe corps marche par Linow et Schœnefeld à
Gottow et Schœneweide, des détachements de cavalerie légère et de cosaques
se retirèrent à son approche de ces villages.

Rapport du 20. — Séjour, les avant-postes sur le chemin de Schœneweide à Cummersdorf, sont attaqués et ont repoussé une reconnaissance

de 200 hommes d'infanterie et de 200 chevaux partis de Lüdersdorf, d'après le rapport de deux prisonniers.

Rapport du 21. — Le VIIe corps marche par la route de Gottow à Berlin. Son avant-garde a rencontré vers Lüdersdorf un bataillon d'infanterie et quatre escadrons de cavalerie prussienne qui se retirèrent à son approche sur Nunsdorf où ils se joignirent à un bataillon placé à un petit retranchement au pont sur la digue qui conduit à Nunsdorf. Le bataillon ébranlé par quelques coups de canon est attaqué par l'infanterie légère saxonne qui le poursuit à Nunsdorf que ces troupes cherchent un moment à défendre ; elles se retirent ensuite sur Wilmersdorf sur la gauche du camp prussien de Thyrow où on aperçoit sept à huit bataillons. La patrouille envoyée à Wittstock n'y trouve aucun ennemi. Le corps s'établit à Nunsdorf et Christinendorf.

Rapport du 22. — Le VIIe corps marche en avant de Nunsdorf ; la division Durutte et la division Sahr sur Wittstock ; la division Lecoq reste en avant de Nunsdorf pour aider à l'attaque d'une redoute sur le mamelon entre Wilmersdorf et Thyrow que deux bataillons prussiens étaient venus occuper le matin, et qui fut enlevée par la division Guilleminot tandis que le général Lecoq tournait la droite.

Le village de Wittstock fut de suite occupé, mais le pont et le débouché de la digue, en sortant du village, étaient défendus par de l'infantérie prussienne, plusieurs pièces de canon et une cavalerie nombreuse. Le terrain au-dessus et au-dessous de la digue était trop marécageux pour qu'on pût y faire des ponts et autres passages ; on trouva cependant le moyen de faire passer sur la droite le marais par le 4e bataillon du 133e. Les marais et la construction du village ne permettaient pas de déployer une artillerie suffisante pour chasser l'artillerie et la cavalerie ennemie de la plaine devant le débouché de la digue. La division Durutte dut passer la digue en colonne sous le feu de l'artillerie et les charges ainsi que la cavalerie à mesure que les bataillons se formaient en avant de la digue ; cela fut très bien exécuté. La cavalerie saxonne fit plusieurs charges heureuses qui furent toutes repoussées. Le 1er bataillon du 35e régiment commandé par M. le chef de bataillon Franck qui a passé le premier, s'est particulièrement distingué ; il a repoussé quatre charges de cavalerie prussienne. L'ennemi s'est ensuite retiré sur les routes de Berlin et Potsdam et a été poursuivi jusqu'à la nuit. La 32e division et la 25e ainsi que la cavalerie ont pris position entre Lœwenbruch et Kerzendorf ; la 24e division en arrière de Wittstock.

Rapport du 23. — Le IVe corps a forcé le passage de la digue de Jühnsdorf et occupe ce village par une brigade qui devait être soutenue pour aller occuper Blankenfeld ; le XIIe corps devait s'avancer, par Ahrensdorf, sur Sputendorf et Gütergotz en laissant les troupes nécessaires pour observer sa gauche, particulièrement Saarmund et Potsdam. Le VIIe corps devait s'avancer à Gross-Beeren et être joint par la division de cavalerie du général Defrance. On entendit une attaque vive sur l'avant-garde du IVe corps vers Jühnsdorf ou Blankenfeld. Il était à craindre que les troupes du IVe corps qui avaient passé la digue à Jühnsdorf ne fussent culbutées. Le VIIe corps se mit en marche à midi, après avoir attendu inutilement la division de cavalerie du général Defrance qui fut retenue vers Siethen. L'avant-garde du VIIe corps, après avoir chassé devant elle des éclaireurs ennemis jusqu'à la sortie des bois à l'entrée des plaines de Gross-Beeren, trouva le village occupé par de l'infanterie et de l'artillerie prussienne, força l'artillerie ainsi que la cavalerie et l'infanterie prussienne à s'éloigner ; le village fut aussitôt pris et occupé par la division saxonne du général Sahr. L'ennemi se retira sur Heinersdorf et on n'aperçut plus que quelques éclaireurs dans la plaine. Le général plaçait ses troupes la droite occupant Gross-Beeren et la gauche au bois en arrière de Neu-Beeren, lorsqu'on aperçut à 5 heures 1/2 du soir plusieurs colonnes ennemies qui s'avançaient dans la plaine de Heinersdorf qui déployèrent plusieurs batteries de gros calibre et firent un feu très vif sur les batteries établies à gauche de Beeren, lesquelles furent renforcées par une grande partie de l'artillerie du VIIe corps ; mais plusieurs pièces furent démontées et on ne put obtenir la supériorité du feu et l'ennemi continua à s'avancer. Cependant il était tard et on pouvait espérer de tenir la position jusqu'à la nuit, lorsqu'une autre colonne venant de Diedersdorf, près de Blankenfeld, et que les arbres avaient empêché d'apercevoir vint se former et établir des batteries devant la droite de Gross-Beeren. La pluie qui avait continué toute la journée, avait tellement mouillé les armes que l'infanterie ne pouvait pas faire feu, elle n'avait que ses bayonnettes. Le général Sahr reçut l'ordre de disposer ses bataillons de manière à charger à la bayonnette les premières troupes qui s'avançaient ; on envoya chercher une batterie pour soutenir la droite du village ; mais, par une erreur, on prit une des batteries qui étaient sur la gauche de Gross-Beeren et qui répondait aux grandes batteries ennemies ; cela dégarnit ce point. L'ennemi s'en aperçut et forma deux nouvelles colonnes d'attaques ; l'une sur la route de Heinersdorf à Gross-Beeren et l'autre sur un bouquet de bois occupé par une compagnie d'infanterie légère saxonne en avant du moulin à vent de Gross-Beeren.

La nuit s'approchait lorsque les colonnes s'avancèrent ; le général Sahr chargea à la bayonnette avec les bataillons du régiment de Low et du roi qui firent beaucoup de mal à l'ennemi. Un détachement de cavalerie ennemi vint sur la droite de la mêlée, le brave général Sahr reçut deux coups de bayonnette et fut obligé de se retirer ; il ne put pas faire donner les autres bataillons de réserve et ses troupes le suivirent à la lisière du bois. La division Durutte reçut l'ordre de se porter à la lisière du bois pour en garder le débouché. La brigade du général Devaux qui marcha la première, prit par erreur la croisée pour faire ce mouvement, ce qui y causa du désordre, mais la brigade du général Jarry marcha en fort bon ordre au milieu des bataillons et escadrons ennemis, vint occuper ce point où des détachements ennemis étaient déjà arrivés. Le général Durutte y resta avec cette brigade pour protéger la retraite des autres troupes, de l'artillerie et de la cavalerie. Le général Lecoq qui était aussi resté en réserve avec la 24e division vers la lisière des bois, sur le chemin de Teltow à Wittstock, protégea aussi la retraite de ce côté. Les troupes repassèrent le bois et restèrent dans leur camp près Wittstock. Il était nuit lorsqu'on traversa la plaine d'un quart de lieue entre Beeren et le bois. Les colonnes françaises, saxonnes et prussiennes étaient mêlées sans presque se reconnaître, mais on ne tirait pas parce que l'humidité empêchait les fusils de partir ; quelques officiers furent pris en se trompant de colonnes et des pièces de canon qui au lieu de suivre leurs colonnes se mirent dans les colonnes prussiennes. On a perdu treize pièces de canon, tant prises de cette manière que démontées, qui sont restées faute de chevaux.

Les ennemis ne suivirent pas et même se retirèrent de Gross-Beeren qui était en feu, parce que le général Guilleminot qui était avec une division d'infanterie du XIIe corps et une du 3e corps de cavalerie à Ahrensdorf, en entendant une vive canonnade, prit sur lui de s'avancer par Sputendorf et vers Ruhlsdorf sur le flanc de l'ennemi, mais ne put y arriver que dans la nuit ; la cavalerie fit une belle charge et s'avança à 11 heures du soir jusqu'à Gross-Beeren.

Le général Reynier ne fut pas instruit le soir de cet avantage, non plus que le maréchal duc de Reggio de qui il reçut à 1 heure du matin l'ordre de se retirer sur Gottow s'il n'était pas en état d'agir de nouveau.

24 août. — Le mouvement de retraite se fit fort tranquillement ; on quitta vers 10 heures du matin Wittstock et on ne vit que quelques éclaireurs ennemis. Le corps vint, la 24ᵉ division à Schœnfeld, la 32ᵉ à Dumde et la 25ᵉ à Linow, et prit cette route parce que le XIIᵉ corps qui se retirait de Trebbin, passait aussi le pont de Gottow.

25 août. — On reçut le matin le rapport que les voitures à la suite de la 25ᵉ division avaient entièrement gâté la digue de Linow, qu'il y en avait encore d'embourbées et qu'il était impossible d'y passer. Il n'y avait plus alors d'autre route que celle qu'avait prise le XIIᵉ corps ; un bataillon de grenadiers saxons fut aussitôt envoyé à Gottow pour occuper le pont dans le cas où l'arrière-garde du XIIᵉ corps serait déjà partie. Le corps fit ensuite sa marche, rejoignit le XIIᵉ corps à Jænickendorf et marcha par Hohen-Schlenzer à Lichterfelde. »

Gressot à Lecoq

Luckau, 17 août [A S.]

« En conséquence des ordres du général en chef, la division à vos ordres devra occuper aujourd'hui les cantonnements de Zöllmersdorf, Paserin, Pelkwitz, Uckro et Langen-Grassau. Le 2ᵉ bataillon de grenadiers réunis rejoindra la 25ᵉ divison. M. le général Sahr est prévenu de cette disposition.

La brigade de cavalerie légère se réunira, aujourd'hui 17, sous le commandement de M. le colonel de Lindenau, en attendant l'arrivée de M. le général Gablenz, les deux batteries d'artillerie à cheval feront partie de cette brigade.

Je vous prie de faire dire à M. le colonel de Lindenau de m'envoyer un officier pour prendre chez moi les ordres de Son Excellence le général en chef, pour le cantonnement que devra occuper aujourd'hui la brigade à vos ordres.

Le général en chef vous prie de désigner l'un des deux bataillons de Maximilien ou de Rechten pour tenir jusqu'à nouvel ordre garnison à Luckau. Veuillez bien, je vous prie, donner l'ordre à un de ces bataillons de rester dans cette ville lors du passage de votre division et d'y prendre, en arrivant, les ordres de M. le général commandant la place. »

Gressot à Lecoq

Luckau. 17 août [A S.]

« L'armistice ayant été dénoncé de manière à ce que les hostilités puissent recommencer aujourd'hui 17, Son Excellence le général en chef me charge de vous mander de donner les ordres pour que vos troupes se gardent militairement dans leurs cantonnements, et vous ferez prendre d'ailleurs toutes les mesures de sûreté que pourraient commander les circonstances et les localités. »

Gressot à Lecoq

Luckau, 17 août [A S.]

« Le général en chef me charge de vous mander de réunir votre division demain 18 à 6 heures précises du matin à Uckro, afin d'être prêt à se mettre en marche pour suivre le mouvement de la division aux ordres de M. le général Sahr qui se réunit à Kemlitz.

La 32ᵉ division suivra immédiatement votre mouvement. Les équipages du quartier général marcheront après la 25ᵉ division et partiront en conséquence de Luckau à 5 heures précises du matin afin de devancer votre division. »

Gressot à Sahr

Luckau, 17 août [A S.]

« J'ai reçu le rapport que vous m'avez fait l'honneur de m'adresser et me suis empressé de le communiquer au général en chef. L'intention de Son Excellence est que vous réunissiez demain 18 à 6 heures précises votre division à Kemlitz et qu'aussitôt après vous vous mettiez en marche pour vous porter sur Baruth en passant par Görsdorf et Schenkendorf.

La compagnie de sapeurs a ordre de partir de Luckau à 4 heures 1/2 précises du matin afin d'être rendue à Kemlitz à 6 heures pour marcher à la tête de votre division.

Les équipages du quartier général marcheront à la suite de votre division qui formera la tête de la colonne du corps d'armée.

La division aux ordres de M. le général Lecoq suivra votre mouvement ; après elle, marchera la division Durutte. L'intention du général en chef est que toutes les voitures du parc qui sont à la suite du corps restent en arrière pour marcher à la queue de la colonne du corps d'armée ; c'est-à-dire immédiatement après la division Durutte.

Arrivé près de Schenkendorf ce corps d'armée fera une grande halte et recevra de nouveaux ordres du général en chef sur sa marche ultérieure. »

Delort à Franquemont

Luckau, 17 août [A W.]

« La brigade Doering passe aujourd'hui sous vos ordres, elle couche à Lumberg sur la route de Luckau à Cottbus. Nous y sommes passés hier.

Cette brigade tâchera d'arriver demain à Luckau avec le convoi qu'elle escorte. Le 19, elle se remettra en marche pour Baruth en passant par Dahme.

Je joins ici des instructions pour le convoi que le général en chef vous prie de lui faire remettre en même temps que vous lui donnerez l'ordre de marche.

Son Excellence vous prie de lui faire compléter à 50 chevaux son escorte qui n'est que de 30 ; de plus d'envoyer 75 chevaux destinés : 25 à la division italienne, 25 à la division française et 25 à éclairer le quartier général. Vous en garderez avec vous 25 avec votre division. Le reste de la brigade à cheval, qui sera d'environ 500 hommes, sera mis à la disposition du général Briche qui doit commencer son mouvement dès demain matin.

L'artillerie légère suit le mouvement de la portion de la brigade d'armée du général Briche.

Son Excellence vous prie de laisser un bataillon à Luckau soit des brigades que vous avez, soit de la brigade Doering.

Comme nous n'avons pas de nouvelles du général Briche, je vous prie, mon général, lorsque vous donnerez des ordres au général Jett, de le prier de remettre la lettre ci-jointe au général Briche qui doit être avec lui. »

Delort à Franquemont

Luckau, 17 août [A W.]

« Un habitant se plaint que quelques hommes de votre division ont pris ce matin dans la prairie près le village de Kahnsdorf, deux chevaux appartenant aux habitants de ce village. Le plaignant assure avoir déjà reconnu un de ses chevaux qui se trouve, dit-il, à Zaacko où est maintenant le militaire. Son Excellence vous prie, mon général, d'avoir la bonté de faire faire quelques recherches pour rendre, s'il se peut, à ce pauvre habitant, le cheval qui lui a été pris et qui fait sans doute toute sa fortune. »

Delort à Franquemont

Luckau, 17 août [A W.]

« Votre division prendra position ou plutôt, se cantonnera dans les villages sur la route de Weissagk à Luckau et à droite et à gauche de la route, sans que vous puissiez vous étendre aux villages qui sont sur la route de Kalau à Luckau et aux villages qui sont à la gauche de cette route. Cette route est réservée pour le VII⁰ corps. Comme je ne sais pas jusqu'où votre division pourra arriver, je ne vous indique pas les villages, mais comme vous avez à prendre ici et avant 4 heures du matin demain une ration et demie ou même deux de pain, ainsi qu'une livre de farine et une ration de viande par homme, vous sentez qu'il faudra vous rapprocher le plus possible de Luckau ; il faut être prêt à se mettre en marche demain 18 sur Baruth par Golssen. Votre artillerie, au lieu de passer par Luckau, qui est encombré, doit se diriger à un quart de lieue d'ici sur Giessmannsdorf par Zaacko. Nous commencerons demain les hostilités, l'ennemi peut les commencer aujourd'hui, ainsi il faut se garder comme si l'ennemi était en vue.

Le quartier général du général en chef est à Luckau, la division italienne est à Rudingsdorf, la division française à Giessmannsdorf. »

Delort à Franquemont

Luckau, 17 août [A W.]

« On doit bivouaquer aujourd'hui dans les cantonnements afin de n'être pas surpris.

Les généraux commandant les divisions ou les différentes armes doivent laisser toutes les voitures qui ne sont pas autorisées et en remettre les chevaux ou les bœufs à l'artillerie. On pourra conserver quelques voitures, si les généraux le jugent utile et, dans ce cas, il faudra en envoyer la note à Son Excellence.

On laissera les éclopés à Luckau de chaque division, sous le commandement d'un sous-officier, s'il n'y a pas plus de 15 hommes et sous le commandement d'un officier si le nombre dépasse 25.

Le général vous prie de lui envoyer la note de vos équipages militaires et de laisser à Luckau tous les effets de service réunis, pour ne conduire avec vous que des vivres.

P. S. — Vous ne recevrez à Luckau que 5.000 rations de pain, viande, etc. comme il a été dit précédemment.

Son Excellence désire que vous fassiez relever aujourd'hui par une compagnie entière du bataillon de grenadiers de la garde le détachement fourni par ce bataillon pour la garde de son quartier général.

Il sera délivré du magasin de Luckau, par les soins de l'intendant général, du pain, de la viande, des légumes secs et la farine aux troupes de votre division.

Veuillez, je vous prie, donner des ordres pour que la distribution soit faite dans le jour. »

Ordre de marche

Luckau, 17 août [A W.]

« Chaque division partira de sa position à 5 heures précises du matin pour se rendre à Baruth par la route de Golssen.

Le quartier général partira de Luckau, à 4 heures précises, afin d'être arrivé à 5 heures au quartier général de la 12ᵉ division avec lequel il marchera. Toute l'artillerie française marche avec la 12ᵉ division et dans l'ordre d'aujourd'hui. »

Dombrowski à Berthier

Teuchel, 17 août [A G.]

« J'ai l'honneur de rendre compte à Votre Altesse Sérénissime, que dans les positions que j'avais prises pour couvrir les routes de Jüterbog, Belzig et Zerbst, mes avant-postes ont été attaqués sur tous les points dans la nuit du 16 au 17 par la cavalerie ennemie, mais elle a été repoussée partout avec perte de quelques hommes et chevaux ; un bataillon du 4ᵉ d'infanterie polonais, commandé par le capitaine Bielinski, qui se trouvait en marche pour assurer la route de Niemegk à Trajuhn, ayant été chargé cinq fois par 400 cosaques qui ont été toujours repoussés avec une perte de 15 hommes tués, beaucoup de blessés et 6 chevaux pris. »

Gressot à Sahr

Gross-Ziescht, 18 août [A. G.]

« En conséquence de l'ordre du général en chef, votre division se mettra en marche demain 19 à 8 heures précises du matin avec la brigade de cavalerie légère pour se porter à Stulpe où il sera fait halte pour attendre de nouveaux ordres du général en chef.

Comme vous avez beaucoup de bois à traverser, vous mettrez à la disposition de M. le général Gablenz un bataillon d'infanterie légère pour former, avec un escadron de la cavalerie, l'avant-garde de la colonne. La brigade de cavalerie légère marchera immédiatement après cette avant-garde et sera suivie par votre division.

M. le général Durutte a ordre d'être rendu à Merzdorf à 7 heures précises pour suivre le mouvement de votre division.

Toutes les voitures du parc qui se trouvent à la suite de la troupe à vos ordres devront marcher après la division du général Durutte.

La division du général Lecoq à la tête de laquelle se trouvera le général en chef marchera sur votre droite en prenant la route de Linow. Vous aurez soin, mon général, d'avoir des flanqueurs de gauche pour couvrir votre marche.

Le général en chef venant de recevoir un rapport qui lui annonce que la route de Merzdorf à Stulpe n'est pas praticable, la colonne se dirigera par la route directe sur Linow où elle fera halte pour attendre de nouveaux ordres du général en chef ; il n'y a rien de changé aux ordres du général en chef. »

Gressot à Lecoq

Schenkendorf, 18 août [A. S.]

« En conséquence des ordres du général en chef, la brigade de cavalerie légère et la 25ᵉ division d'infanterie se mettront de suite en marche pour se rendre à Merzdorf où elles prendront position. M. le général de Gablenz, commandant la cavalerie légère, aura soin de bien faire éclairer la gauche par des patrouilles, de manière à être informé des mouvements que pourraient faire quelques partis de cavalerie ennemie.

La batterie de réserve et le grand parc d'artillerie devant se rendre ce soir à Damsdorf sous l'escorte du bataillon de Niesemeuchel, M. le général de Gablenz aura soin de faire prévenir le commandant du parc s'il apprenait qu'il pût être menacé par un fort parti de cavalerie ennemie.

Les 24ᵉ et 32ᵉ divisions d'infanterie se porteront à Gross-Ziescht où elles prendront position.

Le quartier général de Son Excellence le général en chef sera établi à Gross-Ziescht.

Les équipages du quartier général marcheront immédiatement après la 24ᵉ division qui forme la tête de cette colonne. »

Gressot à Sahr

Gross-Ziescht, 18 août [A S.]

« Son Excellence M. le général en chef ayant changé l'emplacement de la division Durutte, j'ai l'honneur de vous prévenir qu'elle prendra position dans les bois qui se trouvent entre Damsdorf et Merzdorf. »

Gressot à Lecoq

Gross-Ziescht, 18 août [A S.]

« Le général en chef me charge de vous mander de donner des ordres pour que votre division soit sous les armes et prête à se mettre en marche demain 19 à 7 heures précises du matin. Comme Son Excellence marche à sa tête, elle lui donnera la direction qu'elle devra suivre pour se porter à Linow, la brigade de cavalerie légère, la division Sahr, la division Durutte et la batterie de réserve avec le grand parc se mettront en marche à la même heure pour se porter sur Merzdorf point de réunion. »

Delavergne à Berthier

Luckau, 18 août 1813, 4 heures après midi [A G.]

« Conformément aux ordres de Votre Altesse Sérénissime, j'ai pris hier après midi le commandement de la place de Luckau, au moment où la ville se trouvait encombrée par le passage des corps d'armée des généraux Reynier et Bertrand. Ces deux corps qui ont bivouaqué ici et sur les hauteurs, sont partis ce matin se dirigeant sur Dahme et Baruth ; le VIIᵉ corps marche sur deux colonnes et doit coucher aujourd'hui à Baruth et y joindre le duc de Reggio.

J'ai reçu ce matin, à 9 heures, la dépêche de Votre Altesse Sérénissime, j'ai fait passer de suite la lettre incluse au général Bertrand à Dahme et j'en ai donné connaissance à M. le maréchal duc de Reggio à Baruth.

Un parti de cosaques est venu hier à Lübben, a fait deux officiers malades prisonniers, et s'en est retourné.

On a commencé cinq ouvrages pour couronner la place de Luckau, aucun n'est terminé ; les barrières des deux portes ne sont point encore placées. Le colonel du génie, M. Blein, croit pouvoir finir aujourd'hui le placement des fraises de l'ouvrage à corne de la porte de Kalau. Je lui ai fourni à cet effet 300 travailleurs de la garnison, en outre des paysans. Les autres ouvrages sont imparfaits ; mais on peut espérer de s'y défendre. Ce soir trois pièces seront placées en batterie ; une à la partie gauche de l'ouvrage de la porte de Dahme et deux à l'ouvrage à corne de la porte de Kalau.

Le mamelon du Belvedère est fraisé ; mais les terres pour le parapet ne sont point encore placées, ni le pont de communication établi, quoique les chevalets soient placés. Il en est de même de l'ouvrage à la gauche du redan de la porte de Dahme.

Les deux compagnies de sapeurs sont parties ce matin et n'ont laissé que quelques charpentiers et des pionniers.

La remise des magasins laissés par le XIIᵉ corps, après avoir fourni au

IVe et au VIIe, a été faite aujourd'hui au commissaire du cercle. L'état ne m'en a point encore été remis ; mais d'après des pourparlers avec le commissaire du cercle, il y a déjà dans la place de la farine et de la viande pour un mois pour mille hommes et autant de biscuit.

J'aurai l'honneur, par ma première, d'adresser à Votre Altesse Sérénissime l'état de situation général de la garnison et des approvisionnements de la place en tout genre.

Quatre pièces avaient été laissées par M. le duc de Reggio et quatre autres sont arrivées hier soir.

Une quantité considérable de malades ont été envoyés ici par le IVe et le VIIe corps ; ainsi que des bagages et chevaux de luxe ; ils encombrent la place et je vais les envoyer sur Leipzig.

Sa Majesté a ordonné un établissement de 500 malades, le seul local suffisant est la maison de détention qui contient 150 détenus. Le commissaire ordonnateur Boilau s'était adressé à Son Excellence le ministre directeur de l'administration de l'armée afin d'obtenir du gouvernement saxon l'ordre au directeur de cette maison d'avoir à évacuer le local qu'il occupe, et d'envoyer à Dresde les détenus dont le séjour ici peut devenir nuisible. Il n'y a point eu de réponse et on ne saura où abriter les malades et blessés qui sont sur le point d'arriver, puisqu'on doit évacuer l'ancien local, comme hors de l'enceinte. J'attends vos ordres à cet égard.

Sa Majesté avait ordonné l'établissement de deux manutentions de six fours chaque ; le manque de terrain paraît avoir décidé le génie à les réunir en une seule ; les fours sont achevés ; mais il faut les couvrir et les faire cuire. Sur les huit chaudières demandées aux différents cercles, trois seulement sont arrivées. Les manutentions ne sont point approvisionnées de bois, je vais m'occuper d'en faire rentrer.

Je n'ai point ici de commissaire des guerres et il y serait bien nécessaire pour veiller à la conservation des approvisionnements et aux demandes à faire aux différents cercles.

La garnison est composée d'un bataillon saxon du prince Max de 550 hommes, 100 éclopés, artillerie et pionniers ; un bataillon de Wurtemberg est annoncé pour demain.

Je suis peiné, monseigneur, de ne pouvoir pour le moment vous donner des détails plus positifs ; je compte y suppléer par ma première, et je vous prie de compter sur mon entier dévouement et sur celui de la garnison et des officiers que j'ai trouvés ici. MM. Tirel, chef de bataillon sans destination, Philippi, officier d'état-major au XIIe corps, et Barzeliny, capitaine au régiment illyrien faisant le service d'adjudants de place et ils me sont très utiles, et je vous prie de les conserver à la place.

A l'instant où j'allais fermer ma lettre, arrive le duplicata de Votre Altesse Sérénissime et une lettre datée d'aujourd'hui de M. le duc de Reggio ; il me marque qu'il ne laissera ici qu'un bataillon wurtembergeois et qu'il va s'éloigner et m'abandonner à mes moyens de défense. J'attends sa réponse à la lettre que je lui ai écrite ce matin et ses dépêches pour Votre Altesse pour expédier la seconde estafette à votre quartier général »

Oudinot à Reynier

Luckenwalde, 19 août [A X.]

« Mon cher général, il résulte de nos renseignements sur les inondations que nous nous sommes dirigés sur le point le plus faible et que les accès de Trebbin ne sont pas aussi difficiles qu'on nous l'avait assuré, *sous ce rapport cependant,* car on dit que les retranchements y sont en conséquence et que l'armée se dirige sur ce point, parce qu'il n'y avait qu'environ 20.000 hommes pour l'instant, aussi nous chercherons donc demain à l'aborder, mais je vois avec peine qu'à Neuendorf nous nous trouverons sur la même route et que nous ne pourrons, en arrivant sur le terrain à Schünow par exemple, montrer qu'une tête de colonne. Je partirai demain à 5 heures, afin d'arriver au moins aussitôt que vous vous seriez formé en avant de Neuendorf, je désire vous y rencontrer et de nouveau causer du grand intérêt qui nous occupe et auquel le général Bertrand contribuera par deux divisions.

Puisque nous ne pouvons, sans compromettre nos derrières, abandonner les débouchés de Buchholz et Mittenwalde, j'ai enfin donné l'ordre au général Bertrand de suivre la route que nous lui avons accordée avec deux divisions d'infanterie et deux de cavalerie et de faire en sorte d'arriver à notre hauteur le plus tôt possible. Il paraît que le camp de Treuenbrietzen n'est pas considérable, du moins les habitants en parlent ainsi. Nous avons trouvé quelques postes de cosaques dans notre route, mais une forte quantité à Luckenwalde ; on s'est fusillé et l'ennemi s'est retiré sur la route de Jüterbog, ce qui m'étonne et me force de laisser de quoi le contenir pendant notre opération. »

Oudinot à Bertrand

Luckenwalde, 19 août- [A X.]

« Mon cher général, d'après les renseignements que nous avons obtenus à Luckenwalde, il résulte que les accès de Trebbin ne sont pas aussi difficiles sous le rapport eaux qu'on nous l'avait fait craindre ; ainsi je pense que nous l'aborderons, si surtout nous pouvons déboucher sur plusieurs points et que nous ne trouvions pas l'armée massée ou des retranchements inexpugnables ; en attendant, il faut exécuter notre plan. Aussi veuillez vous mettre en marche demain à la pointe du jour avec deux de vos divisions d'infanterie et les divisions de cavalerie Defrance et Beaumont si votre brigade est arrivée.

Dans ce cas vous la laisserez à Baruth avec le général commandant la division qui doit, quoiqu'en restant lié avec vous ; garder sévèrement les communications de Buchholz et de Mittenwalde. Arrivé à Cummersdorf, vous chercherez à communiquer avec le général Reynier et moi ; nous serons déjà à la hauteur de Neuendorf et peut-être à Schünow.

Nous avons trouvé quelques cosaques à Stulpen et Janickendorf, mais une grande quantité à Luckenwalde qui se sont retirés après une fusillade pour courir sur la route de Jüterbog, ce qui va me forcer à laisser à Luckenwalde de l'infanterie et de la cavalerie. »

Rapport envoyé à Bertrand

Le 19 [A X]

« Le corps de Bülow est à Mittenwalde, le prince Bernadotte était à Oranienbourg, il a dû arriver hier à Trebbin avec son armée.

Bülow a sous ses ordres 30.000 hommes ; les Russes, les Suédois réunis forment un plus grand nombre. C'est Bernadotte qui commande en chef ; il a déclaré au roi de Prusse et à l'Empereur Alexandre qu'il n'en prendrait le commandement qu'autant qu'elle serait portée à 100.000 hommes. Il a dit dernièrement à Potsdam que bientôt l'armée française serait rejetée de l'autre côté de l'Elbe, qu'elle était déjà enveloppée.

On dit généralement que l'armée qui doit se réunir à Trebbin et à Mittenwalde sera forte de 50.000 hommes.

L'ennemi avait hier deux régiments de cosaques à Jüterbog et deux-

autres à Belzig. Treuenbrietzen était également occupé par de ses troupes.

La personne qui donne ces renseignements, dit que nous aborderons difficilement Trebbin, qu'outre tous les retranchements qu'on y a faits, on a lâché les eaux partout, ce qui en rend l'accès presqu'impossible. Il y a des détachements tout le long de la route de Trebbin à Potsdam. Cette même personne craignait que nous ne fussions attaqués dans la position de Luckenwalde.

Ce sont les événements d'Espagne qui ont empêché que la paix ne se fît. L'empereur Alexandre, celui d'Autriche, le roi de Prusse et Moreau ont eu une entrevue à Prague.

Moreau est nommé major général de l'armée russe; il doit commander un corps de Russes, d'Autrichiens et de Prussiens en Bohême.

On ne conçoit pas comment l'ennemi n'a pas défendu la position de Luckenwalde ; on craint qu'on ne l'ait abandonnée qu'avec le projet de nous y attaquer. »

Reynier à Berthier

Gottow, 19 août [A G.]

« Le VIIe corps a joint hier le XIIe et a marché aujourd'hui à Gottow et Schœneweide, ayant des postes dans les bois sur la route de Berlin, par Cummersdorf, Gadsdorf, Nunsdorf, Wittstock et Beeren, et à Scharfenbrück sur la route de Trebbin. Des détachements de cosaques et de hussards prussiens occupaient Gottow et Schœneweide, ils se sont retirés à notre approche.

Je n'ai pu avoir de renseignements sur la force et la position des ennemis. Ils ont travaillé à retrancher les principaux débouchés et fait des retenues pour inonder une partie du pays dans l'intervalle de ces passages retranchés qui sont, Wusterhausen, Mittenwalde, Zossen, Jühnsdorf, Wittstock et Trebbin. Ils ont un camp entre Trebbin et Thyrow, mais je n'ai pu en savoir la force ; les rapports les plus modérés l'estiment à 10.000 hommes.

M. le maréchal duc de Reggio a marché à Luckenwalde avec le XIIe corps et le général Bertrand a occupé Baruth et la route de Mittenwalde avec le IVe corps.

J'attends l'ordre du maréchal duc de Reggio pour marcher demain sur Gadsdorf, Nunsdorf et Wittstock, tandis que le XIIe corps s'avancera sur Trebbin en laissant une division à Luckenwalde, et que le IVe marchera sur ma droite par Speerenberg et Saalow en laissant une division à Baruth et la route de Mittenwalde. Nous avancerons ainsi en grande reconnaissance, pour voir les positions et les forces des ennemis et agir sur le point qui paraîtra le plus favorable.

Je joins la *Gazette de Berlin* du 17. »

Gressot à Sahr

Gottow, 19 août [A S.]

« En conséquence des ordres de Son Excellence le général en chef, le corps d'armée se mettra en marche demain 20 à 7 heures 1/2 précises du matin dans l'ordre ci-après savoir :

La 25e division d'infanterie commandée par M. le général Sahr ayant pour avant-garde un escadron de cavalerie légère qui marchera avec ses éclaireurs.

La brigade de cavalerie légère aux ordres de M. le général Gablenz.

La 32e division commandée par M. le général comte Durutte.

Les équipages du quartier général.

— de la 25e division d'infanterie.

—   de la brigade de cavalerie légère.

—   de la 32e division.

Cette première colonne se dirigera par la route de Berlin directement sur la ferme de Cummersdorf et le village de Gadsdorf où elle recevra de nouveaux ordres.

La seconde colonne formée de la 24e division d'infanterie commandée par M. le général Lecoq, se portera directement de Schœnefeld sur la ferme de Cummersdorf en suivant le chemin qui traverse le bois.

La batterie de réserve de 12 marchera avec cette division et sera suivie par les équipages de cette colonne.

La compagnie de sapeurs, restée hier avec la division de M. le général Lecoq, partira d'assez bonne heure pour être rendue à 7 heures et un quart à Schœneweide, afin de marcher en tête de la division Sahr avec un caisson seulement.

Les quatre autres caissons attachés à la compagnie marcheront avec les équipages du quartier général et s'arrêteront en conséquence en passant à Gottow.

Arrivée vers Cummersdorf, la division aux ordres du général Lecoq recevra de nouveaux ordres du général en chef, aussitôt qu'elle aura rejoint le corps d'armée.

P. S. — Le meunier de Schœnefeld qui a servi de guide aujourd'hui au général en chef pourra montrer le chemin qui conduit directement de ce village à la ferme de Cummersdorf en traversant le bois. M. le général Lecoq est prié de donner des ordres à la compagnie de sapeurs restée avec sa division pour se porter à Schœnefeld. »

Delort à Franquemont

Baruth, 19 août [A W.]

« J'écris au général Dœring de ne pas laisser de bataillon wurtembergeois à Luckau. Son Excellence compte à l'arrivée de ce bataillon, qui aura lieu le 20, disposer d'un bataillon wurtembergeois pour l'avant-garde.

Je crois que la brigade du général de Stockmayer arrivera demain matin. »

Delort à Franquemont

Baruth, 19 août [A W.]

« Vous allez changer de position et vous mettre dans celle que le général en chef doit lui-même indiquer à votre chef d'état-major. L'intention de Son Excellence est que vous occupiez Ziescht par un bataillon poussant un poste sur la route de Lübben et l'autre sur la chaussée de Radeland. L'intention de Son Excellence est que vous mettiez un bataillon sur la route de Golssen à Damsdorf ou tout autre endroit favorable qui poussera une compagnie à Alt-Golssen ; cette compagnie tiendra Golssen dans la journée et retirera son poste dans la nuit sur Alt-Golssen. Il va vous être donné de suite, par le général comte Beaumont, au village même de Ziescht, 200 hommes de cavalerie pour vous éclairer et faire des reconnaissances fréquentes sur la route de Lübben et sur celle de Golssen. Je suppose qu'une heure après la réception de ma lettre, les 200 chevaux seront à Ziescht (c'est où était cette nuit la division Morand). »

Dombrowski à Berthier

Teuchel, 19 août [A G.]

« J'ai l'honneur de rendre compte à Son Altesse Sérénissime que, le 18, j'ai fait attaquer, par mes avant-postes, l'ennemi qui était vis-à-vis de nous,

nous l'avons chassé jusque derrière Juterbog, Belzig et Zerbst où nos troupes sont entrées.

Les nouvelles de l'ennemi qu'on a pu savoir par les avant-postes et les municipalités mentionnées ci-dessus, sont que, le 18, le corps de cavalerie russe d'environ 1.000 hommes à Jüterbog, en voyant nos troupes, s'est replié vers Luckenwalde.

On a dit à Jüterbog que le corps du maréchal duc de Reggio est à Mittenwalde, où j'ai déjà envoyé deux officiers l'un après l'autre pour m'informer de sa position.

Nous avons appris à Belzig que, le 17, il y avait un corps fort de 2.000 chevaux, 1.000 hommes d'infanterie et 16 pièces, commandé par le général Winozingerode et les généraux Trurk, Benkendorf étaient de ce corps, qui s'est replié sur Brück ; hier 18, ma colonne déboucha, il était resté environ 800 cosaques que nos troupes repoussèrent, firent éprouver des pertes à l'ennemi et occupèrent la ville.

A Zerbst il y avait 600 cosaques qui ont envoyé leurs patrouilles jusqu'à Roslau et vers Coswig en longeant l'Elbe ; en apercevant nos troupes, ils se retirèrent vers Belzig.

Il paraît aussi que l'ennemi n'a pas passé l'Elbe sur ces points, comme le disent également les habitants du pays, quoique à Dessau et aux environs il y a une grande alarme dans tout ce qu'il y avait de Français et même le chargé d'affaires de France, M. de Rumigny, qui a quitté la place.

En envoyant le même rapport à M. le général de division Girard à Magdebourg par un officier, je lui ai écrit qu'il serait actuellement convenable de faire sa jonction avec moi pour appuyer fortement l'aile gauche de M. le duc de Reggio, nous pourrions prendre par cette jonction, tout ce que l'ennemi aurait sur l'Elbe, où nous le forcerions à se retirer sur Potsdam.

J'ai envoyé également un officier à M. le duc de Reggio, avec mon rapport, et j'ai prié Son Excellence de me faire connaître ses dispositions, dans le cas où le général de division Girard pourrait faire sa jonction avec moi par Mörkern, vers Belzig et Brück ; j'attends les réponses à ce sujet, comme aussi les ordres que Votre Altesse Sérénissime voudra bien me donner. »

Oudinot

Luckenwalde, 20 août [A N et A X.]

« L'inondation qui s'étend depuis Postdam jusqu'à la Sprée passant par Saarmund, Trebbin, Mittenwalde, Westerhausen, est telle qu'il est probable que ma marche sur Berlin sera impossible sur ce front, ce qui contrarie fort le duc de Reggio qui fait aujourd'hui reconnaître et peut-être attaquer le point le plus faible par les eaux, mais fortifié en conséquence ; dans le cas de non-réussite, le duc ne saurait où se retirer et il demande des ordres.

L'armée des alliés devant Berlin est considérable et triple de celle du duc ; cependant ce dernier ne négligera rien pour réussir, mais il n'ose y compter. »

Oudinot à Reynier

Luckenwalde, 20 août [A X.]

« Quoiqu'on m'assure que les routes de Berlin sont impossibles sur tout notre front, je ne puis cependant renoncer à nous en assurer par nos yeux avant de le déclarer à l'Empereur. Aussi je voudrais que vous essayassiez au moins une grosse reconnaissance pour savoir si celle de Neuendorf est susceptible d'être attaquée. M. de Caraman marcherait avec la troupe; il prendrait vos ordres et, s'il juge que nous pouvons tenter, nous partirions demain. Dans ce cas, vos troupes pourraient, *afin d'avoir moins de chemin à faire,* s'arrêter à leur retour à Cummersdorf. Il me tarde de vider cet embarras, mon cher général, et de savoir enfin que dire à l'Empereur. »

Delort à Franquemont

Baruth, 20 août [A. W.]

« La division française et la division italienne partent au point du jour ainsi que les deux divisions de cavalerie Defrance et Beaumont pour Cummersdorf.

La division wurtembergeoise restera en position comme il vient d'être dit.

Un bataillon se rendra de suite à la position du général Hulot où était hier la brigade Stockmayer. Le bataillon, en se rendant à sa position, ne battra pas et ne fera pas jouer sa musique.

Elle aura une compagnie à Ziescht et deux sur votre gauche qu'elle occupe déjà et une à Paplitz. Le reste de la division, la brigade qui arrive aujourd'hui et la cavalerie du IVᵉ corps que l'on met sous ses ordres prendra position au camp du général Morand.

Les caissons de vivres de la division italienne resteront au camp italien avec une escorte italienne sous la protection de la division wurtembergeoise.

A l'arrivée de la cavalerie du IVᵉ corps, le général de Franquemont renverra sur Cummersdorf à leur division les 200 hommes de cavalerie qu'il a avec lui et les 100 hommes qu'il trouvera à la position du général Hulot.

Le grand parc qui arrive aujourd'hui ainsi que le parc des vivres sont sous les ordres du général comte de Franquemont.

Il faut rappeler vos reconnaissances. »

Delort à Franquemont

Baruth, 20 août [A. W.]

« Il y a contre-ordre pour tous les mouvements, ainsi tout reste comme hier. Vos reconnaissances à l'ordinaire. »

Delort à Franquemont

Baruth, 20 août [A. W.]

« On exécute demain à la pointe du jour le mouvement qu'on devait exécuter aujourd'hui. Vous devez en conséquence exécuter toutes les dispositions contenues dans ma lettre avec cette différence que demain il faudra envoyer un bataillon de plus dans la position du général Hulot dont vous devrez faire relever ce soir même les postes par un bataillon.

Je dois ajouter les instructions suivantes :

Vous devez voir et surveiller tous les débouchés qui arrivent sur Baruth pour maintenir la communication avec le corps d'armée avec lequel il faudra fréquemment communiquer à Saalow où Son Excellence compte être demain. Pour cet effet, il faut porter un bataillon à Paplitz, occuper Neuhof et porter un poste au débouché du bois à Fern-Neuhof.

La cavalerie du général Briche est sous vos ordres ; elle est ce soir, ainsi que ce général, à Kemlitz. Il faudra en distribuer aux différents postes pour les éclairer et donner promptement des nouvelles ; au lieu de 100 chevaux que vous avez à présent par direction principale, 50 suffiront. Il faut renvoyer de très bonne heure à la division de cavalerie les postes que vous avez.

Le général en chef donne l'ordre à l'ordonnateur en chef de renvoyer tous les paysans en prenant la moitié des bœufs. Je joins ici une lettre du général Briche. »

Delort à Franquemont

Baruth, 20 août [A W.]

« Son Excellence me charge d'avoir l'honneur de vous écrire que vous pouvez occuper dès demain, avec la brigade nouvellement arrivée, la position que vous avez reconnue hier et qui a été convenue avec le général en chef. Cette brigade éclairera et défendra les débouchés de Clausdorf et Klein-Ziescht. Elle surveillera également la route de Golssen.

La brigade n'emmènera que quatre canons, les deux autres resteront à votre camp. »

Delort à Franquemont

Baruth, 20 août [A W.]

« Le général en chef a changé de dispositions relativement aux bœufs des paysans et à leur charrette.

On en conduit 30 des mieux attelées avec le corps d'armée, les autres seront renvoyées chez elles.

La division italienne donnera à la division wurtembergeoise tous les caissons de vivres et autres équipages qui seraient mal attelés. Les chevaux seront considérés comme haut-le-pied et resteront en cette qualité avec le reste des services dont ils faisaient partie.

Si après cette opération il reste encore des voitures de quelque espèce qu'elles soient, mal attelées, ces voitures seront renvoyées à Luckau par les soins du général comte de Franquemont et cela dans la journée de demain.

M. le commissaire des guerres Opinel se concertera avec le général Franquemont sur les chevaux à renvoyer.

Le général en chef voudrait prendre deux chevaux pour monter des guides parmi les chevaux de paysans qui attèlent les voitures de paysans. »

Delort à Franquemont

Baruth, 20 août [A W.]

« Vous pouvez faire prendre aujourd'hui, dans deux heures, au milieu de votre camp, une ration par homme de biscuit. Au moyen de cette distribution et des secours que vous pourrez leur donner directement, vos soldats n'auront plus de distribution que jusqu'au 24 inclusivement. On complètera la ration avec des pommes de terre que l'on fera ramasser avec ordre.

Je joins ici le modèle de la nouvelle comptabilité pour les subsistances. »

Reynier à Berthier

Gottow, 20 août [A G.]

« Le maréchal duc de Reggio ayant voulu attendre de nouveaux renseignements pour marcher en avant, le VIIe corps a séjourné aujourd'hui. Une reconnaissance partie de Lüdersdorf est venue attaquer mes avant-postes dans les bois sur la route de Berlin ; elle a été promptement repoussée et poursuivie. J'ai appris d'un prisonnier et d'un déserteur, que cette reconnaissance fait partie d'un petit corps d'avant-garde de 500 chevaux et un bataillon qui est en avant de Trebbin. Ils disent que le camp de Trebbin n'est pas si considérable qu'on l'avait annoncé, qu'il n'y a que huit pièces de canon et que [l'inondation] n'est pas étendue.

Le maréchal duc de Reggio m'avait proposé de pousser une reconnaissance sur la route de Berlin pour juger de la possibilité de continuer notre marche sur Berlin ; mais si j'étais allé avec peu de troupes sans être soutenu et flanqué, je n'aurai pas pu m'assurer de la possibilité de forcer les passages retranchés, et m'en emparer de suite si cela est praticable, parce que le reste de l'armée aurait été trop éloigné pour m'appuyer. Nous sommes convenus que la marche que nous devions faire aujourd'hui s'exécuterait demain, et que nous marcherions en grande reconnaissance, de manière à agir vigoureusement sur le passage que nous jugerons le plus praticable et où on pourra culbuter les ennemis. »

Gressot à Lecoq

Gottow, 20 août, 3 heures du matin [A S.]

« J'ai l'honneur de vous prévenir que le mouvement ordonné pour la marche du corps d'armée est suspendu et qu'il devra rester dans la position qu'il occupe jusqu'à nouvel ordre. »

Gressot à Lecoq

Gottow, 20 août [A S.]

« En conséquence des ordres du général en chef, la 25e division d'infanterie commandée par M. le général Sahr et la brigade de cavalerie légère aux ordres de M. le général de Gablenz seront prêtes à se mettre en marche demain 21 à 6 heures 1/2 précises du matin pour se porter de Schœneweide par la route de Berlin sur Cummersdorf dans l'ordre ci-après :

Un escadron de cavalerie légère formera l'avant-garde avec les éclaireurs de la 25e division ;

La 1re brigade de cette division ;

La 1re batterie de son artillerie à pied ;

La 2e brigade ;

La brigade de cavalerie légère aux ordres de M. le général de Gablenz avec les deux batteries d'artillerie à cheval ; la seconde batterie d'artillerie à pied de la division de M. le général Sahr restera en réserve dans la position où elle se trouve ;

La 32e division d'infanterie partira de Gottow à 6 heures précises du matin pour se porter à Schœneweide, afin de suivre immédiatement le mouvement de la brigade de cavalerie légère ;

La batterie de réserve de 12 partira d'assez bonne heure de Schœnefeld pour être rendue à 6 heures 1/2 précises à Schœneweide en passant par Gottow. Cette batterie marchera immédiatement après la 32e division commandée par M. le général comte Durutte ;

La 24e division d'infanterie commandée par M. le général de Lecoq, partira à 8 heures précises du matin de son camp de Schœnefeld pour se porter directement à Schœneweide par le chemin reconnu par M. le major de Koppenfels. Elle restera en réserve dans la position qu'occupe en ce moment la division de M. le général Sahr ;

Les équipages du quartier général et ceux de la 32e division d'infanterie resteront jusqu'à nouvel ordre parqués à Gottow dans l'emplacement indiqué au vaguemestre général ;

Les équipages de la division du général Sahr et ceux de la brigade de cavalerie légère resteront à Schœneweide où ils seront parqués en arrière de la position qu'occupe cette division.

M. le général de Lecoq enverra les équipages de sa division parquer en arrière de Gottow dans la position qu'occupe actuellement la brigade du général Jarry.

Dans aucun cas, à moins d'un ordre exprès, la colonne commandée par

M. le général Sahr ne se mettra en marche avant l'arrivée du général en chef à Schœneweide.

Il est bien entendu que les ambulances de chaque division marcheront avec elles, quoique les équipages soient laissés en arrière.

M. le général Sahr laissera la réserve d'artillerie de sa division avec la batterie d'artillerie à pied qui reste à Schœneweide, à l'exception de la moitié des caissons de cartouches d'infanterie qui suivront l'artillerie de la 1re brigade. Il aura soin de ne pas retirer ses avant-postes qui ne devront rejoindre que lors du passage de la colonne.

L'artillerie à cheval emmènera avec elle sa réserve. M. le général Durutte laissera à Gottow une de ses batteries d'artillerie ainsi que sa réserve, à l'exception des cartouches d'infanterie qu'il fera suivre la batterie qui marchera avec sa division. La réserve d'artillerie de la 24e division suivra le mouvement de cette division. »

Lemarois à Berthier

Magdebourg, 20 août [A G.]

« J'ai l'honneur d'accuser à Votre Altesse Sérénissime la réception de sa dépêche de Reichenbach du 18 août.

D'après les rapports de mes agents, il paraît que l'ennemi concentre ses forces en avant de Wittenberg et que le prince royal de Suède doit commander cette armée.

Le 17, il y avait 14.000 hommes à Brandebourg, tant Suédois que Prussiens et déserteurs allemands au service de l'Angleterre, et à Martzalen, à deux lieues de Brandebourg. 150 pièces de canon anglais et 50 caissons. On attendait avant-hier à Burg le duc d'Oels avec 16.000 hommes.

Il paraît que l'ennemi a peu d'artillerie devant moi. Demain, le général Girard débouchera sur Möckern et Ziesar, il a donné ses ordres au général Dombrowski et il compte se réunir à lui le 23 ou le 24, alors il pourra se porter sur Brandebourg.

Par le prochain courrier, j'aurai l'honneur d'adresser à Votre Altesse Sérénissime les états de situation des cinq contingents des maisons ducales de Saxe qui forment le régiment qui est arrivé hier dans la place. Deux bataillons de ce régiment de 600 hommes chacun, partiront demain avec le général Girard.

M. le prince d'Eckmühl m'écrit de Greendorff, en date du 19 août à 6 heures du matin ; il me mande qu'il s'est porté le 17 sur la Stecknitz, qu'à Lauenbourg l'ennemi était assez en force, qu'il a fait attaquer cette ville dans la nuit du 18 au 19 et qu'il s'en est rendu maître, qu'on a fait des prisonniers et qu'il y a eu une centaine d'hommes blessés légèrement. Son Excellence se proposait de passer la Stecknitz le 19 et de faire partir immédiatement après son aide-de camp Drouot pour le quartier impérial.

J'ai écrit une lettre au général Lemoine ; il m'annonce qu'il sera à Minden le 20 ou le 21 du courant, que les six bataillons sont partis de Wesel le 16 et la batterie d'artillerie le 17 ; elle est conduite par les chevaux du 10e bataillon des équipages militaires et accompagnée de 400 canonniers de la 20e compagnie du 2e régiment d'artillerie a pied. Je n'ai pas encore reçu de nouvelles de M. le duc de Reggio. »

Reynier (Ordre du jour)

21 août [A S.]

« Son Excellence le général en chef rappelle aux troupes combien il importe à la sécurité de l'armée qu'il soit exercé la plus grande surveillance afin qu'aucun individu, quel qu'il soit, ne puisse passer la ligne des avant-postes, à moins qu'il ne soit pourvu d'un ordre exprès du général en chef.

Tout individu venant du côté de l'ennemi qui, au contraire, se présentera aux avant-postes pour entrer sur le territoire occupé par l'armée pourra passer sans difficulté, mais il sera conduit au poste le plus voisin qui le fera conduire chez l'officier général dont le quartier sera le plus près, afin d'y être interrogé, et, dans le cas où il aurait pu donner des renseignements qui présenteraient quelque intérêt, on aura soin de le faire conduire chez le général en chef.

Son Excellence le général en chef ordonne à MM. les généraux, chefs de corps et officiers de tous grades, de tenir sévèrement la main à l'exécution du présent ordre qui devra être lu plusieurs fois de suite à chaque compagnie assemblée. »

Gressot à Lecoq

Gadsdorf, 21 août [A S.]

« En conséquence des ordres du général en chef, vous devez de suite vous mettre en marche avec la division à vos ordres pour suivre le mouvement du corps d'armée et vous porter en conséquence à Gadsdorf d'où vous continuerez à suivre la marche de la division Durutte.

Vous laisserez à Schœneweide un bataillon d'infanterie tant pour la garde de la batterie d'artillerie à pied de la 25e division que pour celle des équipages laissés en arrière.

La réserve de votre artillerie marchera avec votre division. »

Delort à Franquemont

Neuhof, 21 août [A W.]

« Son Excellence me charge d'avoir l'honneur de vous écrire qu'il est resté à Baruth les équipages du XIIe corps et à Linow ceux du VIIe, qu'il en arrive à tout moment de ces divers corps à Baruth. Son Excellence vous prie de mettre sous votre commandement tous ces bagages et de les rallier au parc du IVe corps.

Les bagages du VIIe corps qui sont à Linow, sont protégés par un bataillon saxon. Son Excellence vous prie de faire faire des reconnaissances sur Linow et de les protéger au besoin et même de les rallier si vous le jugez convenable.

Le général en chef vous prie de nouveau, mon général, de faire faire des reconnaissances dans toutes les directions, de manière que vous éclairiez bien votre position centrale à Baruth dans toute sa circonférence, et que vous puissiez être averti à temps et avertir le général en chef de tous les mouvements de l'ennemi et de l'apparition de leurs partis. »

Delort à Franquemont

Speerenberg, 21 août [A W.]

« Nous sommes arrivés à Speerenberg et nous avons établi notre communication entre le VIIe corps et par suite le XIIe corps. Nous partons pour Saalow où la division italienne doit avoir déjà pris position et où Son Excellence établira son quartier général.

Elle vous charge de bien établir votre communication avec Saalow en occupant, ainsi que j'ai eu l'honneur de vous le dire, Paplitz, Neudorf et Fern-Neuendorf.

Le général en chef, aujourd'hui, qui veut de plus en plus assurer sa communication avec vous, vous prie de porter de suite un bataillon à la position de Speerenberg dont je joins ici un petit croquis fait à la hâte.

La route passe de Fern-Neuendorf à Speerenberg entre deux lacs dont l'un gît au pied d'une montagne assez prononcée qui touche à la droite du village. Ce village semble une tête de pont vers la route de Saalow. C'est cette position que Son Excellence vous prie de faire occuper dès ce soir par un bataillon.

Il faut barrer le chemin au moment où il se dirige des rives des deux lacs. Il faut occuper la montagne de droite dont j'ai parlé et le bois qui la couvre dans son prolongement du côté de Fern-Neuendorf. Il faut l'occuper par un poste au moulin et par un poste central qui voit bien au pied de la pente de la montagne du côté opposé au lac, ce qui sera fort facile, car la pente est fort douce. Il n'existe pas de ressauts de terrain. Il suffira d'avoir l'œil sur la lisière du bois pour être assuré dans cette position.

Il faut aussi garder les rives du lac de gauche par plusieurs postes qui se lieront avec un poste principal qui sera à la tête du village de Speerenberg.

Le général en chef désire et compte vous rappeler au premier moment. Il faut donc être prêt à partir une heure après que vous en recevrez l'ordre.

Son Excellence vous demande des rapports très fréquents, même lorsque vous n'auriez rien de bien intéressant à lui apprendre, sinon que vous êtes paisible dans votre position. »

Franquemont à Briche

Baruth, 21 août [A. W.]

« Je vous prie de faire partir de suite deux pièces de canon sans caisson de la batterie légère pour être mis à la disposition du général de Stockmayer qui se trouve à un quart de lieue en avant de Baruth sur la route même. Ayez aussi la bonté d'envoyer des patrouilles à toute heure sur la route de Golssen, sur la route de Dahme et jusqu'à Linow où se trouve le parc du VIIe corps protégé par un bataillon saxon afin de pouvoir le soutenir en cas de besoin. »

Delort à Franquemont

Baruth, 21 août [A. W.]

« Comme il est probable que le parc d'artillerie recevra l'ordre de vous rejoindre aujourd'hui avec son escorte d'infanterie, le général en chef vient de donner l'ordre d'envoyer à ce parc 100 chevaux de la division Defrance. Les 100 chevaux sont à la disposition du colonel Vilien qui commande l'infanterie et l'escorte du parc.

P. S. — Comme je fermais cette lettre, le général en chef vous prie de faire partir à midi le parc d'artillerie. J'ai écrit au colonel Memoir, directeur du parc, mais s'il ne recevait pas mon ordre, il n'en faudrait pas moins que le convoi partît. »

Dombrowski à Berthier

Teuchel, 21 août [A. G.]

« J'ai l'honneur de rendre compte à Votre Altesse Sérénissime qu'aujourd'hui à 7 heures du matin, mes avant-postes sur toute la ligne depuis Zahna jusqu'à Mœllensdorf, près Coswig, ont été attaqués sur différents points.

Une colonne de 600 hommes s'est présentée devant Zahna ; ce poste, soutenu par sa réserve, a forcé l'ennemi à se retirer.

Une seconde colonne d'environ 200 ou 300 cosaques a attaqué le poste de Kropstædt qui, malgré la supériorité de l'ennemi, s'est maintenu dans sa position.

Une troisième colonne composée d'un régiment de cosaques a attaqué les postes de Straach et Berkau, les réserves réunies en avant de Straach les ont combattues avec avantage.

Une autre colonne de cinq régiments de cavalerie ayant quatre pièces sous les ordres du général Tschernitchef a débouché sur la route de Treuenbrietzen à Weddin, où j'avais placé un escadron du 4ᵉ lanciers avec trois compagnies du 14ᵉ d'infanterie et deux pièces de canon sous les ordres du colonel Kostanecki du 4ᵉ de lanciers ; malgré la supériorité du nombre, ce poste de Weddin s'est maintenu jusqu'à 11 heures sans perdre de terrain ; j'ai fait marcher deux escadrons et un bataillon que j'avais de disponible au secours de ce poste ; à l'arrivée de ce renfort, l'ennemi a commencé à se retirer, et nos troupes l'ont poursuivi une lieue en se battant toujours.

La cavalerie ennemie a chargé plus de dix fois, mais toujours sans succès ; 500 cosaques ont même mis pied à terre pour attaquer en tirailleurs, cette manière de combattre ne leur a pas mieux réussi ; notre infanterie leur a fait beaucoup de mal de même que les deux pièces d'artillerie qui ont épuisé leurs cartouches à mitraille ; nos trois escadrons de cavalerie se sont distingués dans cette affaire d'une manière signalée ; il paraît que la perte de l'ennemi est considérable, nous avons eu le malheur de perdre le brave colonel Kostanecki qui a été tué ; nos soldats, pour venger la mort de leur chef, n'ont point voulu faire de prisonniers, ils ont tué tous ceux qu'ils ont pu prendre ; un officier de l'état-major du général Tschernitchef a été ramassé blessé huit fois. J'ai l'honneur de joindre à mon rapport la copie d'une lettre qu'il a écrite à son général et que j'ai envoyée par un trompette ; il y a aussi quelques cosaques pris que j'ai envoyés au gouverneur de Wittenberg.

Cette affaire fait beaucoup d'honneur à la partie des troupes de ma division ; elle a eu à combattre dans cette journée environ 6.000 cosaques qui ont été repoussés vigoureusement sur tous les points par mes avant-postes ; il paraît que l'ennemi avait voulu reconnaître ma force et la place de Wittenberg, mais son but a été manqué.

J'ai reçu ce matin par un officier, au moment où j'étais aux mains avec l'ennemi, une dépêche de M. le général de division Girard, datée de Magdebourg le 19 courant, par laquelle il m'ordonne de partir pour faire ma jonction avec lui ; j'en ai fait part à M. le général de division Lapoype, gouverneur de Wittenberg, qui m'a communiqué un paragraphe de la lettre que Votre Altesse Sérénissime lui a écrite le 18 du courant, par lequel ma division est destinée à couvrir Wittenberg. Pour ne point exposer cette place, je me suis décidé à rester dans ma position, d'ailleurs que j'étais attaqué par une grande partie du corps du général Tschernitchef qui commandait en personne à l'attaque de Weddin ; la force de ce corps est détaillée dans la relation des prisonniers jointe à la présente ; l'ennemi a laissé 80 hommes tués sur le champ de bataille dont plusieurs officiers, beaucoup de chevaux, environ 200 ou 300 blessés dont il a emporté une grande partie. De notre côté, nous avons eu 15 hommes tués et le colonel Kostanecki, 7 officiers blessés et 53 hommes et 40 chevaux blessés ou tués. »

Girard à Lemarois

Burg, 21 août, 9 heures du soir [A N.]

« Je reçois, mon cher général, votre billet ; la plaine doit être à présent dégagée. L'ennemi, après avoir été forcé dans ses positions de Kœnigsborn, s'était reformé sur un plateau en arrière de Gorbelitz. Je le fis attaquer, il fut mis dans une déroute complète ; si j'avais eu de la cavalerie, toute son infanterie était prise, il a montré près de 4.000 hommes d'infanterie, peu de cavalerie, trois pièces d'artillerie dont une a été démontée, il paraît avoir considérablement souffert. Nous avons fait un colonel prisonnier, il est blessé, il ne peut pas être transporté. J'ai poursuivi l'ennemi sur Burg ou j'ai pris position, il se retire dans un grand désordre sur Brandeburg, beaucoup de ses landwehrs se dispersent. Je manœuvrerai demain à droite pour me reporter sur la direction que j'avais d'abord déterminée, j'ai trouvé ici tous les habitants.

Bernadotte était il y a trois jours à Brandeburg; il a porté son quartier général à Potsdam. On ne sait rien des mouvements du duc de Reggio ni du prince d'Eckmühl.

Nous avons eu quelques instants assez chaud, je suis content de mes jeunes gens.

Je vous écrirai demain. »

Oudinot à Bertrand

Trebbin, 22 août [A X.]

« Mon cher général, vous avez sûrement reçu hier l'ordre que je vous avais adressé de vous réunir au général en chef Reynier, puisqu'il a bien voulu se charger de vous le faire tenir.

Je ne puis encore appuyer sur ce dernier, parce que les Bavarois et la division Lorges ne sont pas encore arrivés, mais dès que leur tête de colonne sera annoncée, je me mets en mouvement, et je pense que ce sera vers 8 ou 9 heures de ce matin.

Je calcule d'après cela que nous pourrons être demain devant Berlin et le chauffer. Vous pourrez. ce me semble, rappeler vos troupes de Baruth, mais ne le faites cependant qu'autant que vous n'y verrez pas d'inconvénients. A votre place, je le ferais d'autant mieux que c'est un fameux renfort pour vous Aujourd'hui, notre réunion opérée, nous avons besoin de tous nos moyens pour chercher du succès. D'ailleurs, peu importe qu'il y ait des partisans à Baruth quand il y en a partout ailleurs, et puis nous allons, probablement, faire un changement de front, l'aile gauche en avant.

Je laisse au général Reynier la division de cavalerie Defrance, ainsi elle pourra être utile à l'un comme à l'autre : vous pourrez aussi, provisoirement, conserver la division Beaumont. »

Oudinot à Reynier

Trebbin, 22 août [A X.]

« Mon cher général, je n'attends que l'arrivée du général Lorges ou de sa tête de colonne pour me mettre en mouvement sur Wilmersdorf par Christinendorf d'où je communiquerai avec vous. Je pense comme vous sur votre projet de pointe, et même je suis certain que le camp ne s'évacuerait point sans cette mesure; d'ailleurs il est temps de nous constituer une véritable réserve qui marcherait toujours au centre et en arrière des deux corps agissant; il m'importera peu alors que ce soit tel ou tel.

Je laisserai le général Raglowich à Christinendorf ayant des postes jusqu'à Trebbin que je ne puis plus occuper sans fortement compromettre les troupes qui y seraient, quoique, comme vous le dites fort bien, le marais qui est près de cette ville et le camp, est impraticable.

Je vous autorise à conserver la division de cavalerie commandée par le général Defrance.

Ainsi retenez-la à Nunsdorf et faites courir après si elle était déjà passée. On s'occupe à faire démolir les ouvrages de Trebbin. Je n'ai pas trouvé la proclamation que votre lettre m'annonçait, mais je pense que nous serons demain en mesure de chauffer Berlin. »

Oudinot à Berthier

Trebbin, 22 août [A X.]

« Le XIIe corps s'est rendu maître de Trebbin par les moyens de l'artillerie ; on va s'occuper d'en détruire les ouvrages ainsi qu'on l'a fait de ceux rencontrés ; l'inondation sur le point que les trois corps ont parcouru ayant été manquée, nous n'avons pas eu plus de difficultés à les franchir que les défilés qui sont d'ailleurs très multipliés. Le VIIe corps est à Nunsdorf et le IVe à Schunow ; demain ils en partent pour attaquer Wittstock où il paraît que l'ennemi tiendra, et qu'il a conservé son camp en avant de Trebbin, parce qu'il est séparé par des marais impraticables, ce qui me forcera d'appuyer à droite pour opérer notre jonction et marcher ensemble sur Berlin. Les Bavarois et le général Lorges que j'avais laissés à Luckenwalde pour garder les communications de Trebbin, Potsdam, Treuenbrietzen, où il y a des camps, ont ordre de rentrer ; ils seront chargés de la même besogne vers notre gauche et ne pourront guère prendre part à la bataille, non plus qu'une division qu'a laissée le général Bertrand à Baruth ; on s'est battu tous les jours pour repousser l'ennemi, mais il n'y a rien eu de sérieux, sinon deux charges de 3 000 cosaques contre les Bavarois et le général Lorges qui n'ont pas réussi. De notre côté, nous avons cependant eu 20 cavaliers tués et 51 blessés, mais l'ennemi en a eu autant : on s'accorde toujours à porter l'ennemi que nous avons devant nous très haut, mais les paysans ne sont pas de bonne foi dans ce qu'ils répondent, de façon qu'on ne sait pas trop à quoi s'en rapporter. »

Oudinot à Guilleminot

Siethen, 22 août [A X.]

« Le général Pacthod s'arrêtera et couchera à Siethen avec sa division ; vous serez par conséquent encore d'avant aujourd'hui ; vous ne pouvez trop vous surveiller et particulièrement devant vous, comme sur votre gauche, sans cela vous seriez exposé, puisque la rivière Nuthe est guéable en plusieurs endroits. J'envoie deux divisions de cavalerie à Ahrensdorf afin de vous être utile au besoin ; ce soir vous recevrez des ordres sur votre marche ultérieure, prenez force renseignements et communiquez-les moi, surtout sur ce qui se passe à Potsdam, Beelitz, Saarmund. Je ne sais ce que vous voulez dire par la demande que vous faites du renvoi de vos bataillons, je n'en connais qu'un d'absent, je vous autorise à les retirer ; donnez-moi ce soir l'explication de ceci.

P. S. — Vous reconnaîtrez Sputendorf et vous me direz si nous pouvons demain marcher par ce village et Ruhlsdorf pour opérer ma réunion avec les IVe et VIIe corps. »

Oudinot à Reynier

Siethen. 22 août [A X.]

« Le général Guilleminot a pris position à Ahrendsdorf et poussé jusqu'à Sputendorf, on ne lui a opposé que de la cavalerie, mais il n'en sera pas de même pour moi demain, j'en suis presque assuré. Je compte faire marcher toute ma boutique (*sic*) à la pointe du jour, pour me porter réuni sur Sputendorf où j'espère arriver de bonne heure Je désire vous y rencontrer ou vous savoir à Gros-Beeren, afin de concerter définitivement notre marche sur Berlin, et j'espère aller vous voir moi-même ; si le général Bertrand peut s'y trouver, chargez-vous, je vous prie, de le lui faire savoir.

Je serai sans doute contraint de refuser ma gauche et peut-être à ne prendre part qu'à ce qu'on me décochera de Beelitz et Potsdam, dont Guilleminot n'est éloigné que de trois lieues.

Je désire fort d'apprendre le résultat de votre canonnade ; il nous a semblé que votre feu s'éloignait et nous en avons argué que vous seriez à Gros-Beeren et que vous auriez par conséquent forcé l'ennemi.

P. S. — N'oubliez pas d'appeler le général en chef Bertrand. »

Gersdorf à Reynier

Dresde, 22 août [A. S.]

« Je viens de recevoir la nouvelle agréable que Sa Majesté l'Empereur a attaqué, hier, l'armée alliée dans sa position au delà de Lœwenberg et qu'au moment où la lettre était expédiée, on avait déjà obtenu de grands avantages. L'ennemi s'est retiré et a perdu beaucoup de prisonniers. Il a été attaqué sur trois points à la fois, par Greiffenberg, Lœwenberg et Buntzlau.

Comme il serait possible que Votre Excellence ne fût encore instruite de cette joyeuse nouvelle, j'ai cru ne pas devoir perdre un instant pour la communiquer. »

Delort à Franquemont

Werben, 22 août [A W.]

« Il faut vous mettre en mouvement pour Nunsdorf, par Speerenberg et Gadsdorf sans passer à Saalow. Il faut vous faire précéder de tous vos bagages, de manière qu'ils arrivent avant vous ou en même temps que vous à Nunsdorf.

Il faut couvrir votre marche d'une brigade, et cette brigade d'une chaîne de postes de cavalerie qui masque votre mouvement, et vous permette d'être bien loin avant que l'ennemi ne connaisse votre mouvement.

Il faut que la cavalerie vous rejoigne en entier à Nunsdorf où vous recevrez de nouveaux ordres.

Si par hasard vous n'en recevez pas, il n'en faudrait pas moins continuer votre marche sur nous, en tâchant de connaître où nous sommes allés.

Il est probable que demain l'on s'abordera, l'officier que je vous envoie ne pourra pas revenir ce soir, parce que son cheval ne pourra pas fournir cette carrière.

Son Excellence vous prie de lui faire savoir qu'il est arrivé et que vous vous mettez en mouvement. »

Delort à Franquemont

Werben, 22 août [A W.]

« Le général comte Bertrand prie le général de Franquemont de donner à M. Theubet, officier de l'état-major du prince de Neufchatel, 100 chevaux jusqu'à Luckau. Le détachement rejoindra le général Franquemont aux lieux indiqués par ma lettre de ce matin. »

Franquemont à Bertrand

Baruth, 22 août [A W.]

« J'ai l'honneur d'annoncer à Votre Excellence que, d'après le rapport des postes détachés et des patrouilles envoyées sur tous les points, il n'y a absolument rien de nouveau.

Une seconde patrouille envoyée à Linow n'est pas encore de retour.

La position à Speerenberg a été occupée de suite par le 1er bataillon du 4e régiment de ligne.

D'après les ordres de Votre Excellence, je me tiendrai prêt à marcher à chaque instant. Il se pourrait cependant qu'au cas que les chevaux fussent aux fourrages qu'on est obligé de chercher à plus d'une lieue d'ici, je ne puisse partir une heure après que j'en aurai reçu l'ordre.

En cas d'une attaque sérieuse par des forces supérieures, sur quel côté dois-je diriger le grand parc. »

Franquemont à Briche

Baruth, 22 août [A W.]

« Comme il faut nous mettre demain en mouvement pour Nunsdorf en passant par Speerenberg et Gadsdorf, sans passer par Saalow, et qu'il faut couvrir notre marche par une brigade et cette brigade par une chaîne de postes de cavalerie qui masque notre mouvement, je vous prie, monsieur le général, d'envoyer 100 chevaux avec le convoi composé de tous les équipages sous les ordres du colonel de Chisani qui se mettra en marche demain après 3 heures du matin.

100 chevaux avec la brigade Doering et Spitzemberg qui se mettront en mouvement à 5 heures. Avec le reste de la cavalerie, y compris les 150 chevaux détachés et l'artillerie, vous joindrez le général de Stockmayer. Comme votre principal but doit être de masquer notre marche autant que possible, la chaîne des avant-postes doit-être poussée bien en avant, ainsi que de fréquentes patrouilles.

Une heure après que la queue de la division aura quitté le camp, vous nous suivrez ainsi que le général Stockmayer à Nunsdorf, faisant notre arrière-garde. »

Gersdorf

Dresde, 22 août [A N.]

« Des rapports qui viennent de me parvenir de notre corps d'armée me mandent que, le 18, les quatre corps se sont réunis près de Baruth. Ils forment ensemble une armée de 75.000 hommes inclus 13.000 chevaux.

L'artillerie est composée de 240 bouches à feu. MM. les généraux en chef ont tenu le 18 un conseil de guerre à Baruth.

Les Prussiens sont fortement retranchés jusqu'au moment du départ des dépêches de Baruth ; elles sont datées du 20. »

Biberstein (1) à Franquemont

Puplitz, 22 août [A W.]

« D'après l'ordre que j'en ai reçu de Votre Excellence, j'ai envoyé, hier, une patrouille sur Linow qui est éloigné d'environ 1 heure 1/2 d'ici. Le sous-officier qui y fut détaché n'y trouva ni les équipages du VIIe corps, ni un bataillon de Saxons : le chemin pour s'y rendre a d'un côté une forêt et de l'autre un marais ; le sous-officier détaché ne put rien apprendre de plus, sinon que les Bavarois doivent se trouver à Luckenwalde et les Saxons à Gottow, mais il ne s'y est pas rendu puisqu'il n'avait pas d'instruction pour cela. La nuit se passa tranquillement à nos postes. Je n'en ai encore reçu aujourd'hui aucun rapport. »

(1) Colonel du régiment Prince Paul n° 1.

Bosc

Klein-Ziescht, 22 août [A W.]

« J'ai l'honneur de vous annoncer que mon flanc gauche est couvert par des postes, mon flanc droit communique avec le capitaine Mainofer du régiment 4.

Je fais patrouiller constamment par des patronilles les environs de Clasdorf et de Glashutte ; elles n'ont encore rien remarqué de nouveau

J'ai déjà envoyé trois ordonnances de cavalerie sur Radeland, mais elles ne peuvent passer par Baruth à cause du marais. »

Régiment d'infanterie N° 4

22 août [A W.]

« Il n'y a rien eu de nouveau cette nuit au moulin Johannes, ainsi qu'aux patrouilles faites pendant la nuit. »

Stockmayer à Franquemont

Baruth, 22 août [A W.]

« J'ai l'honneur de vous rendre compte que, ni cette nuit, ni ce matin il ne se montre pas la moindre chose de l'ennemi. »

Bosc

Ziescht, 22 août [A W.]

« J'ai l'honneur de vous rendre compte qu'il n'y a rien eu de nouveau à mes piquets. J'ai envoyé souvent des patrouilles, elles reviennent sans avoir rien vu de l'ennemi. »

Bosc

Klein-Ziescht, 22 août [A W.]

« J'ai l'honneur de vous rendre compte qu'après avoir reconnu le terrain entre ici et Clasdorf, j'ai trouvé plusieurs larges chemins qui conduisent à Clasdorf et Malsdorf, où de l'infanterie et de la cavalerie peuvent marcher.

Ils doivent être occupés par des piquets pour assurer la sûreté du camp, or ma compagnie a déjà 51 hommes de service, je vous prie de m'envoyer 36 hommes de renfort afin de pouvoir occuper ces routes. »

(Rapport)

Johannes Mühle près Baruth, 22 août 7 heures 1/2 du soir [A W.]

« J'ai l'honneur de vous rendre compte qu'aussitôt après en avoir reçu l'ordre, j'ai envoyé une patrouille sur la route de Luckau ; elle n'y put rien apprendre de l'ennemi. Les avant-postes de Golssen assurèrent qu'ils n'avaient pas remarqué de troupes ennemies.

A son retour, la patrouille rencontra a Alt Golssen un détachement de deux officiers avec des chevau-légers et des hommes du corps wurtembergeois qui marchaient sur Luckau. »

Hohenlohe (1)

Speeremberg, 22 août [A W.]

« J'ai l'honneur de vous rendre compte qu'après une marche de nuit assez pénible, j'ai occupé à 1 heure du matin la position prescrite qui est éloignée de quatre fortes lieues de Baruth. A partir du passage où les deux lacs se

____

(1) Colonel du régiment d'infanterie n° 4.

rapprochent tellement l'un de l'autre que le chemin qui les traverse ressemble à un défilé, la route est coupée par un fossé qui va d'une rive à l'autre de ces deux lacs, de cette façon ces deux lacs sont complètement réunis l'un à l'autre ; un pont étroit de bois traverse ce passage ; il y a à sa gauche une communication également étroite qui, à ce qu'il paraît. vient seulement d'être faite. Je les ai fait de suite barricader, et j'y ai placé un poste d'officier derrière lequel, un peu plus en arrière, bivouaque le reste du bataillon ; il est couvert sur ses derrières par un piquet d'officier installé en arrière. En avant de Speeremberg, qui se trouve encore éloigné d'un quart de lieue de ce défilé, il y a une demi-compagnie détachée en avant sur la route de Saalow où elle a aussi à patrouiller ; cette demi-compagnie se protège particulièrement par des piquets qu'elle a placés. Les hauteurs qui limitent le lac qui se trouvent à droite, ainsi que le moulin à vent lui-même, sont occupées, et je surveille, ainsi qu'il me l'a été ordonné, tous les environs. J'ai complètement occupé la lisière qui limite le lac situé à droite et s'étend encore en avant. Je me lie par des patrouilles avec la compagnie du régiment n° 1 détachée à Fern-Neuendorf.

J'ai l'honneur de vous rendre compte qu'il n'y a rien de nouveau à mes postes.

La nuit précédente on entendit canonner très fortement. »

Gressot à Lecoq

Kerzendorf, 23 août [A S.]

« En conséquence des ordres de Son Excellence le général en chef, les équipages ci-après désignés seulement suivront le mouvement du corps d'armée ; les autres équipages ainsi que les voitures du pays resteront jusqu'à nouvel ordre parqués dans l'emplacement où ils se trouvent en ce moment en arrière du moulin à vent de Wittstock, savoir :

Ceux du général en chef ;

Du trésor ;

Du chef de l'état-major général ;

Du commandant de l'artillerie du corps d'armée ;

Des généraux ;

De l'inspecteur aux revues ;

Une voiture de l'intendant général saxon ;

De l'ordonnateur ;

Une voiture pour chaque régiment.

Les ambulances des divisions ayant chacune à leur suite quatre voitures vides du pays pour le transport des blessés.

Le vaguemestre général marchera avec les équipages ; les vaguemestres des divisions resteront au parc des autres équipages.

Chaque division fournira un détachement de 25 hommes commandé par un officier pour la garde des équipages. »

Bertrand a Franquemont

Nunsdorf, 23 août, 6 heures du matin [A W.]

« Le général Delort vous a écrit hier de vous diriger de Speerenberg sur Gadsdorf et Nunsdorf.

Depuis cette époque, nous avons enlevé toutes les positions de l'ennemi et forcé le passage.

Si dessus vous êtes encore à temps (?), je désirerais que vous vous rendiez à Werben par la route que j'ai prise qui est la plus courte, c'est-à-dire de

Speerenberg à Saalow, Schunow et Werben. Vous aurez ainsi moins d'embarras par cette route.

Si au reste vos bagages étaient par cette route, vous pourriez laisser une brigade et cinquante chevaux d'escorte et venir avec deux divisions et la cavalerie pour hâter votre marche sur Werben ; mon quartier général est en ce moment à Schulzendorf. »

Delort à Franquemont

Werben. 23 août, 8 heures du matin [A W.]

« Le général Bertrand vient de vous écrire de ne plus vous engager par la route de Lüdersdorf à Gadsdorf, mais bien par la route de Speerenberg à Saalow et Werben. Le général en chef vous fera donner là de nouveaux ordres. Si les équipages. ce que je ne pense pas, étaient engagés déjà dans la route de Gadsdorf, il faudrait les laisser continuer en les faisant escorter d'une batterie et de 50 chevaux. Tâchez d'arriver le plus près que vous pourrez aujourd'hui. Eclairez-vous bien dans toutes vos directions et surtout par votre droite et aux débouchés de Mellen et de Zossen. »

Delort à Franquemont

Schulzendorf, 23 août [A W.]

« Le général en chef vous appelle ici avec deux brigades demain matin. Il suffira d'être en mouvement demain matin à 5 heures. Il faut vous faire suivre de votre cavalerie. Il suffira qu'un seul bataillon marche avec le convoi, l'autre prendra les devants et vous rejoindra, le convoi viendra ici à Schulzendorf.

La 3e brigade, vous l'enverrez demain de bonne heure à Mittenwalde.

D'après les rapports de prisonniers, il y avait trois bataillons à Mittenwalde ; il est à présumer que c'est évacué. Il faut faire détruire les ouvrages, s'il y en a de faits. L'opération terminée, votre brigade viendra vous rejoindre à Schulzendorf ; on passe par Glienick pour aller à Mittenwalde.

Arrivé à l'embranchement de la route de Mittenwalde à Zossen envoyez une reconnaissance.

La brigade qui ira à Mittenwalde et la reconnaissance qui doit aller à Zossen auront chacune un officier du génie que le colonel Izoard va envoyer à Werben.

Il faut qu'il y ait de la cavalerie avec la reconnaissance et avec la brigade. »

Delort à Franquemont

Jühnsdorf. 23 août [A W.]

« Le général en chef vous a écrit ce matin et moi par duplicata de ne plus venir par la route de Lüdersdorf et Gadsdorf, mais bien directement à Werben par Saalow où vous recevrez de nouveaux ordres et, si les équipages étaient déjà engagés dans la route de Gadsdorf de leur donner une brigade d'escorte et de filer avec les deux autres rapidement. J'ajoute que, quelle que soit la route que les équipages prennent, il faut les laisser à la garde de l'escorte dont il vient d'être parlé et marcher en hâte sur Werben avec les deux brigades de votre division.

Franquemont à Bertrand

Werben, 23 août. 9 heures du soir [A W.]

« Je viens prendre position des hauteurs de Werben avec la brigade de Spitzemberg ; le convoi a bien retardé ma marche. et par le mauvais temps et les mauvais attelages bien des caissons sont restés en arrière. Le général de Stockmayer qui avec sa brigade fait l'arrière-garde, fait son possible pour faire suivre les caissons de vivres qui étaient hors d'état de suivre le convoi.

Beaucoup de chevaux sont crevés en route. Les chevaux n'en peuvent plus; les brigades de Doering et de Stockmayer, ainsi que la plus grande partie de la cavalerie ne pourront arriver avant la nuit. »

Dombrowski à Berthier

Teuchel, 23 août [A. G.]

« J'ai l'honneur de rendre compte à Votre Altesse Sérénissime, qu'il ne s'est passé rien de nouveau depuis l'affaire du 21.

L'officier du 4ᵉ de lanciers que j'avais envoyé pour porter la lettre de l'officier d'état-major russe, prisonnier de guerre, a rapporté la réponse du général Tschernitchef à mon chef d'état-major dont je joins la copie à la présente, il a porté aussi des secours pour le dit officier prisonnier.

On a dit à Niemiegk à l'officier du 4ᵉ de lanciers qu'on venait d'enterrer deux officiers russes, dont un supérieur, morts de leurs blessures, il a rencontré sur toute la route beaucoup d'hommes et de chevaux morts; on lui a dit encore qu'il était passé à Niemegk, pendant la nuit du 21 au 22, un convoi de 80 voitures chargées de blessés que l'on dirigeait sur Brück ; il paraît, d'après son rapport, que l'ennemi a beaucoup plus perdu dans cette journée que nous ne l'avions dit, il évalue sa perte à 500 hommes au moins

Le corps du général Tschernitchef est en avant de Brück, la cavalerie ennemie rôde autour de mes postes avancés et les patrouilles que j'ai envoyées sur les routes de Zerbst, Belzig, Treuenbrietzen et Jüterbog ont rencontré partout celles de l'ennemi qui étaient fortes.

J'aurai l'honneur d'envoyer plus tard à Votre Altesse Sérénissime, la liste des militaires qui se sont le plus distingués dans cette affaire et qui ont mérité d'une manière particulière la bienveillance de Sa Majesté; en attendant, je propose à Votre Altesse Sérénissime M. le chef d'escadron Biernacki de 4ᵉ de lanciers pour la décoration de la Légion d'honneur ; c'est un officier du mérite, il a commandé la cavalerie pendant toute l'affaire, s'est trouvé toujours présent à son corps pendant les trois dernières campagnes, il a été proposé trois fois pour la décoration que je sollicite en sa faveur, mais toujours assez malheureux pour ne pas l'avoir obtenue.

Gressot à Lecoq

24 août [A. S.]

« En conséquence des ordres de Son Excellence le général en chef, le corps d'armée se mettra en marche demain 25 à 7 heures précises du matin pour se porter à Markendorf en passant par Linow et Stulpen.

Il marchera dans l'ordre ci-après :

La 25ᵉ division, l'infanterie légère,

Le grand parc d'artillerie,

Les équipages du corps d'armée, dont ceux du quartier général prendront la tête dans l'ordre prescrit,

La 32ᵉ division d'infanterie,

La brigade de cavalerie légère,

La 24ᵉ division d'infanterie,

La compagnie de sapeurs partira de Schœnefeld d'assez bonne heure pour être rendue à 7 heures moins un quart à Linow afin de marcher en tête de la colonne. »

Delort à Franquemont

Schulzendorf, 24 août [A W.]

« Toutes les dispositions sont changées ; le VIIe corps a été forcé de repasser les défilés par lesquels il avait débouché. Il faut envoyer de suite une
brigade à Baruth prendre les positions que nous occupions.

Il faut laisser un bataillon à Speerenberg qui détachera un poste à Fern-
Neuendorf.

Il faut envoyer une brigade pour observer les débouchés de Mittenwalde,
en passant par Glienick ou plutôt en avant de Glienick.

Il faut envoyer l'autre brigade avec la cavalerie du général Beaumont qui
va se concentrer avec vous du côté de Neuendorf.

Le parc de vivres prendra la route directe de Speerenberg à Baruth par
Wander et Mückendorf.

Il n'y a pas un moment a perdre pour l'exécution de ces mesures.

P. S. — Les deux reconnaissances ont pour objet d'observer les débouchés
de Mittenwalde et de Zossen et les couvrir, ainsi il n'y a pas lieu à pousser
l'infanterie jusqu'au village même. »

Delort à Franquemont

24 août [A W.]

« Envoyer de suite une brigade à Baruth prendre position.

Un bataillon à Speerenberg, envoyant un poste à Ferndorf et Neuhof.

Un bataillon sur la route de Mittenwalde en avant de Glienick et un à
Neuendorf avec la cavalerie légère du général Beaumont.

Le parc des vivres et tous les bagages de la division wurtembergeoise, en
route directe pour Baruth par Speerenberg, Wander et Mückendorf. »

Delort à Franquemont

24 août [A W.]

« Il faut que vos bagages et tous les bagages suivent le parc des vivres et
n'avoir aucun embarras pour combattre au besoin. »

Delort à Franquemont

Schulzendorf, 24 août [A W.]

« Il suffit d'envoyer un bataillon sur la route de Mittenwalde et un sur la
route de Neuendorf très à portée de votre position, afin qu'au premier ordre
vous puissiez vous porter en masse avec vos deux brigades à Saalow. La brigade qui va à Baruth doit mettre beaucoup de célérité à gagner les positions
de Baruth.

P. S. — Si les brigades étaient parties pour couvrir les routes de Mittenwalde et de Zossen, il faudrait les rappeler. »

Delort à Franquemont

Speerenberg, 24 août [A W.]

« Le général en chef vous prie de vous mettre en mouvement demain
25 août ; deux brigades à 10 heures du matin, la 3e à 11 heures pour Dahme.

Vous devez vous arrêter à hauteur de Damsdorf pour vous mettre en
communication avec les autres divisions qui arriveront demain à Dahme par
Linow et Damsdorf.

Son Excellence vous prie d'accuser la réception de cette lettre. »

Delort à Franquemont

Schulzendorf, 24 août [A. W.]

« M. Willien, chargé de la conduite du parc des vivres, prendra toutes les mesures possibles pour faire marcher son convoi. Il lui est ordonné de brûler toutes les voitures qui retarderaient la marche et de mener les chevaux à main. Les voitures seront toujours brûlées hors des routes pour ne pas les encombrer. »

Oudinot à Bassano

Juterbog, 25 août [A. N.]

« Je vous tiens bien bon gré de votre obligeant souvenir, de vos vœux pour la réussite dans nos entreprises et enfin de vos félicitations sur les succès que les trois corps sous mon commandement ont obtenus. Jusqu'au 23 à 5 heures du soir, tous les jours et partout nous avions battu l'ennemi, enlevé ses positions et forcé les défilés par lesquels il a fallu passer pour le joindre et le combattre ; mais l'insuccès du général Reynier a été tel que nous avons été forcés au rétrograde. Cependant les IVe et XIIe corps sont intacts et nous ne nous sommes repliés que pour nous réunir et reporter nos opérations sur un autre point que nous ne croyons pas offrir de si grandes difficultés, cependant j'ai bien du monde devant moi, mais nous n'en serions que plus fiers si nous sommes heureux.

J'ai donné connaissance à l'armée des succès que vous m'apprenez.

Adieu, mon cher duc, agréez de nouveau les mille assurances de mon profond dévouement.

Demain nous aurons fait quelques lieues en avant et je pense que ce sera en combattant. »

Ordre du jour

Riesdorf, 25 août [A. S.]

« L'armée commandée en personne par Sa Majesté a remporté une victoire complète sur l'armée combinée le 21 août.

L'Empereur a fait attaquer à la fois par Buntzlau et Lœwenberg et Greiffenberg ; l'armée ennemie a été mise en fuite et repliée sur l'Oder.

Son Excellence, M. le maréchal duc de Reggio reproche à MM. les colonels et officiers du XIIe corps le peu de soin qu'ils mettent à empêcher de tirer des coups de fusils dans les camps. Il prévient que, non seulement les réglements seront mis à exécution, mais que les capitaines des compagnies dont se trouvent les coupables, seront punis sévèrement et leurs colonels blâmés à l'ordre du jour.

Son Excellence témoigne aussi son indignation contre le pillage, et elle prévient qu'elle est résolue de faire un exemple contre ceux qui seraient pris en flagrant délit. »

Oudinot à Berthier

25 août [Orig. A. G., A X.]

« Jusqu'au 23 à 8 heures du soir, les trois corps réunis sous mon commandement ont eu du succès et ont enlevé toutes les positions, retranchements et défilés qui paraissaient inexpugnables à l'œil, mais le VIIe corps n'ayant pas été heureux dans une attaque sur Gross-Beeren, point central auquel le lendemain les deux ailes devaient se réunir, nous avons été obligés à nous reporter en arrière, et le quartier général est aujourd'hui près de Jüterbog ; les corps d'armée n'ont rien perdu dans leur marche rétrograde malgré les difficultés des chemins et défilés contre lesquels ils ont eu constamment à lutter.

M. de Caraman partira demain pour donner des détails et renseignements sur tout ce qui nous concerne. »

Margaron à Berthier

Leipzig, 25 août [A. G.]

« D'après les rapports les plus récents, la colonne autrichienne commandée par le feld-maréchal lieutenant de Meszko occupe en force Chemnitz, marche sur Attenbourg et Gera pour assurer sa principale opération qui parait être de se porter sur Borna et Leipzig, pendant que la colonne commandée par M. le lieutenant-général Neuman opère sur Freyberg et Dresde.

Je me tiens ici sur mes gardes et pousse des découvertes matin et soir sur Colditz et Borna. Nous sommes nuit et jour en surveillance. L'essentiel est de ne pas être surpris et de disposer progressivement les troupes à voir paraitre l'ennemi; je ne néglige rien pour les préparer aux événements et leur donner l'habitude de la guerre.

J'ai fait partir ce matin 100 hommes d'infanterie et 50 de cavalerie pour Dessau; c'est tout ce que j'ai de disponible en ce moment m'a permis de détacher, mais je touche enfin au 26 et, demain, je recevrai d'un côté les 2.500 hommes de troupes badoises avec 4 bouches à feu, et de l'autre M le général Dejean me rentre avec sa colonne, ce qui me mettra à même d'organiser sur-le-champ et compléter l'avant-garde qui ira prendre position à Dessau, sous les ordres de M. le major Servant.

Tout, jusqu'à présent, a été fort tranquille du côté de Wittenberg et Dessau; j'ai ouvert une correspondance avec MM. les généraux Lapoype, Lauer et Lemoine à Minden, ainsi qu'avec M. le gouverneur de Magdebourg; je dois donc espérer d'être instruit de tout ce qui se passera dans ces contrées.

M. de Rumigny me fournira de son côté toutes les informations qui seront à sa connaissance, j'aurai l'honneur de les transmettre de suite à Votre Altesse.

Je suis sans cesse occupé à épier les mouvements de l'ennemi sur Leipzig. Je veux qu'il me trouve en mesure de le recevoir ou d'aller au devant de lui si je suis en force.

J'aurai l'honneur d'adresser demain à Votre Altesse un état bien détaillé des troupes sous mes ordres. Je lui enverrai également celui de la colonne d'avant-garde.

Je me bornerai pour aujourd'hui à lui rappeler que je n'ai à ma disposition pour le moment que le régiment provisoire d'infanterie composé de deux bataillons formant ensemble 1.400
sur lequel j'en ai détaché 100 à Dessau.

Deux régiments provisoires de cavalerie formant ensemble.....
disponibles 1.200
6 bouches à feu, 6 caissons de cartouches d'infanterie.

2.600

Je recevrai demain..... troupes badoises. 2.543

M. le général Dalton m'annonce encore pour demain :
Un détachement du 134e régiment fort de 361
et un bataillon du 35e léger fort de 691

Total. 6.195

auquel il faudra joindre la colonne du général Dejean dont je ne connais pas encore la force ni la composition.

Sur ce total, j'aurai à envoyer 1.000 hommes et 4 bouches à feu à Dessau et à renvoyer au XIVe corps le bataillon des divisions réunies, aussitôt que je saurai qu'il pourra arriver à sa destination sans danger.

Le service journalier de Leipzig, non compris les grand'gardes, le piquet de cavalerie et les découvertes, est de 450 hommes d'infanterie. »

Gressot à Lecoq

25 août [A S.]

« Son Excellence le général en chef désirant connaître de suite l'état des pertes éprouvées par le corps d'armée depuis la reprise des hostilités jusqu'à ce jour, je vous prie d'avoir la bonté de me faire adresser le plus promptement possible par votre chef d'état-major un état présentant le nombre d'hommes : tués, blessés, prisonniers et égarés de chaque corps ou détachements de votre division, conformément au modèle ci-joint.

Tous les hommes qui n'auront pas reparu à leurs corps depuis le passage de la digue de Wittstock devront naturellement être considérés comme prisonniers, puisque les ponts ont été coupés, et que nécessairement ils sont tombés au pouvoir de l'ennemi. »

Etat des pertes

	Tués	Blessés		Prisonniers		Egarés	
		Officiers	Soldats	Officiers	Soldats	Officiers	Soldats
Etat-major. . .	»	1	»	»	»	»	»
2e bataillon de grenadiers . . .	»	1	12	»	68	1	132
Régiment d'inf. de Sahr. . . .	44	»	47	»	82	»	»
Bataillon du roi .	»	1	»	»	»	»	77
Régiment Antoine.	13	»	36	»	»	»	252
Régiment de Löw.	37	1	97	»	»	»	697
3e batterie à pied.	4	1	12	1	2	»	47
7e batterie à pied.	3	»	6	»	»	»	27
	101	5	210	1	152	1	1.232

Delort à Franquemont

Speerenberg, 25 août [A W.]

« Tout le monde a été obligé de prendre la route de Baruth jusqu'à Paplitz, celle de Neuhof à Linow étant impraticable. Ce retard doit en mettre nécessairement dans votre départ. En conséquence, il ne faut partir que sur un nouvel ordre qui vous sera envoyé de Paplitz. Toutefois, Son Excellence vous prie de vous tenir prêt à partir pour midi.

Le général en chef me charge d'ajouter que vous ne suivrez plus la route ordinaire de Dahme, parce que toute la colonne s'y trouvera, mais qu'il vous faudra prendre la route de Baruth à Dahme par Gross Ziescht, Schenkendorf et Görsdorf. »

Franquemont à Briche

Baruth, 25 août [A W]

« D'après les ordres de M. le général en chef comte Bertrand, deux de mes brigades doivent se mettre en marche à 9 heures 1/2 précises, la troisième à 10 heures 1/2 pour Dahme.

L'ordre de marche sera ainsi :

Avant-garde. — Un escadron et deux compagnies du 1er bataillon régiment n° 4.

Première colonne. — Le reste de ce régiment de cavalerie formera la tête.

Deux compagnies du 2e bataillon, régiment n° 4,

1er bataillon, prince royal,

2e batterie d'artillerie,

2e bataillon, prince royal,

2e bataillon, régiment n° 2,

1er bataillon, régiment n° 1 avec le parc,

2e bataillon, régiment n° 1.

Deuxième colonne. — Brigade de Stockmayer avec la batterie légère et les 15 chevaux qu'il a avec lui.

On prendra la route par Gross-Ziescht, Schenkendorf, Görsdorf à Dahme. Il faudra bien s'éclairer, particulièrement sur la gauche et, quand on sera arrivé à la hauteur de Dolmesdorf, il faudra se mettre en communication avec la division Morand.

Veuillez, je vous prie, monsieur le général, donner vos ordres, afin que tout soit exécuté en ce qui regarde la cavalerie. »

Stockmayer (Rapport)

[A W. Trad.]

« Le 25 août à midi, je reçus l'ordre de rompre de ma position en avant de la petite ville saxonne de Baruth avec les trois bataillons de ma brigade, d'occuper la position en arrière de Baruth, et de suivre seulement vers deux heures la division sur la route de Stulpe ; je reçus comme renfort la batterie à cheval, capitaine de Bürgi, et trente-six chevau-légers sous le lieutenant de Siegel A ce moment l'ennemi s'approchait déjà de mes avant-postes avec de l'infanterie et aussi quelque cavalerie. Je fis d'abord, occuper la position derrière Baruth seulement par le régiment n° 10 et le 1er bataillon du régiment n° 7 avec cinq pièces sous les ordres du lieutenant-colonel de Kechler jusqu'au moment où, comme il convenait et sans désavantage, je pus retirer vers l'abattoir [Schinderei] devant Baruth les postes extrêmes de ma chaîne d'avant-postes poussés au loin dans la forêt devant Baruth. Les hauteurs situées en avant forment un demi-cercle autour de la route de Baruth ; sur ses deux côtés, des marais et des marécages, rendaient le terrain impraticable pour toute espèce d'armes.

L'ennemi suivit le régiment n° 9 de Kœnig jusqu'à la sortie de la forêt en escarmouchant continuellement, mais il n'osa pas s'avancer contre la position de l'abattoir ; à la fin je la fis occuper ainsi que la digue par deux compagnies du dit régiment avec une pièce, et la petite ville par le reste du régiment sous le major de Landenberger. Je ramenai le 2e bataillon du régiment n° 7 dans la position derrière Baruth. J'attendis ainsi l'heure qui m'avait été fixée pour ma retraite, après avoir amené à moi le régiment n° 9 Kœnig ; et comme il ne se montrait rien d'autre que quelques hulans ennemis dans la vallée de Klein-Ziescht, je l'exécutai dans l'ordre suivant :

Régiment n° 10 ; cinq pièces de Bürgi ; régiment n° 7, deux compagnies du régiment n° 9 Kœnig, une pièce, le reste du régiment n° 9 Kœnig et ensuite le détachement de cavalerie.

Je marchai un quart de lieue et je me trouvai justement dans la vallée vers Kemlitz, lorsqu'à l'improviste trois colonnes très fortes de cavalerie se déployèrent rapidement et débouchèrent de la forêt ; leurs colonnes d'aile cherchèrent à me tourner des deux côtés, tandis que celle du centre faisait mine de m'attaquer. Je fis alors déployer le régiment Kœnig n° 9 en colonnes de division serrées, et je fis canonner la colonne du centre par la pièce de l'arrière-garde avec un bon succès.

Je plaçai les régiments n°s 9 et 10 à la lisière d'une forêt à droite et à gauche du chemin de Kemlitz où je fis mettre en batterie la batterie afin de pouvoir recueillir le régiment n° 9 qui dut se retirer peu à peu. Cependant une forte colonne de cavalerie d'au moins 800 chevaux se porta plus à droite par la forêt. Par suite, je renvoyai quatre pièces et le régiment n° 10 sur les hauteurs de Kemlitz, et je fis tenir en respect l'ennemi qui se portait en avant par les régiments 9 et 7 avec deux pièces ; celui-ci voyant alors qu'il ne pouvait plus rien obtenir avec son arme et qu'il n'éprouvait que des pertes par notre feu de mousqueterie et d'artillerie, se retira au bout d'une demi-heure sur la hauteur de Baruth ; à la suite de quoi je me retirai peu à peu de nouveau vers Stulpe ; auprès de ce dernier endroit, je me dirigeai sur la droite, puis je me réunis ensuite de nouveau à la division. »

Lecoq au Roi

26 août [A S. Trad.]

« Je ne manque de fournir à Votre Majesté le rapport suivant sur les événements qui ont eu lieu dans ces derniers jours au corps de troupes de Votre Majesté.

Après que le corps eut quitté le 14 de ce mois son camp de Gœrlitz, il s'avança dans les jours suivants par Spremberg et Luckau jusqu'à la frontière de Brandebourg ; il entra le 21 entre Baruth et Jüterbog sur le territoire ennemi et s'avança encore ce jour jusqu'à Christinendorf non loin de Trebbin. L'avant-garde de la 2ᵉ division sous les ordres du général lieutenant de Sahr eut déjà dans ce jour un engagement avec une troupe de chasseurs ennemis et la rejeta sans perte. Le 22, il s'engagea un combat important entre l'ennemi en position à Wittstock et Wilmersdorf et le VIIᵉ corps d'armée. L'aile droite placée sur une hauteur dominante retranchée fut attaquée par une brigade française et une partie de la brigade Brause placée sous mes ordres avec le plus grand succès, pendant que la division Durutte repliait l'aile gauche de l'ennemi à Wittstock et forçait ainsi le corps ennemi à la retraite.

Le corps continua la poursuite de l'ennemi le jour suivant 23, il l'atteignit au village de Gross-Beeren. Pendant ces mouvements et actions, le corps du maréchal Oudinot s'était avancé sur notre aile gauche et celui du général Bertrand sur notre droite par Zossen. Il s'engagea alors entre l'ennemi et le VIIᵉ corps, auprès dudit village de Gross-Beeren, un combat des plus vifs et, malgré une pluie extrêmement violente qui dura tout le jour, et qui fut extrêmement désavantageuse à la capacité de combat de l'infanterie par suite de l'inondation de toutes les routes, le combat s'était déjà décidé complètement en notre faveur, lorsque l'arrivée d'une nouvelle troupe ennemie très supérieure et la violente attaque de la cavalerie ennemie sur notre aile droite et sur un terrain extrêmement favorable pour cette arme, nous arracha tout d'un coup la victoire et nous força avec de durs sacrifices à la retraite.

Le corps reprit sa position précédente dans la nuit du 23 au 24 à Wittstock ; et continua dans la journée sa retraite par Gadsdorf et Lüdersdorf ; hier il arriva sur le terrain entre Dahme et Jüterbog ; il y a pris position avec le corps du maréchal Oudinot qui s'est également replié et je puis supposer que notre chef a l'intention de reprendre de nouveau d'ici l'offensive.

Je ne puis passer sous silence la perte de six canons appartenant en partie à la 2e batterie à cheval et en partie aux batteries de la 2e division et celle de la troupe ; elle monte à 1.700 hommes blessés, tués et prisonniers, suite de ce malheureux combat. Dès que j'aurai reçu les rapports détaillés, ce qui n'a pu avoir lieu jusqu'à présent, je ne manquerai pas d'en fournir un rapport circonstancié. Mais d'un autre côté je ne dois pas taire que les troupes de Votre Majesté ont soutenu dans ce malheureux événement sur le champ de bataille la gloire acquise par les armes saxonnes et ont été forcées seulement par la supériorité de l'ennemi d'évacuer le champ de bataille.

Je ne manque pas de rendre compte que le général Sahr a été blessé par un coup de bayonnette ; il a remis le commandement de sa division au plus ancien brigadier, colonel de Bose ; le colonel de Thummel ainsi que le chef de mon état-major, colonel de Koppenfels, ont eu le malheur de tomber en captivité ennemie. Je remarque encore que, d'après ce que l'on soutient généralement, le prince de Suède est arrivé à l'armée ennemie et que la dernière attaque décisive faite sur nous a été commandée personnellement par lui. Un vif cri de vivat du corps ennemi à sa soi-disant arrivée a même été entendu par une partie de nos troupes.

Enfin je rends compte à Votre Majesté que j'ai l'avis positif que le transport de pain qu'elle avait daigné expédier au corps dans le cours de ce mois est réellement tombé à Sonnenwalde aux mains de l'ennemi ; et je me trouve par cet événement dans la triste inquiétude de ne pouvoir même plus satisfaire aux distributions courantes. »

Reynier à Berthier

26 août [A G.]

« J'ai l'honneur d'adresser à Votre Altesse les rapports du VIIe corps d'armée depuis le commencement des opérations (1). Je n'ai pu lui en adresser plus tôt, parce qu'on n'a pas expédié d'estafette.

Je n'ai pas été heureux à Gross-Beeren où j'ai été attaqué seul par l'armée ennemie, parce qu'il n'y a pas eu l'ensemble nécessaire dans les opérations et que les corps voisins n'ont pas autant appuyé mon mouvement que je l'espérais en avançant à Gross-Beeren, comme cela était convenu. Je vais envoyer chercher à Wittenberg et Torgau ce qui est nécessaire pour remplacer mes pertes, tandis que nous ferons halte près Treuenbrietzen en attendant de nouvelles dispositions, et compte prendre ma revanche. »

Gressot à Lecoq

26 août [A S.]

« En conséquence des ordres du général en chef, le corps d'armée se mettra en marche demain 27 à la pointe du jour pour se porter à Jüterbog.

Il marchera sur deux colonnes et dans l'ordre suivant :

Première colonne

Les sapeurs,
La 1re brigade de la 24e division d'infanterie,
La 2e batterie d'artillerie de cette division,
La 2e batterie,
La batterie de pièces de 12,
Les équipages du corps d'armée,
La 1re brigade de la 32e division,
L'artillerie de cette division,
La 2e brigade,

(1) Voir page 22.

La grand'garde de cavalerie placée sur la route Hohen-Gœrsdorf marchera avec l'avant-garde de la 24e division.

Cette colonne prendra la route directe de Werbig à Jüterbog en passant par Hohen-Gœrsdorf.

Deuxième colonne

Le régiment de hussards,

La batterie d'artillerie légère,

Le régiment de hulans,

La 1re brigade de la 25e division d'infanterie,

La 1re batterie d'artillerie à pied qui passera de la 24e division à la 25e jusqu'à nouvel ordre, ·

La 2e brigade de la 25e division.

Cette colonne se portera à Grœfendorf sur la route de Jüterbog en prenant le chemin direct qui passe par Hohen-Ahlsdorf.

M. le général Gablenz, commandant la brigade de cavalerie légère, aura soin de faire éclairer la gauche de cette colonne.

Le parc d'artillerie de réserve qui a ordre d'être rendu de grand matin à Lichterfelde marchera sur la droite de la 32e division et laissera en conséquence Hohen-Gœrsdorf sur sa gauche ; il devra être bien réuni et sur tant de voitures de front que le besoin le permettra.

Toutes les troupes du corps devront être sous les armes à 3 heures du matin. »

Bertrand à Franquemont

26 août, 8 heures 1/2 [A W.]

« Vous pouvez vous mettre en mouvement au reçu de la présente lettre pour vous rendre à Kemlitz et de là à Stulpe où je désire que votre tête de colonne arrive le plus tôt possible.

Cependant la brigade d'arrière-garde ne devra quitter Baruth qu'à midi.

Envoyez-moi à Paplitz M. de Wimpfen à qui j'expliquerai plus particulièrement le mouvement à faire. »

Delort à Franquemont

Au camp, 26 août [A W.]

« Le duc de Reggio prévient qu'il y a un gros corps de cavalerie du côté de votre flanc gauche. Le général en chef vous en prévient afin que vous preniez les dispositions convenables.

Tenez-vous prêt à partir au jour. Toutefois laissez reposer vos chevaux. »

Spitzemberg (Rapport sur le combat du 26)

[A W. Trad.]

« Le régiment n° 1 prince Paul, à l'exception d'une compagnie et demie qui était détachée en arrière à droite et à gauche, était destinée à défendre le défilé de Holbeck qui est formé par un bois et une hauteur couverte de buissons.

Un fort ennemi qui se portait en avant, força les troupes avancées à se retirer ; le régiment trouva alors de nouveau occasion de se distinguer.

Le régiment se déploya avec beaucoup d'ordre et de calme à l'approche de l'ennemi ; il commença un feu de bataillon bien ajusté avec un calme qui est particulier seulement aux vieux soldats.

La demi-compagnie de grenadiers de ce régiment commandée par le lieutenant de Wildermuth était trop faible pour soutenir la hauteur contre un ennemi qui s'augmentait toujours ; j'ordonnai au colonel de Biberstein de se rendre sur cette hauteur pour soutenir les grenadiers et chasser l'ennemi des hauteurs déjà occupées en partie. Cet ordre fut exécuté avec bravoure et ordre; l'ennemi fut chassé de cette position avec une perte très considérable et poursuivi jusqu'au delà du village d'Holbeck. L'ennemi ne risqua plus aucune tentative de notre côté pendant cette journée. Il faut beaucoup louer la conduite du lieutenant de Wildermuth qui commandait la compagnie de grenadiers sur la hauteur.

Une partie du régiment n° 2 archiduc Guillaume était détaché à droite, le reste en réserve pour soutenir le régiment n° 1 prince Paul; il ne prit aucune part à ce combat, excepté une demi-compagnie que le lieutenant de Heuster conduisit avec beaucoup d'intelligence et de prudence contre les cosaques que voulaient inquiéter notre flanc gauche. »

Stockmayer (Rapport sur le combat du 26)

[A. W. Trad.]

« Le 26 août au matin, je reçus l'ordre d'occuper avec ma brigade les débouchés de Holbeck et de Dumde. Je détachai pour ce motif le régiment n° 9 Kœnig vers Holbeck, le 1er bataillon du régiment n° 7 le long de la forêt entre Holbeck et Stulpe pour communiquer avec le régiment n° 10 qui s'arrêtait en avant de Stulpe vers Dumde et le 2e bataillon du régiment n° 7 en avant de Stulpe vers Linow. Le régiment n° 9 Kœnig avait à peine occupé la plus grande partie de ses postes qu'il fut attaqué avec beaucoup de vivacité par une forte fraction de cavalerie russe que suivaient 600 à 800 chasseurs russes; le 9e régiment dut y résister pendant une heure avec beaucoup de bravoure; mais il se vit forcé de prendre position sur une hauteur à droite en avant du village, d'où il fut appuyé par le 1er bataillon du régiment n° 1 qui s'approchait, et à droite par le 1er bataillon du régiment n° 7 appelé par moi; il dut gagner le flanc gauche de l'ennemi et en peu de temps il reprit son ancienne position. L'ennemi se retira alors complètement. »

Landenberger (1) (Rapport sur le combat du 26)

[A. W. Trad.]

« Le régiment reçut dans cette journée à 7 heures du matin la mission de relever le 4e régiment de ligne sur la chaîne des avant-postes.

Il se plaça de la manière suivante :

La compagnie de Meisrimel occupa la lisière du village avec une demi-compagnie et plaça l'autre demi-moitié avec un officier à 400 pas en arrière.

La compagnie de Hugel était à gauche de cette compagnie, elle assurait la liaison avec la compagnie major qui s'appuyait au bois qui se trouvait près de là; le reste de la compagnie fut placé en réserve au village même, et la compagnie générale formait dans le bas-fonds le soutien des compagnies portées en avant pour le cas d'une attaque. Déjà lorsque la compagnie de Meisrimel établit ses piquets, il se montra de petites troupes de cosaques mais qui se retirèrent. A 8 heures, il s'avança un essaim de cosaques, fort d'environ 1.200 hommes, que soutenait un bataillon de chasseurs russe fort d'environ 600 hommes.

Le piquet placé en avant fut attaqué de front et sur le flanc gauche par toute la masse de l'ennemi et rejeté sur la compagnie qui était également entourée sur son flanc droit, de façon qu'elle se retira toujours en combattant sur le village et se plaça de nouveau dans le village à la hauteur de la compagnie de Hugel,

(1) Commandant le régiment de chasseurs à pied n° 9.

Cette dernière était déjà attaquée par les cosaques, elle s'engagea également avec l'infanterie ; elles entretinrent un vif feu, mais durent enfin céder au grand nombre pour n'être pas coupées, et se retirèrent sur la réserve placée sur la hauteur dominante au dos du village.

Pendant ce temps, la compagnie major avait pleinement occupé l'espace derrière le village jusqu'au lac situé à proximité pour interdire, par cette position, à l'ennemi de nous couper sur le flanc gauche ; ce qui fut effectué avec le meilleur succès.

La compagnie générale soutint sa position pendant un quart d'heure contre les attaques de l'ennemi, mais elle dut aussi se retirer vers la hauteur, parce que son flanc gauche était menacé. De cette façon, le bataillon se rassembla enfin en arrière sur la hauteur ; et les deux compagnies générale et major eurent ordre de se porter en avant pour refouler l'ennemi qui s'était avancé à droite et se tenait caché dans le buisson, et couvrir ainsi de nouveau le flanc droit.

Ce qui fut exécuté à la première attaque ; la compagnie générale soutint la position prise à la lisière de la forêt deux heures de temps, tandis que la compagnie major se joignait de nouveau au bataillon jusqu'à ce qu'elle reçût ordre de suivre comme arrière-garde la retraite du corps d'armée qui s'opérait en bon ordre. »

Artillerie (Rapport, combats du 25, 26, 27, 28)

[A W. Trad.]

« Lorsque la division wurtembergoise se portait des hauteurs de Baruth sur la route de Jüterbog, la cavalerie royale avec l'infanterie légère et l'artillerie à cheval couvrirent la retraite. Vers le soir, cette arrière-garde fut attaquée par la cavalerie ennemie ; la cavalerie avec l'infanterie légère rejeta bientôt l'ennemi. L'arrière-garde suivit aussitôt la division dans la plaine entre Stulpe et Holbeck où elle bivouaqua la nuit.

Le 26 vers midi, nos avant-postes furent vivement attaqués à Holbeck par la cavalerie ennemie ; sur quoi trois pièces d'artillerie à pied furent placées en avant du défilé vers Holbeck et soutinrent très efficacement l'attaque de la cavalerie, de façon que l'ennemi fut obligé de se retirer après une défense énergique ; la division commença son mouvement sur Jüterbog, après que le combat eut été terminé victorieusement.

Le 27, la division fut vivement attaquée par l'ennemi lorsqu'elle quittait sa position ; l'artillerie à cheval et à pied prirent position en avant de la ligne et canonnèrent avec beaucoup d'effet soutenues par la brigade légère et la cavalerie, celui-ci n'osa pas attaquer davantage la division. Les troupes wurtembergeoises se mirent alors en ordre de bataille sur les hauteurs de Riesdorf pour y attendre une attaque de l'ennemi qui n'eut pas lieu.

Le 28 au matin, la division se plaça sur les hauteurs de Jüterbog vers Zinna, l'artillerie à cheval et une batterie à pied furent placées sur une hauteur entre la cavalerie et la brigade de Spitzemberg ; deux pièces à cheval étaient en avant avec la cavalerie aux avant-postes ; une batterie à pied à l'aile gauche avec la brigade de Dœring. A midi, la cavalerie ennemie fit une vive attaque sur la brigade de cavalerie Jett qui combattit plusieurs heures avec l'ennemi, l'artillerie à cheval soutint très vivement notre cavalerie.

Pendant cette attaque sur la droite, l'ennemi tenta une vive attaque sur la gauche ; il fut forcé de se retirer au bout de très peu de temps par suite de l'efficacité de l'artillerie à pied qui était placée en avant de la brigade de Dœring. Lorsque ces deux attaques de l'ennemi eurent échoué, il tenta de tourner la droite de la position avec des masses ; il fit avancer de fortes colonnes d'infanterie, il les soutint de deux batteries de 12 et commença une vive canonnade tandis qu'il harcelait la division à droite et à gauche avec de la cavalerie légère. La batterie de 6 wurtembergeoise prit alors position sur les hauteurs en avant ; elle canonna vivement les colonnes de l'ennemi, malgré la supériorité du calibre ennemi, avec pleine efficacité pendant plusieurs heures. jusqu'à ce qu'il dut se retirer. »

Oudinot à Berthier

Riesdorf, 27 août [Orig. A G. A X.]

En conséquence des ordres de l'Empereur, le XIIe corps a été réuni le 15 août à Baruth ; le corps entier du duc de Padoue y était le 17.

Le 17 à 1 heure du matin, l'ennemi attaqua impétueusement plusieurs avant-gardes de cavalerie et parvint à faire replier ceux de Ziescht. Radeland et d'Oderin. A Ziescht, le régiment de Hesse-Darmstadt perdit 40 hommes ; à Radeland le comte de Seyssel fut fait prisonnier avec 15 chevau-légers bavarois.

Le 18, les généraux Reynier et Bertrand sont arrivés à Baruth avec leur corps d'armée.

Le 19, l'armée entra sur le territoire prussien : le XIIe corps à Luckenwalde d'où il chassa environ mille cosaques, le VIIe à Stulpen et le IVe en avant de Baruth où il repoussa plusieurs reconnaissances ennemies sorties de Mittenwalde.

Le 20, je me portai à Jänickendorf laissant les divisions Raglowich et Lorges à Luckenwalde ; l'ennemi les y attaqua le soir avec environ 5.000 hommes de cavalerie, les charges furent vigoureusement repoussées ; l'ennemi laissa beaucoup de morts et sa perte fut de 100 hommes tués ou blessés.

Le même jour, le VIIe corps était à Gottow et le IVe à Saalow où ils rencontrèrent quelques partis ennemis qui se replièrent à leur approche.

Le 21, le XIIe corps se présenta devant Trebbin, cette petite ville située derrière des marais était fortifiée et défendue par deux bataillons.

Après avoir mis 40 pièces de canon en batterie et tiré un quart d'heure. je fis sommer le commandant d'abandonner la place. Sur son refus, je fis tourner la ville pour l'attaquer par le côté le moins défendu, l'ennemi s'apercevant de ce mouvement se sauva par la route de Potsdam et abandonna la place que j'occupai de suite et dont je fis démolir les ouvrages. Le VIIe corps prit position à Nunsdorf et le IVe à Schünow.

Le 22, le IVe corps prit position à Schulzendorf après une vive canonnade ; il fit douze prisonniers et prit un drapeau. Le VIIe s'empara du défilé de Wittstock que l'ennemi défendait avec beaucoup d'artillerie et dix bataillons. La division Durutte, après avoir débouché au delà du défilé, reçut plusieurs charges bien fournies qui ne purent entamer ses carrés et tua beaucoup de monde à l'ennemi et lui fit quelques prisonniers ; l'affaire avait été des plus chaudes et elle nous coûta 100 tués et 300 blessés. Pendant que la droite et le centre de l'armée étaient ainsi occupés, la division Guilleminot soutenue par une brigade saxonne du général Lecoq enleva une forte redoute située au sommet d'une montagne entourée de marais en avant de Wilmersdorf.

L'ennemi, après plusieurs décharges. n'a pas attendu l'assaut et s'est sauvé par un fascinage qu'il avait préparé. Cette affaire très brillante coûta cependant peu de monde, et força l'ennemi d'abandonner la position retranchée qu'il occupait en avant de Trebbin.

L'armée se trouvait donc maîtresse des quatre défilés qui traversent cette immense ligne de défense et d'inondations que les Prussiens avaient regardé comme une barrière insurmontable pour couvrir Berlin, et qui se lie depuis la Sprée jusqu'à Brandebourg par Trebbin et Potsdam.

Tous les renseignements que j'avais de l'ennemi portaient son armée à plus de 120.000 hommes dont la plus grande partie était à Potsdam et l'autre dans les retranchements de Berlin. Je n'hésitai pas à me porter en avant dans la direction de cette place et, le 23, le IVe corps marchait par Schulzendorf sur Jühnsdorf, Blankenfelde ; le VIIe corps s'avançait sur Gross-Beeren, et le XIIe corps fut obligé de passer par le pont de la digue qui est entre le camp de Thyron et Trebbin.

J'ignorais par quelle ligne d'opérations l'ennemi déboucherait sur moi et beaucoup de cavalerie m'inquiétait par les routes de Potsdam et de Tellow. Je trouvai donc prudent de marcher dans cette direction avec le XIIe corps qui se porta sur Ahrensdorf, et je repoussai et contins l'ennemi qui était sur mon flanc ; vers les 6 heures, j'entendis une forte canonnade vers Gross-Beeren ; elle s'éloignait à chaque instant et par conséquent m'assurait un succès. Je faisais mes dispositions pour me rapprocher avec tout le XIIe corps ; lorsqu'en peu d'instants cette canonnade augmenta considérablement et me donna de grandes inquiétudes ; plusieurs de mes officiers partirent sans guides (tout le pays était abandonné) sur plusieurs points pour aller à travers les bois en chercher des nouvelles, et la division Guilleminot ainsi que la division Fournier hâtèrent leur marche pour prendre part à l'affaire ; tout à coup l'action sembla augmenter beaucoup à l'approche de la nuit et mes officiers revinrent me donner la plus triste nouvelle ; ils s'étaient trouvés entraînés dans un très grand désordre occasionné par des charges successives d'infanterie et de cavalerie enhardie par la pluie affreuse qui avait duré tout le jour et qui avait tellement mouillé les fusils qu'aucun ne portait plus et que les soldats étaient réduits à leurs baïonnettes ; plusieurs carrés avaient été enfoncés, cent pièces de canon étaient déployées contre les cinquante que le général Reynier avait en batterie, et l'ennemi regagnait le terrain sur lequel on l'avait vigoureusement repoussé l'espace de deux lieues.

Dans le premier moment, la perte paraissait immense, et, sur l'assurance que me donna le général Reynier qu'il serait le lendemain hors d'état de reprendre l'offensive et qu'ainsi il fallait se retirer, j'ordonnai au général Bertrand de suivre le mouvement du général Reynier ; celui-ci n'ayant d'ailleurs pas perdu de terrain, l'ennemi se trouvait entre le IVe et VIIe corps et nous empêchait par là de communiquer ; on a donc repassé les défilés. Le rapport du général Reynier, que je joins ici, donnera tous les détails de cette affaire ; les deux divisions de cavalerie légère du duc de Padoue ont constamment eu des avantages dans toutes les occasions où elles ont été employées, mais particulièrement dans les charges de Luckenwalde et de Gross-Beeren ; dans cette dernière, la brigade Ameil, soutenue par une partie de celle du général Mouriez, s'est couverte de gloire et a empêché l'ennemi de suivre ses succès sur le VIIe corps.

La division de grosse cavalerie du 3e corps n'a pas eu d'occasion de donner.

Le 24, l'armée a pris position, le XIIe corps à Gottow, le VIIe à Schönfeld, le IVe à Speerenberg.

Le 25, elle est réunie à Riesdorf et Lichterfeld, devant Jüterbog n'occupant que les villages prussiens.

Le 26, le IVe corps n'ayant point encore fait sa jonction à 3 heures et le parc des équipages n'ayant pas rejoint, la marche en avant a dû être retardée jusqu'au 27.

Le général Beaumont que j'ai laissé provisoirement au général Bertrand qui a peu de cavalerie, arrive à l'instant et m'apprend que le IVe corps a eu à soutenir une marche très fatigante pendant laquelle l'ennemi l'a suivi, ce qui a donné lieu à plusieurs charges que cette division a fournies avec beaucoup de succès. »

Gressot à Lecoq

Jüterbog, 27 août [A S.]

« Le général en chef me charge de vous mander de faire prendre les armes aux troupes sous vos ordres demain 28 à 3 heures 1/2 précises du matin, et de vous assurer que les postes et grand'gardes de votre camp soient constamment sur pied et exercent la plus grande surveillance.

Lorsque les découvertes et reconnaissances seront rentrées et qu'il fera grand jour, les troupes pourront rentrer dans leur camp, mais elles devront se tenir prêtes à marcher au premier ordre.

Il est probable que le convoi destiné pour aller charger des munitions et des vivres à Wittenberg sera mis en marche demain matin vers les 11 heures. Veuillez bien, en conséquence, tenir la main à ce que tous les malades et blessés des corps et détachements sous vos ordres qui n'auraient point été envoyés ce soir à Dennewitz, y soient rendus demain matin de bonne heure, afin d'être transportés dans cette place sur laquelle ils doivent être évacués.

Le général en chef déterminera demain matin la composition et la force de l'escorte de ce convoi.

Je me suis empressé, mon général, de communiquer au général en chef le rapport qui vous a été adressé par M. le major Larisch et Son Excellence me charge de vous mander d'envoyer demain matin à 3 heures précises un bataillon de votre division à Dennewitz pour y renforcer la garde du parc d'artillerie. »

Gressot à Lecoq

Jüterbog, 27 août [A S.]

« J'ai l'honneur de vous prévenir qu'en conséquence des dispositions ordonnées par Son Excellence le général en chef, toutes les voitures vides et qui ne seraient pas chargées d'objets essentiels soit du parc d'artillerie, des équipages militaires, du parc des vivres ou toute autre voiture du pays à la suite des corps devront être réunies de suite à Dennewitz où est établi le parc d'artillerie afin d'y être parquées séparément et disposées de manière à pouvoir partir au premier ordre pour Wittenberg, afin d'y aller charger des munitions et des vivres.

Les voitures seront employées à transporter dans cette place tous les malades et blessés du corps d'armée qui devront aussi, en conséquence, être envoyés de suite à Dennewitz.

Je vous prie d'avoir la bonté de donner des ordres, en ce qui vous concerne, pour l'exécution de cette mesure. »

Bertrand à Berthier

Riesdorf, 27 août [A. G.]

« Le IVe corps parti de Sprottau le 13, est arrivé le 18 à Baruth, où il est resté le 19 et le 20; le 22, il a occupé le plateau de Werben, et pendant que les VIIe et XIIe corps passaient les défilés de la gauche, le IVe corps observait les débouchés de la droite et le général Fontanelli faisait une forte reconnaissance sur Jühnsdorf ; une hauteur couronnée par une redoute défendait la digue de 300 toises qui traversait le marais ; le 4e régiment, malgré le feu de l'artillerie ennemie, traverse la digue, enlève le mamelon et la redoute et s'empare du village de Jühnsdorf.

L'ennemi réunit ses réserves pour reprendre le village, mais il est repoussé et le 4e régiment s'empare d'un drapeau et fait bon nombre de prisonniers.

Le 23, le général comte Fontanelli chasse l'ennemi de quelques bouquets de bois qui consolidaient sa position. L'ennemi fait de vains efforts pour l'en débusquer, quoiqu'il eût reçu de nombreux renforts partis en grande hâte à 2 heures de la nuit des cantonnements de Berlin, suivant le rapport des prisonniers.

Le général Morand et le général Franquemont occupaient toujours le plateau de Werben prêts à déboucher suivant les circonstances par Jühnsdorf ou Wittstock.

Dans la marche que le IVe corps a eu ordre de faire de Werben sur Riesdorf, le général Saint-André commandait l'arrière-garde; dans les divers engagements qu'il a eus, l'ennemi a fait d'assez grandes pertes, puisque nous avions du canon, et qu'il n'en avait pas.

Le général Wolf avec les chevau-légers de la garde westphalienne fit à Neuhorf une très belle charge de cavalerie et culbuta l'ennemi quoiqu'en nombre supérieur.

A Stulpe, pendant que le général Saint-André se battait à la droite au débouché des bois contre les troupes qui le suivaient, une colonne russe et prussienne débouchait à la gauche, par la route de Luckenwalde sur la division wurtembergeoise. Le général Franquemont reçut l'ennemi avec tant de vigueur qu'il fut bientôt obligé de cesser son attaque, il chassa l'ennemi du village de Holbeck dont il s'était emparé, et la hauteur qui était couronnée par l'infanterie russe fut enlevée à la bayonnette, par un bataillon du 1er régiment, prince Paul. »

Delort à Franquemont

Riesdorf, 27 août [A W.]

« Votre division va commencer sa retraite par brigade, aussitôt que la brigade du général Beaumont aura été prendre position sur celle que vous tenez. Elle masquera votre mouvement et le protégera.

Vous vous dirigerez sur Hohen-Ahlsdorf où sont nos bagages. Vous laisserez la 3e brigade jusqu'à ce que le général Bellair commence son mouvement de retraite ; quand il le commencera, cette brigade suivra le mouvement des deux autres et sera couverte par la brigade Bellair qui fermera la marche avec la cavalerie. »

Delort (Ordre)

27 août [A W.]

« La division Morand fait la tête de la colonne, le général Stockmayer doit surveiller de suite les débouchés de Luckenwalde et Dumde que surveille aujourd'hui le 13e régiment. Il recevra ensuite de nouveaux ordres. »

Delort à Franquemont

Jüterbog, 27 août [A W.]

« Le général en chef prie le général de Franquemont d'envoyer de suite à Juterbog un bataillon pour la garde de la ville et de le mettre à la disposition du commandant de la place de Jüterbog qui aura un planton pour le conduire à la porte de chez lui. »

Delort à Franquemont

Jüterbog, 27 août [A W.]

« Le général en chef a demandé un bataillon pour être à la disposition de celui qui commande dans la ville ; à présent le duc de Reggio demande deux autres bataillons pour couvrir la ville du côté de Zinna ; aussitôt que votre division aura mangé sa soupe, le général en chef vous prie d'envoyer ces deux bataillons. L'officier s'adressera à moi, 115, à gauche en entrant dans la ville, après avoir passé le grand faubourg qui précède la ville. Il y a une sentinelle à ma porte.

Je lui indiquerai le chemin qu'il aura à suivre. »

Delort à Franquemont

Jüterbog, 27 août [A W.]

« Lorsqu'il fera jour, il faudra vous mettre en mouvement avec toute votre division, traverser la ville, prendre en passant le bataillon de garnison que vous avez envoyé ce soir, et aller prendre position sur la hauteur en avant de Jüterbog sur la route de Zinna.

Vous prendrez en passant les deux bataillons que vous avez envoyés ce soir et qui seront placés sur cette route. Vous attendrez en position de nouveaux ordres.

Il faut laisser un poste de cavalerie sur la hauteur que vous occupez ou que vous deviez occuper cette nuit, afin d'observer ce que M. le maréchal duc de Reggio a désigné sous le nom de moulin. Je suppose que ce moulin doit être un petit moulin sur un petit ruisseau au bas du bois sur la hauteur par où vous êtes arrivé.

Le duc de Reggio demande pour demain à 10 heures ou midi l'état des voitures que, pour quelque motif que ce soit, on doit envoyer à Wittenberg. »

Raglowich au roi de Bavière

Jüterbog. 28 août [A B. Trad.]

« D'après les ordres de Sa Majesté l'Empereur, le XIIᵉ, le IVᵉ, le VIIᵉ corps, et enfin la cavalerie du corps du duc de Padoue, composé de trois divisions, devaient se concentrer le 16 et commencer de concert les opérations contre Berlin et pour nettoyer le pays entre l'Elbe et l'Oder. Votre Majesté a vu par mon dernier rapport que je partis dès le 14 de Herzberg et de Liebenswerda et que je réunis ma division le 15 à Baruth avec les deux autres du XIIᵉ corps. Le régiment de chevau-légers combiné fut mis maintenant sous les ordres du général Wolf et occupa, de concert avec les autres régiments de cavalerie de la division Beaumont, la ligne d'avant-postes et principalement les points de Dornswalde où se trouvait le comte Seyssel, ainsi qu'Oderin, endroit que le lieutenant Baierlein et le lieutenant Schlegel tenaient avec 50 chevau-légers. Toute cette position de la cavalerie était dans une contrée marécageuse resserrée. Les postes extrêmes étaient éloignés de trois lieues de la position principale ; ils pouvaient d'autant moins être soutenus en cas d'une attaque qu'elle pouvait se produire facilement de tous les côtés à l'improviste avec des paysans comme guides. Le colonel comte Seyssel en fit un rapport exprès aussi bien à moi qu'au général Wolf ; j'en fis des représentations pressantes au chef de l'état-major, général Lejeune, mais je ne pus obtenir aucun changement.

Le 16, la position du XIIᵉ corps fut rectifiée tout à fait militairement. La division du général Guilleminot passa la ville et se plaça à l'ouest sur la route de Berlin, la division Pacthod occupa les hauteurs du moulin à vent derrière la ville ; ma division s'établit pour garder le grand parc du corps d'armée, qui avait parqué dans un fond ; elle fournit un bataillon pour escorter le parc, les bataillons des 5ᵉ et 10ᵉ régiments à Kemlitz pour couvrir la division de cavalerie du comte Defrance qui s'avança dans ces jours dans les environs, le bataillon combiné léger de Palm pour couvrir la division Lorges à Schekendorf et Linow.

Prévoyant le manque de subsistances qui, dès ce moment se faisait sentir, je m'étais pourvu de vivres de tous genres pour dix jours. Il m'avait été impossible de le faire pour le fourrage nécessaire à l'artillerie, puisque dans le district que j'occupais, l'avoine n'avait pas encore été moissonnée.

Le 17, à 1 heure du matin, toute la chaîne d'avant postes de cavalerie fut attaquée sur les points principaux ; ce fut également le cas à Dornswalde. Le comte de Seyssel se rendit de suite à cheval tout seul à sa garde extrême et tomba malheureusement dans les mains des Prussiens qui débouchaient de tous côtés. Votre Majesté en verra les détails par une lettre ci-jointe que j'ai reçue il y a quelques jours par un parlementaire.

Le lieutenant Baierlein qui se trouvait à Oderin fut également attaqué de tous côtés ; il ne se sauva qu'avec quelques chevau-légers connaissant bien les chemins. Le lieutenant Schlegel fut pris avec la plus grande partie de sa troupe.

Le régiment de chevau légers de Hesse-Darmstadt perdit également, lors de cette attaque, quelques chevaux.

Le corps du duc de Padoue se réunit dans la journée avec le XIIᵉ corps.

Les corps des généraux Reynier et Bertrand se réunirent seulement le 18 avec le XIIᵉ corps.

Le 19, tous les corps se mirent en mouvement. Le XIIᵉ corps marcha par Stulpen, Jænickendorf, Luckenwalde ; ma division resta sur les hauteurs situées à deux lieues de la ville, pour couvrir le dos des divisions françaises placées derrière et en avant de Luckenwalde. Dans la soirée, la ligne d'avant-postes fut alarmée par la cavalerie ennemie, mais sans succès.

Le 20 au matin, le grand parc d'artillerie se replia sur Jænickendorf sous l'escorte d'un de mes bataillons. Le maréchal le suivit avec les deux divisions françaises et la cavalerie à l'exception de la division Lorges ; on lui avait confié, de concert avec ma division, l'occupation et la défense du point de Luckenwalde et par suite elle devait couvrir le flanc gauche du corps qui s'avançait sur la route de Berlin à Trebbin.

Ce dernier mouvement sembla occasionné par un nouvel ordre très précis de l'Empereur de ne plus s'engager dans aucun mouvement de flanc, mais de rompre le centre des positions ennemies et d'atteindre Berlin aussi vite que possible. Le peu de nouvelles que l'on pouvait obtenir sur la force et les mouvements de l'ennemi rendait son exécution assez incertaine.

J'occupai maintenant avec ma première brigade sous le général Maillot et la batterie du capitaine Baummler la ville et les postes abandonnés par les Français ; le général Lorges fit de même avec sa cavalerie. Le général Ameil avec une brigade de cavalerie légère et le bataillon du 8ᵉ exécuta une reconnaissance par Jænickendorf sur Jüterbog ; elle rentra avec la nouvelle qu'il n'y avait pas d'ennemi dans cette localité. Les postes de cavalerie placés sur la route de Trebbin furent attaqués vers dix heures du matin par la cavalerie ennemie, toutefois sans succès. Vers 6 heures du soir, environ 2.000 hommes de cavalerie ennemie firent un hourra sur la même route sur la cavalerie du général Lorges ; les postes et les piquets furent renversés ; le désordre dans les escadrons de la brigade de cavalerie placée devant la ville fut si général que je dois attribuer le rejet de l'ennemi uniquement à l'attitude calme et au sang froid de mon infanterie et à l'efficacité de l'artillerie qui la soutenait ; cette cavalerie leur dut de ne pas être complètement dispersée et détruite. Votre Majesté connaît la faiblesse de mes brigades et particulièrement de la première qui est forte seulement de quatre bataillons. Les environs de Luckenwalde consistent en une grande plaine ; à la gauche de la ville, des marais et des fossés la protègent contre des grandes charges de cavalerie, mais elle est praticable pour des petits détachements qui peuvent alarmer les derrières de la position ; à droite de la ville, le terrain offre à toute entreprise ennemie toute facilité. A cela, j'ajouterai les nombreuses portes de la ville qui, par un ordre formel, devaient absolument être défendues. J'occupai la ville avec 30 hommes de chaque bataillon. Le bataillon Fortis se tenait sur la route de Trebbin avec un obusier ayant à sa gauche, sur la route de Jüterbog et de Treuenbrietzen, celui du 3ᵉ avec un canon.

Le bataillon du 8ᵉ régiment avec un obusier français était sur la route de Potsdam ; celui du 13ᵉ régiment à droite sur la route de Gottow, il avait placé quatre canons sur la hauteur qui s'y trouve. La deuxième brigade de cavalerie française s'était placée derrière la ville avec le reste de l'artillerie que couvrait une faible compagnie.

Après que la cavalerie eut été rejetée de telle façon, que plusieurs centaines d'hommes traversèrent la ville, brides abattues et presque tous dans le plus grand désordre, la cavalerie ennemie s'avança jusque sur l'infanterie ; mais elle fut reçue si énergiquement, particulièrement par le bataillon Fortis, et surtout par la compagnie du capitaine Herter et l'obusier qu'il avait avec lui commandé par le lieutenant Franciskus, qu'elle se retira avec une perte considérable, et la cavalerie française eut le temps de se reformer toutefois avec l'aide du général Merlin. Le général Lorges, un homme très brave et intelligent, rendit une entière justice à l'attitude de toutes mes troupes et m'exprima ses plus vifs remerciements. Voyant bien que notre position, par suite de son étendue, était extrêmement faible, et qu'une attaque renouvelée avec des forces supérieures pourrait avoir facilement des suites fâcheuses, je m'entendis avec le général Lorges pour occuper la ville et concentrer mes forces principales en arrière. Le bataillon Fortis occupa par suite les portes de la ville et les avant-postes et se lia à son aile gauche avec la brigade du général Haberman établie en arrière. Le bataillon du 8ᵉ régiment fut placé en réserve dans la ville, celui du 5ᵉ régiment en arrière, ainsi que toute la cavalerie, à l'exception de la cavalerie nécessaire pour couvrir les postes d'infanterie. Le bataillon du 13ᵉ régiment demeura dans sa position précédente.

Le 21, les patrouilles de cavalerie ennemie se montrèrent sans pourtant s'approcher de nos postes. Une reconnaissance forte d'un escadron de cavalerie qui devait s'avancer contre Jüterbog, revint avec la nouvelle que de forts postes étaient établis sur cette route. Dans cette journée, le maréchal se mit en mouvement sur Trebbin avec ses autres corps.

Le 22 au matin, je reçus ordre de concentrer ma division et de me mettre en mouvement sur Trebbin avec la division Lorges et avec le grand parc d'artillerie que je devais réunir à Gottow.

L'évacuation de la position que j'occupais jusqu'à présent fut effectuée par moi en présence de la nombreuse cavalerie ennemie avec la plus grande prudence, pas un homme ne resta en arrière. Après m'être réuni à Gottow avec le grand parc d'artillerie et une seconde brigade, je me mis en marche sur Trebbin sans rien apprendre de plus sur l'ennemi.

Le maréchal se trouvait déjà en position en avant de Trebbin ; il avait tourné avec son aile droite la position de l'ennemi et l'en avait chassé ainsi que de Trebbin après une vive attaque. J'occupai Trebbin avec un bataillon, et le défilé en arrière de moi avec un bataillon pour interdire ces débou

chés à l'ennemi ; le reste de ma division et la division de cavalerie du général
Lorges tenaient à Kliestow les hauteurs en arrière de Trebbin. Le but de cette
position était de soutenir le point de Trebbin important pour le tout.

Le 23 au matin, le maréchal se mit en mouvement avec tous les corps dans
différentes directions. Le XII⁰ corps formait l'aile gauche ; le corps du général
Bertrand le centre, le corps du général Reynier l'aile droite. Je reçus ordre
de laisser à Trebbin ma seconde brigade avec une batterie pour défendre
Trebbin et d'occuper Gross Beuthen avec ma première brigade.

Dès mon arrivée, je détachai deux compagnies au pont de Gross-Beuthen
pour échapper aux entreprises de la cavalerie ennemie.

Aussitôt après avoir atteint cette position, j'entendis une forte canonnade qui
finit seulement tard dans la nuit.

Vers minuit et demi, le capitaine Larosse détaché avec ses deux compagnies
fut vivement attaqué par l'ennemi, mais il maintint sa position. Ce fut également le cas auprès du général Habermann ; toute tentative sur Trebbin
échoua grâce aux dispositions prises.

Le 24 vers 2 heures du matin, le grand parc de réserve d'artillerie alla par
Gross-Beuthen, Trebbin et de là plus en arrière ; ensuite je reçus ordre de
m'y joindre et de suivre le mouvement ; on me donna comme motif de cette
retraite imprévue, que firent également tous les autres corps, le malheur qui
avait atteint le général Reynier.

Celui-ci avait chassé l'ennemi avec perte de toutes ses positions ; il avait déjà
établi son quartier général, lorsqu'il fut attaqué de nouveau et forcé à la
retraite. Les Saxons doivent avoir éprouvé à cette occasion une forte perte en
hommes et en canons. La retraite du XII⁰ corps s'effectua dans cette journée
dans le plus grand ordre jusqu'à Gottow et Jænickendorf, où je me plaçai
pour couvrir le grand parc d'artillerie et une partie de la cavalerie française.
Mes postes étaient à peine établis que je fus attaqué par l'infanterie et la
cavalerie prussienne qui, heureusement, n'était pas soutenue par de l'artillerie ; elle fut repoussée partout avec quelque perte ; un seul obusier ennemi
m'aurait beaucoup inquiété malgré mon artillerie considérable à cause du
col étroit où je me trouvais avec un si grand parc et de la forêt qui m'en-
tourait, propre à cacher tous les mouvements de l'ennemi.

Le 25, le maréchal continua son mouvement jusqu'à Riesdorf avec deux
divisions françaises auxquelles je me joignis avec ma première brigade et une
partie du corps de cavalerie. Le grand parc d'artillerie et tous les bagages con-
tinuèrent sur Dahme avec ma seconde brigade et un bataillon de la première.
Les deux divisions françaises s'établirent à Riesdorf, une division à Sernow.
Mon flanc gauche fut couvert par la division de cavalerie du général Fournier.

Le 26, le maréchal demeura sur place pour recueillir le grand parc qui se
trouvait à Dahme et réunir tous les corps dans la position qu'il avait prise la
veille. La réunion de tous les corps fut effectuée ; le grand parc d'artillerie
escorté par la brigade du général Habermann arriva sans perte, quoiqu'il eût
été harcelé tout le temps par l'ennemi ; il parqua au haut Schlenzer.

Le 27, tous les corps se mirent en mouvement sur Jüterbog. Le IV⁰ corps
fit l'arrière-garde ; il fut très fortement attaqué par l'ennemi de très bon matin,
et, quoiqu'il fût embarrassé par le grand parc d'artillerie et une extraordinaire multitude de bagages, sa marche s'effectua dans un ordre digne d'ad-
miration et sans perte.

En débouchant de la forêt située sur les hauteurs à l'est de Juterbog, on
découvrit l'ennemi en colonnes serrées sur les hauteurs à l'ouest. La disposition du corps était la suivante : à l'extrême aile droite, la division du général
Guilleminot ; en arrière en échelon, ma première brigade ; en arrière, le grand
parc, couvert par ma seconde brigade. La division du général Pacthod for-

mait le centre ; le VIIe corps d'armée était en seconde ligne comme réserve.

Le corps de cavalerie du duc de Padoue était réparti conformément aux circonstances. Le maréchal, après avoir reconnu l'ennemi et avoir été salué par quelques coups de canon, fit défiler la division Pacthod à travers la ville pour prendre l'ennemi sur son flanc droit, la division Guilleminot suivit pour appuyer ce mouvement. Je restai pour le moment avec toute ma division sur les hauteurs du moulin à vent situées tout contre la ville pour couvrir le grand parc. L'ennemi qui se trouvait sur les hauteurs couvertes des vignes à l'ouest de la ville avec des troupes légères et qui, en tout, pouvait être fort de 15.000 hommes en fut bientôt chassé et rejeté sur le gros après une très forte résistance, il reconnut notre force et fut forcé à une retraite complète.

Après l'affaire, notre position était la suivante : le IVe corps occupait le village de Zinna et s'appuyait aux hauteurs de Jüterbog.

Le VIIe corps se plaça sur la route de Wittenberg et se lia avec le XIIe corps qui se trouvait sur la route de Treuenbrietzen ; le corps de cavalerie se plaça devant Jüterbog.

Tout cela laisse supposer un mouvement offensif sur Treuenbrietzen. L'insécurité de la route m'empêcha d'adresser plus tôt à Votre Majesté un rapport sur les mouvements de ma division et d'être aussi détaillé que je désire de l'être dans ce rapport que j'expédie au petit bonheur. Je n'ose pas non plus y joindre les états de situation. Je me réserve d'en rendre compte à Votre Majesté dans un rapport postérieur. »

Lecoq au Roi

Jüterbog, 28 août [A S. Trad.]

« Le départ du feldjager porteur de ces dépêches a été retardé à cause de l'insécurité des communications occasionnée par les cosaques qui rôdent sur les derrières du corps. Avant que ce feldjager ait pu partir pour Wittenberg, suffisamment escorté, avec un convoi de malades et de blessés, j'ai reçu de tous les régiments et services des renseignements précis sur les pertes en personnel et matériel du corps d'armée. Je ne manque pas d'ajouter encore à mon rapport, fourni le 26 à Votre Majesté, un état de cette perte (1) fait d'après ces rapports.

L'état actuel du régiment de Lœw, extrêmement réduit par une perte considérable, m'a déterminé de former un bataillon du reste de ce régiment et à confier au major Anger, auparavant commandant du régiment, le commandement du 2e bataillon de grenadiers ; à faire rentrer à son régiment le major de Sperl qui a conservé si longtemps ses fonctions, et de donner au major de Schmieden, le commandement du régiment nouvellement formé; ce dernier étant blessé, le major de Rex le commandera jusqu'à sa guérison. Je ne manque pas de rendre compte à Votre Majesté que le VIIe corps est parti de nouveau du camp qu'il occupait à Werben, il a pris position, après s'être réuni avec les IVe et XIIe corps, à l'ouest de Jüterbog. Une partie du IVe corps se trouva hier engagée avec un corps ennemi qui s'était avancé la veille à Jüterbog, et qui se retira ensuite sur Zinna. »

Gressot à Lecoq

28 août [A S.]

« Son Excellence le général en chef ordonne les dispositions ci-après :
Toutes les voitures vides soit du parc d'artillerie, de celui des vivres, des équipages militaires ou tout autre voiture du pays à la suite du corps qui,

---

(1) Voir aux situations.

d'après l'ordre d'hier ont dû être réunies à Dennewitz où se trouve le grand parc d'artillerie et parquées séparément, afin d'être disposées de manière à prendre de suite la route de Wittenberg pour y aller charger des munitions et des vivres, ainsi que les blessés et malades du corps d'armée au transport duquel serviront ces voitures, se tiendront prêtes à suivre le mouvement de la division commandée par M. le général Durutte.

Les hommes désarmés de la 32e division marcheront avec ce convoi ; chaque corps de cette division fournira un nombre d'officiers et sous officiers suffisants pour la conduite des hommes désarmés qui lui appartiennent en raison de leur nombre.

La 24e et la 32e divisions fourniront chacune un détachement de cinquante hommes commandé par un officier pour l'escorte de leurs blessés et malades ainsi que pour le maintien de la police particulière des équipages et voitures vides envoyés à Wittenberg.

Indépendamment de ce convoi formé par le VIIe corps d'armée, il marchera avec cette colonne les bagages des XIIe et IVe corps d'armée et du 3e corps de réserve de cavalerie.

Tous ces équipages seront couverts dans leur marche par le mouvement que fera la 32e division d'infanterie. La 32e division partira en conséquence de son camp à midi précis pour se porter au delà de Gulsdorf, où elle fera halte en attendant l'arrivée du convoi destiné pour Wittenberg ; immédiatement après l'arrivée de ce convoi, elle se mettra en marche pour Zahna. M. le général Durutte désignera un bataillon pour faire l'arrière-garde de ce convoi. M. le général Gablenz, commandant la cavalerie légère, mettra à la disposition de M. le général Durutte un escadron de cavalerie pour éclairer et flanquer sa marche et il aura surtout soin de faire bien observer et garder sa gauche.

Dans le cas où M. le général Durutte, commandant la 32e division, trouverait à Gulsdorf un détachement de troupes polonaises, il en disposerait pour faire son avant-garde.

Arrivé à Zahna, M. le général Durutte fera prendre position aux troupes à ses ordres et fera fournir seulement un détachement suffisant au convoi destiné pour Wittenberg jusqu'à ce qu'il ait atteint les postes du corps polonais qui couvre le reste de cette route jusque dans cette place.

La cavalerie légère et la 25e division se mettront en marche également à midi pour se rendre à Wergzahna en passant par Nieder-Gœrsdorf, Kaltenborn et Schœnefeld.

Cette colonne marchera dans le même ordre qu'hier à travers champs ; c'est-à dire l'infanterie formée en colonne serrée à demi-distance par brigade, chaque brigade marchant à la même hauteur ayant entre elle l'artillerie de la division et la cavalerie légère marchant en tête et sur les flancs. Les équipages du corps d'armée suivront le mouvement de cette colonne marchant constamment bien réunis sur huit voitures de hauteur, aussi longtemps que le terrain le permettra et sur le flanc gauche de la colonne.

La 24e division commandée par M. le général Lecoq partira de son camp à midi pour se porter à Rahnsdorf en passant entre Dennewitz et Nieder-Gœrsdorf, si cela est possible, ou par ce dernier village dans le cas où il n'y aurait point moyen de passer l'Orger sur le point indiqué. De là, elle passera par Wœlmsdorf, Dalichow et Mellnsdorf. M. le général Gablenz mettra à la disposition de M. le général Lecoq un escadron de cavalerie légère pour éclairer et flanquer sa marche. Le grand parc d'artillerie devra être formé à midi précis au delà de Dennewitz et de la route qui conduit à Wittenberg, afin d'être bien distinct du convoi de voitures vides qui doit se diriger sur cette ville. Il se mettra en mouvement dès que la division de M. le général

Lecoq sera en marche afin de la rejoindre à Wœlmsdorf d'où il continuera à suivre le mouvement de cette division.

La compagnie des sapeurs marchera avec la division. Je viens de lui donner ordre de se rendre à votre camp. Elle pourra de suite reconnaître et rendre praticable, s'il se peut, le chemin qui doit passer entre Dennewitz et Nieder Gœrsdorf. »

Lejeune à Raglowich

Jüterbog, 28 août [A B.]

« Les voitures qui ont reçu l'ordre de partir pour Wittenberg doivent se réunir au convoi du VIIe corps à Dennewitz ; le bataillon bavarois qui escortera le convoi jusqu'à Dennewitz se trouve à la porte de Wittenberg à la hauteur du moulin où toutes les voitures seront réunies à onze heures. »

Brialte à Franquemont

Jüterbog, 28 août [A W.]

« Son Excellence le général en chef vous prie d'envoyer de suite à l'état-major général, maison 6, tous les prisonniers de guerre qui se trouvent dans votre division. Vous aurez soin de les faire escorter par un petit détachement. »

Delort à Franquemont

Jüterbog, 28 août [A W.]

« Le bataillon qui est aux équipages y restera jusqu'à nouvel ordre car, quoique les équipages aient été disséminés, ils n'en existent pas moins. »

Delort à Franquemont

Au camp, 28 août [A W.]

« Il faut garder votre position ; il faut seulement retirer vos pièces. Le général Beaumont a ordre de vous envoyer un escadron de cavalerie pour vous éclairer pendant que les chevau-légers wurtembergeois se retirent.

Vous n'avez sans doute pas oublié, mon général, les douze voitures que vous devez laisser à Wittenberg et en ramener les attelages.

Il ne partira demain pour Wittenberg que les blessés et les voitures qu'on ne peut garder et dont les attelages seront employés par vous à traîner les caissons de munitions qui vous sont destinés. »

Major Bequignoll

Rapport [A W.]

« Le 28, lorsque le corps royal eut pris position à Jüterbog le régiment eut ordre de former les avant-postes. Par ordre du général de Stockmayer, les deux compagnies Gaisberg et Parrot durent fouiller en débandade la forêt en avant du village de Zinna et occuper la hauteur dominante où il y avait des vedettes de cosaques et de Baschkirs, je marchais moi-même avec les deux compagnies. Le capitaine de Gaisberg, comme plus ancien officier, conduisait en réserve les deux compagnies lieutenant-colonel et major en colonne de peloton serrée ; il les établit au milieu de la forêt sur une place libre attendant de nouveaux ordres.

La forêt fut fouillée par les deux dites compagnies ; on n'y trouva pas d'ennemi ; à l'approche de la compagnie Parrot, les vedettes de cavalerie ennemie placées sur le haut mamelon à proximité de la forêt, se retirèrent, après avoir fait feu de leurs pistolets et de leurs flèches, dans le fonds entre le mamelon et le village de Zinna. On plaça deux vedettes au poste où les vedettes ennemies se trouvaient ; elles avaient pour soutien une section de la compagnie placée dans le bois situé un peu à droite. La compagnie Parrot s'établit en débandade, en partant de l'aile droite, à la lisière de l'étroite forêt sur la crête de la hauteur. La compagnie major également en débandade se joignit à elle à la lisière de la forêt au coin où la hauteur dans la forêt forme un angle obtus ; la compagnie de Gaisberg sous l'ordre du lieutenant de Petrekowsky y fut placée ainsi que les deux compagnies déjà nommées. La compagnie vacante lieutenant-colonel formait la réserve ; elle se trouvait rassemblée à la lisière de la forêt située en arrière ayant la petite plaine carrée en avant d'elle ; elle pouvait de là être très avantageusement employée à soutenir chaque point ou à recueillir chacune des trois compagnies portées en avant. Le flanc droit du régiment vers la plaine fut couvert par des postes d'avis.

Vers midi, la cavalerie ennemie attaqua la cavalerie wurtembergeoise postée sur mon flanc droit dans la plaine ; entre 1 et 2 heures, quelques escadrons de cosaques et deux bataillons d'infanterie, la suite montra que c'était le 13ᵉ régiment de chasseurs à pied russe, débouchèrent de Zinna qui nous faisait face et du village de Gruna situé en arrière et plus à droite ; ils se déployèrent. Deux de ces compagnies se portèrent sur le flanc gauche contre la compagnie Gaisberg ; quatre autres formèrent l'attaque sur la compagnie major Parrot ; les deux autres compagnies ennemies s'approchèrent serrées en réserve et ainsi eut lieu l'attaque en tirailleurs.

Les trois compagnies défendirent leurs postes presque une demi-heure ; au bout de ce temps, l'ennemi s'avança avec toute sa force, tambour battant, bayonnette au bout du canon au pas de charge et attaqua l'aile gauche de la compagnie de Gaisberg. Les trois compagnies furent forcées par la supériorité de l'ennemi et son attaque extrêmement furieuse de se retirer dans la forêt à environ 150 ou 200 pas en arrière, par la petite plaine dont on a parlé, jusqu'à la lisière de la forêt. Le capitaine de Gaisberg y avait établi entre-temps la compagnie lieutenant-colonel sur le flanc droit ; il y reçut les ennemis par un feu si bien ajusté qu'ils ne purent dépasser la position occupée auparavant par les deux compagnies major et Parrot jusqu'à ce qu'elles eurent pris leur seconde position. Entre-temps, le lieutenant Pietrowski formait avec l'aile gauche de la compagnie de Gaisberg un crochet ; il arrêta de cette façon les progrès ultérieurs de l'ennemi ; après que les deux compagnies major et Gaisberg eurent occupé convenablement leur position ils renouvelèrent un vif feu ; et lorsque deux compagnies du régiment n° 9 : chasseurs à pied du roi, vinrent les renforcer aux deux ailes l'ennemi ne put plus supporter ce feu. M'en étant aperçu, je fis sonner pour l'attaque à la bayonnette. à la suite de quoi la première position fut reprise dans l'espace de dix minutes par les six compagnies aux vifs cris de Hallo et l'ennemi complètement rejeté. La première position fut réoccupée par ordre du général de Stockmayer comme elle l'était auparavant, mais un peu plus fort car le 23ᵉ régiment d'infanterie de ligne française vint pour nous soutenir, mais l'affaire était déjà finie. »

Stockmayer

Relation du 28 août [A. W. Trad]

« Le 28 août au matin. la division royale dut prendre position en avant de la petite ville saxonne de Jüterbog. Le régiment d'infanterie n° 10 reçut l'ordre de fouiller une forêt qui se trouvait devant la position à l'extrémité de laquelle il y avait une hauteur occupée par l'ennemi. de l'en déloger et ensuite d'y prendre position ; ce qui fut aussitôt exécuté. Vers le soir, lorsque l'ennemi fit une attaque, la cavalerie et la brigade d'infanterie de Spitzemberg étaient postées sur notre flanc droit; deux bataillons de chasseurs russes appuyés par de la cavalerie furent envoyés contre cette forêt. En conséquence j'envoyai aussitôt le 1er bataillon du régiment d'infanterie n° 9 sous le lieutenant-colonel de Kechler pour soutenir le régiment n° 10 sur notre flanc droit.

Pourtant l'ennemi qui nous était supérieur força la forêt particulièrement sur le centre ; en conséquence je poussai alors deux compagnies du régiment n° 9 Kœnig vers la forêt, et, après qu'il fût arrivé sur la ligne, il fit une attaque générale qui eut pour suite une prompte retraite de l'ennemi ; ce qui mit fin au combat qui avait duré environ deux heures. »

Spitzemberg (Rapport)

28 août [A W. Trad.]

« Ma brigade prit une part très vive au combat de Jüterbog, puisqu'elle avait la mission de couvrir l'extrême aile droite de l'armée.

Le régiment n° 2, archiduc Guillaume, occupa dans ce but la ville de Jüterbog, le régiment n° 1, prince Paul, la hauteur qui la domine, et il se liait avec le régiment établi dans la ville.

Vers les trois heures de l'après-midi, toute la campagne fut couverte de cosaques qui, escarmouchant de tous côtés, se jetèrent sur la cavalerie wurtembergeoise.

La cavalerie ennemie qui se déploya peu à peu en nombre supérieur, força enfin notre cavalerie à se replier après une longue et énergique résistance ; sa retraite fut couverte par le régiment n° 1 prince Paul ; son feu bien ajusté tint l'ennemi en respect ; il n'osa pas s'approcher trop près de la ligne défendue.

Les chasseurs russes voulurent chasser le régiment de sa position par une attaque vigoureuse et conduite en criant, ils ne furent pas plus heureux ; on les laissa approcher de près et on les reçut par un feu de bataillon qui les détermina à fuir avec la plus grande rapidité.

Le 2e bataillon du régiment n° 4 fut mis à ma disposition ; il me rendit de bons services ; je l'employai à renforcer mon flanc droit qui était trop faiblement occupé et qui était menacé.

Le régiment perdit peu de monde bien qu'il eût à soutenir un fort feu de mitraille qui se composait de petites boîtes et un feu continuel de mousqueterie qui dura jusque dans la nuit, parce que le terrain était humide et avantageux.

L'attitude du régiment mérite d'être louée à cette occasion ; il fit non seulement son devoir, mais montra la meilleure volonté et désir de chercher l'occasion de se distinguer.

Le régiment archiduc Guillaume eut seulement à soutenir des attaques de cavalerie et d'infanterie insignifiantes qui furent repoussées avec vigueur. »

Rapport (2e bataillon régiment n° 7)

29 août [A W. Trad.]

« Le 28 août, le 2e bataillon du régiment n° 7 fut détaché au soutien de la brigade du général de Spitzemberg. Je reçus ordre d'occuper avec ma compagnie un mamelon qui se trouvait en avant au milieu de la ligne de la cavalerie ennemie ; il était occupé par une compagnie du régiment n° 1 prince Paul, de placer une compagnie en débandade et d'occuper avec les deux autres un passage par lequel la cavalerie ennemie essaya plusieurs fois de prendre la nôtre de dos. Cette mission eut le meilleur succès car, au moment où le feu de mousqueterie s'engageait, la cavalerie adverse, supérieure en force. forçait la nôtre à la retraite. L'ennemi qui s'avançait déjà avec plusieurs escadrons serrés et menaçait le flanc droit et les derrières de notre cavalerie, en fut empêché par un feu bien dirigé et rejeté. »

Hohenlohe (1) (Rapport)

[A W. Trad.]

« Le 28, je reçus ordre du lieutenant général Franquemont, lors du combat de Jüterbog, de former le carré avec le 1ᵉʳ bataillon du régiment à mes ordres, de m'avancer avec l'artillerie qui se portait contre celle de l'ennemi et de la couvrir pendant le combat. Je ne peux assez vanter l'attitude tranquille et la bravoure de ce bataillon malgré le très vif feu de l'artillerie ennemie que je supportai pendant trois heures et qui m'occasionna une perte de six hommes dont le capitaine de Tafel et de neuf blessés. »

De Caraman à l'Empereur

Dresde, 29 août [A. N.]

« Après la retraite de devant Berlin, les XIIᵉ, VIIᵉ et IVᵉ corps se réunirent le 26 à Riesdorf Ce point paraît plus convenable au milieu d'une plaine immense qui s'étend du côté de Jüterbog, afin de rallier avec plus de facilité les colonnes dans lesquelles le passage des bois et défilés avait occasionné du désordre.

Le grand nombre de voitures vides, tant d'équipage que d'artillerie, et le manque d'attelages, gênant beaucoup la marche de l'armée, il fut décidé qu'on manœuvrerait avec les trois corps réunis de manière à pouvoir évacuer tout ce qui était inutile et non combattant sur une des places de Torgau ou Wittenberg et d'y prendre des vivres et munitions.

On se décida pour Wittenberg et, le 27, les trois corps firent de concert un mouvement sur Jüterbog qui fut occupé par le XIIᵉ corps. Les deux autres corps l'appuyèrent.

L'ennemi montra du monde à l'approche de nos troupes, environ vingt-quatre pièces occupèrent un grand plateau en arrière de Jüterbog. Il parut quelque infanterie et beaucoup de cavalerie : Zinna était également occupé par l'ennemi ; des prisonniers rapportèrent que c'était l'avant-garde du corps de Woronzow évalué à 12.000 hommes ; qu'il y en avait 8.000 devant nous ; on s'attendait à une forte affaire, mais quelques coups de canon et l'approche de toute l'armée qu'ils voyaient s'avancer dans la plaine les fit retirer ; deux divisions du XIIᵉ corps occupèrent le plateau faisant face à Zinna.

Le lendemain, on devait déloger l'ennemi de Zinna, ce qui ne pouvait avoir lieu ce jour-là même, parce que le IVᵉ corps n'était pas à portée de contenir l'attaque.

Le 28, il fut résolu de porter toute l'armée sur la route de Wittenberg à Treuenbrietzen.

Le XIIᵉ à Lindo poussant son avant-garde jusqu'à Treuenbrietzen, le IVᵉ à Maltershausen ; le VIIᵉ à Marzahne ; au lieu de Marzahne le VIIᵉ corps s'est rendu à Kropstædt.

Sous la protection de ce mouvement latéral de l'armée ; on évacua sur Wittenberg tous les équipages, voitures vides d'artillerie et vivres, les blessés, malades, chevaux, etc., tout ce convoi escorté par la division Durutte et un détachement de la division Dombrowski arriva à Wittenberg le 29.

Il y eut le 28 une forte canonnade en avant de Jüterbog ; on n'en sait point

(1) Commandant le régiment d'infanterie nᵒ 4.

la cause ni si les XIIe corps et IVe occupèrent effectivement les positions convenues le 27.

La division Dombrowski, forte de 1.800 hommes d'infanterie et 850 chevaux, couvrait Wittenberg immédiatement devant la place.

Le 26, la division Girard avait été battue à Belzig par un corps commandé par Tchernitchef; de 5.000 hommes d'infanterie, 300 chevaux et seize pièces, il lui restait 2.500 hommes, 80 chevaux et dix pièces ; le tout s'était retiré sur Wittenberg ; beaucoup de soldats rentraient encore ; on savait qu'un bataillon de Saxe-Gotha s'était rejeté sur Dessau, on peut présumer que la perte ne se montera qu'à 1.500 ou 1.800 hommes au plus.

Le général Reynier avait perdu le 23 environ 4.000 hommes dont 1.300 tués ou blessés, comme il rentrait encore du monde tous les jours, on peut estimer sa perte à 3.500 hommes, 13 pièces et 65 voitures d'artillerie.

La division Fournier avait perdu dans la charge qu'elle fit le soir environ 400 hommes.

	Hommes d'infanterie	Chevaux
Le XIIe corps comptait le 27. . .	12.000	1.500
Le VIIe corps comptait le 27 . . .	13.000	1.100
Le IVe corps comptait le 27 . . .	18.000	700
Le 3e corps de cavalerie		5.000
Totaux. . . .	43.000	8.300

Les renseignements sur les forces de l'ennemi sont extrêmement différents.

Le général Reynier avait devant lui 30.000 hommes d'infanterie et 6.000 chevaux, composés de Suédois, Russes et légions à la solde d'Angleterre. Le général Bertrand seize bataillons que le général Reynier comprend dans son estimation lorsqu'ils se portèrent sur lui.

Le général Woronzow avait à Belzig un corps de 12.000 hommes dont les différents partis de Tchernitchef, Benkerdorf et colonel Prendel dépendent ; leur mouvement continuel empêche de savoir si ce sont les mêmes qui reparaissent.

Il paraît qu'il y avait encore des troupes Landwehr plus immédiatement devant Berlin et des Suédois, à Potsdam qui n'avaient pas paru dans l'affaire.

D'après cela, on peut estimer 60.000 à 70.000 hommes entre Berlin et l'Elbe.

Wittenberg manque de cartouches d'infanterie et de plomb pour en confectionner.

Torgau n'a que 1.200 quintaux de poudre et 50.000 cartouches d'infanterie.

Ces deux places ne peuvent fournir des armes. »

Chef de l'état-major de l'artillerie du IVe corps

Gülsdorf, 29 août [A W.]

« M. le général Delort, chef de l'état-major du IVe corps, a informé hier M. le général de division baron de Taviel, commandant l'artillerie du IVe corps, que, d'après la demande de Son Excellence le général en chef, vous aviez promis de mettre à la disposition du parc d'artillerie commandé par le colonel Menoir les attelages des douze caissons d'ambulance que vous deviez à cet effet renvoyer à Wittenberg. Ces chevaux seraient revenus avec l'escorte du convoi et auraient attelé douze caissons d'artillerie. J'espérais trouver à Gülsdorf vos ordres à cet égard, cependant M. le commandant du train wurtembergeois m'a assuré n'avoir reçu aucun ordre à cet égard. Je le regrette d'autant plus que l'escorte et le convoi doivent partir de suite pour Wittenberg et que cette mesure ne peut qu'éprouver du retard pour son entière exécution. Je vous prie, mon général, de faire connaître à M. le général de Taviel vos intentions, et s'il peut compter sur les douze attelages, il vous prie de les remettre à sa disposition le plus tôt possible. »

Margaron à Berthier

Leipzig, 29 août, 6 heures du matin [A N.]

« J'ai l'honneur de vous adresser transcription de la lettre que je viens de recevoir de M. de Rumigny ; elle m'a paru d'une importance telle qu'elle devait vous être communiquée sur-le-champ. »

Dessau

28 août, 9 heures du soir.

« Je vous remercie infiniment des bonnes nouvelles que vous avez bien voulu me donner ; elles m'étaient bien nécessaires pour faire diversion à celles dont nous avons été accablés pendant toute la journée : on vous disait parti pour Torgau depuis hier matin, on me l'avait même écrit d'une manière si positive que j'avais eu l'honneur de vous adresser à Torgau ce que je savais de l'affaire que le général a eue hier. Il s'est battu toute la journée entre Gorske et Belzig, et malheureusement le nombre des fuyards de son armée est immense. Nous en avons reçu ce matin et envoyé à Magdebourg 150 et ce soir une cinquantaine : il en est arrivé plus encore à Wittenberg avec de l'artillerie et tous les villages aux environs de ce district en sont pleins. On ne sait rien de positif sur les résultats, mais tous les on-dit, tous les rapports des espions assurent que le général Girard a été surpris et qu'il a été attaqué par des forces supérieures. Ses troupes l'ont abandonné, on le dit blessé d'un coup de feu à la jambe. Comme je ne parvenais pas à avoir des renseignements certains sur cette affaire, j'ai envoyé un officier au quartier du général Dombrowski qui, de là, ira rendre compte à M. le duc de Bassano. Il me paraît intéressant de suivre les mouvements du général Girard dans la crainte que l'ennemi cherche à passer vis-à-vis de nous ou entre Wittenberg et Torgau. C'est dans cette dernière partie qu'ils se sont portés en force, car, suivant les rapports, il y avait 20.000 ou 25.000 hommes commandés par le général Borstel et le général Bülow.

Je recommande au capitaine du 59e qui commande le détachement de Dessau de correspondre avec les gouverneurs de Wittenberg et de Magdebourg, mais ce n'est pas chose facile ni prompte. Il a placé ses postes, il me charge de vous faire observer que plusieurs sont à quatre lieues et le plus près à une lieue ; dans le cas où il serait forcé à abandonner son poste par des événements supérieurs, il demande encore de quelque côté vous lui ordonnez de se porter.

Je n'ai rien à ajouter à tout ce que vous pouvez savoir de la force de l'ennemi ; il me paraît certain que, vis-à-vis de nous, il n'en a plus de considérables, mais il en a réuni beaucoup près de Zahna et sur la droite de Wittenberg, il est possible que les événements d'hier changent ses mouvements.

M. le général Lemarois occupe Möekern et Buzy et près de six lieues autour de Magdebourg. Je compte toujours sur les nouvelles que vous voudrez bien nous donner, nous sommes abandonnés et nous n'avons d'espoir qu'en votre obligeance.

Comme il serait possible que je fusse obligé de me rendre à Bernbourg, veuillez faire donner ordre à vos courriers en cas d'absence, de remettre vos lettres au commandant des troupes ou à celui de la place. — RUMIGNY.

Je réponds à M. de Rumigny en lui annonçant les nouveaux succès de Sa Majesté, en l'invitant à me fournir tous les renseignements qui lui parviendront, et je donne l'ordre au commandant des 400 hommes d'avant-garde à Dessau de se replier sur Leipzig s'il se trouve obligé à ce mouvement rétrograde : je lui prescris aussi de concentrer ses troupes.

J'ai instruit de tous ces faits le prince major-général et je lui observe que la position de Leipzig devenant de plus en plus importante et particulièrement par les événements qui vont avoir lieu du côté de Dessau et de Wittenberg, il serait important d'augmenter la force des troupes en proportion des détachements que je serai dans le cas de fournir. Je lui dis que mes reconnaissances ont été sur Borna où sont les principales forces de l'ennemi. Si cette cavalerie n'a pas fait de mouvement rétrograde, je la ferai observer et je marcherai à elle si elle fait quelque démonstration sur moi, mais je pense que, d'après les nouvelles de Dessau, il ne serait ni prudent, ni militaire que je m'éloigne de cette ville. J'attends les ordres de Votre Altesse et je m'y conformerai avec exactitude.

J'ai reçu du général Lemoine une lettre datée de Minden du 27, par laquelle il me dit :

Nous sommes tranquilles sur ce point et je crois même qu'il n'existe aucun poste entre l'Elbe et le Weser. J'ai su hier d'Hambourg que le prince d'Eckmühl avait porté son quartier-général en avant de Schwerin et qu'il avait eu quelques avantages sur les Russes, que le général Loison avait son quartier-général à Dœmitz et qu'il marchait sur Wittenberg.

Je viens de recevoir une lettre du général Lauberdière qui commande à Nienbourg sur le Weser qui m'annonce que le corps du général Blucher avait été complètement battu à Liegnitz ; voilà tout ce que je puis vous annoncer pour le moment. Je suis ici avec sept bataillons d'infanterie forts ensemble d'environ 5 000 hommes et huit bouches à feu servies par une compagnie d'artillerie légère. Ce petit corps doit s'augmenter tous les jours d'après les envois qu'on doit me faire de Wesel, déjà 1.500 hommes d'infanterie et 100 dragons montés ont dépassé cette place pour venir me rejoindre. — LEMOINE.

P. S. — On a répandu que j'avais quitté Leipzig. Ce sont sans doute les mouvements que j'ai faits autour de cette ville qui ont fait craindre ces conjonctures. Mais je n'ai jamais eu ce projet avant d'y être contraint, malgré que vos lettres, celles du Prince, celles de M. le général, semblaient me commander d'éviter tout engagement et de me retirer sur Torgau si l'ennemi se présentait en force.

Je suis ici et j'y resterai jusqu'à l'extrémité. »

Gressot à Sahr

Kropstædt, 30 août [A. S.]

« M. le général Lecoq ayant fait observer à Son Excellence le général en chef qu'attendu que la 25e division et la brigade de cavalerie se trouvaient souvent trop éloignées de la division, il était impossible d'établir les situations pour la totalité des troupes saxonnes, veuillez donc avoir la bonté de m'adresser directement les 1er et 15 de chaque mois la situation détaillée de votre division ; il suffit qu'elle soit établie sur une feuille ainsi que vous l'avez jusqu'à présent portée dans le livret que vous m'avez fourni, mais il faudra porter au dos de cette feuille l'état indicatif par régiment des mouvements opérés par les troupes qui composent la division, afin de bien établir les motifs d'augmentation et de la diminution survenus dans chaque corps d'une quinzaine à l'autre.

Veuillez bien aussi me faire parvenir régulièrement les 5, 10, 20 et 25 de chaque mois la situation sommaire ou de cinq jours conforme au modèle qui vous est connu. »

Ordre du jour

Eckmansdorf, 30 août [A S.]

« L'armée est prévenue que l'Empereur a de nouveau remporté une victoire signalée sur les Autrichiens le 27 août ; 14 drapeaux et 16.000 hommes pris sont le résultat de cette brillante victoire.

Son Excellence M. le maréchal duc de Reggio témoigne son mécontentement aux corps d'infanterie qui laissent dépasser la ligne des vedettes par leurs soldats ; il en est résulté que les cosaques ont tué hier plus de vingt hommes dans la plaine. M. le maréchal se plaint plus particulièrement du 52e régiment que des autres régiments, et il prévient qu'il est décidé à faire des exemples contre les délinquants et surtout contre les officiers d'avant-postes qui auront le tort de laisser violer leur ligne. »

Lecoq au Roi

Kropstædt, 30 août [A S. Trad.]

Le 26 et le 28, j'ai fourni à Votre Majesté un rapport sur les mouvements et combats qui se sont produits au corps de troupe de Votre Majesté depuis son départ du camp de Gœrlitz jusqu'à cette date ; j'ai envoyé ces dépêches par le feldjager Wagner qui est parti avec un transport de malades du corps dirigé sur Wittenberg.

Depuis hier, les opérations ont réussi à rétablir complètement la sûre communication avec Wittenberg ; je ne manque donc pas de fournir à Votre Majesté un troisième rapport sur les événements survenus depuis le départ de mon dernier courrier au moyen d'un courrier expédié par cette ville.

Le VIIe corps rompit le 28 vers midi de son camp de Rohrbeck, non loin de Jüterbog, il occupa un nouveau camp dans les environs de Mellnsdorf au nord de la route conduisant à Wittenberg, à l'exception de la division française Durutte qui était dirigée sur Zahna et devait se lier avec le corps polonais qui couvre l'autre partie de la route menant à Wittenberg.

Hier, la marche du corps saxon fut continuée jusqu'à la grande route qui conduit jusqu'à Berlin ; la 1re division prit position au nord de ce lieu et la 2e avec la brigade de cavalerie légère non loin du village de Marzhane. Hier et avant hier nous fûmes observés continuellement pendant la marche par un petit corps de cavalerie ennemie sur notre flanc droit ; il se retira après une attaque heureuse de notre cavalerie où deux escadrons du régiment de hulans se distinguèrent particulièrement.

Nous croyions dans notre nouvelle position être protégés contre une attaque ennemie, mais peu après l'occupation de notre camp à côté de Marzahne vers Gœrsdorf, il se montra des colonnes de cavalerie pourvues d'artillerie à cheval. Elles s'avancèrent contre notre 2e division et la cavalerie, et l'on commença à se canonner des deux côtés. Quelques corps assez importants qui se montrèrent sur notre aile gauche, trahirent facilement l'intention de l'ennemi de nous tourner de ce côté, et là-dessus la cavalerie légère se replia avec la 2e division vers la position de la première à Kropstædt. Le régiment de hussards fut placé pour observer notre aile gauche, sa défense était sans doute une affaire difficile à cause des nombreux passages qui y conduisaient derrière notre chaîne de tirailleurs établie dans le bois situé de ce côté.

Peu après des détachements de cavalerie se montrèrent aussi à notre aile droite ; en fait, notre situation occasionnait les inquiétudes les plus justes ; lorsque quelques coups de signal nous annoncèrent l'arrivée du corps d'Oudinot à notre aile droite ; l'ennemi menacé sur son aile gauche fut forcé de la replier.

Le capitaine Kunen fut blessé à cette occasion par l'artillerie d'une contusion à la poitrine ainsi que quelques chasseurs et cavalier, un caisson sauta en l'air par le fait d'un obus qui tomba dans la batterie, deux canonniers furent blessés.

En ce qui a rapport aux mouvements offensifs ultérieurs du corps, on peut supposer que l'on n'en entreprendra pas avant que le IVe et le XIIe se soient avancés et que nous ne soyons pourvus par Torgau et Wittenberg de nouveaux approvisionnements de munitions et de vivres. Le général en chef a envoyé le lieutenant-colonel Raabe à Torgau afin de hâter l'arrivée des premiers ici.

L'envoi de vivres n'est pas moins pressant, puisque les privations que le corps a eues à subir depuis plusieurs jours ne sont même pas à comparer avec celles de la campagne précédente, et ne peuvent que nous offrir les vues les plus tristes pour l'avenir.

Je rends compte à Votre Majesté que le général Sahr a quitté le corps avec le transport de malades parti avant-hier ; il se rend à Torgau pour soigner ses blessures.

Après la prise du colonel de Thummel, je me suis vu forcé de donner le commandement du régiment de hulans au major de Brandenstein des gardes du corps ; je prie Votre Majesté d'approuver ce commandement provisoire. »

Delort à Franquemont

30 août [A. W.]

« Au point du jour, demain 1er septembre, le IVe corps partira de sa position pour se rendre à Wergzahna où il recevra de nouveaux ordres.

Chaque division prendra sa direction de Wergzahna perpendiculairement à sa droite.

La division de cavalerie couvrira la marche. »

Girard à Lemarois

Wittenberg, 31 août [A. G.]

« Je vous avais écrit plusieurs fois et je vous avais mandé qu'après avoir rejeté le corps ennemi qui était devant Magdebourg sur Brandebourg et l'avoir poursuivi dans toutes les directions, j'avais manœuvré par ma droite pour tâcher de me réunir à la division Dombrowski dont j'étais sans nouvelle ; j'avais d'autant plus de motifs d'en être surpris que je savais qu'elle ne pouvait avoir devant elle qu'un corps de cosaques ; je ne savais également ment rien des opérations du duc de Reggio. Je cherchai alors à me rapprocher de Wittenberg ; je n'avais également rien reçu de vous et je vins prendre position, le 26, au village de Lübnitz. J'appris là que la division Dombrowski était toujours à Wittenberg, et je dus être bien étonné de ce qu'elle n'avait pas opéré son mouvement et surtout n'avait pas cherché à me faire connaître le motif qui s'y était opposé. Je lui dépêchai le 26 au soir de nouveaux officiers qui lui parvinrent ; les ordres de Votre Excellence me prescrivant de me réunir à elle pour ensuite seconder les opérations du duc de Reggio et appuyer sa gauche.

Dans la nuit du 26 au 27, Tschernitchef était venu s'établir à Belzig avec ses cosaques, je lui fis dans la matinée donner la chasse par trois bataillons et je les rejetai sur Treuenbrietzen ; mais à une heure après-midi, de fortes colonnes débouchèrent sur trois points sur mon corps de Leubnitz ; je n'avais pas pu connaître leurs marches forcées, j'étais sans cavalerie et le pays est contre nous ; mes troupes furent aussitôt formées et reçurent les premières attaques ; les bataillons allemands se débandent au premier coup de canon ; cette fuite met de la confusion parmi les autres troupes, elles perdent du terrain, mais elles sont bientôt reformées et s'élancent en avant avec un rare courage ; elles mènent l'ennemi battant jusque sur nos anciennes positions que nous reprenons , elles se mêlent quelquefois avec l'ennemi ; si j'avais eu de la cavalerie, la déroute était complète. L'ennemi vint plusieurs fois à la charge pour reprendre nos positions, et manœuvrait en même temps pour nous envelopper ; il fut partout et constamment repoussé ; c'était le combat de la valeur contre le nombre. L'ennemi avait de 12.000 à 15.000 hommes d'infanterie prussienne, suédoise et russe, 3.000 hommes de cavalerie en partie cosaques et beaucoup d'artillerie ; après la fuite de la grande partie des Allemands, les pertes que m'avaient fait éprouver les combats du 21, la rentrée dans Magdebourg ou restés en arrière des hommes isolés qui avaient été incorporés dans les bataillons, il me restait au plus 5.500 hommes, mais elles se doublaient par le courage. Les Westphaliens n'avaient presque plus personne, car, dès le 22, ils avaient perdu en deserteurs ou restés en arrière 190 hommes. Le chef de bataillon brave homme et dévoué a été blessé. Les Allemands ont non seulement montré de la lâcheté, mais encore un très mauvais esprit, malgré leurs officiers.

Il était sept heures, le combat durait depuis six heures, nous conservions cependant nos positions, l'ennemi renouvelait sans cesse les attaques avec des troupes fraîches; je venais de recevoir deux coups de feu très graves dont l'un me traversa le bas ventre ; le général Bouville, le colonel Jolly, le major Pichard, le commandant de l'artillerie étaient blessés; je me décidai alors à ordonner la retraite, elle s'effectua dans le plus grand ordre, l'ennemi, au lieu de nous poursuivre, se reforma sur les positions que nous venions de quitter : les cosaques n'osaient pas venir éclairer notre marche. J'ai considérablement souffert ; je ne peux pas encore évaluer mes pertes ; trois pièces ayant été démontées ont été laissées sur le champ de bataille ainsi que quatre caissons. J'ai perdu beaucoup de chevaux par le feu de l'artillerie : ma cavalérie m'a été plus nuisible qu'utile; au premier coup de feu, elle s'est éparpillée dans la plaine. L'ennemi n'a fait de prisonniers que les blessés que nous n'avons pas pu emmener.

La perte de l'ennemi est énorme ; on peut sans exagération la porter à 4.000 hommes.

Le général Dombrowski prend provisoirement le commandement de la division. L'inexécution des ordres que j'avais donnés à la division polonaise, et les motifs surtout ne m'ayant pas été connus, sont cause que j'ai été forcé de soutenir ce combat inégal. Je tenais à ma jonction avec elle, c'étaient les ordres de l'Empereur. Les deux divisions réunies eussent obtenu des résultats signalés.

La retraite de l'aile gauche du duc de Reggio m'a également laissé à découvert et a mis à même l'ennemi de faire un détachement contre moi qu'il ne m'a pas été possible de connaître par le mauvais esprit du pays et le manque de cavalerie.

P. S. — Quelques fuyards ont dû arriver jusqu'à Magdebourg, car il s'en est montré vers Dessau. »

Bertrand à Berthier

31 août [A G.]

« Je reçois la lettre de Votre Altesse du 30 août ; nous connaissions les dernières victoires de l'Empereur, mais pas avec les détails que nous a donnés Votre Altesse. Je les ai répandues sur-le-champ et elles ont été accueillies avec enthousiasme.

Je n'envoie point à Votre Altesse l'état de situation, mais je lui donnerai les différences du dernier que j'ai remis et cela lui suffira.

Je ne crains point de dire que, quoique le IVᵉ corps ait quelques centaines d'hommes de moins qu'en partant de Sprottau, il est cependant bien plus redoutable pour l'ennemi ; il y règne le meilleur esprit. Dans les mouvements que nous avons faits soit en avant, soit en arrière, soit sur les flancs, il est notoire pour les soldats comme pour les officiers que jamais l'ennemi n'a rien tenté avec succès, que toujours nous avons eu la supériorité, que nous ne nous sommes battus que lorsque nous l'avons voulu, qu'aussi longtemps que nous l'avons jugé à propos et dans les positions que nous avions voulues.

Le IVᵉ corps s'est accoutumé à manœuvrer devant l'ennemi avec calme, il vaut donc réellement mieux qu'en partant de Sprottau.

Voici à quoi nos pertes se réduisent :

Division française. — 23ᵉ régiment, 98 hommes dont la plupart laissés à Luckau ou envoyés sur les derrières ; 13ᵉ régiment, 45 ; 8ᵒ régiment, 14 dont 3 tués et 9 blessés ou malades et 2 égarés.

La division française est ma réserve, c'est elle qui doit gagner la bataille.

Division italienne. — Cette division a perdu environ 1.200 hommes savoir :

Envoyés aux hôpitaux	350 hommes.
Blessés	300 —
Tués	100 —
Prisonniers ou blessés restés sur le champ de bataille .	200 —
Egarés ou en arrière	250 —

La division italienne a fait l'arrière-garde

Le régiment arrivé pendant l'armistice est celui qui a fait les plus grandes pertes, puisqu'il est composé de jeunes soldats. D'ailleurs la division a un bon esprit, elle acquiert tous les jours et doit beaucoup au comte Fontanelli.

Division wurtembergeoise. — Si à la force que Votre Altesse connaît elle ajoute la nouvelle brigade de 2 400 qui a rejoint la division et qu'elle en retranche 200 hommes dont 100 malades renvoyés de Sprottau ; 20 tués ; blessés 70, les petits blessés étant restés au corps ; 10 égarés ; Votre Altesse aura l'idée exacte de sa force. Cette division s'aguerrit tous les jours par de petits succès et acquiert de l'aplomb.

Artillerie. — Nous avons peu perdu, mais nous sommes cependant plus faibles par la mauvaise espèce de chevaux. De Sagan, on en a renvoyé 68 hors d'état de faire campagne. Nous avons 80 chevaux entiers romains, maigres et nullement propres au service de l'artillerie. Nous n'avons reçu que 150 chevaux de remonte, les autres proviennent de levées et sont petits et faibles ; ces chevaux qui n'ont mangé que du vert et point d'avoine pendant l'armistice, n'ont pu ensuite soutenir de grandes fatigues ; peut-être que 12 ou 15 francs d'avoine par cheval eussent pu éviter de grandes pertes, on ne peut les comparer aux chevaux des autres corps que j'ai vus ici.

Je ne puis faire aucun reproche aux officiers d'artillerie, je suis témoin de leur sollicitude continuelle ; les voitures sont chargées de fourrages. J'ai d'excellents officiers dont je suis très content.

266 chevaux étant pour le moment hors de service, mon artillerie ne pouvant plus marcher, j'ai dû dans les circonstances où nous nous trouvons prendre un parti.

J'ai envoyé dans la place de Wittenberg :

Caissons de 6	8
Caissons de 12. . . .	15
Caissons de 6	7
Caissons d'obusiers . .	2
Caissons d'infanterie. .	4 dont 3 vides
Affuts de rechange . .	4
Chariots à munitions. .	5
	45

D'ailleurs nous n'avons point fait de pertes en artillerie. Les 266 chevaux qui ont conduit ces voitures à Wittenberg, sont envoyés à Magdebourg.

Je comptais sur le retour des chevaux qui ont conduit mes blessés à Wittenberg pour atteler à six chevaux l'artillerie et les transports.

J'apprends que le gouverneur, sous prétexte qu'il n'y avait point de chevaux dans le pays, les a évacués sur Magdebourg avec mes propres chevaux qui reviendront étiques, ce qui détruit en partie l'effet que je voulais obtenir, qui était un parc mobile et marchant bien.

Transports militaires. — M. de Caraman aura instruit Votre Altesse du petit sacrifice que j'ai été obligé de faire vu le mauvais état des chevaux qu'il faut attribuer à trois causes.

Ils étaient à peine rétablis pendant l'armistice ; ils n'avaient jamais mangé d'avoine, enfin les soldats du train, assez mal surveillés, pansent mal leurs chevaux. J'ai envoyé à Wittenberg les voitures qui m'étaient le moins nécessaires ; je n'en ai gardé que 60 dont :

20 d'ambulance ;

25 pour le transport des blessés ;

15 chargés de riz. »

Bertrand à Berthier

31 août [A. G.]

« J'ai l'honneur d'adresser à Votre Altesse copie du rapport que j'ai remis à M. le maréchal duc de Reggio sur les opérations du IVe corps.

De Riesdorf, le IVe corps a marché sur Jüterbog où il a remplacé le XIIe corps ; il l'a cependant occupé d'une manière différente, ne gardant la ville que comme avant-poste avec trois compagnies et ayant barricadé les portes.

L'ennemi prit ce changement de disposition pour un mouvement de retraite et fit le soir une forte reconnaissance ; il sembla vouloir tourner la droite, descendre dans la ville et dans la plaine marécageuse qui l'avoisine ; c'était un piège que je lui avais tendu ; maître des hauteurs, il aurait été perdu s'il se fût aventuré dans les bas-fonds où la cavalerie pouvait à peine passer.

Il a attaqué avec quelques bataillons le mamelon de gauche situé dans les bois que les Wurtembergeois avaient pris le matin et que le général Stockmayer reprit le soir avec vigueur pendant que le général Spitzemberg, placé dans les vignes, soutenait le combat de la droite.

Ce combat fait le plus grand honneur à la division wurtembergeoise, surtout à sa cavalerie qui chargeait tantôt sur son front tantôt sur ses flancs. Elle s'est montrée non pas l'égale, mais bien supérieure à celle de l'ennemi.

Le général Briche qui commandait cette cavalerie en fait un juste éloge. Toute l'armée a été témoin de sa belle conduite.

Cependant le général Morand faisait avec son artillerie un grand mouvement de flanc qui décida l'ennemi à évacuer les bois, pendant que la division de cavalerie du général Fournier qu'avait fait avancer le duc de Padoue, se portait en avant sur les hauteurs et chassait l'ennemi des positions qu'il avait occupées pendant le combat. Au premier coup de canon, le duc de Reggio s'était porté au point d'attaque et dirigeait tous les mouvements.

L'ennemi, repoussé sur tous les points, se retira à l'entrée de la nuit.

C'est une chose remarquable que l'aplomb de notre cavalerie dans le mouvement de flanc que nous avions fait hier. Le général Beaumont avec le régiment de chevau-légers bavarois et westphaliens a constamment contenu l'ennemi à une lieue de notre infanterie, chargeant souvent la cavalerie qu'il avait devant lui, quoique plus nombreuse. Aujourd'hui l'ennemi a fait une forte reconnaissance avec de la cavalerie, de l'infanterie et du canon ; notre artillerie n'a pas voulu répondre.

Le général Morand a fait un changement de front l'aile droite en avant avec quelque infanterie qui s'est emparé d'un bois soutenue par quelques escadrons de cavalerie, et l'ennemi a évacué sa position.

Il paraît que nous avons eu affaire ces derniers jours au corps du général Woronzow qui paraît fort de 5.000 à 6.000 hommes. »

Gressot à Lecoq

Kropstaedt, 31 août [A. S.]

« En conséquence des ordres du général en chef, le corps d'armée fera demain 1er septembre les mouvements ci-après détaillés.

La brigade de cavalerie légère et la 1re brigade de la 25e division partiront de leur position à la pointe du jour pour se porter à Grabo. La 2e brigade de cette division et le détachement de cavalerie légère envoyé en reconnaissance sur Zahna partiront à 8 heures du matin pour se rendre également à Grabo pour y prendre la position qui leur aura été assignée à l'avance par M. le général Gablenz.

La 1re brigade de la 24e division partira de sa position à 6 heures du matin avec l'artillerie et la batterie de 12 attachée à cette division pour se rendre à Jahmo où elle se placera à la droite de la division de M. le général Durutte et attendra l'arrivée du général en chef qui lui prescrira la position qu'elle doit occuper.

Toutes les gardes et postes fournis par ces troupes resteront établis ainsi qu'elles se trouvent jusqu'à l'arrivée des XIIe et IVe corps dans la position de Kropstædt qu'occupait le corps d'armee, et une demi-heure après ils rejoindront leurs régiments respectifs.

La 2e brigade de la 24e division restera dans le camp qu'elle occupe et, indépendamment des postes qu'elle fournit, M. le général Lecoq continuera à faire occuper par sa division ceux qui étaient établis à la lisière des bois depuis la gauche de la route qui conduit à Lobbesse à la droite de la division Durutte en continuant d'occuper les villages Assau et Weddin.

Le grand parc d'artillerie partira à 3 heures précises du matin pour se rendre à Mochau où il restera jusqu'à nouvel ordre.

Il est bien entendu que les escadrons de cavalerie légère detachés avec la division commandée par MM. les généraux Lecoq et Durutte resteront à la disposition de ces généraux. »

Major Bequignoll (1) (Rapport)

Feldheim, 31 août [A. W. Trad.]

« Le 26 août au soir, lorsque la division wurtembergeoise eût pris position à Hohen-Schlenzer, la compagnie major sous le capitaine de Hugo fut mise en avant-poste de la brigade légère à la lisière de la forêt située en avant.

____

(1) Commandant le 10e régiment d'infanterie légère.

Le 27 à la pointe du jour, lorsque la division reçut l'ordre de faire l'arrière-garde de l'armée royale et de couvrir la marche, la compagnie vacante lieutenant-colonel reçut ordre de se placer en débandade à droite et à gauche à la lisière de la forêt, par où la retraite s'opérait, pour recueillir la compagnie major, lorsque tout serait passé ; cette dernière était déjà engagée avec la cavalerie et de l'infanterie en tirailleurs.

Le mouvement du corps wurtembergeois continuait cependant, et les deux compagnies capitaines de Gaisberg et de Parrot suivirent à distance convenable, après que les derniers tirailleurs de la cavalerie eurent atteint la route. Par ordre du général de Stockmayer on fit le signal à la compagnie major de se retirer sur la compagnie vacante lieutenant-colonel, ce qui eut lieu avec le plus grand ordre. L'ennemi suivit de très près la compagnie major avec de la cavalerie et environ un demi-bataillon de chasseurs à pied ; il attaqua de suite la compagnie vacante lieutenant-colonel placée en avant. Le lieutenant de Brand répondit à cette attaque par un feu dirigé de sa position jusqu'à ce que la compagnie major fût arrivée dans la forêt à la queue de la colonne ; ensuite elle se retira pas à pas à la débandade.

L'ennemi suivit environ trois quarts de lieue, le feu bien dirigé de la compagnie vacante lui occasionna de fortes pertes, le força à renoncer à sa poursuite ; il se rallia sur le flanc droit et accompagna en ordre serré ; mais là aussi, il fut toujours tenu à une distance convenable par les patrouilles de flanc de cette compagnie, jusqu'à ce que l'on eût passé cette forêt longue d'une lieue et demie et que le corps eut de nouveau pris position. »

Stockmayer (Relation du combat d'arrière-garde de Hohen-Schlenzer)

[A. W.]

« Le 27 à la pointe du jour, la compagnie major du régiment d'infanterie légère n° 10 commandée par le capitaine d'état-major de Hugo qui se trouvait devant le front de la division en avant-poste, fut attaquée par les cosaques et les chasseurs russes ; je fis alors avancer les trois autres compagnies du régiment ainsi que deux pièces en soutien de cette compagnie, afin de couvrir convenablement, principalement la retraite du corps d'armée que l'on venait d'ordonner. Le bataillon fut alors soutenu par le reste de la brigade placée plus en arrière dans cette forêt ; l'ennemi qui se renforçait toujours plus, fut ainsi totalement empêché de troubler le moins du monde la retraite du corps d'armée.

La division s'était déjà repliée pendant quelque temps, lorsque je reçus du lieutenant général comte de Franquemont l'ordre de le suivre avec la brigade ; à la suite de cet ordre, je fis peu à peu abandonner la position et battre en retraite. Je plaçai le régiment n° 10 pour couvrir la brigade sur la lisière d'une forêt ; ce qui était d'autant plus nécessaire que l'ennemi, au premier mouvement en arrière de la batterie à cheval et de la brigade, prit aussitôt l'ancienne position du regiment n° 10 ; de là, il voulait opérer davantage sur mon flanc, si le régiment n° 10 n'avait pas su se défendre si bravement. Après m'être retiré environ une demi-lieue constamment poursuivi par l'ennemi dans la forêt, je vis à droite un bataillon d'infanterie ennemie ; j'arrêtai alors et fis déployer le régiment n° 7 pour appuyer le régiment n° 10 : dès que celui-ci s'en aperçut, il cessa sa poursuite. Derrière la forêt, je trouvai sur une hauteur le régiment n° 1 prince Adam chevau-légers commandé par le lieutenant-colonel de Bismarck, mis sous mes ordres et plus en arrière la division placée pour me recevoir. Je fis mettre en batterie la batterie à cheval à droite, et, à gauche de la cavalerie, je plaçai les régiments d'infanterie, au fur et à mesure qu'ils sortaient de la forêt, en

colonnes de division serrées ; je ne me retirai de front dans cette formation
que lorsque la brigade n'eut plus personne en arrière ; l'ennemi ne parut pas
avoir l'air de m'attaquer dans cette formidable position jusqu'à ce que j'attei-
gnis la division déjà déployée sur la nouvelle position. »

Lebrun à l'Empereur

Wittenberg, 1er septembre [A N.]

« J'ai fait partir M. de Caraman sans lettre pour Votre Majesté, et même
sans situation de l'armée, et seulement avec des notes sur ces derniers objets,
parce qu'alors la communication avec Wittenberg n'était pas assurée et que
j'aurais craint que ces papiers ne tombassent dans les mains de l'ennemi ; on
s'occupe, dans ce moment, de faire les situations et elles vont partir ce soir.

Depuis le 27, les corps d'armée ont devant eux le corps de Woronzow, fort,
à ce qu'on croit, de 10.000 chevaux et de six régiments d'infanterie ; quant
aux chevaux, nous avons pu juger leur nombre, mais nous n'avons encore
vu que quelques bataillons d'infanterie.

Le 28, à Jüterbog, ils ont fait une attaque. On a échangé quelques coups
de canon et fait le coup de fusil avec environ quatre ou cinq bataillons, ils
n'ont tiré que par trois pièces et nous par seize pièces. Nous avons perdu une
quarantaine d'hommes. Nous sommes arrivés le 30 à Marzahue, le mauvais
choix de la position au centre d'une plaine dominée de tous les sens, nous
a encore attiré une petite affaire. L'ennemi n'a tiré que par trois pièces,
mais comme il tirait sur des masses nous avons perdu une vingtaine d'hommes et de chevaux. Nous avons tiré beaucoup de canon et nous avons été
toute la journée sous les armes.

Le 31, dans la même position nous avons encore été sous les armes. L'ennemi est venu couronner les hauteurs avec sa cavalerie. Le duc de Reggio
s'est décidé enfin à prendre à un quart de lieue en arrière, une position telle
que ses troupes pourront reposer.

Je ne saurais trop répéter à Votre Majesté, ce que je lui ai fait dire par
M. de Caraman. Le peu d'ensemble, l'indécision perdront les corps d'armée ;
on ne sait ni marcher quand il le faut, ni se reposer ; des dispositions sont
convenues le matin ! 50 cosaques les font changer. On convient de prendre
une position, mais on la prend mal, et elle devient détestable de bonne
qu'elle aurait été ; il s'ensuit des alertes continuelles toutes les nuits, qui,
si elles étaient suivies d'une attaque sérieuse, auraient peut-être des suites
très fâcheuses, parce que personne ne saurait ce qu'il devrait faire.

Les généraux Reynier et Bertrand sont tous deux de l'avis, en attendant des
ordres de Votre Majesté, de prendre des positions telles qu'on y puisse recevoir la bataille, parce qu'en effet, avec le défaut total de nouvelles et le rideau
de cavalerie qui nous couvre, une armée ennemie pourrait aussi bien être à
deux lieues qu'à vingt-cinq. Mais le duc de Reggio qui ne sait pas prendre
son parti, ne veut pas très souvent avoir l'air de céder a leurs avis, ou n'y
cède qu'après s'être fâché et avoir boudé. Il faut que je cours de l'un à l'autre
pour remettre un peu d'ensemble, et très souvent, quand je reviens auprès de
lui, il a changé une partie des dispositions convenues. Par une fatalité
étrange, il a auprès de lui un chef d'état-major qui a du zèle, mais qui est
tout à fait au-dessous de sa besogne. Je ne crois pas qu'une armée puisse
aller plus mal, et pourtant ses éléments sont bons. L'infanterie particulièrement est pleine d'ardeur et ne demande qu'à se battre, et la cavalerie rendrait des services si elle était bien employée.

Je suis venu passer quelques heures à Wittenberg ; les 3.000 hommes
restant du général Gérard partent.

Oudinot à Berthier

Kropstædt, 1er septembre [A X.]

« Monseigneur, les renseignements que j'obtiens tous les jours sur les forces de l'ennemi chargées de couvrir Berlin, sont tels que je dois déclarer à Votre Altesse qu'une nouvelle entreprise pour y arriver ne peut non seulement réussir de quelque manière qu'on manœuvre, à. moins que ces trois corps d'armée ne soient au moins doublés et qu'on opère sur plusieurs points ; encore. comme on ne pourrait le faire avec ensemble et que la division Girard n'existe plus, qu'il paraît certain que le prince d'Eckmühl ne peut fournir une diversion favorable puisqu'il reste en position à Schwerin, je suis loin d'avoir confiance aux dispositions qu'on pourrait prendre ; il est d'ailleurs certain que l'ennemi a 130.000 hommes à nous opposer, qu'il est très fort en artillerie et que sa cavalerie est évaluée à 30.000 ou 40.000 dont les trois quarts cosaques.

Je prie Votre Altesse d'être certaine que je n'exagère en rien et que cela est purement conforme aux rapports qui me sont faits ; j'ajouterai que, si mes troupes se portent assez en avant pour que l'ennemi manœuvre sur leurs derrières ; c'en est assez pour causer un grand malheur et, en admettant même que la force que j'accorde à l'ennemi soit moindre, il y aurait toujours à craindre pour le salut de l'armée, ne fût-ce que par la masse de cavalerie qui harcelle ses flancs avec autant de supériorité »

Oudinot à Berthier

Kropstædt, 1er septembre [A X.]

« Monseigneur, j'ai envoyé par deux voies différentes l'avis au prince d'Eckmühl de mon mouvement, mais il est bien à craindre qu'on n'ait pu parvenir jusqu'à lui : un aide de camp du duc de Plaisance a été chargé de cette mission. »

Oudinot à Berthier

Kropstædt, 1er septembre [A X.]

« Le rapport des opérations de l'armée depuis le 15 jusqu'au 26 août a été remis à M. de Caraman, parti de Jüterbog pour le quartier général impérial, le 28 août.

Le 26, les trois corps d'armée ont été réunis sur la position de Riesdorf, ainsi que le 3ᵉ corps de cavalerie ; le IVᵉ eut sa gauche à Hohen-Schlenzer, le XIIᵉ venant de Gottow occupa Riesdorf et le VIIᵉ se plaça à Lichtenfels.

L'arrière-garde du IVᵉ corps, venant de Stulpe, fut suivie par de la cavalerie et quelques bataillons d'infanterie légère.

Le 27, l'armée se mit en marche sur Jüterbog ; le IVᵉ corps prenant la direction de Kloster-Zinna, le VIIᵉ, celle Nieder-Görsdorf et le XIIᵉ marchant sur Jüterbog où se trouvait le corps de Woronzof qui avait attaqué la nuit une brigade de la division Dombrowski.

L'ennemi s'est retiré à l'approche du XIIᵉ corps avec lequel il s'est fusillé deux heures, ensuite la ville fut occupée ; après que la 13ᵉ division eût forcé les positions qui sont au delà de la ville, le XIIᵉ corps fut établi sur le plateau et le reste de la journée fut employé à réunir tous les bagages, caissons et voitures vides pour les envoyer se charger à Wittenberg.

Le 28, le VIIᵉ corps se rapprocha de Wittenberg pour couvrir le grand convoi qui s'y rendait et se ravitailler, le XIIᵉ corps prit la gauche du grand plateau au dessus de Jüterbog, et le IVᵉ remplaça celui-ci dans ses positions.

Les corps de Woronzof et Benkendorf et celui de Tschernitchef étaient campés dans la plaine à la gauche de Kloster-Zinna. ils attaquèrent le IVe corps vers 4 heures, mais mes réserves arrivées à propos n'ont pas permis à l'ennemi de faire des progrès et les ont repoussés de toutes parts ; la nuit seule a empêché de les poursuivre.

La cavalerie wurtembergeoise et la division Lorges se sont bien montrées ainsi que la division d'infanterie wurtembergeoise.

Le 3e corps de cavalerie et une division d'infanterie se présentèrent, et après une canonnade de 4 heures, l'ennemi fut forcé de se retirer ; cette affaire n'a coûté que quelques hommes et quelques chevaux; la ville a été occupée jusqu'au lendemain matin.

Le 29, j'ai rapproché le IVe et le XIIe corps de la position du VIIe qui était à Kropstadt et je m'arrêtai à Eckmannsdorf.

L'armée ayant marché dans le plus grand ordre à travers les belles plaines, une nombreuse cavalerie l'avait suivie sans rien entreprendre de sérieux.

En arrivant à Eckmannsdorf, j'entendis une vive canonnade vers le VIIe corps et je m'y portai avec le 3e corps de cavalerie. Le général en chef Reynier était attaqué par 6.000 chevaux ; mon arrivée les éloigna, mais il y eut quelques alertes données ensuite par les cosaques, pendant la nuit, qui ne nous ont occasionné aucune perte.

Le 30, les trois corps se sont réunis : le IVe à Feldheim, le XIIe à Marzhane et le VIIe à Kropstædt. Je poussai, en arrivant, une forte reconnaissance de cavalerie sur les hauteurs de Zeuden et Pflügkuff, pour éloigner l'ennemi qui y montrait beaucoup de monde et connaître ce qu'il y avait derrière ; n'ayant trouvé que de la cavalerie, je fis rentrer les troupes dans leurs positions et l'ennemi s'avança pour nous attaquer et il fut repoussé par une canonnade assez vive qui ne coûta qu'une quinzaine d'hommes et quelques chevaux.

Le 31, l'armée étant dans la même position que la veille, l'ennemi déploya sur les hauteurs une cavalerie considérable qui semblait être l'avant-garde de sa grande armée ; je me préparai à livrer bataille, mais l'ennemi se borna à rester en présence et, n'apercevant que de la cavalerie, je ne jugeai pas à propos de l'attaquer.

Aujourd'hui, 1er septembre, l'armée prend position ainsi, le XIIe corps à Kropstædt, le VIIe à Jahmo et le IVe à Rahnsdorf, en occupant Zahna, cette position m'a paru tenable, et je profite du rapprochement de Wittenberg pour réclamer les vivres dont l'armée manque, j'espère en obtenir et déjà le VIIe corps en a reçus. »

Bertrand à Berthier

1er septembre [A. G.]

« Je devais aujourd'hui me porter à Rahnsdorf et envoyer une division à Zahna, mais je me serais trouvé disséminé. placé dans un bas-fonds ; j'aurais eu à dos le ruisseau de Zahna.

Pour couvrir les deux débouchés. j'ai pris une position centrale avec trois divisions à Woltersdorf où j'occupe une superbe position dans laquelle je pourrai combattre avec succès des forces supérieures.

J'occupe comme avant-poste avec un bataillon et quelques cavaliers les villages de Bülzig, Zahna et Rahnsdorf, mon canon balaie à une grande distance le coteau qui s'abaisse en pente douce jusqu'à Zahna.

Mes patrouilles de cavalerie éclairent jusqu'à l'Elbe et je couvre parfaitement le flanc droit.

Je suis à une lieue de Kœpnick et à une demi-lieue de Kropstadt où je puis arriver par une belle route en colonnes par division au secours du maréchal ou recevoir les siens, mais je doute que l'ennemi veuille attaquer ma position ; j'ai masqué une grande partie de mes troupes et de mon artillerie pour l'attirer.

Ma position a de grands avantages, elle est très formidable, très rapprochée du maréchal et en même temps plus rapprochée que les autres corps du point de retraite, si l'ennemi se porte sur Grabo et Dobien j'y arriverai le premier à sa rencontre.

Dombrowski

1er septembre, Wittenberg, 5 heures du matin [A. G.]

« Je n'ai pas manqué d'envoyer mes rapports journaliers à Votre Altesse Sérénissime, mon dernier du 30 août avec la copie de la lettre du général Girard par laquelle il me remettait le commandement de ses troupes qui, suivant votre ordre, Monseigneur, ont passé hier l'Elbe pour aller à Magdebourg.

Selon l'intention du duc de Reggio, aujourd'hui, à 1 heure du matin, j'ai envoyé une brigade composée d'infanterie et cavalerie et deux pièces vers Zahna jusqu'à l'Elbe pour couvrir son aile droite. J'ai envoyé encore deux fortes colonnes vers Niemegk, Belzig et Zerbst sur l'aile gauche de M. le maréchal où se sont montrées sur tous les points des troupes légères de l'ennemi.

Avec le reste de mon petit corps, je suis dans la position de Teuchel et Dobien devant Wittenberg où je tiens en respect des troupes de cosaques qui se glissent partout et qui ont attaqué hier mes avant-postes vers le village d'Elster et à Coswig du côté opposé, mais partout ils ont été chassés.

On dit que le général Tchernitschef a partagé son corps de troupes légères dont la moitié est à Herzberg et l'autre moitié à Zerbst ; lui-même, pour sa personne, est dans ce dernier endroit. Vous verrez par là, Monseigneur, que j'observe partout l'ennemi pour l'empêcher de tomber sur les flancs et les derrières de Son Excellence le duc de Reggio qui est aujourd'hui à Kropstædt. »

Gressot à Lecoq

Kropstædt, 1er septembre, 10 heures du soir [A. S.]

« En conséquence des ordres du général en chef, les équipages du corps d'armée se rendront de suite à Mochau pour s'y réunir au grand parc d'artillerie, afin de suivre le mouvement qu'il fera cette nuit encore pour se porter vers Teuchel et se mettra derrière les premiers retranchements avancés de la place de Wittenberg. »

Gressot à Lecoq

Kropstædt, 1er septembre, minuit.

« En conséquence des ordres du général en chef, vous réunirez votre division demain 2 septembre à 4 heures précises du matin à Zahna et vous enverrez votre batterie de pièces de 12 à Mochau.

M. le général Durutte a ordre de se porter à 3 heures précises du matin à Grabo pour prendre position en arrière des troupes aux ordres de M. le général de Gablenz.

- Je mande au général Gablenz de se tenir bien sur ses gardes, attendu que l'ennemi pourrait faire un mouvement bien décidé vers notre gauche, et je le préviens en même temps que M. le général Dombrowski a ordre de se porter à Dobien.

Il est bien entendu, mon général, que vous laisserez vos postes établis ainsi qu'ils le sont, mais vous leur donnerez ordre de se reployer sur vous en se retirant par les bois dans le cas où ils seraient attaqués par des forces supérieures.

Je donne ordre à la compagnie de sapeurs d'être rendue à 4 heures précises à Zahna pour se réunir à votre division. »

Ordre du jour

1er septembre [A W.]

« L'Empereur a complètement battu la principale armée russe, autrichienne et prussienne commandée par le prince de Schwarzenberg et où se trouvait l'Empereur Alexandre.

Cette armée est en pleine retraite sur Prague et le nombre de prisonniers est de 25.000 bien comptés. L'on a pris aussi plus de 30 pièces de canons et 1.000 caissons ; une armée considérable est à la poursuite de l'ennemi qui est culbuté chaque jour.

P. S. — Au moment du coucher du soleil, toute l'armée doit répéter ensemble : Vive l'Empereur. »

Delort à Frauquemont

2 septembre, Woltersdof [A W.]

« A six heures du matin, le IVe corps partira de ses positions pour se rendre à Euper dont il occupera les ouvrages qui sont à la droite d'Euper ; on marchera dans l'ordre suivant :

Division wurtembergeoise ;

La division du général comte Morand ;

La cavalerie du général Beaumont pour couvrir la marche.

La division italienne se rend à Euper, de sa position, sans combiner son mouvement avec la division wurtembergeoise et française ; elle doit occuper les premiers ouvrages de la nouvelle position et se lier avec le XIIe corps ; ainsi la division wurtembergeoise appuiera sa gauche à la division italienne et la division française à la division wurtembergeoise

La cavalerie soit wurtembergeoise, soit de la division Beaumont éclairera toute la position du IVe corps et aura ses réserves après la position prise et assurée en arrière de sa ligne.

Comme on n'aura pas de fourrage dans la nouvelle position, la cavalerie doit se pourvoir pour deux ou trois jours. »

Oudinot à Berthier

Kropstædt, 2 septembre [A. G.]

« La faim et la soif ne nous permettent pas de tenir plus longtemps la position qu'occupaient les trois corps d'armée à mes ordres. Je me trouve obligé de me replier sur les ouvrages avancés de Wittenberg, puisqu'ainsi que j'ai eu l'honneur de le mander à Votre Altesse Sérénissime, les troupes que j'ai devant moi sont si supérieures en nombre que je ne puis hasarder de me porter en avant.

Le prince royal de Suède vient d'y arriver avec de ses troupes et les corps de Bülow, Borstel, Benkendorf et Tchernitchef ; ils manœuvrent sur nos flancs et je n'ai d'autre parti à prendre que celui d'éviter une mésaventure ; ainsi de l'avis de MM. les généraux en chef et duc, je me porterai demain à la pointe du jour à la hauteur de Dobien, Trajuhn et Euper occupant, s'il est possible, Woltersdorf et Zahna, mais je ne pourrai tenir non plus longtemps dans cette attitude, puisque la faim m'y suivra et que je crains d'être obligé de faire repasser l'Elbe à ma cavalerie et mes équipages. J'attends avec impatience la réponse à mes lettres et surtout à ce qu'a dû dire et remettre de ma part M. de Caraman dont je n'ai pas de nouvelles.

J'ai besoin d'avoir des instructions de Votre Altesse Sérénissime sur ce que je devrai faire ultérieurement.

Hier et aujourd'hui on s'est mutuellement canonné, mais il ne s'est rien passé de sérieux ; les armées sont en présence et l'ennemi se trouve posté si favorablement qu'il y aurait plus que du risque à chercher de l'entreprendre. »

Franquemont au Roi

Wollersdorf, 2 septembre [A.W.]

« Je viens de recevoir par le courrier Scheel que j'avais envoyé le 19 de Baruth à Dresde les ordres de Votre Majesté n° 32 et 33 en date du 12 et un sans date. Le courrier Scheel avait déjà quitté Dresde le 20 pour suivre le corps wurtembergeois. A Elsterwerda, il dut retourner à Dresde à cause de l'insécurité de la route et prendre celle de Wittenberg ; il y a été retenu jusqu'à présent par le commandant pour le même motif.

Depuis le 19, non seulement la division mais tout le corps d'armée était tellement entouré par les troupes ennemies que, bien que les ordres de Votre Majesté prescrivant de rendre compte souvent me soient connues, et que je sache le grand intérêt que Votre Majesté porte au corps, il m'était impossible d'envoyer quelqu'un à Votre Majesté.

La division wurtembergeoise occupa le 19 un camp près de la ville de Baruth ; elle y resta le 20 ; la brigade Dœring qui avait toujours à escorter les convois de vivres du corps d'armée rejoignit le 20 la division. Le 21, la division occupa une position sur les hauteurs de la ville de Baruth ; elle y resta le 22 ; la plus grande attention fut recommandée, parce que la division était déjà séparée des autres divisions du corps d'armée et que, laissée à elle-même, elle était entourée de corps ennemis considérables. Les deux régiments de cavalerie me joignirent le 21 et le général Briche fut mis sous mes ordres.

Les troupes wurtembergeoises marchèrent le 23 sur Werben pour joindre le corps d'armée, mais bien que cette marche ne comporta que six lieues, le parc de vivres français mal attelé fut cause que l'on eut besoin de vingt heures pour effectuer cette marche que le mauvais temps rendit encore plus difficile.

Les troupes wurtembergeoises devaient attaquer le 24 la position de l'ennemi à Mittenwalde ; mais le malheureux combat que le général Reynier soutint le 23 à Gross-Beeren contre le prince royal de Suède détermina le duc de Reggio à se retirer ; les troupes wurtembergeoises eurent la mission de reprendre la position de Baruth, ce qui eut lieu le 24 au jour. On devait occuper le 25 la position ou Holbeck ; je n'en trouvai pas, mais je savais l'ennemi en grosse masse à Luckenwalde, je pris par suite position au village de Stulpe afin de pouvoir être soutenu de suite, en cas d'attaque de l'ennemi, par la division française.

Le 1er bataillon du régiment n° 4 occupait le village de Holbeck et trois escadrons du régiment de chasseurs, archiduc Louis, étaient placés au village dans une petite plaine L'ennemi n'hésita pas à faire encore dans cette journée de petites attaques sur le défilé ; il fut repoussé.

Le général de Stockmayer qui devait partir de Baruth avec sa brigade, quelques heures après le reste de la division, fut attaqué par les troupes légères ennemies et les rejeta ; il arriva encore dans la soirée au camp de Stulpe. Le 26, il releva à Holbeck avec le régiment d'infanterie légère n° 9, le 1er bataillon du régiment n° 4. Vers midi, l'ennemi vint de Lückenwalde fort de 1.500 cosaques, un bataillon d'infanterie russe et quelques landwehrs ; il déboucha de la forêt et obligea les piquets d'avant-poste du régiment d'infanterie légère n° 9 à se retirer sur le poste principal. Le régiment archiduc Louis attaqua l'ennemi avec impétuosité ; il maintint son ancienne réputation par plusieurs attaques qu'il fit ; il y perdit le lieutenant Endress qui fut tué.

Le régiment d'infanterie n° 1 s'avança à son secours. Le régiment n° 9 qui était attaqué sur son flanc droit, se porta en avant puisqu'il était protégé par une partie du régiment n° 7 et rejeta l'ennemi au delà du village ; appuyé par ces deux régiments il reprit son ancienne position. L'échec des attaques de l'ennemi cause d'autant plus de gloire aux troupes que, depuis les malheurs de la campagne précédente, les cosaques étaient fort redoutés ; nos soldats aussi bien l'infanterie que la cavalerie purent voir qu'ils leur étaient égaux s'ils gardaient leur sang-froid.

Toutes les troupes se sont très bien comportées au feu.

La compagnie de grenadiers du régiment n° 1 prince Paul utilisa particuculièrement l'occasion de se signaler.

Le corps marcha encore dans cette soirée sur Smielkendorf. Dans cette journée, le IV° corps d'armée était tellement séparé des autres corps de l'armée du maréchal Oudinot, que le général Bertrand n'en savait plus rien.

La canonnade de l'affaire d'Holbeck détermina le maréchal Oudinot à envoyer un officier d'ordonnance pour avoir des renseignements sur le combat et ainsi on se trouva de nouveau.

Le 27, le corps d'armée partit du camp de Smielkendorf. Lors du départ, l'arrière-garde que le général de Stockmayer faisait avec la brigade légère fut inquiétée, mais sans succès, par l'ennemi qui s'approchait. La marche s'effectua jusqu'au faubourg de Jüterbog.

Le 28, on traversa la ville de Juterbog et la division occupa une position un peu étendue.

Le régiment archiduc Guillaume occupa la ville ; le général de Spitzemberg les collines plantées de vignes qui y touchent. Le régiment n° 10 occupa une forêt et par un petit piquet une colline isolée située dans la forêt qui dominait toute la position. Le reste de l'infanterie se trouvait en avant d'une métairie; la cavalerie dans la plaine devant la ville. On vit pendant toute la journée l'ennemi marcher çà et là. Vers le soir, il se porta contre les Wurtembergeois avec 2.000 à 3.000 hommes de cavalerie, et plusieurs bataillons d'infanterie.

Les deux régiments de cavalerie prince Adam et archiduc Louis, commandés par les généraux Briche et Jett, se jetèrent sur lui avec la plus grande bravoure malgré sa très grande supériorité ; ils le forcèrent à fuir ; l'ennemi fut rejeté chaque fois qu'il prenait de nouveau position jusqu'à ce qu'il amena enfin contre notre cavalerie du canon et de l'infanterie, ce qui la força à se retirer.

Au même moment, l'ennemi s'empara de la hauteur dans la forêt que le régiment d'infanterie légère n° 10 occupait ; il la gardait avec trois bataillons et pénétra dans la forêt. Le 10e régiment, le régiment n° 9 et un bataillon du régiment n° 7 furent envoyés de suite dans la forêt et rejetèrent l'ennemi au delà de la hauteur.

L'ennemi, après avoir obligé la cavalerie wurtembergeoise à se replier devant sa supériorité, six canons et son infanterie, s'avança contre le régiment prince Paul. le général de Spitzemberg s'y trouvait ; il rejeta courageusement les attaques avec ce régiment et un bataillon du régiment n° 7 que je lui envoyai. Le 1er bataillon du régiment n° 4 fut placé en carré afin d'empêcher la cavalerie ennemie de déboucher vers la métairie. Le bataillon ne fut pas attaqué par l'ennemi mais canonné vigoureusement. Le capitaine d'état-major de Tafel resta dans cette affaire. L'ennemi, ne pouvant enlever ni la métairie, ni les collines, se retira. Plus tard, lorsqu'il commençait à faire sombre, huit à dix régiments de cavalerie française arrivèrent, mais seulement pour se montrer. Le combat fut uniquement supporté par les troupes de Wurtemberg.

La bravoure des deux régiments de cavalerie éveilla un étonnement général chez chacun. Le maréchal Oudinot et le général Bertrand me le déclarèrent sans détours. Les généraux Briche et Jett marchaient en avant des deux régiments, donnant le plus bel exemple, chaque cavalier combattit avec intrépidité. Toutes les troupes qui ont été au feu dans ces journées se sont comportées extrêmement bravement; cette affaire augmente la gloire des troupes wurtembergeoises aux yeux d'une nombreuse armée qui était seulement spectatrice; les officiers aussi bien ceux de l'infanterie, que de l'artillerie et de la cavalerie se sont montrés des plus intrépides. L'artillerie, sous la direction du colonel de Bartruf, a très bien servi, le maréchal Oudinot a beaucoup vanté le placement de cette arme.

Les relations des régiments que j'ai l'honneur de soumettre à Votre Majesté lui feront connaître les noms des plus méritants. Je puis seulement lui recommander, puisque le combat eut lieu à plusieurs endroits à la fois, tous les généraux, y compris le général Briche, ainsi que les officiers de l'état-major qui se montrèrent comme toujours, actifs, courageux et pleins d'intelligence et d'à-propos.

Le général Koch m'a beaucoup aidé dans le commandement et son adjudant le lieutenant Buhler a montré beaucoup d'activité et d'intrépidité. Le général Briche ainsi que son aide de camp le capitaine Beauval, se recommandent tous deux dans le corps à mes ordres parmi ceux qui se distinguent par un vif intérêt pour le service de Votre Majesté, leur zèle et leur ponctualité dans l'exécution de mes ordres.

Le 29, le corps wurtembergeois marcha avec le corps d'armée sur Dalichow; le 30 sur Feldheim où on resta le 31, et le 1er septembre sur Woltersdorf.

La plupart des marches sont modérées ou même petites, mais par suite de la présence continuelle de l'ennemi, de la prudence avec laquelle on marche et des nombreuses positions que l'on prenait chaque jour, pour résister aux escarmouches de l'ennemi et faire filer les bagages, on était forcé de passer toute la journée en marche et l'on s'établissait au bivouac seulement tard dans la soirée.

Les troupes se sont très bien comportées depuis l'ouverture de la campagne. Des marches continuelles, par un très mauvais temps, n'ont pas diminué leur bonne volonté, de même que les continuelles alarmes des cosaques n'ont épuisé ni leur courage, ni leur attention. La nourriture est assurée par le riz que Votre Majesté a eu la bonté d'envoyer au corps. Sans lui nous aurions été exposés à la faim, car, depuis le 18, on n'a rien reçu des autorités françaises qu'une portion de pain et une de biscuit par homme; les pommes de terre trouvées dans les champs devaient nous tirer d'affaire.

Les chevaux sont très fatigués. La cavalerie et le train ne trouvent que depuis Juterbog, de ci de-là, de l'avoine non battue; les Français du IVe corps durent brûler 24 voitures de vivres à cause des nombreuses pertes de chevaux et renvoyer huit canons et autant de caissons à Wittenberg pour pouvoir traîner le reste.

Les munitions consommées par l'infanterie et l'artillerie ont déjà été remplacées en grande partie par le parc de réserve français. Je suis réellement embarrassé pour le remplacement des munitions de l'infanterie légère, puis-

que le calibre de leur fusil diffère de celui des Français ; par suite ces munitions ne peuvent être tirées du parc français ; il faut toujours les préparer
après chaque consommation ; il nous manque le temps et l'occasion pour
cette opération.'

J'ai envoyé les blessés à Wittenberg sous une escorte et avec les soins
nécessaires ; ils n'y furent pas reçus, mais ils durent continuer jusqu'à
Magdebourg

La perte de l'ennemi dans ces combats est beaucoup plus importante que la
nôtre, ses nombreux morts et blessés laissés sur le champ de bataille en sont
la plus forte preuve. »

Lejeune à Raglowich

Kropstœdt, 2 septembre [A B.]

« Vous réunirez pour deux heures du matin votre division en arrière de
Kropstädt où était le parc pour y protéger la marche de l'artillerie et vous
diriger sur Trajuhn par Köpnick où vous vous placerez militairement. »

Oudinot à Berthier

3 septembre [A X.]

« Monseigneur, le lendemain du jour que Votre Altesse Sérénissime a demandé les états de situation ils ont été fournis ; je n'ai pas manqué d'envoyer
mes rapports jusqu'à hier ; ainsi, si Votre Altesse Sérénissime n'a rien reçu,
c'est parce que tout cela aurait été intercepté, et je me plaignais moi-même
d'être oublié du quartier impérial. J'étais donc loin de craindre qu'on me
supposât de la négligence dans une obligation aussi importante. Vous m'apprenez que l'ennemi se tourne contre le prince d'Eckmühl. Cependant on
assure, sur la rive gauche de l'Elbe, que ce dernier n'aurait pas bougé de
Schwerin ; au reste, n'ayant pu avoir de communication avec lui et n'ayant pas
la certitude qu'il ait reçu les lettres que je lui ai adressées, je ne puis deviner
quelle est sa position : quant à la mienne, elle est telle que je l'ai dépeinte
par ma lettre d'hier : par exemple que j'ai devant moi les corps de Bülow, de
Woronsof, Bekendorf, Borstel, Tchernitchef et 15.000 Suédois, non compris 30.000 chevaux, le tout commandé par le Prince Royal. Malgré cette
supériorité de force, j'aurais repris l'offensive si le général Reynier eût été
refait. Il lui manque toujours des choses utiles sans lesquelles il déclare ne
pouvoir rentrer en lice. Du reste, nous n'avons pas passé un jour sans être
sous les armes ; j'ai, quand je l'ai pu, offert la bataille, mais je n'ai point été
accepté et on s'est contenté à réduire, de part et d'autre, nos actions à peu
d'importance, excepté dans les sept premières journées de marche. Mais je
dois répéter ce que j'ai mandé par mon avant-dernière dépêche ; que quelque
bien qu'on fasse ici, les instructions qui m'ont été données sont aujourd'hui
impossibles à suivre si on ne manœuvre pas avec de bien plus grandes forces
que celles que j'ai réunies.

J'ai expliqué, hier, les motifs qui m'ont rabattu sur Wittenberg, ils auront
sans doute paru probants à Sa Majesté : d'ailleurs mon opinion à cet égard
était celle de tous ; l'ennemi suit et, probablement qu'arrivé à la position que
je veux tenir, il y aura encore un engagement. Le défaut total de vivres me
forcera de renvoyer sur la rive gauche une portion de ma cavalerie et de
mes équipages, ce qui me contrariera fort, car j'aurais pu m'en servir avec
avantage dans la plaine.

Oudinot à Berthier

En avant de Teuchel, 3 septembre minuit [A G.]

« Ainsi que j'avais l'honneur de vous l'annoncer ce matin, l'ennemi a attaqué ma position sur tous les points à midi : il a été reçu et rejeté à une lieue au delà de nos avant-postes avec perte de beaucoup de blessés et de quelques prisonniers qui tous s'accordent à déclarer l'armée de la force que j'ai indiquée par mes lettres précédentes. »

Lebrun à l'Empereur

Wittenberg, 3 septembre [A N.]

« L'armée avait pris position en arrière de Marzahne, le XIIe corps occupant Kropstædt, le IVe corps une très bonne position à Woltersdorf le liant à Kropstædt et le VIIe corps occupant en arrière et à gauche Jahmo et Grabo.

Le 1er septembre, l'ennemi qui, jusque là, ne nous avait montré que de la cavalerie et seulement quelques bataillons d'infanterie, s'est présenté le soir en avant de la position de Kropstædt, mais sans rien entreprendre ; le 2 au matin, il s'est renforcé et a montré des masses d'infanterie et fait mine d'attaquer la position, mais après l'avoir reconnue et vu que nous l'attendions, il s'est reporté en arrière et sur sa droite vers Lobbesse.

Nous avons su qu'il se reportait sur notre gauche qui était notre partie faible.

Le résultat des délibérations des trois généraux a été de se rapprocher de Wittenberg, en conséquence nous nous portâmes ce matin, le XIIe corps à Teuchel, le VIIe à Dobien et le IVe à Thiessen. Le défaut de fourrages forcera de faire passer l'Elbe à une partie de la cavalerie.

Il est positif que le prince de Suède est devant nous avec les Prussiens qui ont pris Luckau, Bülow, Woronzow, Tschernitchef.

Il est venu hier deux parlementaires sous un prétexte frivole. L'un était un M. d'Essen, général aide de camp du prince de Suède, l'autre un colonel russe. Ils ont demandé si on savait que Dresde fut bloqué, on leur a répondu par la nouvelle des victoires de Votre Majesté qu'ils savaient sans doute. Ils disaient que le général Lauriston avait été battu par Blücher en Silésie et qu'il avait perdu 50 canons.

Ce qui a déterminé l'avis des généraux Reynier et Bertrand de se rapprocher de Wittenberg c'est le peu d'ensemble qui existe dans notre armée. Ils pensent que nos positions étaient bonnes, d'autant plus que la cavalerie ennemie n'y pouvait point agir.

En arrivant à Wittenberg je vois une lettre que le général Lapoype reçoit à l'instant du général Lemarois, qui lui annonce que l'ennemi a mis en réquisition à Zerbst les charpentiers pour construire un pont à Rosslau qui devrait être terminé aujourd'hui 3. Je le fais savoir au duc de Reggio qui est à une lieue d'ici.

Depuis le départ de l'officier d'ordonnance Caraman, et en réponse à ce qu'il portait, il n'est rien parvenu à l'armée. »

Lebrun à l'Empereur

Wittenberg, 3 septembre [A N.]

« Sire, j'ai eu l'honneur d'écrire il y a une demi-heure à Votre Majesté par l'estafette pour l'instruire du mouvement du duc de Reggio qui s'est rapproché ce matin de Wittenberg.

Nous ne connaissons pas la force de l'ennemi.

Il paraît qu'il est nombreux en infanterie, certainement il l'est extrêmement en cavalerie, la nôtre ne nous est bonne à rien. Le prince de Suède, Bülow, Woronzow, Tschernitchef sont là ; il paraît certain que toute l'armée disponible y est, nous ne croyons pas être assez nombreux contre lui, mais surtout nous craignons les mauvaises dispositions et le manque d'ensemble.

P. S. — Le général Lemarois annonce au général Lapoype que l'ennemi a rassemblé les charpentiers de Zerbst pour faire un pont à Rosslau. »

Franquemont au roi de Wurtemberg

Euper, 4 septembre [A. W.]

« J'ai envoyé avant-hier à Votre Majesté du camp de Woltersdorf par un officier le rapport ci-joint en copie sur le sort du corps d'armée wurtembergeois du 19 août au 2 septembre. Hier 3, le corps d'armée royal quitta son camp de Woltersdorf et occupa, jusqu'à ce que le corps d'armée eût reconnu sa position, une position sur les hauteurs entre le village Euper et la ville de Wittenberg à environ trois quarts de lieue de cette dernière ville sur la rive droite de l'Elbe.

Le VIIe corps d'armée se trouvait à l'extrême aile gauche ; à droite de celui-ci le XIIe, la division italienne s'appuyait à lui et les troupes wurtembergeoises avaient l'extrême aile droite. La division française Morand fut comme d'habitude placée en seconde ligne ; mais elle occupe depuis hier Euper avec une brigade. L'ennemi inquiéta d'abord le VIIe corps, puis la division italienne. Le combat fut très vif, mais comme l'ennemi ne pouvait rien obtenir, il chercha à déboucher de la forêt devant le front des troupes wurtembergeoises ; deux essais qu'il fit échouèrent devant le feu bien dirigé de l'artillerie wurtembergeoise que dirigeait le colonel Bartruf. Comme on devait supposer que l'ennemi ferait une attaque plus à gauche, sur les hauteurs qui dominent le village, le général Bertrand m'ordonna d'occuper cette hauteur avec une brigade. Je choisis la brigade de Spitzemberg. Elle avait à peine atteint les hauteurs, qu'elle rencontra l'ennemi qui dut se retirer après un combat opiniâtre d'une heure et demie. Les régiments d'infanterie 1 et archiduc Guillaume ainsi que l'artillerie ont de nouveau donné des marques d'une très grande bravoure. Le soir, je reçus ordre du général Bertrand, par le chef d'état major du IVe corps, d'occuper le village d'Euper et de faire relever la brigade française qui s'y trouvait par la brigade de Stockmayer. A la suite de ce fait, on prit occasion de dire à ce général que je m'étais exprimé avec beaucoup de mécontentement à ce sujet ; que chaque fois les troupes wurtembergeoises étaient toujours placées au point le plus dangereux, tandis que la division Morand cantonnait toujours commodément et était toujours dérobée à l'ennemi. Après quelques détours, il avoua que ce paraissait être un système dans la guerre actuelle d'épargner particulièrement les troupes françaises. Je lui parlais aussitôt de la nourriture, il me répondit que les Wurtembergeois étaient les mieux nourris, puisque les Français n'avaient souvent rien d'autre que des pommes de terre qu'ils trouvaient dans les champs.

Après que la brigade de Stockmayer eut occupé le village, je ramenai les deux autres brigades à 2.000 pas en arrière du village pour pouvoir les faire camper plus commodément.

Le maréchal Ney arriva dans la nuit du 3 au 4 et prit le commandement des IVe, VIIe et XIIe corps. Le 4 au matin, le général de Stockmayer fut attaqué dans sa position par un nombre supérieur de troupes de toute arme, mais la bravoure personnelle de ce général ainsi que la bravoure et l'énergie de sa brigade décidèrent le combat en notre faveur après une lutte opiniâtre de quatre heures.

J'ai le regret de devoir vous dire que notre perte en blessés est très grande, comme Votre Majesté le verra par les comptes-rendus.

Le maréchal Ney passa aujourd'hui la revue des hommes ; il dit que demain on prendrait de nouveau l'offensive.

Les régiments n'ont eu à présent ni le temps ni l'occasion de faire une relation sur les affaires d'hier et d'aujourd'hui et de signaler ceux qui se sont distingués.

Le général major de Spitzemberg s'est comporté hier avec prudence et bravoure.

Le général major de Stockmayer a fait aujourd'hui l'impossible avec sa brigade.

Toutes les troupes qui ont été au feu à savoir les 2e, 7e et 9e régiments ont tout surpassé.

Le lieutenant Erhardt du régiment n° 9 est mort à Wittenberg de la blessure reçue hier.

Je recommande à la faveur de Votre Majesté le porteur de ce rapport, le sous-lieutenant Schlenk, comme un officier extrêmement prudent et actif. »

Raglowich au Roi

4 septembre [A. B. Trad.]

« Le mouvement offensif contre Treuentbrietzen que j'avais annoncé à Votre Majesté dans mon rapport du 28 du précédent mois, non seulement n'a pas eu lieu, mais elle daignera voir par la lecture de ce rapport que les IVe, VIIe, XIIe corps d'infanterie réunis ensemble ainsi que le 3e corps de cavalerie sont actuellement appuyés à la forteresse de Wittenberg.

Le 28 du mois précédent, on remarqua des mouvements ennemis qui firent supposer une attaque. En conséquence le maréchal donna à tout le XIIe corps une autre position pour pouvoir soutenir le IVe au cas où cela serait nécessaire et couvrir son aile gauche. Ma division qui était placée derrière la 12e reçut pour mission de couvrir le grand parc d'artillerie et l'aile gauche de l'extrême aile gauche. Vers 6 heures du soir, le corps du général Bertrand fut très vivement attaqué sur la grande route de Treuentbrietzen par une forte masse de cavalerie ennemie ainsi que par de l'infanterie et de l'artillerie ; malgré tous ses efforts l'ennemi fut repoussé des deux côtés ; la cavalerie ennemie forte d'environ 2.000 chevaux poussa ses charges jusque sur les pièces qui défendaient les hauteurs en avant de Jüterbog. La bravoure calme et décisive de la cavalerie wurtembergeoise le rejeta de nouveau. Plusieurs tentatives sur la division Pacthod qui se trouvait sur les hauteurs de gauche, furent aussi infructueuses. L'ennemi voulait surtout apprendre à connaître notre force et notre position par une forte reconnaissance.

Le 29, le maréchal fit une marche de flanc ; il établit le XIIe corps à Malterhausen, le corps de Bertrand à sa droite ; le VIIe s'était rapproché de Wittenberg, dans la position de Kropstædt ; de cette façon, il assure complètement la communication avec ce dernier endroit. Dans notre marche pour nous rendre dans cette position, nous fûmes continuellement harcelés par la cavalerie ennemie. Le village de Maltershausen était fortement occupé par l'ennemi, il fut pris sans effort par le bataillon léger Fortis. Quelques coups bien dirigés tirés par deux pièces de la batterie Bammler chassèrent l'ennemi des forêts. Le général Reynier repoussa dans ce jour une attaque faite contre lui.

Le 30, tout le corps combiné marcha sur Marzhane ; le XIIe corps se plaça dans ce lieu ; le IVe à Schwabeck. Le premier avait à peine pris la position qui lui était assignée que l'ennemi, fort d'environ un millier de chevaux avec un obusier, parut sur les hauteurs du moulin à vent ; mais le feu de notre artillerie le força bientôt à se retirer à l'exception des vedettes de cavalerie qu'il avait placées. Ma division formée sur l'aile gauche en carré occupa avec un bataillon du 3e régiment prince Charles la petite forêt située devant la position. Je ne le retirai que sur l'ordre du maréchal par suite de la trop grande étendue de ma position. Dans la nuit du 30 au 31, les postes et piquets placés par ma division furent alarmés par l'ennemi pourtant sans aucune perte.

Le 31 entre 6 et 7 heures du matin des colonnes considérables de cavalerie apparurent sur les hauteurs situées en devant de la position de ma division qui était déployée sur une ligne au moulin à vent et au village situé à gauche ; elles se déployèrent peu à peu avec les pièces qu'elles avaient au nombre de seize environ et parurent pour le moment vouloir manœuvrer sur notre aile gauche.

Le XIIe corps se trouvait ; la division Guilleminot appuyée par son aile droite au village bien occupé de Schmœrgelsdorf, ma division formait le centre, au cas où cela aurait été nécessaire, elle prenait en même temps la défense de la petite ville de Marzhane située en arrière. La division Pacthod était à l'aide droite.

Le IVe corps resta sans changement au village de Schwabeck. Toute l'artillerie était placée en batterie devant la position ; elle était couverte par quelques bataillons. Le corps de cavalerie du duc de Padoue était réparti d'après les circonstances. L'ennemi fit une tentative d'attaque sur l'aile droite, elle ne lui réussit pas. La position des autres divisions, quoique légèrement dominée par la position ennemie, lui inspira un tel respect que, bien qu'il eût encore été renforcé par de l'infanterie qui venait d'arriver, il n'osa faire aucun effort et resta tranquille à quelque distance. Je puis d'autant moins juger jusqu'à quel point la force de l'ennemi aurait peut-être permis avec quelque apparence de succès à nos quatre corps réunis de tenter un mouvement offensif, qui aurait peut-être pu procurer à l'armée épuisée par des efforts continuels quelque repos, que je n'ai aucun renseignement sur la force et la position de l'armée aux ordres du prince royal de Suède ; complètement instruit de la situation du maréchal, je dois supposer qu'il a des instructions qui peuvent lui prescrire d'entretenir les communications avec Wittenberg ou surtout avec l'Elbe et avec les renforts qu'il doit peut-être en recevoir.

Vers midi, un courrier envoyé de Dresde au maréchal l'informa de l'importante victoire remportée par l'Empereur Napoléon sur l'armée autrichienne dont le résultat fut de 25.000 prisonniers bien comptés, 30 canons et 7 drapeaux. L'annonce de cet heureux événement occasionna sur toute la ligne lors de la retraite un joyeux cri de vive l'Empereur. Le même jour, le grand parc de réserve qui se trouvait à Kropstædt fut renvoyé à Wittenberg. Vers le matin, l'ennemi fit patrouiller sur toute la ligne.

Le 1er septembre à 3 heures du matin, tout le XIIe corps ayant ma division en tête se mit en mouvement sur Kropstædt ; il occupa la position très avantageuse laissée par le VIIe corps ; elle était couverte par un marais et une forêt.

La division Guilleminot forma le centre, la division Pacthod la droite ; ma division la gauche ; un bataillon de la première avait occupé les bois et défilés situés en avant de la position. Mes postes se liaient alors avec ceux du VIIe corps placés à l'extrême aile gauche.

Le IVe corps était à Wittenberg et Zahna et se liait également avec la division Pacthod. L'ennemi s'avança contre la position avec de la cavalerie, de l'artillerie et de l'infanterie, il chercha à se rendre maître du bois par un feu d'artillerie. Tous ses efforts furent inutiles. Le VIIe corps fut également menacé dans cette journée sans succès par la cavalerie ennemie; le centre de notre position resta imprenable.

Le 2 septembre, l'ennemi renouvela ses attaques sur les divers points, mais sembla diriger ses efforts principaux sur l'aile gauche de la position. Bien que couvert en quelque sorte par le VIIe corps qui se trouvait sur mon aile gauche, je crus devoir reconnaître exactement la position pour établir la liaison des diverses parties et prévenir toute surprise de l'ennemi. Accompagné de deux officiers, je parcourus toute la ligne des avant-postes du VIIe corps jusqu'à ceux du XIIe pour chercher moi-même l'emplacement de ceux de ce dernier. L'intervalle qu'ils laissaient entre eux était si grand qu'une troupe d'environ 50 cosaques s'était placée entre; son hourra à portée de pistolet me convainquit de la présence d'une cavalerie ennemie que j'avais jusque-là considérée comme nôtre, et je ne dus mon salut qu'à la vitesse de mon cheval.

J'occupai avec le bataillon du 10e régiment le bois situé devant ma division ; aussitôt après, la cavalerie ennemie fit plusieurs tentatives pour rejeter mes postes. Celle-ci connaissant bien l'avantage qu'a une infanterie tranquille et de sang froid contre la cavalerie, particulièrement en terrain coupé, reçut l'ennemi avec calme et le chassa rapidement. Un ennemi considérable se déploya à un sensible éloignement de notre position ; il montrait de l'infanterie, environ quatre régiments au village de Marzane ; il n'entreprit rien d'autre et nous tint toute la journée sous les armes et dans une attente continuelle.

Le même soir, le maréchal décida, pour des motifs inconnus de moi, de se retirer complètement sur Wittenberg et de placer le XIIe corps à Teuchel, le IVe à Trajuhn et le VIIe à Reinsdorf. Le grand parc se rendit le même soir à Wittenberg.

Le 3 à 2 heures du matin, j'ouvris la marche avec ma division, mon artillerie et l'artillerie française encore restée en arrière; les autres divisions françaises se joignirent à moi. Le VIIe corps était déjà parti auparavant pour sa nouvelle position. Le IVe corps commença son mouvement de Zahna vers Euper presqu'en même temps.

Toute la marche s'effectua dans le plus grand ordre et sans perte, quoique nous fussions sans cesse poursuivis par l'ennemi. La nouvelle position était à peine occupée que l'ennemi attaqua avec force et énergie par son aile gauche, c'est-à-dire le IVe corps, tandis qu'il faisait seulement des démonstrations devant notre centre et notre aile gauche. Les deux divisions françaises étaient à cheval sur la route, sur les hauteurs qui se trouvent devant Wittenberg à Teuchel. Je me trouvais immédiatement derrière elles en réserve. Tandis que l'attaque faite sur l'aile droite fut repoussée avec une perte considérable des deux côtés, la même chose arriva à l'aile gauche, VIIe corps, sa bravoure, particulièrement celle d'un bataillon de Saxons et de Wurzbourg, y amena un même résultat.

Le 4, à 4 heures du matin, un ordre du jour donné par le prince de la Moskowa fit connaître à tous les corps qu'il prenait, conformément aux ordres de l'Empereur, le commandement des quatre corps. A ce qu'il semble, la situation du duc de Reggio qui reprend le commandement du XIIe corps, doit être pénible : pourtant sa conscience intérieure doit complètement le rassurer d'avoir fait tout ce qui était en ses forces pour remplir le but indiqué par l'Empereur Napoléon, et j'espère que cet homme, conduit par de hautes vues, nous restera.

Aujourd'hui vers 6 heures du matin, l'ennemi renouvela ses tentatives sur notre aile droite, IVe corps, par une vive attaque combinée.

Il vient d'être rejeté avec une perte considérable et on le poursuit. Je me réserve de communiquer à Votre Majesté dans mon prochain rapport les résultats de la journée d'aujourd'hui qui seront peut-être remarquables.

Tous les corps, et par suite ma division, se préparent au prochain événement en recevant pour quatre jours des vivres de toute sorte des magasins de Wittenberg ; je cherche à étendre cet approvisionnement pour plus long-temps par les mesures que j'ai prises. Je suis suffisamment récompensé des peines que je me donne à ce sujet, parce que, tandis que toutes les troupes françaises souffrent déjà depuis longtemps du manque des objets les plus indispensables, mes troupes n'ont manqué jusqu'à présent de rien d'essentiel ; leur satisfaction sous ce rapport m'autorise à en attendre d'autres d'elles.

Le régiment de chevau-légers combiné affecté a ma division se trouve toujours détaché, malgré toutes mes représentations, à la brigade Wolf main-tenu au IVe corps. Le général Bertrand en fit hier en ma présence le rap-port le plus avantageux au maréchal, il déclara qu'il en était extrêmement content et qu'il s'en séparerait seulement avec peine.

Ce sera pour moi un devoir agréable d'en rendre compte en son temps à Votre Majesté.

J'appris seulement de vive voix qu'il faisait presque toujours l'avant-garde ou l'arrière-garde et, ce qui est assez rare, qu'il amena plusieurs fois des cosaques prisonniers.

Bien que ma division n'ait pas encore beaucoup combattu avec l'en-nemi, elle a beaucoup souffert par les fatigues, les peines inouïes de service, et souffre, ne quittant presque pas les armes et demeurant dans une anxieuse attention. J'ai la satisfaction de pouvoir dire à Votre Majesté que tout cela n'a eu jusqu'à présent aucune influence essentielle ni sur l'état des mala-des du corps ni sur son esprit, et je considère comme mon devoir de faire remarquer à Votre Majesté qu'aussi à ce point de vue le nom de Bavière est prononcé avec un grand respect par tout militaire étranger.

Stockmayer (Relation du combat d'Euper)

4 septembre [A. W. Trad.].

Le combat du 3 avait fait échouer les projets de l'ennemi, de jeter notre armée dans la forteresse de Wittenberg ; on devait pourtant supposer, d'après toutes les apparences, que l'ennemi tenterait d'exécuter son plan le jour sui-vant avec des forces considérables. Le IVe corps d'armée fut placé en demi-cercle sur une hauteur auprès du blockhaus de Wittenberg et j'eus la mission avec la brigade d'infanterie légère. l'escadron Bassewitz du régiment n° 3 duc Louis, et 50 chevaux de cavalerie bavaroise, westphalienne et de Hesse-Darmstadt, sous le capitaine de Korriger, d'occuper le village d'Euper et le débouché de Juterbog et de le tenir aussi longtemps que possible, afin de forcer l'ennemi de déboucher à droite ou à gauche de ce village où il serait vivement reçu par les nombreuses batteries placées sur la position princi-pale.

Quelque glorieuse que cette mission fût pour la brigade, elle réclamait beaucoup d'efforts et d'attention, puisque ma position touchait directement à celle de l'ennemi, de si près que les extrêmes avant-postes n'étaient pas séparés l'un de l'autre de 50 pas, que l'on pouvait entendre distinctement dans les nombreux camps de l'ennemi établis à proximité presque chaque mot ; que même les deux flancs n'étaient absolument pas libres et que mes derrières étaient éloignés des premiers camps de la position principale d'un quart de lieue.

Je ne crus pas nécessaire de cacher cette situation à la brigade ; je jugeai qu'il était absolument approprié à son esprit de la lui faire complètement connaître pour la déterminer à donner toute son attention et son énergie ; le succès montra que je la jugeai bien.

Je fis occuper au régiment Kœnig de l'infanterie légère, à droite, une petite forêt sur une hauteur dominant le village Euper, au régiment n° 7 le village et une petite forêt sur le front ; je plaçai le régiment n° 10 en réserve afin de pouvoir l'employer sur les points nécessaires, et, avec la cavalerie, je fis particulièrement assurer mes deux flancs par de fortes patrouilles pour maintenir mes communications avec le camp.

Le 4 au matin vers 6 heures, on vit des mouvements dans le camp ennemi ; entre 7 et 8 heures une colonne de cavalerie avança contre mon flanc droit, une autre colonne avec deux pièces ainsi que deux bataillons d'infanterie avec quatre pièces contre mon front qui était posté à environ 800 pas en avant du village sur la hauteur ; elle commença à canonner le village avec des obus, tandis que mon flanc droit était attaqué dans la forêt par des chasseurs ennemis ; ils tournèrent d'abord le flanc droit des deux compagnies de chasseurs poussées en avant et les forcèrent à se replier. Aussitôt que je m'en aperçus, j'envoyai une compagnie de chasseurs plus à droite et, avec le 4e, je renforçai le centre ; le combat fut alors rétabli aussitôt et l'ancienne position gardée.

Pendant ce temps, l'infanterie ennemie s'avançait contre la forêt que le régiment n° 7 occupait. Je la fis alors occuper par trois compagnies qui, après un très vif combat, repoussèrent de nouveau l'ennemi de la forêt qui se trouvait en face. A ce moment le prince de la Moskova arriva pour se convaincre si l'ennemi avait des intentions sérieuses, il ordonna de soutenir à l'extrême les deux forêts, puisque sans elles on ne pouvait tenir le village d'Euper qui, d'après ses vues, ne pouvait être perdu pour nous.

Le combat dans la forêt s'engagea bientôt toujours plus vivement, parce que de l'infanterie fraîche, appuyée par deux pièces qui nous canonnèrent avec des obus, s'approchait ; j'envoyai par suite le régiment n° 10 en entier pour soutenir le régiment n° 7, Kœnig, donnai au major de Landenberger le commandement de l'aile droite et au major Bequignoll celui de l'aile gauche dans la forêt avec ordre de maintenir, autant que possible, leur première position. Le combat dura encore deux heures sans interruption, parce que le 10e régiment léger combattit avec un courage extraordinaire, il attendit sur place le remplacement de ses munitions épuisées, sans qu'aucun homme quittât son rang à moins d'être gravement blessé.

Le régiment n° 7 maintint également sa position de la manière la plus courageuse ; il dut employer une compagnie plus à gauche contre quelques cosaques et de l'infanterie ennemie qui s'approchaient. Je faisais de temps en temps relever les compagnies de ce régiment qui se trouvaient au feu, pour renouveler leurs munitions ; on les apporta aux deux autres régiments sur la position dans des tapis, par ce moyen, on entretint un feu très violent, et l'on put rendre vaines les attaques répétées de l'ennemi.

Le combat durait depuis deux heures ; je pouvais voir que l'ennemi ne déployait pas des forces encore plus supérieures, mais pouvait me faire beaucoup de dommages sur mes derrières par une hauteur située en avant dans la forêt ; j'utilisai le moment où le 1er bataillon du régiment n° 4 que le lieutenant de Brand commandait et la 1re batterie à cheval arrivaient à mon aide dans le village Euper ainsi que la 1re compagnie du régiment n° 9 Kœnig, commandée par le premier lieutenant de Hofmann, pour tourner la dite hauteur et m'en emparer, tandis que la batterie tirait sur les masses d'infanterie de l'ennemi placées dans la forêt. La batterie fit à peine trois décharges très ajustées. cela suffit pour intimider l'ennemi dans son attaque et l'amener à fuir. Le combat cessa alors totalement.

A partir de ce moment, le combat fut véritablement fini ; l'ennemi chercha souvent à pénétrer sur un point ou sur l'autre, mais dès que notre infanterie et notre artillerie faisaient feu, il se retirait toujours de nouveau. Vers 3 heures de l'après-midi, il ne se hasarda absolument plus à rien tenter.

L'ennemi avait contre nous deux forts régiments de cavalerie, six pièces et 6 à 7 bataillons. Son infanterie et son artillerie agirent constamment, et pourtant il ne put obtenir en aucune façon d'avantage sur la brigade qui se montait au plus à 1.500 fusils ; plus les attaques de l'ennemi furent vives et renouvelées et plus les soldats et les officiers montrèrent de bravoure. »

Arrighi à Berthier

Leipzig, 11 août [A G.]

« L'ordre de Sa Majesté l'Empereur relatif à la nouvelle organisation du 3e corps de cavalerie et à celle des trois brigades provisoires du 5e corps, est exécuté.

Le 3e corps s'est mis en mouvement ce matin pour se porter dans la direction de Leipzig à Torgau et les trois brigades du 5e corps se sont portées dans la direction de Freyberg et de Dresde.

J'aurai l'honneur d'adresser à Votre Altesse par le courrier de demain la situation sommaire de ce qui appartient à ces deux corps d'après leur nouvelle organisation. »

Arrighi à Berthier

Leipzig, 12 août [A G.]

« Conformément aux ordres de Votre Altesse que j'ai reçus il y a une heure et demie, le 3e corps se mettra en mouvement demain matin, il sera réuni le 16 à Dahme et environs aux ordres de M. le maréchal duc de Reggio.

Je serai de ma personne demain à Eulenbourg, le 14 à Torgau, le 15 à Schweinitz et le 16 à Dahme.

Les généraux Lorge et Fournier, ayant la tête de la colonne du 3e corps à une demi-journée de distance l'un de l'autre, ont ordre d'envoyer à l'avance un officier à M. le maréchal duc de Reggio pour recevoir ses ordres de placement définitif de leurs divisions à fur et mesure de leur arrivée.

Je vais lui écrire moi-même pour le prévenir de la marche et de l'arrivée des différentes divisions et lui demander ses ordres en lui faisant connaître mon itinéraire ; je marche avec la division Defrance et l'artillerie.

Je prie Votre Altesse de donner ses ordres d'urgence pour qu'on délivre à chaque division du 3e corps à son passage à Torgau les marmites. bidons et gamelles nécessaires, afin d'ôter aux soldats le prétexte de se débander pour se procurer ces effets. Si, comme je le présume, l'ordre ne pouvait pas arriver à temps à Torgau, je prie Votre Altesse d'ordonner que ces effets soient envoyés de suite aux divisions sur les points qu'elles doivent occuper.

J'ai l'honneur de rappeler à Votre Altesse que le 3e corps n'a aucun approvisionnement en vivres de réserve.

Je vais diriger sur Magdebourg les hommes et chevaux formant le dépôt du 3e corps. »

Reynier à Berthier

Gœrlitz, 11 août [A G.]

« Les sept bataillons saxons partis de Torgau sont arrivés au camp de Gœrlitz les 9 et 10 et ont été incorporés dans les cadres de leurs régiments qui étaient déjà au VIIe corps et qui forment les 24e et 25e divisions d'infanterie. Je joins l'état des présents sous les armes de ces deux divisions d'infanterie saxonne d'après l'appel de ce matin. On n'y a pas compris environ 700 hommes détachés ou malades, qui pourront joindre pour marcher avec l'armée, mais qui ne feront qu'un total de 11.200 hommes d'infanterie saxonne. Ainsi il manque encore plus de 7.000 hommes d'infanterie saxonne pour porter cette infanterie au complet de 18.344 hommes qui m'a été annoncé (1).

Je prie Votre Altesse Sérénissime de donner des ordres pour que ces hommes soient envoyés. D'après les dispositions existantes, je n'attends de Torgau que 600 à 700 hommes.

Il est aussi arrivé quelques voitures du train des équipages saxons, et j'ai passé aujourd'hui la revue de tous les équipages saxons. Je me suis convaincu que je ne peux avoir que 70 caissons pour le transport des vivres, et cela en prenant les fourgons accordés aux régiments pour le transport des effets, papiers, etc., ainsi que des équipages des officiers pour lesquels le gouvernement saxon n'a pas voulu jusqu'à présent fournir des chevaux de bât, suivant les règlements de la Grande Armée. Je ne peux pas dépouiller à l'instant les officiers de tous les moyens de porter leurs effets, avant qu'il ne leur en ait été fourni d'autres ; mais en supposant que je le fasse de suite, les 70 caissons ne peuvent porter qu'une partie des approvisionnements que l'intendant général a ordonné au VIIe corps de se procurer, et qui n'existent qu'en partie. L'ordre que Votre Altesse Sérénissime m'a encore envoyé de faire faire tout le service des équipages au VIIe corps par les voitures saxonnes et de renvoyer tous les équipages français qui seraient à la division Durutte fait le plus mauvais effet. Lorsque je fais prendre pour le service des équipages militaires les caissons accordés aux officiers pour porter leurs effets, en faire fournir six pour transporter l'ambulance de la division française du général Durutte, paraît une lésinerie indigne de nous. »

Bertrand à Berthier

Sprottau, 13 août [A G.]

« Je reçois l'ordre de Votre Altesse de me rendre à Lückau, les trois divisions seront aujourd'hui en mouvement ; j'ai l'honneur de joindre ici leur itinéraire ; je marcherai au centre avec la 12e division.

La division wurtembergeoise ne pourra arriver le 17 qu'à quelques lieues de Lückau, ainsi que les transports militaires.

Chaque soldat porte dans son sac quatre livres de farine et porte en outre deux rations de biscuit ou pain biscuité ; toutes les voitures des équipages militaires sont attelées, les 41 voitures françaises portent 60.000 rations de biscuit ; les 48 voitures italiennes portent deux distributions d'eau-de-vie et 450 quintaux de riz. Je ne laisse ici aucune farine, les grains commençaient à rentrer, l'intendant s'occupera de faire verser dans les magasins ce

______
(1) Voir Cerrini, p. 202.

qui n'a pas encore été fourni, ainsi que les 40.000 francs qui sont encore dus sur la contribution.

Nous emmènerons de la viande sur pied pour six jours. »

Précis historique des opérations des IVe, VIIe, et XIIe corps de la Grande Armée et du 3e corps de cavalerie, sous les ordres de Son Excellence M. le maréchal duc de Reggio, depuis la rupture de l'armistice le 17 août 1813, jusqu'au 4 septembre, par le général du génie Blein.

« Le IVe corps, aux ordres du général comte Bertrand, avait cantonné à Sprottau pendant l'armistice ; il reçut l'ordre de se porter sur Luckau où il arriva le 16 août, et y remplaça le XIIe corps qui s'était déjà porté sur Golssen.

Le VIIe corps, sous le commandement de M. le général comte Reynier, avait été formé à Dresde, et vint prendre position à Kalau le 16 août.

Le IVe corps était composé de la division française du général comte Morand, de la division italienne du général Fontanelli, de la division wurtembergeoise du général Franquemont. Il y avait une brigade de cavalerie légère wurtembergeoise commandée par le général Briche et par le général Normann en second.

Le général de brigade Delort était chef d'état-major du IVe corps ; le général de division Taviel commandait l'artillerie, le colonel Isoard, le génie.

Les généraux de brigade Hulot, Bélair... étaient employés dans la division Morand.

Le VIIe corps était composé d'une division française aux ordres du général Durutte ; deux divisions saxonnes aux ordres des généraux Sahr et Lecoq ; une brigade de cavalerie légère saxonne.

Le général de brigade Gressot était chef d'état-major général, le colonel... commandait l'artillerie.

Le XIIe corps était comme précédemment composé des divisions françaises des généraux Pacthod et Guilleminot et de la division bavaroise. Le général de brigade Nourry avait remplacé le général Ruty dans le commandement de l'artillerie. La brigade napolitaine avait été séparée de la division Pacthod. La brigade de cavalerie légère du général Beaumont n'était plus composée que des chevau-légers bavarois et des hessois. Elle fut attachée particulièrement au IVe corps.

Le 3e corps de cavalerie, aux ordres du duc de Padoue, était composé de trois divisions, deux de chasseurs et hussards commandées par les généraux Lorge et Fournier, une de dragons et cuirassiers commandée par le général Defrance. Cette dernière ne rejoignit que dans les environs de Trebbin, le 23 août.

M. le maréchal duc de Reggio, chargé de diriger les mouvements de ces divers corps d'armée, garda toujours le XIIe sous son commandement spécial, et le général Lejeune fit les fonctions de chef d'état-major des trois corps.

Les trois corps d'armée furent réunis à Baruth le 18 août ainsi que les deux divisions de cavalerie légère du duc de Padoue.

M. le maréchal duc de Reggio avait l'ordre de manœuvrer sur Berlin, et de se rendre maître de cette ville s'il était possible. Il aurait vraisemblablement après cela marché sur Cüstrin pour se lier avec les corps de la grande armée qui agissaient en Silésie. Il était opposé à l'armée commandée par le prince royal de Suède qui se composait d'un corps russe, d'un corps prussien sous le général Bülow et des Suédois. Il paraît que les Russes formaient l'avant-garde. Les Prussiens couvraient Berlin et les Suédois Potsdam.

M. le maréchal duc de Reggio, avant de faire son mouvement sur Berlin, se détermina à manœuvrer dans la direction de Jüterbog et Treuenbrietzen avec les VII⁰ et XII⁰ corps et avec les deux divisions de cavalerie légère, afin de se rejoindre avec la division Defrance qui venait de Wittenberg.

En conséquence le XII⁰ corps, précédé par la division Lorge, se porta le 19 par Paplitz, Linow, Stulpen et Holbeck sur Jänickendorf, où l'on trouva de la cavalerie ennemie qui se retira sans combattre sur Luckenwalde. Le VII⁰ corps suivait ayant la division Fournier sur son flanc droit. Il s'arrêta à Jänickendorf, en poussant des reconnaissances sur Gottow. Le XII⁰ corps se porta rapidement sur Luckenwalde, avec les deux divisions de cavalerie légère, dont une brigade marchait sur la droite.

La cavalerie ennemie campée autour de cette petite ville ne tint pas ; elle n'avait pas de canon. L'armée prit position tout autour comme on le voit dans la reconnaissance n° 3.

Le 20, le VII⁰ corps fut porté à Gottow et le XII⁰ revint prendre position à Jänickendorf. On évitait par là, en se portant sur la droite de Trebbin, les défilés de la route directe de Luckenwalde ; et l'on passait sur une suite de plateaux entre les versants de la Saare et ceux de la Sahne, d'où l'on pouvait arriver vers Blanckenfelde sur celui qui domine Berlin.

Le même jour le IV⁰ corps commença aussi son mouvement de Baruth vers Saalow et Zossen.

Le 21, M. le maréchal duc de Reggio se dirigea sur Gottow avec le XII⁰ corps laissant une brigade de cavalerie légère à Jänickendorf. Il fit porter le VII⁰ corps sur Nunsdorf, Cummersdorf et continua sa marche par... sur Trebbin. On trouva de la cavalerie ennemie qui fut poussée vivement au défilé d'un petit ruisseau marécageux, près de Lüdersdorf, où l'on avait cherché à former une inondation. Arrivé sur les hauteurs de Cliestow, on reconnut que l'ennemi occupait Trebbin et s'y était retranché avec soin. Ce poste appuyait la gauche de la position de l'ennemi en arrière du Tyrowsche-Graben, où l'on découvrait un camp d'une division. Il avait fait quelques bâtardeaux en travers de ce ruisseau pour obtenir une inondation, ce qui rendait cette position inattaquable de front. Mais le mouvement du VII⁰ corps sur Nunsdorf inquiéta tellement l'ennemi qu'il évacua son camp, ce qui donna facilité de tourner la ville de Trebbin.

L'armée prit donc position et mit son artillerie en batterie, pendant ce temps-là la cavalerie légère fut envoyée pour faire le tour du marais qui couvrait la ville par la droite : une brigade de la division Pacthod s'y porta avec rapidité, et pénétra dans le faubourg d'est après une vive fusillade, ce qui détermina l'ennemi à évacuer la ville, que l'on aurait eu quelque peine à forcer. Les ponts des portes de la ville et celui de la grande route de Berlin sur le Tirowsche-Graben avaient été coupés ; ils furent rétablis, excepté celui de la porte de Beelitz où l'on se tint sur la défensive. La ville de Trebbin fut trouvée presque déserte : il y restait seulement quelques femmes, des vieillards et des enfants. La population avait pris les armes en masse d'après le mouvement imprimé par les fameuses proclamations du roi de Prusse, pour la formation de la Landsturm, et le peuple craignait d'être maltraité par nos troupes ; il arriva au contraire que la ville fut pillée par la raison même de cette absence des habitants : quelques-uns de ceux qui étaient restés dirent pourtant que les Russes avaient commencé.

Le 22, le VII⁰ corps se porta sur Wittstock pour passer le Tyrowsche-Graben ; M. le duc de Reggio appuya ce mouvement en portant le XII⁰ corps à Wilmersdorf. Le IVe corps marchait en même temps pour prendre position à Schulzendorf en face du défilé de Jühnsdorf. La brigade de cavalerie légère laissée à Jänickendorf vint occuper Trebbin, la division Defrance l'y ayant relevée.

L'ennemi parut disposé à défendre le passage du Tyrowsche-Graben. Il occupait devant Wilmersdorf et de ce côté de ce ruisseau un mamelon très élevé et très escarpé où était une redoute avec du canon.

Devant Wittstock il avait en arrière du ruisseau des batteries très bien postées. M. le duc de Reggio fit attaquer le mamelon de Wilmersdorf par une brigade de la division Guilleminot soutenue par le reste de la division. La redoute fut évacuée dès que nos troupes furent arrivées sur le plateau ; elle n'était pas entièrement achevée.

La division Pacthod était en réserve à Nunsdorf, les Bavarois à Christinendorf et Trebbin.

Le général Reynier fit attaquer les batteries de l'ennemi devant Wittstock, et passer le défilé par la division Durutte, qui perdit peu de monde ; une brigade saxonne avait été envoyée sur la droite du mamelon de Wilmersdorf pour soutenir l'attaque du général Guilleminot. Le reste des Saxons était en échelons pour soutenir la division Durutte qui chassa l'ennemi du plateau de l'autre côté du ruisseau, et prit position entre Kerzendorf et Löwenbruch, occupant la grande route de Berlin par des avant-gardes de cavalerie, jusqu'aux défilés du bois.

Le général Bertrand s'empara ce même soir du défilé de Jühnsdorf après une vive canonnade.

Le général Guilleminot, après avoir pris son mamelon, poursuivit vivement l'ennemi en passant le ruisseau dont il n'eut pas le temps de couper le pont, et poussa jusqu'à Thyrow.

Le 23, M. le maréchal duc de Reggio donna ordre au général Guilleminot de se porter par Siethen sur Ahrensdorf et avec le reste du XIIe corps, Son Excellence revint de Nunsdorf par Christinendorf près de Trebbin prendre la grande route de Berlin pour passer le Tirowsche-Graben ; on se dirigea par Gross-Beuthen sur Siethen, où la division Pacthod prit position. Un gros corps de cavalerie ennemie qui se trouvait engagé vers Klein-Beuthen s'échappa entre les deux lacs, et se retira sur Saarmund. La division bavaroise se porta à Gross-Beuthen ; la division Lorge était à Siethen, et la division Fournier à Ahrensdorf avec le général Guilleminot.

La division Defrance était à Cliestow occupant Trebbin.

Le général Bertrand avait fait passer à son corps d'armée le défilé de Jühnsdorf, et s'était porté à Blanckenfelde.

Le général Reynier avait ordre de se porter à Gross-Beeren, de l'autre côté du bois sur la route de Berlin, et d'y prendre position.

M. le maréchal avait résolu d'attaquer le lendemain l'ennemi dans sa position de Ruhlsdorf. Du succès de cette journée dépendait le sort de Berlin. où l'épouvante s'était déjà répandue.

Le général Reynier, s'étant rendu maître du village de Gross-Beeren après quelque résistance, crut pouvoir continuer ses succès et se porta en avant sur la position de l'ennemi qui ne parut s'être replié sur ses réserves que pour l'attirer ; car il reprit l'offensive aussitôt et rejeta le VIIe corps sur la tête du défilé du bois ; ce fut en vain que le général Reynier voulut tenir dans cette position, l'infanterie française déjà fatiguée du combat de la veille. ne put faire usage de ses armes contre la cavalerie qui la chargeait, une pluie affreuse en rendait le feu nul ; le désordre se mit dans les troupes saxonnes et le général Reynier, malgré ses efforts et ceux de son état-major, ne put empêcher le mouvement rétrograde qui se continua jusqu'à Wittstock.

La route de Trebbin se trouva par là à découvert, et l'ennemi envoya la nuit une reconnaissance jusqu'au pont du Tyrowsche-Graben (1). Pendant que cela se passait, le IVe corps était en position à Blanckenfelde, mais les instructions du général Bertrand ne lui permettaient point de former d'entreprise sur le flanc gauche de l'ennemi, ce qui aurait pu, d'après les revers du VIIe corps, le séparer entièrement de l'armée.

M. le maréchal duc de Reggio était à Siethen, et la canonnade qui s'engagea à Gross-Beeren ne lui donna pas d'abord beaucoup d'inquiétude. Cependant comme on l'entendait successivement augmenter considérablement et même se rapprocher, Son Excellence envoyait tous les quarts d'heure un officier de son état-major pour voir ce qui se passait. Il y avait trois grandes lieues de chemin à travers les bois et l'on risquait beaucoup de s'y perdre. Enfin on apprend sur les 8 heures du soir la déroute du VII* corps. M. le maréchal se détermine à faire sur-le-champ son mouvement de retraite sur Trebbin, et à réunir les trois corps d'armée derrière le Tyrowsche-Graben. Le général Lejeune, chef d'état-major, va lui-même près les généraux en chef Reynier et Bertrand, et a bien de la peine à parvenir à ce dernier.

On avait envoyé un officier au général Guilleminot pour lui donner l'ordre de revenir sur Trebbin ; quelle fut la surprise de M. le maréchal, cette division n'était plus à Ahrensdorf, et personne n'avait pu indiquer la direction qu'elle avait prise. On envoie de tous côtés des officiers et enfin on découvre ses feux à 9 heures du soir. Le général Guilleminot, ayant entendu la vive canonnade de Gross-Beeren, sur son flanc droit, ne recevant point d'ordres et ne sachant pas si M. le maréchal était assez près de lui pour lui en envoyer à temps, avait pris le parti de marcher dans la direction du canon. Il était arrivé sur le flanc droit de l'ennemi au moment où il venait de forcer le défilé du bois que le général Reynier cherchait à conserver sur la route de Berlin. Le général Fournier eut même l'occasion de faire une charge assez belle avec ses jeunes chasseurs. Mais il était trop tard pour songer à reprendre l'offensive, et le général Guilleminot, craignant de compromettre ses troupes, avait déjà fait un mouvement rétrograde, et faisait halte à la hauteur du village de Sputendorf lorsqu'il y fut rencontré par un des officiers d'état-major envoyés pour le chercher.

M. le maréchal fit commencer le mouvement de retraite à 1 heure du matin, le 24 ; il s'opéra sans obstacles et sans poursuite de la part de l'ennemi ; à 10 heures du matin le XIIe corps était à Trebbin ; le VIIe à Nunsdorf et le IVe à Schulzendorf, en arrière du défilé de Jühnsdorf. Après une halte de trois heures pendant laquelle on coupa les ponts sur le Tyrowsche-Graben, et ceux de Trebbin, le mouvement se continua et le soir les VIIe et XIIe corps furent à Gottow, le IVe à Saalow, la division wurtembergeoise à Baruth.

Il se trouva que le VIIe corps n'avait perdu qu'une partie de ses canons, environ 13 à 14 pièces, et très peu de prisonniers ; mais la désertion s'était

____

(1) Le prince royal de Suède qui commandait l'armée ennemie dit dans son rapport daté de Ruhlsdorf que le général Bülow à l'arrivée des réserves fit une charge générale, avec les troupes qui se trouvaient engagées, et qu'elle eut le plus grand succès malgré la bravoure des troupes saxonnes. C'est ainsi qu'on flattait ces troupes pour les détacher de notre alliance. Le fait est qu'elles se sont fort mal montrées dans toutes les occasions. Quant à la charge générale du corps de Bülow, elle est vraie ; on crut même entendre les houras à Siethen ; mais la division Durutte seule ne put y résister, les Saxons ayant lâché le pied et la pluie ayant rendu nulle la défense des armes à feu.

mise parmi les Saxons, dont beaucoup s'en allèrent à Torgau et à Dresde porter leur terreur et leur épouvante (1).

Le 25, M. le maréchal duc de Reggio fit continuer le mouvement rétrograde par Jænickendorf sur Hohen Schlenzer et Riesdorf dans la direction de Dahme et de Luckau. Il paraît que Son Excellence avait connaissance d'un mouvement de l'ennemi sur cette dernière place ; mais on avait lieu de croire qu'il y perdrait beaucoup de temps et serait obligé d'y employer beaucoup de moyens, ce qui donnerait le temps de faire venir de Wittenberg le matériel nécessaire pour remplacer les pertes du VIIe corps et rallier les hommes égarés.

Les XIIe et VIIe corps occupèrent donc le 25 les positions indiquées dans la planche 5 à Hohen-Schlenzer, Riesdorf ou Sernow, Lichterfelde, Werbig et Græfendorf.

La division Fournier était à Lichterfelde, la division Lorge et la division Defrance à Hohen-Schlenzer ; le IVe corps et la division Beaumont avaient fait un mouvement sur Baruth ; la division wurtembergeoise s'établit à Stülpen, et à Holbeck où elle fut attaquée le 26. Le soir de cette journée, le IVe corps fut réuni en entier à Smielkendorf (2).

L'armée resta le 26 dans la même position pour rallier le IVe corps qui eut ordre de se porter ce jour-là sur Marckendorf, et ne vint que jusqu'à Stülpen.

Le 27, M. le maréchal établit son quartier général à Jüterbog, le XIIe corps occupant les hauteurs sur les routes de Berlin et de Belitz ; l'ennemi n'avait qu'une avant-garde de cavalerie et six pièces de canon sur cette position qu'il ne voulut pas défendre ; il se retira après qu'on eût tiré quelques coups de canon de part et d'autre, dès que le IVe corps se montra débouchant de Markendorf. La division wurtembergeoise de ce corps d'armée prit position à Werder ; sa cavalerie poussa l'ennemi sur Neuhof ; la division Morand et la division italienne restèrent sur la droite de Jüterbog entre Werder et Markendorf.

Le VIIe corps prit position à Rohrbeck.

La division Fournier suivit son mouvement.

Les divisions Lorge et Defrance campèrent dans la plaine entre Jüterbog et le plateau au nord où était l'infanterie.

Le 28, M. le maréchal, déterminé à se rapprocher de Wittenberg, fit commencer le mouvement vers 3 heures après midi par les divisions Pacthod

---

(1) M. le maréchal duc de Reggio, quoique chargé du commandement des trois corps, avait cru devoir, tant par ménagement pour l'amour-propre des deux généraux en chef des IVe et VIIe corps que par attachement pour le XIIe corps, rester toujours à la tête de ce dernier; et on ne peut se dissimuler que cette déférence et sa défiance de lui-même qui l'avaient porté à se récuser dès le principe pour un commandement aussi étendu furent extrêmement nuisibles à l'intérêt de nos armes.

Il avait sans doute été nécessaire de porter des forces sur le débouché de Saarmund, pour empêcher l'ennemi de nous déborder par là ; mais on sent que si M. le maréchal s'était établi en réserve sur la route de Trebbin à Berlin, en avant de Thyrow, ayant une division à Siethen seulement, il aurait été plus à même de porter des secours au VIIe corps, de voir lui-même ce qui s'y passait, de donner enfin des ordres au IVe corps qui resta tranquille spectateur tandis qu'il aurait pu agir si efficacement ; et il y a tout lieu de croire que les événements n'eussent pas été aussi funestes ; car indépendamment de la non-réussite de cette entreprise sur Berlin, il en est résulté un abattement dans les troupes saxonnes dont elles n'ont jamais pu se relever, et qui a depuis causé beaucoup d'autres malheurs.

(2) Voyez le rapport officiel wurtembergeois inséré dans le *Journal de l'Empire* du 16 septembre 1813.

et Guilleminot qui appuyèrent à gauche en s'étendant jusqu'à la pointe des bois au-dessus de Kappan et de Weinpresse. La division Morand s'établit à Kappan ayant la division italienne en réserve dans Jüterbog. La division wurtembergeoise couvrit à elle seule le front entre Kappan et le moulin de la route de Berlin : Jüterbog fut mis en état de résister à un coup de main, afin d'appuyer notre droite. Le VII⁰ corps se porta vers Kaltenborn et Dalichow pour protéger la communication avec Wittenberg.

L'ennemi s'étant aperçu de ce mouvement crut qu'il lui serait avantageux de nous attaquer : il se porta avec beaucoup de cavalerie par la route de Berlin sur le plateau du moulin et chercha à entamer l'infanterie wurtembergeoise qui fit très bonne contenance sous le commandement du général Spitzemberg. Elle se maintint toute la soirée malgré les efforts renouvelés de l'ennemi qui amena du canon et montra de l'infanterie, ce qui détermina M. le duc de Reggio à faire faire une contre-marche à une brigade de la division Pacthod, qui vint se porter en avant de Kappan, la division Morand et les Italiens s'étant portés plus à droite pour soutenir les Wurtembergeois.

La nuit n'était pas encore arrivée que l'ennemi avait été obligé de se replier : il mit le feu au moulin pour éclairer nos mouvements. Mais le projet de M. le maréchal n'étant pas changé, toutes les troupes rentrèrent dans leurs positions.

Il y eut un régiment qui se distingua à l'attaque d'un mamelon que l'ennemi était venu occuper dans le bois entre les routes de Beelitz et de Berlin. Le feu de l'artillerie avait été très vif, il nous fit peu de mal (1).

Le lendemain 29, à la pointe du jour, l'armée se mit en marche sur la direction de Malterhausen : la cavalerie légère le flanquait sur la droite : la division Defrance suivait le mouvement. Le IVᵉ corps occupa ce village, tandis que le VIIᵉ se portait sur Lissnitz et Kropstædt. Le XIIᵉ corps occupa le soir les villages d'Eckmannsdorf, Danna et Feldheim. On apprit que l'armée ennemie était à Niemeck et occupait Rietz.

Le VIIᵉ corps eut un engagement avec sa cavalerie près de Marzahne.

Le 30, le XIIᵉ corps fut dirigé sur Marzahne. Le IVᵉ corps le suivait immédiatement. La cavalerie de l'ennemi se montra dans les bois derrière Schmœgelsdorf et l'on vit des colonnes venir du côté de Zeuden et de Pflügkuff. M. le maréchal fit déployer ses troupes et marcha en avant. Il ordonna au général Bertrand de prendre position sur la hauteur en avant de Schmœgelsdorf à sa droite ; mais le mouvement du IVᵉ corps fut trop lent et le XIIᵉ corps pouvant être débordé, M. le maréchal jugea convenable de se replier sur le plateau de Marzahne. Le IVᵉ corps alors prit position immé-

---

(1) On avait entendu dans la journée le bruit du canon dans la direction de Luckau. En effet l'ennemi attaquait cette place, et M. le maréchal reçut avis quelques jours après qu'elle s'était rendue ce jour-là après une canonnade de six heures.

La prise de Luckau ne fut pas peu importante. L'armée perdit un point d'appui pour manœuvrer en attendant qu'elle pût reprendre l'offensive, lorsqu'elle aurait recréé son matériel et reçu des renforts ; et l'ennemi acquit la faculté de pouvoir se maintenir sur la rive gauche de la Sprée et de pousser des partis très près de Dresde et de Bautzen qui étaient la ligne d'opération de l'armée de Silésie.

On regretta alors de n'avoir pas opéré la retraite de Trebbin sur Luckau, avis qui avait été ouvert le 24, pendant la halte qu'on y fit. Le général Bertrand était certainement persuadé que ce serait là le point de réunion de l'armée, lorsqu'il fit son mouvement sur Baruth.

Ce fut sans doute d'après la même idée que le 25 en partant de Jænickendorf, le grand parc et une brigade bavaroise qui l'escortait se portèrent à Dahme, ce qui obligea l'armée à séjourner à Riesdorf le 26, pour les rallier ainsi que le IVᵉ corps.

diatement à droite en s'appuyant au village de Feldheim. L'ennemi ne trouva
pas à propos de nous attaquer dans cette position. M. le maréchal fit dire
au général Bertrand d'occuper Wergzahna par une brigade, afin de se lier de
plus près avec le VIIe corps qui occupait toujours Lissnitz et Kropstædt.
Sans doute que l'ordre fut mal transmis, car le général Bertrand évacua
tout à fait Feldheim et porta tout son corps d'armée à Wergzahna, en sorte
que la droite du XIIe corps resta en l'air.

Le 31, M. le maréchal se détermina à rassembler les trois corps d'armée
dans un terrain moins étendu ; en conséquence le XIIe corps marcha de Marzahne sur Lissnitz mettant devant lui un ruisseau marécageux, avec quelques troupes légères au delà. Ce mouvement aurait pu être inquiété par
l'ennemi ; aussi M. le maréchal avait eu la précaution de faire jeter plusieurs
ponts sur le ruisseau ; mais l'ennemi ne bougea pas.

Le IVe corps ne resta point à Wergzahna ; il se porta plus en arrière à
Rahnsdorf, ce qui ne parut pas avoir été fait conformément aux intentions de
M. le maréchal duc de Reggio, car alors le flanc droit du XIIe corps restait
encore à découvert. Le VIIe corps occupa Jahmo et poussait de là ses avant-
postes jusque sur Weddin.

L'armée resta le 1er septembre dans la même position ; le IVe corps envoya
reconnaître Zahna par une brigade, et se mit en liaison avec les troupes
polonaises du général Dombrowski, qui quelques jours auparavant s'étaient
portées sur Jüterbog et avaient éprouvé un échec. Elles s'étaient concentrées
alors dans les villages aux environs de Wittenberg, et dans quelques
ouvrages et palissadements de la vaste position de Thiessen, Teuchel, Trajuhn, etc.

M. le maréchal apprit que l'armée ennemie se renforçait et manœuvrait
sur sa gauche et sur sa droite. Son excellence se détermina en conséquence
à mettre son armée dans la position que nous venons d'indiquer. Elle y
resta les 2, 3 et 4 septembre, époque à laquelle M. le maréchal duc de Reggio
céda le commandement général à Son Excellence le prince de la Moskowa,
et resta à la tête du XIIe corps.

Le IVe corps fut attaqué devant Trajuhn par le général Tauentzien qui
commandait la division d'avant garde prussienne et qui fut repoussée vivement jusqu'à Euper ; mais il paraissait par les rapports des paysans que la
majeure partie des forces de l'ennemi se portait sur notre gauche qui était
fort étendue et dans un terrain coupé où elle aurait eu de la peine à se
maintenir. Cela nécessitait de nouvelles mesures et d'autres dispositions et
se conciliait avec les instructions que l'Empereur avait données au prince
de la Moskova qui, le lendemain, commença une nouvelle campagne qui fera
l'objet du récit suivant.

Journal du colonel de Bose

[Trad. A S.]

Le 6 juin. la 2e division saxonne occupait avec le VIIe corps d'armée le
camp établi près de Buschwitz, elle commençait le 7 sa retraite vers la Saxe ;
le 14 juin, elle prenait ensuite ses cantonnements près de Gœrlitz où arrivait
le quartier général, le 22 juin un camp était établi près de cette ville.

Jusqu'au 12 août, époque où nous apprîmes la cessation de l'armistice, le
VIIe corps occupa ce camp et reçut pendant cette période des renforts importants Les 13, 14 et 15 août, la marche fut reprise en trois colonnes qui se
composaient de la division Durutte, des deux divisions saxonnes et d'une
brigade de cavalerie : on se dirigea vers la Basse-Lusace et l'on atteignit

le 17 la région de Luckau et de Dahme où s'opéra la jonction avec le IV⁰ et le XII⁰ corps.... (1).

Le 18 août, ces trois corps d'armée s'avançaient à la même hauteur vers Berlin jusque dans la région de Golssen ; la brigade de cavalerie saxonne, et la 2⁰ division d'infanterie saxonne campaient à Merzdorf et se trouvaient environ au milieu du VII⁰ corps.

Le 19 août, cette marche en avant fut poussée au delà de Linow jusque dans la région comprise entre Baruth et Luckenwalde ; la tête du VII⁰ corps formée par la 2⁰ division d'infanterie saxonne campa au village de Schœnweide.

Le 20 août, le VII⁰ corps restait sur place ; les avant-postes de la division saxonne poussés jusqu'au bois furent attaqués par les Prussiens, mais sans succès, ceux-ci s'étant retirés bientôt après. J'appris plus tard qu'il s'agissait d'une reconnaissance conduite par le major prussien Hellwig.

Le 21 août, les trois corps d'armée reprirent ensemble le mouvement en avant jusque dans la région comprise entre Zossen et Trebbin. Le VII⁰ corps, partant de Schœnweide, s'avançait à travers la forêt vers Wilmersdorf et Nunsdorf ; il campa appuyant son aile gauche au premier village, et ayant devant son front le second village ainsi que le défilé situé encore en avant. En débouchant de la forêt, il rencontra de la cavalerie ennemie qui se replia après quelques escarmouches ; devant le défilé de Nunsdorf, l'infanterie ennemie agissait de même après une brève résistance. Il s'échangea devant Trebbin une canonnade entre le XII⁰ corps et l'ennemi qui s'y était retranché ; elle fut de courte durée ; le maréchal Oudinot, jugeant la position de l'ennemi trop forte pour l'attaquer, résolut, après sa jonction avec nous, de la tourner par son flanc gauche en s'emparant de Wittstock et par suite de forcer l'ennemi à l'abandonner.

Le 22 août, ce mouvement enveloppant fut exécuté et, après une résistance opiniâtre, Wittstock fut pris par la division française Durutte (ce qui lui coûta environ 500 morts ou blessés) ; la 2⁰ division saxonne lui servait de soutien. Les retranchements situés à gauche de Wittstock furent enlevés, de même par la 1ʳᵉ division saxonne et par une partie du XII⁰ corps : ce qui obligea l'ennemi à abandonner ses ouvrages de Trebbin. Comme la division Durutte avait subi des pertes considérables, on poussa en avant la 2⁰ division saxonne qui vint se placer au delà de Wittstock sur la route de Berlin. La division Durutte s'établit derrière elle et, à la gauche de cette dernière, la 1ʳᵉ division saxonne : on bivouaqua sur ces emplacements.

Le 23 août, le VII⁰ corps resta au repos jusqu'à midi, heure à laquelle une distribution de pain fut ordonnée ; on devait reprendre le mouvement en avant dès qu'elle aurait été effectuée. A partir de 10 heures et ensuite, un peu plus tard, on entendit sur la droite quelques coups de canon du côté du IV⁰ corps vers Mittenwalde ; en outre, de faibles patrouilles d'infanterie prussienne apparaissaient dans la forêt qui se trouvait en avant. Le général Reynier s'informait soigneusement pour savoir si l'on n'entendait plus canonner, on lui fit le rapport que c'était certainement le cas et que cette canonnade se faisait entendre à droite, et en avant, dans la direction de Mittenwalde. Cette réponse sembla le déterminer à se mettre en marche, vers 2 heures de l'après-midi, avec le VII⁰ corps sur Gross-Beeren, le long de la route de Berlin : la 2⁰ division d'infanterie saxonne avait la tête. La marche s'exécuta sans interruption jusqu'à environ une demi-lieue au sud de Gross-Beeren ; à ce moment, l'avant-garde d'infanterie légère saxonne rencontra l'ennemi qui recula en tiraillant. Comme l'on sortait des bois et qu'on

(1) On a supprimé la composition du corps.

approchait des hauteurs situées au sud de Gross-Beeren, on aperçut à gauche de ce village quelques colonnes de cavalerie, et peu après la tête recevait des coups de canon d'une batterie en position sur la route au delà de Gross-Beeren. Aussitôt, le général Reynier donnait l'ordre à la 1re brigade de la 2e division saxonne de se former, à droite de la route, en une colonne de bataillons ouverte, à la 2e brigade de se placer à gauche dans la même formation, et aux deux batteries de se porter devant la tête de leur brigade respective, pour ouvrir un feu violent sur la batterie dont on vient de parler. Cet ordre fut exécuté et la batterie ennemie se replia. Cependant Gross-Beeren était occupé par de l'infanterie qui, des fossés environnant le village, tirait sur nous et, malgré la distance, ce n'était pas sans résultats. Le bataillon de grenadiers de la 1re brigade reçut l'ordre d'enlever cette position, tandis que le bataillon Kœnig ainsi que la batterie soutiendraient cette attaque. A cet effet, le bataillon de grenadiers s'avança sur la droite, le long de la hauteur jusqu'au chemin de traverse qui, de la corne du bois, se dirige sur le village, puis prononça son offensive par ce chemin même. Le bataillon Kœnig formant soutien se déploya devant le village et se tînt à cheval sur le chemin, la batterie prenait position en arrière de lui sur la colline. L'infanterie ennemie offrit une si faible résistance et abandonna le village si rapidement qu'il me sembla, ainsi qu'à plusieurs autres officiers saxons, qu'il y avait là quelque chose de peu naturel et que je l'exprimai à différentes reprises. Un certain cri de joie ainsi que des sonneries des cors des tirailleurs ennemis provoquèrent principalement une grande sensation. Par contre, le général Reynier était persuadé que l'affaire était terminée pour la soirée, et, avec une imprévoyance qui ne lui était pas habituelle, il agit, sans reconnaître au préalable la retraite de l'ennemi et sans pousser seulement ses avant-postes jusqu'aux hauteurs voisines. Si le général Reynier avait pris cette mesure de précaution si naturelle, les forces supérieures de l'ennemi n'auraient pu lui demeurer cachées, et il lui restait encore assez de temps pour faire reculer ses troupes jusqu'à la lisière de la forêt. Il aurait pu les placer ainsi sur un terrain bien plus favorable où il aurait été très difficile de venir l'y attaquer le soir même. Il désigna aux troupes les emplacements où elles devaient bivouaquer dans la cuvette où est situé Gross-Beeren; il décida en outre, que son quartier général serait placé dans le château du village et ordonna à ses domestiques de prendre leurs dispositions en conséquence : ceux-ci commencèrent sur-le-champ à décharger un mulet qui lui appartenait ainsi que ses chevaux de bât. Il fut terriblement puni de sa négligence lorsque, tout d'un coup, et avec la plus grande rapidité, un grand nombre de batteries ennemies prirent position sur les hauteurs qui se dressent à gauche de Gross-Beeren. Elles ouvrirent un feu très violent et des plus efficaces sur l'artillerie saxonne ainsi que sur les troupes placées en soutien vers le saillant gauche du village : leur aile droite s'y appuyait tandis que leur aile gauche s'étendait jusqu'au moulin à vent : le front était donc sensiblement perpendiculaire à la longueur du village.

Lorsque cela se produisit, autant qu'on pouvait en juger sous la pluie torrentielle et à travers la fumée de la poudre, les positions du VIIe corps étaient à peu près les suivantes : le bataillon de grenadiers qui avait pris Gross-Beeren avait été placé dans le cimetière, le village même n'était pas occupé ; à gauche, vers le saillant du village, comme on l'a déjà vu, deux batteries saxonnes étaient en position l'une « à cheval », l'autre « à pied » ayant derrière elles un petit bouquet de pins, elles étaient couvertes par le 2e régiment d'infanterie légère saxonne. Sur l'ordre du général Reynier, le bataillon Kœnig déjà mentionné s'était mis en marche vers ce saillant du village avec la batterie : il arrivait juste au moment où commençait la canonnade ennemie. Tous les autres éléments du corps d'armée se prolongeaient sur le front déjà indiqué, quelques-uns en formations serrées, d'autres en colonnes de bataillon ouvertes, mais n'ayant aucun plan puisqu'ils comptaient rester sur ces positions.

Bientôt apparurent les forces ennemies ; soutenues par leur artillerie, et sans s'occuper du vif feu de l'artillerie saxonne, elles s'avancèrent d'un mouvement irrésistible contre ce saillant de village dont on a parlé plusieurs fois et contre les troupes placées à sa gauche. On ne peut comprendre à ce moment précis la conduite du général Reynier qui, ayant seulement l'idée d'un mouvement enveloppant sur son flanc gauche, et sans considérer les remarques faites plusieurs fois à ce sujet, ne crut pas à un mouvement beaucoup plus naturel sur son aile droite, mouvement qui menaçait en même temps ses derrières.

Cependant le destin ne voulut pas la destruction complète du VIIe corps et principalement de la 2e division saxonne. Le hasard voulut que l'artillerie saxonne, en batterie à ce saillant de village, ayant épuisé ses munitions à ce moment, fût obligée de se retirer lorsque les masses prussiennes qui nous enveloppaient vers la droite se précipitaient dans le village et le tournaient. Cette retraite fournit un heureux moyen de salut pour tout le reste ; parce que cette artillerie et l'infanterie qui lui servait de soutien gagnaient une assez grande avance pour atteindre la lisière de la forêt et la route de Berlin ; le 2e régiment d'infanterie légère saxonne, qui, selon sa coutume, avait conservé une admirable cohésion s'y plaçait à cheval sur la route pour sauver ses camarades bousculés.

Le recul des troupes placées à ce saillant fut le signal d'une retraite générale ; elle se transforma en déroute complète, principalement à la division Durutte où les soldats, qui cependant ne s'étaient pas battus, se dispersaient et, par centaines, jetaient leur équipement et leurs armes. Le général Reynier voulant arrêter le mouvement enveloppant de l'ennemi et tenter quelque chose en faveur de la brigade Bosc, ordonna au colonel Ryssel, aujourd'hui général, et le plus ancien, d'attaquer à la baïonnette avec le régiment Low de sa brigade les masses prussiennes débouchant du village. Ce régiment, se conduisit si bravement qu'un de ses bataillons composé de jeunes gens âgés de 18 ans à peine ne put en ramener que 24 avec quelques officiers. Tout se retira alors jusqu'à Wittstock sur le bivouac que l'on avait occupé la nuit précédente ; le colonel Bosc fit bientôt de même avec le 2e régiment d'infanterie légère saxonne. Il s'y décida, d'une part parce que l'on entendait déjà dans la forêt, à droite et en arrière, les signaux des cors des tirailleurs prussiens, de l'autre parce que les fusils étaient complètement mouillés par une pluie continuelle et que pas un ne partait ; il eut la grande joie de recueillir en chemin la plus grande partie du bataillon de grenadiers qui avait beaucoup souffert dans le cimetière et lors de la retraite, ainsi qu'une partie du bataillon Kœnig ; et d'arriver encore assez en ordre au bivouac avec sa brigade qui avait tant souffert et avec trois porte-aigles français qui s'étaient mis sous sa protection. Je suis fermement convaincu que plus de 20 pièces de canon furent perdues dans cette bataille, je ne puis cependant pas en donner le nombre exact, parce que de tels malheurs restèrent toujours un secret pour nous. Je ne peux pas indiquer le motif qui fit que les Prussiens victorieux n'utilisèrent pas davantage cette victoire si complète et ne nous poursuivirent pas davantage aussi vigoureusement qu'ils nous avaient poussés sur le champ de bataille ; mais je suis certain que, s'ils l'avaient fait, ils auraient réduit le VIIe corps à l'inaction pour tout le reste de la campagne (étant donné que les ponts de Wittstock étaient détruits et qu'il fallait les réparer, fait que les Prussiens ne pouvaient assurément connaître). Il m'est impossible de laisser ignorer à la louange du général qui gagna sur nous la bataille de Gross-Beeren qu'il sut profiter excellemment des fautes commises par le général Reynier, et surtout qu'il sut saisir magistralement le moment favorable qui s'offrait pour l'attaque.

Tout le VIIe corps traversa encore pendant la nuit le défilé de Wittstock, et, le 24 août, dès l'aube il battit en retraite par Nunsdorf sur Linow, sans être vivement poursuivi par l'ennemi, en suivant le même chemin qu'il avait pris dans la marche en avant : la 2e division saxonne y bivouaqua. Plusieurs voitures de munitions, mais surtout beaucoup de voitures de vivres dont beaucoup étaient chargées de riz restèrent embourbées sur la chaussée marécageuse devant Linow : elles tombèrent entre les mains de l'ennemi. Comme le lieutenant-général von Sahr avait été blessé de deux coups de baïonnette pendant l'attaque à l'arme blanche faite par le régiment Low, le général Reynier donna au colonel Bose le commandement de la 2e division saxonne.

Le 25 août, la retraite fut continuée jusque dans la région comprise entre Hohen-Schlenzer et Græfendorf où se concentrèrent de nouveau les trois corps d'armée.

Le 26 août fut un jour de repos. Nous étions complètement entourés par les cosaques.

Le 27 août, les trois corps d'armée firent un mouvement à gauche jusqu'à Jüterbog. Le IVe corps rencontra l'ennemi peu après avoir commencé sa marche, le repoussa et le rejeta de Jüterbog. Le XIIe corps prit également part à cette affaire. Les trois corps d'armée prirent alors position à Jüterbog, leur front vers Lückenwalde et Treuenbrietzen.

Le 28 août, vers 1 heure de l'après-midi, le VIIe corps se mit en marche et atteignit Kurz-Lippsdorf où il prit position dans le bois situé derrière le village. Kurz-Lippsdorf fut occupé par le 2e bataillon du 2e régiment d'infanterie légère saxonne. Les cosaques côtoyèrent continuellement pendant cette marche la brigade de cavalerie saxonne et la 2e division d'infanterie saxonne qui formaient la colonne de droite, à un tel point qu'on aurait cru qu'ils lui appartenaient et qu'ils constituaient ses patrouilles de flanc.

Vers le soir, une violente canonnade s'éleva vers Jüterbog ainsi qu'un faible feu de mousqueterie ; je n'ai pu rien apprendre sur leur résultat.

Le 29 août, la brigade de cavalerie saxonne ainsi que la 2e division d'infanterie saxonne se mirent en marche vers 6 heures du matin, et se dirigèrent directement sur Marzahne. Les cosaques, qui étaient continuellement, comme le jour précédent, nos fidèles compagnons, devinrent si audacieux que le général Gablenz les fit canonner plusieurs fois par ses batteries à cheval. Entre Marzahne et le village de Schmögelsdorf situé sur la route de Treuenbrietzen, les cosaques s'avancèrent en masse et un combat assez important se livra entre eux et la cavalerie saxonne, dans lequel ils furent cependant rejetés jusque derrière Schmögelsdorf ; ce village fut occupé par un demi-bataillon d'infanterie légère saxonne. La cavalerie saxonne fut alors placée à gauche de Marzahne et la 2e division d'infanterie saxonne occupa ce village. Pendant ce temps la division Durutte et la 1re division saxonne avaient continué leur marche tranquillement en se tenant sur la gauche vers Kropstædt ; elles prirent position sur les hauteurs situées devant ce village vers Marzahne. Jusqu'à 1 heure de l'après-midi tout fut tranquille, toutefois, bientôt après, les cosaques s'approchèrent de Marzahne à gauche de la route de Berlin, à un tel point qu'on tira sur eux à mitraille. Peu de temps après les colonnes ennemies se montrèrent sur les hauteurs situées, à gauche, derrière Schmögelsdorf, elles s'avançaient le long de ces hauteurs par la route venant de Niemeck, à travers le bois placé entre Marzahne et Kropstædt ; elles ne laissèrent aucun doute sur l'intention qu'avait l'ennemi d'entourer les troupes saxonnes placées à Marzahne et aux environs et de les couper du VIIe corps. Le général Reynier qui arrivait juste à ce moment et auquel, pas plus qu'à quiconque, ce projet de l'ennemi ne pouvait certainement pas échapper, s'entêta à prétendre le contraire ; il ordonna au colonel de Bose de défendre Marzahne avec l'infanterie saxonne et d'exécuter, dans ce but, avec la 1re brigade de la division placée sous ses ordres qui occupait l'extrême lisière du village, un mouvement sur la gauche, afin que le flanc gauche du village fût parfaitement couvert. Juste au moment où le colonel Bose commençait ce mouvement, le général Reynier donnait l'ordre d'une retraite générale sur les hauteurs de Kropstædt, retraite que commencèrent aussi immédiatement la brigade de cavalerie saxonne et la brigade Ryssel avec l'artillerie. Il ne restait plus maintenant au colonel de Bose qu'à conduire ses bataillons peu à peu à droite hors du village et, après les avoir formés en carré, de les diriger sur le bois, le long du ravin situé en cet endroit, en leur faisant traverser le pont qui conduisait au delà du marais. Il y arriva heureusement sans pertes, mais aussitôt il reçut de nouveau l'ordre de rester avec la brigade au sud du marais, de s'avancer jusqu'à la lisière de la forêt et de l'occuper ainsi. Par bonheur, l'ennemi ne continua pas plus loin sa poursuite, sans cela l'exécution de cet ordre eût été une lourde tâche à remplir. L'ennemi fit alors replier la plus grande partie de ses troupes jusqu'aux collines situées en arrière, il organisa avec quelques canons une forte position au moulin à vent, occupa Marzahne et poussa ses avant-postes jusqu'au petit pont

Le 30 août, on apercevait de bonne heure les avant-postes du XIIe corps à droite de Marzahne. Le colonel de Bose reçut l'ordre de reculer aussi avec trois bataillons et la batterie sur les hauteurs de Kropstædt et de ne laisser pour occuper la position qu'il avait tenue qu'un bataillon d'infanterie légère formé « en bouquet ».

Le 31 août, aucune modification importante ne survint au VIIe corps pas plus qu'aux autres corps d'armée.

Le 1er septembre, le VIIe corps exécuta un mouvement en arrière jusque dans la région de Mochau et de Grabo. La 2e division d'infanterie saxonne occupa Grabo et la brigade de cavalerie fut placée derrière. Les deux autres corps d'armée firent de même un mouvement rétrograde sur Wittenberg, dont les détails me sont cependant inconnus.

Le 2 septembre il n'arriva rien d'important. Je ne fais pas mention des petites escarmouches qui survenaient constamment entre nos avant-postes et nos fidèles compagnons les cosaques, car elles n'eurent même pas le moindre résultat sur les opérations plus importantes.

Le 3 septembre, à la pointe du jour, les trois corps d'armée battirent en retraite sur Wittenberg, position s'étendant en demi-cercle et renforcée par plusieurs ouvrages de campagne. L'ennemi les suivit de très près et, pendant toute la journée l'on combattit sur différents points, d'ailleurs sans résultats. La position des corps d'armée était la suivante : le XIIe corps formait l'extrême aile droite, le IVe se reliait à celui-ci, le VIIe venait ensuite, enfin les Polonais, sous le commandement du général Dombrowski, formaient l'extrême aile gauche.

Situation des présents sous les armes et détachés dans l'arrondisse-
ment du VIIe corps d'armée au 1er juillet 1813 (1).

DÉSIGNATION DES CORPS	Présents sous les armes			Détachés dans l'arrond' du corps d'armée			Effectif des présents			OBSERVATIONS
	Officiers	Soldats	Chevaux de troupe	Officiers	Soldats	Chevaux de troupe	Officiers	Soldats	Chevaux de troupe	
35e infanterie légère.	21	980	»	1	26	»	22	956	»	Tous ces hommes sont en état de faire campagne, les galeux, bien entendu, y sont compris
132e de ligne	39	1.322	»	1	43	»	40	1 065	»	
36e infanterie légère.	23	643	»	»	21	»	23	664	»	
131e de ligne	40	816	»	2	44	»	42	860	»	
133e de ligne	42	1.257	»	2	44	»	44	1 301	»	
Régiment de Wurtzbourg.	36	715	»	»	»	»	35	715	»	
Totaux	200	5.683	»	6	178	»	206	5.861	»	
Chasseurs.	2	69	»	1	40	»	3	109	»	Il peut y avoir quelques petits changements dans les troupes saxonnes, il est difficile d'avoir des renseignements certains.
1er régiment d'infanterie légère	10	315	»	1	30	»	11	345	»	
Grenadiers de la garde.	16	544	»	»	»	»	16	544	»	
Régiment de ligne Frédérick	15	442	»	1	32	»	16	474	»	
Steindel	17	482	»	3	34	»	20	516	»	
2e régiment léger.	18	412	»	2	47	»	20	459	»	
Grenadiers réunis	15	634	»	3	104	»	18	738	»	
Prince Antoine	13	356	»	1	40	»	14	396	»	
Régiment de Low	12	520	»	1	46	»	13	566	»	
Totaux	118	3 774	»	13	373	»	131	4.147	»	
Hussards	8	289	360	1	40	40	9	389	400	
Lanciers	13	296	348	»	52	52	13	348	400	
Totaux	21	585	708	1	92	92	22	677	800	

(1) Doc., p. 2.

Etat des armes à changer et à reparer.

Noms des corps	Fusils à changer	Grosses réparations	Petites réparations	Observations
35° régiment d'infanterie légère.	19	18	149	Les grosses réparations ne peuvent pas se faire par les armuriers des régiments.
132° régiment de ligne. .	4	1	108	
36° régiment d'infanterie légère.	1	2	30	
131° régiment de ligne. .	7	9	84	
133° régiment de ligne. .	48	5	87	
Totaux. . . .	79	3	458	

VIIE CORPS D'ARMÉE AU 15 AOUT (REYNIER)

24ᵉ Division d'Infanterie (Lecoq)

PREMIÈRE BRIGADE (COL. DE BRAUSE)

		Présents sous les armes		
		officiers	s/of. et sold.	chevaux
Gren. de la Garde saxonne .	1er bat.	13	710	18
1er léger saxon de Lecoq. . .	1er bat.	14	647	38
	2e bat.	12	604	12
Régiment de Maximilien. . .	1er bat.	11	568	19
Régiment de Rechten	2e bat.	12	597	11
Chasseurs.	1re comp.	3	133	9

DEUXIÈME BRIGADE (DE MELLENTIN)

		officiers	s/of. et sold.	chevaux
Grenadiers réunis	1er bat.	10	658	19
Régiment de Frederic. . . .	1er bat.	9	369	33
	2e bat.	11	462	5
Régiment de Steindel. . . .	1er bat.	16	575	29
	2e bat.	15	546	8
Artillerie à pied.	1re comp.	4	168	112
	2e comp.	4	179	112
Parc de division.		2	95	135

Total de la 24ᵉ division : 136 officiers, 6.281 sous-officiers et soldats, 555 chevaux.

25ᵉ Division d'Infanterie (de Sahr)

PREMIÈRE BRIGADE (COL. DE BOSE)

		officiers	s/of. et sold.	chevaux
Grenadiers réunis	2e bat.	12	668	16
2e léger de Sahr.	1er bat.	14	598	28
	2e bat.	10	545	10
Régiment du Roi	2e bat.	12	489	15
Régiment de Niesemenchel .	1er bat.	9	545	18

		Présents sous les armes		
		officiers	s/of. et sold.	chevaux
Régiment de Low	1er bat.	12	547	17
	2e bat.	11	519	13
Régiment d'Antoine	1er bat.	13	541	28
	2e bat.	12	520	6
Artillerie à pied	3e batt.	4	104	105
	4e batt.	3	173	104
Parc de division saxon		2	73	76

Total de la 25e division : 114 officiers, 5.322 sous officiers et soldats, 4.367 chevaux.

32e Division (Durutte)

PREMIÈRE BRIGADE (DEVAUX)

		officiers	s/of. et sold.	chevaux
35e léger	1er bat.	23	928	9
	détt du 2e	3	99	»
	4e bat	15	650	»
132e ligne	1er bat.	17	797	»
	détt du 2e	2	91	»
	3e bat.	21	727	29
	4e bat.	22	643	11
8e artillerie à pied	13e batt.	3	91	7
1er artillerie à pied	12e batt.	4	87	9
9e bat. Principal du train détt.		2	154	276
9e bat. Principal du train détt.		2	104	190

DEUXIÈME BRIGADE (JABRY)

		officiers	s/of et sold.	chevaux
36e léger	1er bat.	16	650	»
	détt du 3e	6	76	»
	4e bat.	21	744	21
131e ligne	1er bat.	15	896	»
	3e bat.	20	762	27
	4e bat.	18	774	20

TROISIÈME BRIGADE

		officiers	s/of. et sold.	chevaux
133e ligne	détt du 2e	2	53	»
	3e bat.	22	622	5
	4e bat.	24	689	21
Régiment de Wurzbourg	2e bat.	25	557	25
	3e bat.	22	541	23

Total de la 32e division : 305 officiers, 10.645 sous-officiers et soldats, 673 chevaux.

26ᵉ Brigade de Cavalerie légère (Gablenz)

		Présents sous les armes		
		officiers	s/of. et sold.	chevaux
Hussards saxons	8 escadrons	30	704	782
Lanciers saxons.	5 escadrons	26	758	879
Artillerie à cheval. . . . . . {	1er	4	172	213
	2e	4	147	234

Total de la cavalerie du VIIᵉ corps : 58 officiers, 1.781 sous-officiers et soldats, 2.108 chevaux.

Parc d'Artillerie et réserves du VIIᵉ Corps

	officiers	s/of. et sold.	chevaux
Artillerie réserve saxonne	3	206	171
Parc saxon . . . . ✓	5	266	254
Lap. saxon	4	74	26

Total du parc d'artillerie et réserves du VIIᵉ corps : 12 officiers, 546 sous-officiers et soldats, 451 chevaux.

Total général du VIIᵉ corps, présents . 625 officiers, 24.575 sous-officiers et soldats, 4.223 chevaux.

XIIᵉ CORPS (OUDINOT)

13ᵉ Division d'Infanterie (Pacthod)

PREMIÈRE BRIGADE (BARDET)

			officiers	s/of. et sold.	chevaux
1er léger	4e	bat.	19	471	10
7e ligne. . . . . {	3e	bat.	21	340	8
	4e	bat.	19	296	»
42e ligne	4e	bat.	21	411	8

DEUXIÈME BRIGADE (CACAULT)

			officiers	s/of. et sold.	chevaux
67e ligne . . . . {	3e	bat.	21	537	27
	4e	bat.	20	449	»
101e ligne. . . . . {	2e	bat.	20	520	31
	3e	bat.	17	538	»
	4e	bat.	18	403	»
4e artillerie à pied . . . . . . {	4e	bat.	3	70	7
	20e	bat.	4	77	7
4e bat. principal du train, dét.	2e comp.		1	89	132
7e bat. *bis* princ. du train, dét.	3e comp.		1	77	133

Total de la 13ᵉ division : 185 officiers, 4.278 sous-officiers et soldats, 363 chevaux.

14ᵉ Division d'Infanterie (Guilleminot)

PREMIÈRE BRIGADE (BRUN DE VILLERET)

		Présents sous les armes		
		officiers	s/of. et sold.	chevaux
18ᵉ léger	2ᵉ bat.	24	455	23
	6ᵉ bat.	17	382	»
156ᵉ ligne	1ᵉʳ bat.	22	855	»
	2ᵉ bat.	20	893	»
	3ᵉ bat.	25	897	»

DEUXIÈME BRIGADE (GRUYÈRE)

		officiers	s/of. et sold.	chevaux
Régiment illyrien	2ᵉ bat.	26	486	13
52ᵉ ligne	3ᵉ bat.	17	512	16
	4ᵉ bat.	16	544	»
137ᵉ ligne	1ᵉʳ bat.	27	585	27
	2ᵉ bat.	16	586	»
	3ᵉ bat.	16	606	»
4ᵉ Artillerie à pied	2ᵉ comp.	3	93	7
8ᵉ Artillerie à pied	1ᵉ comp.	4	71	9
9ᵉ bat. *bis* du train, dét^t	1ʳᵉ comp.	»	56	92
3ᵉ bat. *bis* du train, dét^t	4ᵉ comp.		19	37
4ᵉ bat. princ. du train, dét^t	1ʳᵉ comp.	1	59	131
7ᵉ bat. princ. du train, dét^t	5ᵉ comp.	3	37	75

Total de la 14ᵉ division : 237 officiers, 7.136 sous-officiers et soldats, 430 chevaux.

29ᵉ Division d'Infanterie (Raglowich)

PREMIÈRE BRIGADE (MAILLOT DE LA TREILLE)

		officiers	s/of. et sold.	chevaux
Bat. léger bavarois (1)	1ᵉʳ bat.	14	452	16
3ᵉ ligne	2ᵉ bat.	13	369	16
13ᵉ ligne	1ᵉʳ bat.	12	364	14
4ᵉ ligne	1ᵉʳ bat.	10	387	12
8ᵉ ligne	2ᵉ bat.	18	432	22

DEUXIÈME BRIGADE

		officiers	s/of. et sold.	chevaux
Bat. léger bavarois (2)	2ᵉ bat.	16	419	13
5ᵉ ligne	2ᵉ bat.	11	439	19
7ᵉ ligne	2ᵉ bat.	18	606	11
9ᵉ ligne	2ᵉ bat.	17	517	12
10ᵉ ligne	2ᵉ bat.	20	645	18
Artillerie à pied bavaroise	1ᵉʳ batt.	2	60	4
	2ᵉ batt.	2	60	4

(1) Composé des 3ᵉ et 4ᵉ.
(2) Composé des 5ᵉ et 6ᵉ.

		Présents sous les armes		
		officiers	s/of. et sold.	chevaux
Réserve artillerie bavaroise .	1er bat.	2	280	311
Train artillerie bavaroise. . .	1er bat.	6	190	400

Total de la 29e division : 160 officiers, 5.120 sous-officiers et soldats, 878 chevaux.

29e brigade de Cavalerie légère (de Beaumont)

		officiers	s/of. et sold.	chevaux
Chevau-légers wesphaliens. .	1er, 2e, 3e, 4e esc.	35	482	545
Chevau-légers bavarois . . .	1er, 2e, 3e esc.	16	394	421
Chevau-légers hessois	1er, 2e, 3e esc.	12	248	283

Total de la cavalerie : 63 officiers, 1.124 sous-officiers et soldats, 1.249 chevaux.

Réserves et parc d'Artillerie

		officiers	s/of. et sold.	chevaux
4e artillerie à pied	1er	1	73	3
	18e	4	82	9
5e artillerie à cheval	3e	3	90	70
4e bataillon princ. du train .	détt 1er	1	102	218
	détt 2e		89	169
12e bataillon princ. du train .	détt 4e		6	12
3e bataillon *bis* du train. . .	détt 1er		11	19
	détt 3e		9	13
7e bataillon *bis* du train. . .	détt 3e	1	4	6
	détt 4e	1	88	157
	détt 5e		17	28
2e bataillon sapeurs	4e comp.	3	100	6
6e bataillon sapeurs	4e comp.	3	92	6
7e bataillon des équip . . .	1er comp.	1	75	124
	2e comp.	1	66	92
	3e comp.	1	130	189

Total de la réserve : 21 officiers, 1.034 sous-officiers et soldats, 1.121 chevaux.
Total général du XIIe Corps : Etat-major, 81 officiers
667 officiers, 18.692 sous-officiers et soldats, soit 19.359 hommes
569 chevaux d'officiers, 1.318 chevaux de troupe, 2.154 chevaux de trait,
soit 4.041 chevaux.

IVᴱ CORPS D'ARMÉE AU 16 AOUT 1813 (BERTRAND)

12e Division d'Infanterie (Morand)

AVANT-GARDE

	Bataillons	officiers	s/of. et soldats	chev. d'officiers	ch. de troupe	chev. de trait
8e léger	Etat-maj.	2	»	6	»	»
	2e	19	687	5	»	6
	4	21	686	5	»	6

PREMIÈRE BRIGADE (DE BELAIR)

	Bataillons	officiers	s/of. et soldats	chev. d'officiers	ch. de troupe	chev. de trait
				Présents sous les armes		
	Etat-maj.	21	34	34	»	10
13e de ligne	1er	17	665	»	»	»
	2e	18	610	»	»	»
	3e	16	643	»	»	»
	4e	18	673	»	»	»
	6e	16	628	»	»	»
	artillerie	2	46	»	»	»

DEUXIÈME BRIGADE (HULOT)

	Bataillons	officiers	s/of. et soldats	chev. d'officiers	ch. de troupe	chev. de trait
	Etat-maj.	16	29	51	»	24
23e de ligne	1re	18	572	»	»	»
	2e	14	559	»	»	»
	4e	16	603	»	»	»
	6e	14	614	»	»	»
	artillerie	2	24	»	»	»

Total de l'Infanterie : 230 officiers, 7.073 sous-officiers et soldats,
101 chevaux d'officiers, 46 chevaux de trait.

ARTILLERIE

		officiers	s/of. et soldats	chev. d'officiers	ch. de troupe	chev. de trait
2e à pied	1re comp.	3	73	7	»	»
	3e comp.	4	69	9	»	»
7e bat. bis du train	1re comp.	1	125	2	13	141
	2e comp.	1	113	2	12	183

Total de l'artillerie : 9 officiers, 380 sous-officiers et soldats, 20 chevaux
d'officiers, 25 chevaux de troupe, 324 chevaux de trait.
Total de la division : 239 officiers. 7.453 sous-officiers et soldats, 121 chevaux
d'officiers, 25 chevaux de troupe, 370 chevaux de trait.

15e Division d'Infanterie (Fontanelli)

PREMIÈRE BRIGADE (MARTEL)

	Bataillons	officiers	s/of. et soldats	chev. d'officiers	ch. de troupe	chev. de trait
	Etat-maj.	9	17	29	1	6
1er léger	2e	18	712	»	»	»
	3e	18	708	»	»	»
	4e	21	694	»	»	»
Garde de Milan	1er	23	553	4	»	4

DEUXIÈME BRIGADE (SANT ANDREA)

	Bataillons	officiers	s./of. et soldats	chev. d'officiers	ch. de troupe	chev. de trait
			Présents sous les armes			
1er de ligne	Etat-maj.	5	5	11	»	8
	3e	19	515	»	»	»
	4e	16	502	»	»	»
4e de ligne	Etat-maj.	11	20	21	»	8
	2e	21	427	»	»	»
	3e	22	435	»	»	»
	4e	21	423	»	»	»

TROISIÈME BRIGADE (MORONI)

	Bataillons	officiers	s./of. et soldats	chev. d'officiers	ch. de troupe	chev. de trait
6e de ligne	Etat-maj.	11	11	17	»	4
	3e	17	446	»	»	»
	4e	15	439	»	»	»
7e de ligne	Etat maj.	11	18	24	»	18
	2e	18	417	»	»	»
	3e	17	415	»	»	»
	4e	18	417	»	»	»

Total de l'Infanterie : 311 officiers, 7.174 sous-officiers et soldats, 105 chevaux d'officiers, 1 cheval de troupe, 48 chevaux de trait.

ARTILLERIE

	Bataillons	officiers	s./of. et soldats	chev. d'officiers	ch. de troupe	chev. de trait
à pied	1re comp.	5	103	11	»	»
	13e comp.	5	105	7	»	»
train d'artillerie	5e comp.	3	132	7	12	172
	6e comp.	2	137	4	10	174
	6e *bis* dét¹	»	13	»	1	18

Total de l'Artillerie : 15 officiers, 490 sous-officiers et soldats, 29 chevaux d'officiers, 23 chevaux de troupe, 364 chevaux de trait.
Total de la division : 326 officiers, 7.664 sous-officiers et soldats, 134 chevaux d'officiers, 24 chevaux de troupe, 412 chevaux de trait.

POUR MÉMOIRE :

		officiers	s./of. et soldats	chev. d'officiers	ch. de troupe	chev. de trait
Administration	Infirmiers milit.	1	51	1	»	»
	Ambulance	15	»	11	»	»
	Services réunis	11	42	9	»	»
	Poste aux lettres	2	3	2	»	4

38e Division wurtembergeoise
(Franquemont) (1)

DEUXIÈME BRIGADE (SPITZEMBERG)

	Bataillons	officiers	s./of. et soldats	chev. d'officiers	ch. de troupe	chev. de trait
1er de ligne prince Paul	1er	12	474	21	»	7
	2e	13	432	15	»	7

(1) La première Brigade Dœring n'avait pas encore rejoint. Elle était composée des régiments 4e et 6e chacun à deux bataillons.

	Bataillons	officiers	s./of. et soldats	chev. d'officiers	ch. de troupe	chev. de trait
			Présents sous les armes			
2e de ligne duc Guillaume	1er	13	514	19	»	8
	2e	4	284	1	»	8

TROISIÈME BRIGADE

	Bataillons	officiers	s./of. et soldats	chev. d'officiers	ch. de troupe	chev. de trait
9e léger.	1er	10	490	16	»	8
10e léger	1er	13	533	11	»	8
7e de ligne.	1er	10	381	13	»	8
	2e	12	358	10	»	8

Total de l'Infanterie : 87 officiers, 3.466 sous-officiers et soldats, 106 chevaux d'officiers, 62 chevaux de trait.

24e brigade de cavalerie légère (Briche français) (Jett wurtembergeois)

		officiers	s./of. et soldats	chev. d'officiers	ch. de troupe	chev. de trait
24e cavalerie légère.	3e chas. duc Louis	14	344	67	290	8
	1er ch.-légers prince Adam	19	383	75	325	8

Total de la Cavalerie : 33 officiers, 727 sous-officiers et soldats, 142 chevaux d'officiers, 615 chevaux de troupe, 16 chevaux de trait.

ARTILLERIE

		officiers	s./of. et soldats	chev. d'officiers	ch. de troupe	chev. de trait
Batterie de ligne . .		3	112	5	2	63
Batterie légère . . .		3	114	11	43	88

Total de l'Artillerie : 6 officiers, 226 sous-officiers et soldats, 16 chevaux d'officiers, 45 chevaux de troupe, 151 chevaux de trait.

Total de la Division : 126 officiers, 4.419 sous-officiers et soldats, 264 chevaux d'officiers, 660 chevaux de troupe, 229 chevaux de trait.

Parc et Réserves d'Artillerie

		officiers	s./of. et soldats	chev. d'officiers	ch. de troupe	chev. de trait
2e artillerie à pied .	24e	3	79	7	»	»
	26e	3	66	7	»	»
4e artillerie à pied .	25e	3	51	2	»	»
4e artillerie à cheval	8e	3	90	7	87	»
Ouvriers d'artillerie.	13e	1	25	1	»	»
7e bat. *bis* du train .	3e	»	3	»	»	6
	4e	»	22	»	1	21
	5e	1	94	2	12	196
	6e	1	157	2	17	259
	7e	»	106	»	20	115
11e bataillon principal du train	4e	1	133	3	20	206

Total du Parc et Réserves : 16 officiers, 826 sous-officiers et soldats, 31 chevaux d'officiers, 157 chevaux de troupe, 803 chevaux de trait.

Génie

			Présents sous les armes			
		officiers	s./of. soldats	chev. d'officiers	ch. de troupe	chev. de trait
1er bat. de sapeurs. . {	2e comp.	3	120	»	2	6
	8e comp.	3	127	»	2	6
Sapeurs italiens . . .	8e comp.	3	75	»	2	»
Ouvriers de la Marine italienne.	3e comp.	2	67	2	»	»
Train du Génie. . . .	escouade	1	39	2	4	54

Total des troupes du Génie : 12 officiers, 428 sous-officiers et soldats,
4 chevaux d'officiers, 10 chevaux de troupe, 66 chevaux de trait.

Equipages militaires

		officiers	soldats	chev. d'officiers	ch. de troupe	chev. de trait
9e bat. des équipages militaires . . . . . {	5e comp.	2	114	4	»	147
	6e comp.	2	114	4	» .	187
	7e comp.	2	76	4	»	75
Transports militaires italiens		2	115	4	»	187

Total des équipages militaires : 8 officiers, 419 sous-officiers et soldats,
16 chevaux d'officiers, 596 chevaux de trait.

3ᴱ CORPS DE RÉSERVE DE CAVALERIE (ARRIGHY) (1)

5e Division de cavalerie légère (Lorge)

12e brigade Jacquinot {	5e chas.	19	449	»	»	»
	10e chas.	12	277	»	»	»
	13e chas.	17	366	»	»	»
13e brigade Merlin. . {	15e chas.	9	218	»	»	»
	21e chas.	8	219	»	»	»
	22e chas.	13	459	»	»	»

6e Division de légère (Fournier)

14e brigade Mouriez . {	29e chas.	6	222	»	»	»
	31e chas.	13	342	»	»	»
	1er huss.	10	322	»	»	»
15e brigade Ameil . . {	2e huss.	10	241	»	»	»
	4e huss.	4	209	»	»	»
	12e huss.	10	351	»	»	»

(1) Arrêté par Napoléon. 8 août.

4e Division de grosse cavalerie (Defrance)

		officiers	s./of. soldats	chev. d'officiers	ch. de troupe	chev. de trait
				Présents sous les armes		
1re brigade Avice	4e drag.	6	117	»	»	»
	5e drag.	8	205	»	»	»
	12e drag.	9	166	»	»	»
	14e drag.	18	257	»	»	»
	24e drag.	1	82	»	»	»
2e brigade Quinette	16e drag.	4	105	»	»	»
	17e drag.	14	208	»	»	»
	21e drag.	9	138	»	»	»
	26e drag.	1	94	»	»	»
	27e drag.	5	69	»	»	»
	13e cuir.	5	171	»	»	»
		221	5.087			

ARMÉE ALLIÉE (BERNADOTTE)

IIIe CORPS PRUSSIEN (BULOW) (1)

3e Division (Hesse-Hombourg g. m.)

	Bat.	Esc.	Pièces	Effectif
2e bat. Prusse orientale	1	»	»	938
3e Inf. Prusse orientale	3	»	»	2.502
4e liés. Régt.	3	»	»	2.146
3e Landw. Prusse orientale	4	»	»	3.150
Leib-Hussard	»	4	»	718
5e Batterie à pied de 6	»	»	8	123

4e Division (Thümen g. m.)

	Bat.	Esc.	Pièces	Effectif
4e Inf. Prusse orientale	3	»	»	2.235
5e Rés. Régt	4	»	»	2.875
Elb. Inf. Régt.	2	»	»	1.716
Bat. chass. Prusse orientale	2 Cies	»	»	358
Chass. Helwig	»	»	»	69
2e Huss. de Silésie	»	2	»	374
Régt. Nat. de cav. de Poméranie	»	3	»	365
6e Batt. à pied de 6	»	»	8	108

5e Division (Borstel g. m.)

	Bat.	Esc.	Pièces	Effectif
Bat. de gren. de Poméranie	1	»	»	916
1er Rég. d'inf. de Poméranie	3	»	»	2.439
2e Rés. Régt.	3	»	»	2.191
2e Régt. Landw. Kürmarck	4	»	»	3.009

(1) D'après Quistrop, tome III, p. 1 = 24.

	Bat.	Esc.	Pièces	Effecti
Régt. de Huss. de Poméranie.	»	4	»	731
Régt. de Hulans Prusse occidentale. . .	»	4	»	591
10ᵉ Batt. de 6 pied	»	»	8	131

6ᵉ Division (Krafft col.)

	Bat.	Esc.	Pièces	Effecti
Régt. de Colberg	3	»	»	2.603
9ᵉ Rés. Régt.	3	»	»	2.255
1ᵉʳ Régt. Landw. Neum.	3	»	»	2.078
1ᵉʳ Landw. Régt. de Poméranie.	»	4	»	286
16ᵉ batt. de 6.	»	»	8	112

Cavalerie de réserve (Oppen g. m.)

Brigade (Treskow col.)

	Bat.	Esc.	Pièces	Effecti
Dragons de la Reine.	»	4	»	697
Dragons de Brandebourg.	»	4	»	635
2ᵉ dragons Prusse Occidentale	»	4	»	607

Brigade (Sydow lieut.-col.)

	Bat.	Esc.	Pièces	Effecti
2ᵉ Cav. Landw. Kurm.	»	4	»	377
4ᵉ Cav. Landw. Kurm.	»	4	»	381
Landw. Cav. Poméranie	»	1	»	81
5ᵉ Batt. à chev.	»	»	8	135
6ᵉ Batt. à chev.	»	»	8	158

Artillerie de réserve

	Bat.	Esc.	Pièces	Effecti
4ᵉ de 12.	»	»	8	191
5ᵉ de 12	»	»	8	180
19ᵉ de 6	»	»	8	120
11ᵉ de 6	»	»	8	146

Génie

	Bat.	Esc.	Pièces	Effecti
Deux compagnies.	»	»	»	153

Troupes russes

	Bat.	Esc.	Pièces	Effecti
7ᵉ Batt. Lourde.	»	»	12	453
21ᵇ Batt. Lourde	»	»	10	
Cosaques Bychalow, Ilowaiski.	»	»	»	440
Kuteinikof	»	»	»	267

Total : 31.480 fantassins, 6.550 cavaliers, 1.958 artilleurs, 102 pièces.

IVᵉ CORPS PRUSSIEN (TAUENTZIEN)

Division (Putlitz g. m.)

	Bat.	Esc.	Pièces	Sold.
3ᵉ Landw. Kurm.	2	»	»	3.056
4ᵉ Landw. Kurm.	3 1/2	»	»	2.249
3ᵉ Land. cav. Kurmk.	»	4	»	364

Division Hirschfeld

1ᵉʳ Rés. Régt.	4	»	»	2.877
6ᵉ Landw. Kurm.	4	»	»	2.870
7ᵉ Landw. Kurm.	3	»	»	2.097

Cavalerie (Bismarck col.)

5ᵉ Landw. Kurm.	»	4	»	321
6ᵉ Landw. Kurm.	»	4	»	314
26ᵉ Batt. légère russe.	»	»	10	145

Division Dobschütz

3ᵉ Régt. Rés.	3	»	»	2.041
1ᵉʳ Landw. Kurm.	2	»	»	1.211
5ᵉ Landw. Kurm.	4	»	»	2.799
2ᵉ Landw. Neum.	4	»	»	2.386
2ᵉ Landw. Basse-Silésie	3	»	»	1.729
1ᵉʳ Landw. Kurm. Cav.	»	2	»	191
7ᵉ Landw. Kurm. Cav.	»	2	»	216
2ᵉ Landw. Neum. Cav.	»	2	»	179
3ᵉ Landw. Prusse Orientale Cav.	»	2	»	322
17ᵉ Batt. de 6	»	»	8	167
27ᵉ Batt. de 6.	»	»	8	168
20ᵉ Batt. de 6.	»	»	8	164
Régt. de cos. du Don Ilowaiski	»	»	»	318

Division (Wobeser g. m.)

1ᵉʳ Landw. Pr. Occidentale	4	»	»	1.800
2ᵉ Landw. Pr. Occidentale / 3ᵉ Landw. Pr. Occidentale	6	»	»	3.196
4ᵉ Landw. Pr. Orientale.	1	»	»	806
1ᵉʳ Landw. Rég. Basse-Silésie	2	»	»	1.146
1ᵉʳ Régt. Landw. Cav. Pr. Occ.	»	3	»	220
2ᵉ Régt. Landw. Cav. Pr. Occ.	»	3	»	167
3ᵉ Régt. Landw. Cav. Pr. Occ.	»	2	»	177
22ᵉ Batt. de 6.	»	»	8	»

Total : 30.169 fantassins, 2.789 cavaliers, 675 artilleurs, 42 pièces.
Devant Stettin : 10.014 fantassins, 533 cavaliers.
Devant Cüstrin : 6.630 fantassins, 429 cavaliers.

CORPS RUSSE (WINTZINGERODE)

Avant-garde (Orurk g. m.)

BRIGADE DE CAVALERIE (ZAGRIASKI G. M.)

	Bat.	Esc.	Pièces	Hom.
Chass. à chev.	»	2	»	316
Hulans de Pologne.	»	6	»	792

BRIGADE DE CAVALERIE BEKENDORF

	Bat.	Esc.	Pièces	Hom.
Hulans de Wolhynie.	»	4	»	539
Hussards de Pawlograd	»	6	»	1.038
11e Batt. à chev.	»	»	12	247
13e Batt. à chev.	»	»	12	192
Cosaque du don Diackin.	»	»	»	390
— Grekof.	»	»	»	423
— Andrejanow II.	»	»	»	417
— Melnikov V.	»	»	»	327
— Fuhrleute de Twer.	»	»	»	595
— Loschtchin.	»	»	»	405
— Baschkirs	»	»	»	380

BRIGADE D'INFANTERIE (KRUPER COL.)

	Bat.	Esc.	Pièces	Hom.
13e Chasseurs.	2	»	»	714
14e Chasseurs.	2	»	»	962
2e Chasseurs	1	»	»	430

INFANTERIE (WORONZOF G. L.)

22e Division (Laptief g. m.)

BRIGADE (ROSEN COL.)

	Bat.	Esc.	Pièces	Hom.
Régt Petrowsk.	1	»	»	693
— Lithuanie.	1	»	»	580
— Podolie	1	»	»	610

BRIGADE (RUDINGER COL.)

	Bat.	Esc.	Pièces	Hom.
Régt Newa	1	»	»	585
44e Chasseurs.	2	»	»	1.038
42e Batt. lég.	»	»	12	182
31e Batt. Lourde.	»	»	12	259

24ᵉ Division (Wuich g. m.)

BRIGADE (ZWARIKIN COL.)

	Bat.	Esc.	Pièces	Hom.
Régt Schirwan	2	»	»	806
— Ufa	2	»	»	357

BRIGADE (MACNEW COL.)

	Bat.	Esc.	Pièces	Hom.
Régt Butirki	2	»	»	711
19ᵉ Régt de chasseurs	2	»	»	844

BRIGADE (BULINSKI COL.)

	Bat.	Esc.	Pièces	Hom.
Régt. Tomsk	2	»	»	391
40ᵉ Régt de Chasseurs	2	»	»	455
46ᵉ Batt. lég	»	»	8	175

Division (Harpe g. m.)

	Bat.	Esc.	Pièces	Hom.
Régt Tula	2	»	»	889
— Nawaginsk	2	»	»	769
— Sewsk	1	»	»	474
Gren. 9ᵉ div	1	»	»	
— 15ᵉ div	1	»	»	} 1.943
— 18ᵉ div	1	»	»	
21ᵉ Batt. lourde	»	»	2	} 257
28ᵉ Batt. lourde	»	»	10	
26ᵉ Batt. lég	»	»	2	29

Cavalerie

BRIGADE (MANTEUFEL G. M.)

	Bat.	Esc.	Pièces	Hom.
Dragons Pétersbourg	4	»	»	451
Hussards Elisabeth	6	»	»	901
Cosaques volontaires de Pétersbourg	2	»	»	268
4ᵉ Batt. à chev	»	»	8	113

BRIGADE (PRENDEL G. M.)

	Bat.	Esc.	Pièces	Hom.
1ᵉʳ Cosaques du Bug	»	»	»	393
4ᵉ Cosaques de l'Oural	»	»	»	332

Cosaques (Lowenstern col)

	Bat.	Esc.	Pièces	Hom.
Cosaquss Popow XIII	»	»	»	441
Cosaques Rebrejef	»	»	»	362

Cosaques (Ilowaisky g. m.)

	Bat.	Esc.	Pièces	Hom.
Ilowaiski V.	»	»	»	443
Barabanskof	»	»	»	372
Kruse	»	»	»	299

Tchernitchef (g. m.)

Brigade Pahlen (g. m.)

	Bat.	Esc.	Pièces	Hom.
Dragons Riga	»	4	»	441
Dragons Finlande.	»	4	»	610
Hussards Isjum	»	6	»	792
1re Batt. à cheval.	»	»	4	122
5e Batt. à cheval.	»	»	2	
Cosaque Sisoef.	»	»	»	434
— Grekof.	»	»	»	415
— Wlasof.	»	»	»	380
— Ilowarski XI.	»	»	»	381
— Schirow.	»	»	»	363
— Melnikof IV.	»	»	»	405
1re Batt. à cheval	»	»	»	38

Total : 13.622 fantassins, 14.096 cavaliers, 1.639 artilleurs, 92 pièces.

ARMEE SUEDOISE (STEDING F. M.)

1re Division Skjöldebrand (g. l.)

1re Brigade Schutzenheim

	Bat.	Esc.	Pièces	Hom.
Svea garde Régt.	1	»	»	551
2. Leib garde Régt.	1	»	»	544
Grénadiers de la brigade de la garde. . .	1	»	»	641
Leib grenad.	2	»	»	1.790
Régt de la reine.	1	»	»	929

2e Brigade (Reuterfkiold col.)

	Bat.	Esc.	Pièces	Hom.
Régt Upland	2	»	»	1.340
— Södermanland	3	»	»	1.622
— Nord Schonen.	1	»	»	401
— Légion de Poméranie à pied. . . .	»	»	»	402

Cavalerie

	Bat.	Esc.	Pièces	Hom.
Dragons de la garde.	»	5	»	330
Dragons de Smaland	»	6	»	521

	Bat.	Esc.	Pièces	Hom.
Légion de Poméranie à cheval	»	1	»	58
2 Batt. de 6	»	»	14	270

2ᵉ Division (Sandels g. l.)

3ᵉ Brigade Brandstrom (g. m.)

	Bat.	Esc.	Pièces	Hom.
Régt de West Gotha.	2	»	»	1.172
— de Westmanland	3	»	»	1.473
— de Nerike.	2	»	»	1.318

4ᵉ Brigade (Posse g. m.)

	Bat.	Esc.	Pièces	Hom.
Régt Skaraborg.	3	»	»	1.425
— Elfsborg.	3	»	»	1.485
Chasseurs de Wermland.	1	»	»	471

6ᵉ Brigade (Boize g. m.)

	Bat.	Esc.	Pièces	Hom.
Régt Kronoborg.	3	»	»	1.364
— Calmar	3	»	— »	1.578
— Engelbrechten.	1	»	»	567

Cavalerie

	Bat.	Esc.	Pièces	Hom.
Cuirassiers de la garde	»	4	»	485
Hussards de Schonen.	»	6	»	719
Hussards de Mörnen.	»	5	»	642

Artillerie

	Bat.	Esc.	Pièces	Hom.
3 Batt. de 6.	»	»	20	409

Réserve d'artillerie (Cardell col.)

	Bat.	Esc.	Pièces	Hom.
Une Batt. de 12	»	»	8	
Une Batt. de 6	»	»	6	
Une batterie à cheval	»	»	6	
Parc d'artillerie	»	»	»	510

19.047 fantassins, 2.755 cavaliers, 1.647 artilleurs, 54 pièces.

Total de l'Armée du Nord

	Fant.	Cav.	Pièces	Art.	Non comb.
IIIᵉ Corps	31.480	6.550	102	1.985	2.280
IVᵉ Corps	30.169	2.789	42	675	
Armée suédoise . .	19.047	2.755	54	1.647	
Armée russe. . . .	13.622	14.096	92	1.639	
	94.318	26.190	290	5.946	

ADDENDA

Les trois lettres suivantes prouvent qu'Oudinot avait toujours conservé l'affection de l'Empereur. La dernière surtout où il refuse de le remplacer et où il l'assure de toute sa confiance est capitale.

Berthier à Oudinot

23 août 1812 [A X.]

Mon cher duc de Reggio, l'Empereur a appris avec beaucoup de peine votre blessure. Sa Majesté espère que cela est sans danger. Soignez-vous ; l'affaire a été belle et si l'Empereur gronde quelquefois, il n'en rend pas moins justice. Il vous aime et vous porte toute confiance. Il a confirmé votre choix à l'égard du général Saint-Cyr qui vous remplacera le mieux qu'il pourra ; c'est un brave homme dont vous paraissez avoir été satisfait. Nos affaires vont bien, nous poursuivons l'ennemi sur sa route de Moscou; où s'arrêtera-t il ? Nous avons perdu le général Gudin qui a eu les deux jambes fracassées comme le pauvre maréchal Lannes. L'Empereur se porte bien ; donnez-nous de vos nouvelles et croyez, mon cher duc, à ma constante amitié.

Berthier à Oudinot

Doroghoboug, 26 août 1812 [A X.]

Mon cher duc de Reggio, j'ai remis votre lettre à l'Empereur. Sa Majesté me charge de vous répondre qu'elle ne sait trop quel ordre vous donner. C'est vous seul qui devez voir l'état de votre blessure, si elle doit vous mettre pour longtemps hors d'état de servir, Sa Majesté ne verrait pas d'obstacle à ce que vous retournassiez en France. Ce qu'elle désire avant tout, c'est que vous vous rétablissiez promptement. Croyez, mon cher maréchal, à mon sincère attachement.

Berthier à Oudinot

Dresde, 15 août 1813 [A X.]

Mon cher duc de Reggio, votre aide de camp, M. Jacqueminot, arrive et me remet vos deux lettres.

Je vous ai envoyé votre instruction, par duplicata, par un officier de mon état-major et par un courrier. Je pense que vous avez reçu l'un et l'autre.

Vous sentez combien il est important qu'aucune de ces deux dépêches ne soit perdue. J'en remets cependant un triplicata à votre aide de camp : ce que je regarde comme une chose fort inutile : ne manquez pas de m'accuser la réception des trois dépêches. L'Empereur vous porte toute confiance : il espère que votre santé vous permettra de faire l'expédition de Berlin. Amitiés mon cher Duc.

ERRATA (DOCUMENTS)

Page 16, ligne 45, *au lieu de* : par, *lire* : sur.
Page 56, ligne 44, *au lieu de* : Batterie, *lire* : Brigade.
Page 67, ligne 38, *au lieu de* : une, *lire* : ma.
Page 69, ligne 21, *au lieu de* : Gulsdorf, *lire* : Gölsdorf.
Page 69, ligne 49, *au lieu de* : Orger, *lire* : Ager.
Page 72, ligne 30, *au lieu de* : 4, *lire* : 7.
Page 84, *après* : partent ligne 52, *ajouter* : aujourd'hui pour Magdebourg ainsi que ce général lui-même. Le général Dombrowski est en avant de la place.

Les cosaques viennent tout près de Wittemberg et ont pris hier plusieurs hommes et chevaux qui allaient fourrager. On ne sait ici aucune nouvelle du prince d'Eckmühl.

J'écris au général Lemarois, qui lui-même n'en avait pas avant-hier, de trouver les moyens de lui faire connaître où nous *sommes* ici.

P.-S. — Le général Lapoype reçoit à l'instant une lettre du général Lemarois du 30 août au soir, qui lui annonce que le prince d'Eckmühl était en position devant Schwerin, il ne lui dit pas quel jour.

Page 85, ligne 35, *au lieu de* : Lichtenfeld, *lire* : Lichterfeld.
Page 87, ligne 41, *au lieu de* : Zahna, *lire* : Jahmo.
Page 88, ligne 4, *au lieu de* : Zahna, *lire* : Jahmo.
Page 96, ligne 21, *au lieu de* : Aide, *lire* : Aile.

REGISTRE D'ORDRES DE BERTHIER, TOME II

Page 39, ligne 27, *au lieu de* : 16, *lire* : 17.
Page 40, ligne 2, *au lieu de* : 16, *lire* : 17.

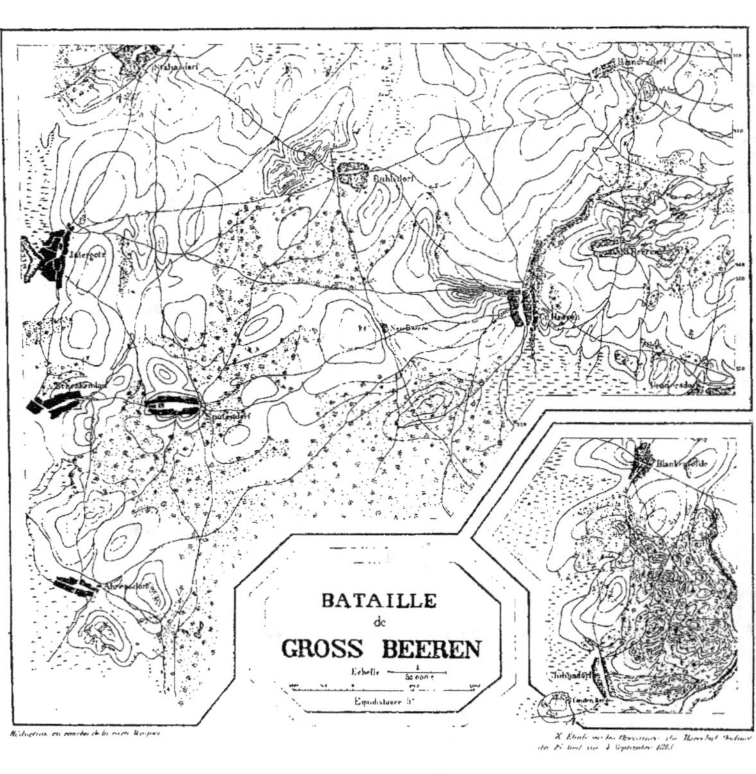

BATAILLE
de
GROSS BEEREN

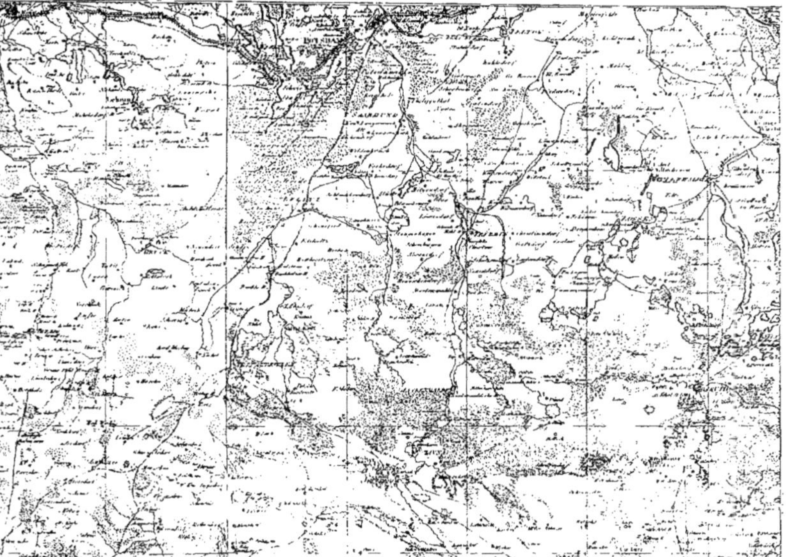

CARTE DU THÉÂTRE DE LA GUERRE

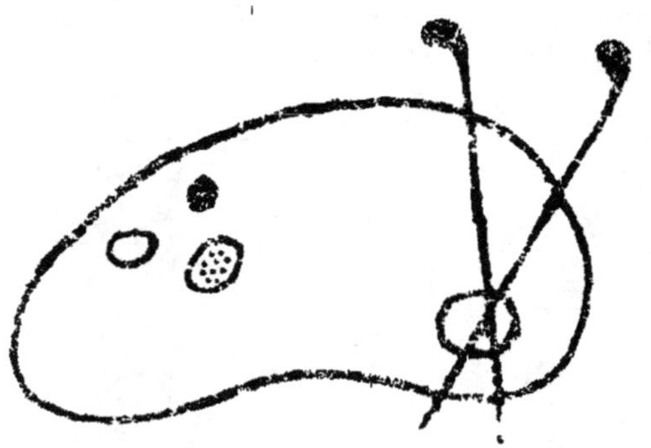

Début d'une série de documents
en couleur

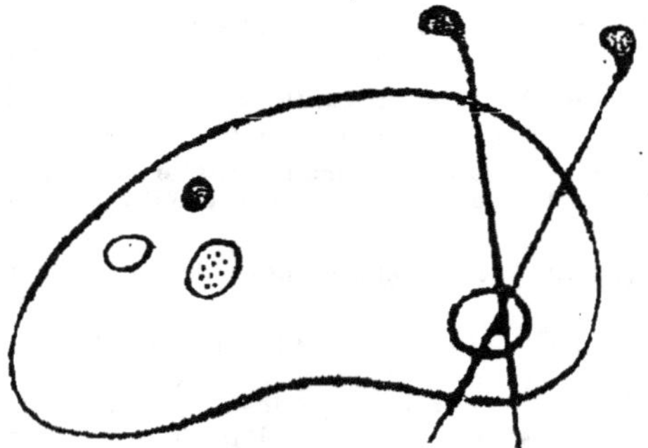

Fin d'une série de documents
en couleur